新民学会

《湖南红色基因文库》编纂出版委员会 / 中共湖南省委党史研究院 ◎ 编著

湖南人民出版社

本作品中文简体版权由湖南人民出版社所有。
未经许可,不得翻印。

图书在版编目(CIP)数据

新民学会/《湖南红色基因文库》编纂出版委员会,中共湖南省委党史研究院编著. -- 长沙:湖南人民出版社,2024.9
(湖南红色基因文库)
ISBN 978-7-5561-3560-8

I.①新… Ⅱ.①湖… ②中… Ⅲ.①新民学会(1918)—史料 Ⅳ.①K261.06

中国国家版本馆CIP数据核字(2024)第104923号

XINMIN XUEHUI
新民学会

编 著 者	《湖南红色基因文库》编纂出版委员会 中共湖南省委党史研究院
责任编辑	曹伟明
装帧设计	谢俊平
出版发行	湖南人民出版社 [http://www.hnppp.com]
地　　址	长沙市营盘东路3号
邮　　编	410005
经　　销	湖南省新华书店
印　　刷	湖南贝特尔印务有限公司
版　　次	2024年9月第1版
印　　次	2024年9月第1次印刷
开　　本	787 mm × 1092 mm　1/16
印　　张	27.5
字　　数	478千字
书　　号	ISBN 978-7-5561-3560-8
定　　价	98.00 元

营销电话:0731-82221529　(如发现印装质量问题请与出版社调换)

《湖南红色基因文库》
编纂出版委员会

顾　　问：	王克英　文选德　杨泰波
主　　任：	曹普华　张值恒　卿立新　胡振荣（常务）
成　　员：	张志初　庄　超　庄大力　余伟良
	王文珍　谢承新　王小平　黄　海
	贺砾辉
办公室成员：	彭　岗　赵　云　刘文典　张云峰
	黄　平　张勤繁

《新民学会》编委会

主　　　　编：	庄　超　王文珍　刘建平
执 行 主 编：	唐振南　朱柏林
统　　　　稿：	王文珍　刘建平　唐振南　朱柏林
编纂组成员：	唐振南　朱柏林　肖湘娜　邹　瑾
	高　青
审　　　　稿：	刘建平（湘大）　刘建平　彭　岗

○ 1918年湖南省立第一师范学校第八班合影。四排右二为毛泽东（新民学会旧址提供）

○ 湖南省立第一师范学校是新民学会会员集中之处（新民学会旧址提供）

○ 新民学会的精神导师杨昌济

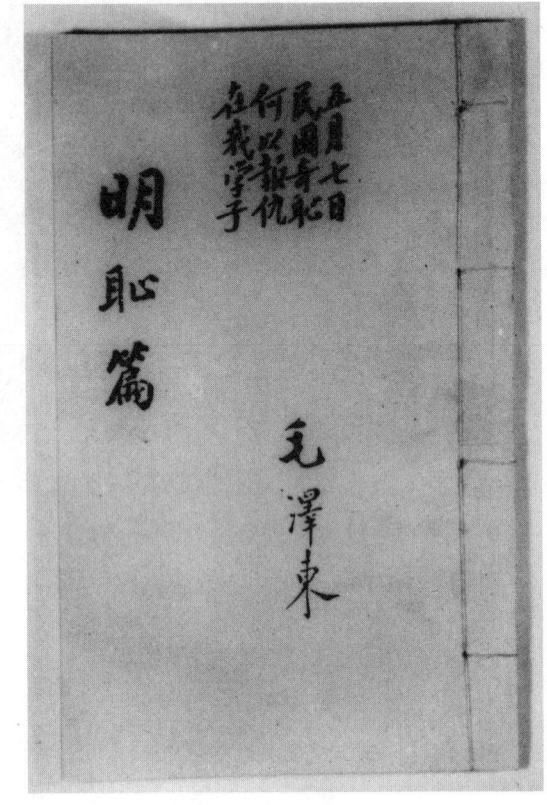

○ 1915年，湖南省立第一师范学校全体师生集资刊印、由青年毛泽东手书题词的《明耻篇》

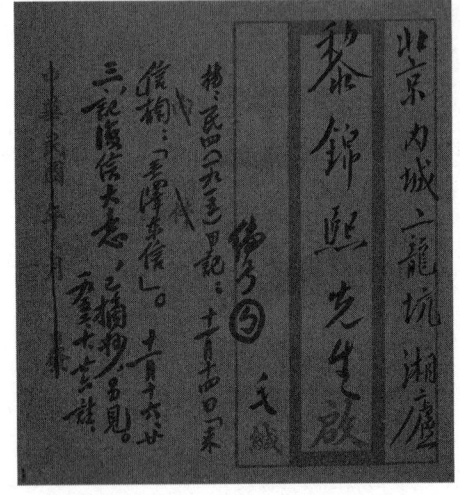

○ 1915年11月，毛泽东致黎锦熙的信的信封

○ 摘抄自陈昌1916年5月1日日记中的诗歌

唯有强權足自豪
興邦雪恥屬吾曹
逞戈直渡朝鮮峽
愛國頭顱等幷毛

○ 1915年11月，毛泽东致黎锦熙的信1

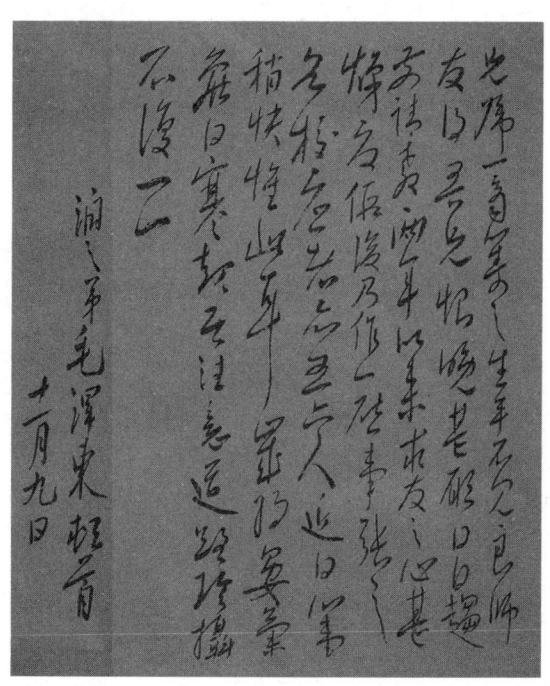

○ 1915年11月，毛泽东致黎锦熙的信2

○ 1915年创刊的《青年杂志》（后改名为《新青年》），深受湖南进步青年的欢迎

○ 新民学会于1918年4月14日在刘家台子蔡和森家诞生。图为萧三日记对学会成立的记载

○ 新民学会旧址，亦是蔡和森的故居（新民学会旧址提供）

○ 1918年6月，毛泽东同湖南省立第一师范学校毕业同学合影

○ 1918年6月20日，新民学会在一师附小召开会议，讨论留法勤工俭学问题。图为一师附小

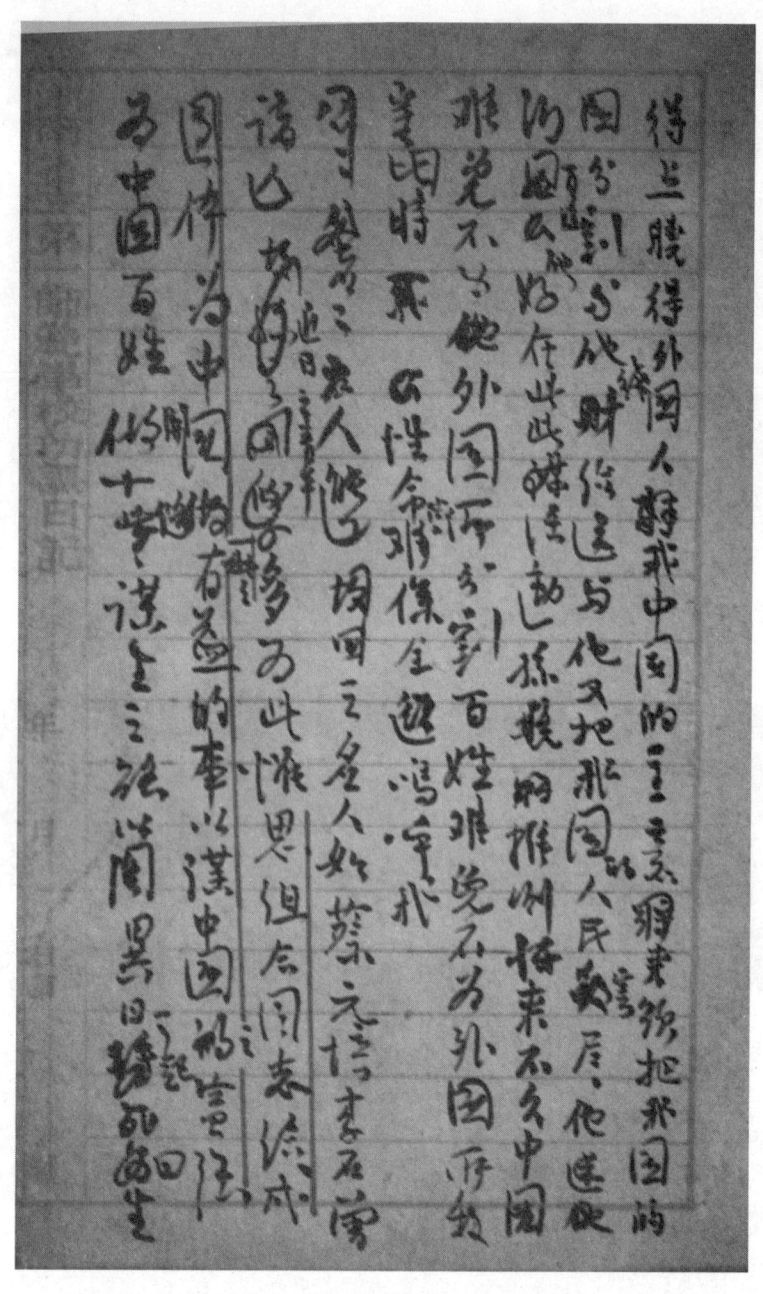

○ 1918年10月16日，罗学瓒致祖父、叔祖父信

○ 1918年12月27日，北京高等法文专修馆和长辛店的师范、工业各班师生欢送李石曾赴法合影。后排中为毛泽东

○ 1918年，抵达北京的部分新民学会会员租住于北京三眼井吉安所东夹道7号

○ 1918年，毛泽东在写给罗学瓒的明信片中谈赴法勤工俭学之事1（新民学会旧址提供）

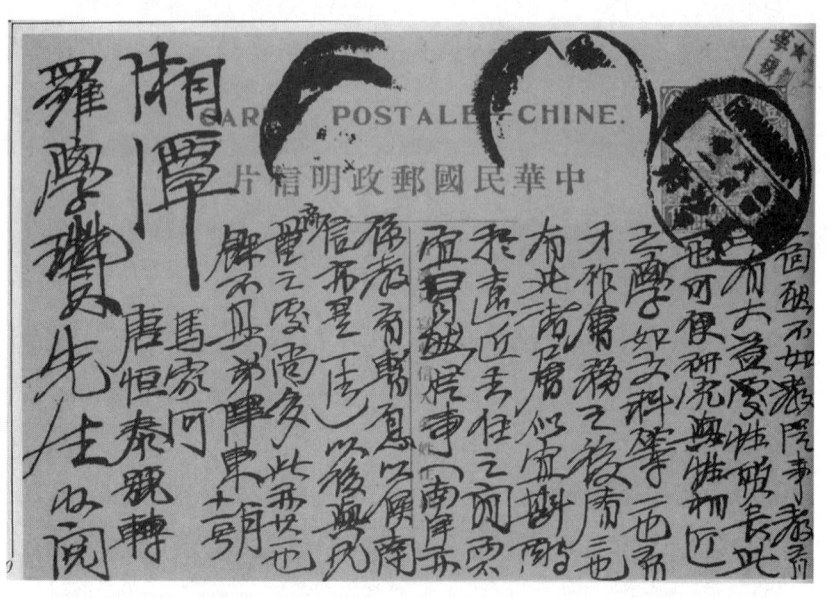

○ 1918年，毛泽东在写给罗学瓒的明信片中谈赴法勤工俭学之事2（新民学会旧址提供）

○ 保定育德中学——预备赴法勤工俭学的新民学会会员在此学习法语

○ 长辛店留法勤工俭学预备班旧址

○ 1919年3月毛泽东等赴上海为勤工俭学同学送行（新民学会旧址提供）

○ 1919年12月25日，蔡和森、向警予、蔡畅等人乘坐邮轮盎特莱蓬号启程赴法（新民学会旧址提供）

○ 1919年4月,新民学会在楚怡学校召开会议,在事实上为迎接五四运动的到来做了思想准备

○ 五四运动中的学生

○ 1919年5月4日，新民学会会员匡互生点燃了火烧赵家楼曹汝霖住宅的第一把火

○ 1919年5月9日湖南《大公报》对北京学生游行示威情况的详细报道

○ 1919年5月28日，湖南学生联合会成立

○《湘江评论》发表的《创刊宣言》和《民众的大联合》（新民学会旧址提供）

○《湘江评论》浮雕

○ 周南女子中学（新民学会旧址提供）

○ 新民学会部分会员于1919年11月16日在周南女校合影。后排左四毛泽东，一排左三陶毅、左五劳君展，二排左四周世钊，三排右一何叔衡，四排右一夏曦（新民学会旧址提供）

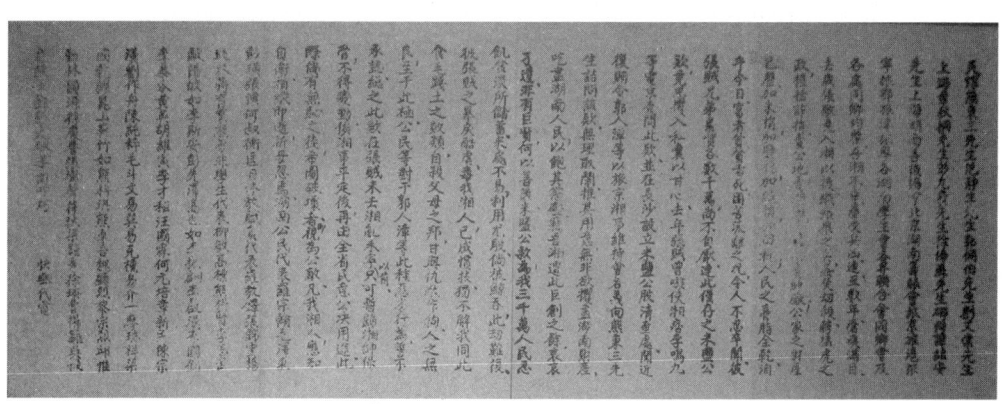

○ 毛泽东执笔起草的《驱张宣言》

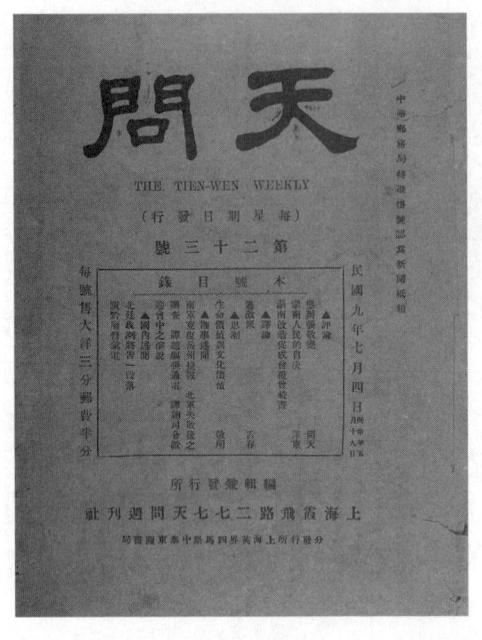 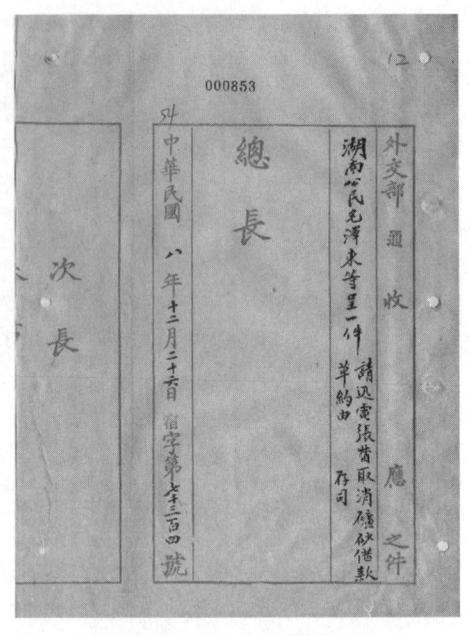

○ 1920年2月湖南学生"驱张"代表团在上海创办的刊物《天问》

○ 毛泽东领导湖南驱张运动的文献

○ 1920年5月8日毛泽东送萧三、劳君展等6位会员赴法勤工俭学,在蒙蒙细雨中的上海半淞园合影留念。左起:萧三、熊光楚、李思安、欧阳玉生、陈绍休、陈纯粹、毛泽东、彭璜、刘望成、魏璧、劳君展、周敦祥(新民学会旧址提供)

○ 1920年7月新民学会留法会员在蒙达尼合影。后排右二为蔡和森，右一立者为向警予

○ 1920年1月，湖南进步团体"辅社"成员在北京陶然亭合影，左四为毛泽东、左六为罗章龙、左七为邓中夏（新民学会旧址提供）

○ 1920年2月，衡阳"驱张"请愿代表团合影（新民学会旧址提供）

○ 1920年8月2日，由毛泽东、彭璜、易礼容等人发起的文化书社成立

○ 1920年7月31日,《大公报》发表毛泽东《发起文化书社》一文

○ 1920年8月,毛泽东在长沙发起留俄勤工俭学活动(新民学会旧址提供)

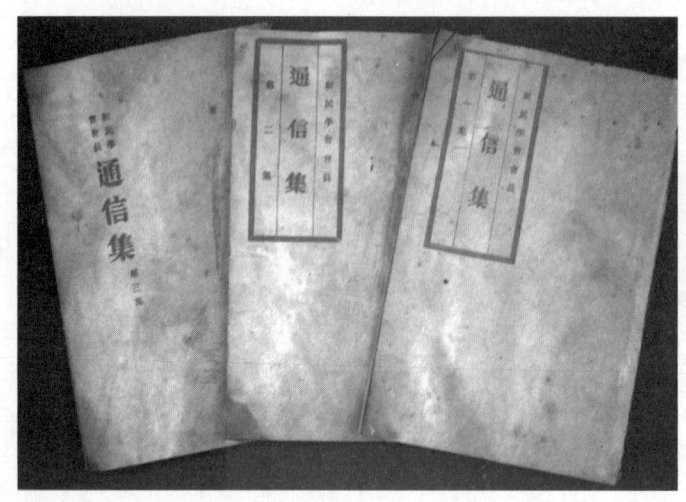

○ 1920年毛泽东汇编的《新民学会会员通信集》，反映了建党通信情况

○ 新民学会紧要启事
（新民学会旧址提供）

新民學會緊要啟事

本會同人結合，以互助互勉為鵠，自七年夏初成立，至今將及三年，雖形式未周，而精神一貫。惟會友個人對於會之精神，間或未能了解。有牽於他種事勢不能分其注意之力於本會者；有在他種團體感情甚洽因而對於本會無感情者；有自身毫無向上之要求者；有缺乏團體生活之興趣者；有行為不為會友之多數滿意者：本會對於有上述情形之人，認為雖曾列名為會友，實無互助互勉之可能。為保持會的精神起見，惟有不再認其為會員。並希望以後介紹新會員入會，務求無上列情形者。本會前途幸甚。

新民學會啟　千九百二十一年一月二日

总序

习近平总书记反复强调，要把红色资源利用好、把红色传统发扬好、把红色基因传承好。红色基因记录着中国共产党筚路蓝缕、奠基立业的光辉历程，蕴含着共产党人初心如磐、使命如山的坚定信仰，承载着党带领全国各族人民不懈奋斗、实现中华民族伟大复兴的使命担当，是党带领人民战胜一个又一个艰难险阻、不断从胜利走向胜利的精神密码和重要法宝。

湖南是伟人故里、红色圣地、革命摇篮，拥有得天独厚的党史资源和革命胜迹，以毛泽东、刘少奇、任弼时、彭德怀、贺龙、罗荣桓等为代表的一大批革命家、军事家及英雄模范人物群体在这里孕育诞生。百年来，湖南以其砥柱之坚、开创之功、牺牲之众、贡献之大，奠定了在百年党史特别是中国革命史上的重要地位，成为当之无愧的红色基因宝库。

习近平总书记高度赞誉湖南"十步之内，必有芳草""寸土千滴红军血，一步一尊英雄躯"，多次嘱托湖南"要教育引导广大党员、干部发扬革命传统，传承红色基因，牢记初心使命，走好新时代长征路"。为深入贯彻习近平总书记系列重要讲话指示精神，推动全省红色资源保护利用，中共湖南省委部署启动《湖南红色基因文库》这一大型党史系列丛书编纂出版项目。

编纂出版《湖南红色基因文库》是一项重要的政治工程、历史工程、文化工程。省委对此高度重视，先后担任省委书记的杜家毫、许达哲、张庆伟多次作出指示批示，省委几任秘书长谢建辉、张剑飞、谢卫江、秦国文多次协调调度并作出批示，省委办公厅、省委组织部、省委宣传部、省教育厅、省财政厅、省社科联、省新闻出版局等部门单位密切配合，省委党史研究院精心组织、周密安排，各市州及相关县市区委高位统筹、协同协作，确保丛书征编、组稿、审核、出版等各项工作稳步推进、有序展开。

《湖南红色基因文库》以中国共产党在湖南百年历史中的重大事件、重要人物为经纬，共编纂百余种图书，包含湖南地方党史基本著作、以新中国成立后国家批准认定的湖南一类革命老区县为基础编纂的地方革命斗争史、以湖南发生的重大党史事件及重要历史经验为内容的专题史书、以湖南重要党史人物及先锋模范人物为内容的史料著作，以及重要红色遗址遗迹、纪念场馆、红色文献资料图书，从史料的时间跨度、覆盖的广度、挖掘的深度上可谓"百科全书"式的党史著作。

丛书编纂出版始终坚持以习近平新时代中国特色社会主义思想为指导，以党的三个历史决议为遵循，坚持辩证唯物主义和历史唯物主义，坚持正确党史观，牢牢把握党的历史发展的主题主线、主流本质，按照突出重点、区分层次、优化设计的要求，以收集整理历史文献资料为主，适当兼顾党史故事叙述宣传，力求融政治性、思想性、资料性、可读性于一体，做到观点正确、史实准确、主题鲜明、图文并茂。

丛书编纂出版从一个侧面显现中国共产党的百年苦难辉煌历程，集中反映百年党史中湖南的重大事件、重要人物及其重要思想，着力阐释宣传中国共产党团结带领全省人民在为实现民族独立、人民解放和国家富强、人民幸福而不懈奋斗中取得的重要成就、成功经验及所锻造形成的伟大精神，为党员干部、社会群众尤其是青少年提供最好的"教科书""营养剂""清醒剂"。

迢迢复兴路，悠悠中国梦。一切向前走，都不能忘记走过的路，走得再远、走到再光辉的未来，也不能忘记走过的过去，不能忘记为什么出发。让我们永远传承弘扬中国共产党的伟大建党精神，紧密团结在以习近平同志为核心的党中央周围，砥砺初心、高举旗帜，不断把红色基因滋养转化为加快建设现代化新湖南、实现中华民族伟大复兴中国梦的强大精神力量。

是为序。

《湖南红色基因文库》编纂出版委员会

前言

一条湘江，于静默流淌间演绎大半部中国近现代史；一声"湘人"，在动荡不安中彰显三湘儿女的倔强和义气。纵论十九世纪以来的中国政局，湖南人，是铁骨铮铮的存在。冯友兰先生曾说："在中国近代史上，有三个地方影响力最大。一是广粤地区，这是中国对外开放的门户；二是长江三角洲，这是中国近代经济的火车头；三是湖南，这里为中国近现代史输送了大量经纶治世之才。"

近代中国的历史舞台上，湖南人联袂而起，结群而强。从陶澍、魏源到贺长龄，三湘才子力倡经世致用，放眼看世界；从曾国藩、胡林翼到左宗棠，湘军担起了大清王朝最后的"顶梁柱"；从谭嗣同、唐才常到熊希龄，维新变法写就了湘人志士的奋勇无畏；从黄兴、蔡锷到宋教仁，辛亥革命谱出了三湘儿女的自强不息。"若道中华国果亡，除非湖南人尽死"，自鸦片战争以来，山河破碎、风雨如晦，"湖南人"一词早已超越原本的地域意义，成为冥冥中那一股引领中国历史艰难前行的力量。

辛亥革命虽然推翻了清朝的腐朽统治，部分达到了近现代革命内涵中"破旧"的目的，却没有完成"立新"的任务。革命后，中国不仅没能摆脱民族危机，反而随着军阀的混战，人民流离失所，民族灾难加重。"河出潼关，因有太华抵抗，而水力益增其奔猛。风回三峡，因有巫山为隔，而风力益增其怒号"，在资产阶级民主派大力宣传的鼓动下，此时的湖南学生界思想非常活跃。留学日本的湖南新化人陈天华写下的《猛回头》《警世钟》，在国内广泛流传，被学生誉为"至宝"。长沙县人章行严（即章士钊）在上海《国民日日报》发刊词中义正词严地呼吁："国者，民之集合体也。"1910年长沙城内全体学生运动会的会歌悲怆豪迈："大哉湖南，衡岳齐天，洞庭云梦广。沅有芷兮澧有兰，无限发群芬。风强俗劲，人才斗量，百战声威壮。湘军英武安天下，我辈是豪强。听军歌淋漓悲壮，旌旗尽飞扬。宛然是，抢（枪）林弹雨，血战沙场样。军国精神，湖湘子弟，文明新气象。"黄兴领导震惊中外的广州黄花岗之役，须发苍白的新化人谭人凤请缨求战，湖湘志士血染襟袍。湖南学生闻讯响应，纷纷秘密聚会，"学生公然开会不成，则秘密开会，城里开会不成，则聚议于岳麓山头"……正是在湖南学生澎湃激昂的觉醒中，终于孕育出了中国共产党的建党先声——新民学会。

"作成一种奋斗的和向上的人生观"——新民学会的思想之源

新民学会诞生于1918年，但酝酿实则早在1915年就开始了。

1915年，以陈独秀主编的《新青年》为旗帜的新文化运动在全国蓬勃发展。在陈独秀看来，辛亥革命的失败，是由于"多数国民之觉悟不足"。要改造国民性，必须要从青年做起：使其具有爱国心之觉悟，发扬民族自决自立精神；有政治不良之觉悟，努力推倒腐败政府；有社会组织不良之觉悟，致力改造社会制度。因此，他在主编《新青年》时，高举"民主"与"科学"的旗帜，大力宣传新思想、新道德、新文化，鼓励学生努力追求个性解放、思想解放。此时，正在长沙求学的毛泽东、蔡和森、萧子升等人因为喜欢阅读《新青年》，深深地受到了陈独秀这种关于改造国民性的"新民"思想的影响。

杨昌济是新民学会的精神导师。杨昌济，又名怀中，字华生，湖南长沙县人，伦理学家、教育家。他曾先后在日本、英国留学，从英国阿伯丁大学获得文科学士学位后，又先后游历考察了德国、瑞士等地，于1913年归国。回国后，湖南督军想聘请他当省教育司司长，杨昌济力辞不就，出任湖南省立第一师范、湖南高等师范专科学校教授，教伦理学、心理学、教育学，同时兼任湖南第四师范学校修身和心理学教员。《新民学会会务报告》（第一号）中，谈到学会成立的缘起，其中一个重要原因就是："与闻杨怀中先生的绪论，作成一种奋斗的和向上的人生观，新民学会乃从此产生了。"在新民学会发起时的21名会员中，除罗章龙外，全部都是杨昌济的学生。

杨昌济对王船山、曾国藩、梁启超等不同人物都做过深入研究，常向学生介绍他们的学说。他也喜看《新青年》，并订了好几份《新青年》送给学生。他说："人不闻道，是谓虚生。"他主张研究哲学、伦理学，找出宇宙的真理，认为个人可以牺牲自己的利益，但绝不可牺牲自己的信仰。他主张有公共心的个人主义，即具有为社会服务的奋斗向上精神。他常常引用孔子的话——"三军可夺帅也，匹夫不可夺志也"来勉励学生。毛泽东、蔡和森、张昆弟、罗学瓒、陈章甫等都在他的影响下研究哲学、伦理学。1915年6月，毛泽东、陈章甫、熊光楚等人组织哲学研究小组，在杨昌济的指导下研讨。

"潭州蔚人望，洞庭证源泉。"第一师范的良好环境是新民学会萌发的沃壤。当时，第一师范的学生大都是来自农村中下层的子弟，他们深知民间疾苦，痛恨不合理的社会制度，有获取新知、改革现状的强烈要求。同时，校园中有包括孔昭绶、杨昌济、黎锦熙、徐特立、袁仲谦（袁吉六）、王季范等在内的一大批思想进步、品德高尚、学识渊博的校长、教员，深深影响了这群有志青年。在良好学风的耳濡目染之下，少年毛泽东立下了"丈夫要为天下奇，即读奇书，交奇友，著奇文，创奇迹，做个奇男子"的远大志向。蔡和森有一首著名的《少年行》，抒发了自己"匡复有吾在，与人撑巨艰。忠诚印寸心，浩然充两间"的豪情壮志。萧子升立志为国而自我改造，为学问而奋发读书。他说："不为我造就我，而为国家造就我，不为我求学问，而为学问求学问。"还有同是新民学会发起人之一的邹彝鼎，"好学有远志，持身谨严而意志坚毅"……就这样，一群品学兼优的少年，为了追求"向上""进步"，立下了以天下为己任、振奋民族精神、投身民族大业、振兴国家的远大志向。

出于对旧的道德环境、国民品质的不满和对祖国、对社会深重的危机感和高度的责任感,这些立志进步的青年学子在风华正茂的岁月里,不约而同地选择了一条全力探索"人的天性""人类社会""中国""世界""宇宙"、谋求"个人及全人类的生活向上"的道路。然而,面对如此宏大的课题,一个人的力量太单薄,一个人的知识太有限,随着思考的不断深入,他们愈发"只觉得自己品性要改造,学问要进步,因此求友互助之心热切到十分",于是关于"动的生活与团体的生活之追求"愈发迫切。在二十世纪初新旧思潮的强烈冲击碰撞中,新民学会的存在为会员们开辟了全新的交往空间、成长路径和生活方式。新民学会是"一个生活体,新民学会的会员乃这个生活体的各细胞","在会是一种新环境,在会员是一种新生活"。在这种新生活中,会员们可以相互交流、共同进步,努力为改造社会储才蓄能,他们立志"摩顶放踵以利天下,即为全人类服务,不是学而优则仕,升官发财,光宗耀祖"。

在《新青年》激起的新文化潮流下,1915年,新民学会即开始酝酿。9月,毛泽东以"二十八画生"的名义向长沙各校发出征友启事。到1917年冬,小团体从三四个人逐步发展至十五个人,经过上百次讨论,终于取得一致的共识:要"新民",要"改造国民性",最经济最有效的办法就是"集合同志,创造新环境,为共同的活动"。

从"革新学术"到"改造中国与世界"——新民学会的求索之路

1918年4月14日,新民学会成立大会在长沙岳麓山刘家台子蔡和森家召开。到会会员13人,参与但未及到会者8人。一个在俄国十月革命以后成立的新型社团就此宣告成立。在这次大会上,确定学会名为"新民学会",通过会章,选举产生了总干事萧子升,干事毛泽东、陈书农。

新民学会以"革新学术,砥砺品行,改良人心风俗"为宗旨,"凡经本会会员五人以上之介绍及过半数之承认者,得为本会会员。会员对于本会每年负一次以上通函之义务,报告己身及所在地状况与研究心得,以资互益。会员每人于入会时纳入会费银一元,每年纳常年费银一元"。同时,会员须遵守下列纪律："不虚伪、不懒惰、不浪费、不赌博、不狎妓"。此外，会员们相互商定，以"品德好、志向好、学问好、确有向上要求的青年"为标准，向外发展新会员。

1918年，湖南省立第一师范六、七、八、九、十班共170名学生即将毕业。毕业后，到何处去？是工作、学习，还是出国、出省，继续深造？这一问题迫切地摆在了多数新民学会会员面前。作为有理想、有抱负的青年，他们觉得仅仅在长沙学习或工作，不能拓宽知识面，因此都有出国学习的志向。这年夏天，时任北京大学教授的杨昌济传回了留法勤工俭学的消息。这封来自北京的书信，使正在思考前路的新民学会会员们心潮澎湃。6月20日，新民学会在湖南省立第一师范附属小学召开会议，由于大家对蔡元培等倡导的赴法勤工俭学表现出极大兴趣，此次会议便着重商议赴法勤工俭学之事。为了推动赴法勤工俭学，会议决定派蔡和森先行赴京了解情况。毛泽东、萧子升等人暂留长沙，发动广大青年，组织留法勤工俭学。

6月23日，按照新民学会一师附小会议的决定，蔡和森率先自长沙乘轮船出发赴京。当船驶入烟波浩渺的洞庭湖，他眺望湖面波涛汹涌，联想久被军阀铁蹄蹂躏的乡土，怀念立志改革社会的会友们，心潮澎湃、思绪万千，即兴写下了著名的《少年行》："世乱吾自治，为学志转坚，从师万里外，访友人文渊……"8月15日，毛泽东、萧子升率领25名湖南青年赶赴北京。从此，北京三眼井胡同，多了一段有关新民学会会员们为了追求"向上"的人生，"隆然高炕，大被同眠"的故事。

从1919年中国首批勤工俭学学生赴法，到1921年2月28日最后一批勤工俭学学生抵达法国，前后共有18个省1600多名学生分20批赴法勤工俭学，其中，湖南有346名，约占四分之一，赴法人数仅次于四川，位列全国第二。新民学会78个会员中，赴法勤工俭学学生19名，约占当时会员总数的四分之一。除了组织赴法勤工俭学外，新民学会还组织部分青年赴南洋从事教育工作。

在送别罗学瓒等第一批赴法的会友后，毛泽东于1919年4月6日返回长沙，在修业小学暂时安顿下来。此时，巴黎和会召开，日本帝国主义无理要求把德国侵占我国山东的权益转给它，消息传来，群情激愤，北京、上海等地青年学生积极酝酿争回山东权利的斗争，一时间，山雨欲来风满楼，一场伟大的爱国行动即将到来。为了迎接即将到来的运动高潮，留在长沙的新民学会会员集中到楚怡学校开会。这次楚怡学校会议，事实上为迎接五四运动的到来做了思想准备。

楚怡学校会议结束后不久，巴黎和会上外交失败的消息传来，北京地区爆发五四运动。消息传到长沙，新民学会会员奔走相告，发动各界支援北京学生，湖南的群众爱国运动风暴形成。5月25日，新民学会会员和长沙各校代表聚集在楚怡学校，会上听取了北京学生代表邓中夏的报告，并商讨湖南学生联合会有关事项。28日，湖南学联成立，新民学会会员彭璜、易礼容分别被选为学联副会长、评议部部长。6月5日，学联进行了改选，重新选举彭璜为学联会长。改选后的学联，从会长到评议部部长再到执行部委员都是新民学会会员。

在轰轰烈烈的反帝反封建群众运动中，为了提高群众的政治觉悟，激发群众的革命热情，抒发革命志士的政见，推动五四运动的深入发展，在李大钊、陈独秀所办《每周评论》的启发下，1919年7月14日，由湖南省学联主办、毛泽东担任主编的《湘江评论》创刊号问世。全体新民学会会员以极大的热情投入《湘江评论》的出版发行工作中。《湘江评论》在全国引起了极大的反响，李大钊认为这是全国最有分量、见解最深的刊物。《晨报》也予以介绍，说它"内容完备""魄力非常充足"。

正当湖南地区声援"五四"的爱国运动，在新民学会的主导及参与下，轰轰烈烈地开展起来的时候，湖南军阀张敬尧悍然下令解散学生联合会，查封《湘江评论》。从此以后，新民学会被迫转入地下。为了反抗张敬尧的蛮横行径，一场有关"驱张"的斗争在新民学会会员的秘密准备中逐步成型。为了把张敬尧赶出湖南，新民学会会员达成了一个共识，那就是学会亟须组织队伍，壮大"驱张"领导核心。在毛泽东等人商定下，学会积极而又慎重地发展了一批会员，这其中既有湖南学生联合会的领导骨干，也有各学校的主要负责人。11月16日，新民学会长沙会友在周南女校召开了欢迎新会友会议。会后，学会秘密地全力准备"驱张"斗争，整理张敬尧祸国殃民的材料，为驱张运动的到来做了重要的准备。

12月2日，长沙第二次焚毁日货大会上，张敬尧的弟弟张敬汤率军谩骂殴打集会群众，残酷镇压学生爱国运动，此举激起湖南人民极大的愤慨，也成了驱张运动爆发的导火线。12月3日，何叔衡在周南女校主持召开新民学会会员大会，分析当前形势，决定向各地派出"驱张"请愿团，驱张运动在全国范围内全面铺开。在新民学会的实际领导下，各路"驱张"请愿团实际负责人都是新民学会会员，毛泽东率领请愿团远赴北京，代表新民学会驻京主持驱张运动。在北京活动期间，毛泽东亲自组织了平民通信社，负责向全国各报刊发稿，揭露张敬尧祸湘罪行，求得全国各界的声援。在湖南人民的声讨下，张敬尧身败名裂，加之谭延闿、赵恒锡等湘军步步进逼，1920年6月26日，张军最终全部撤出湖南，驱张运动取得了完全的胜利。

在北京期间，毛泽东除了领导"驱张"各项活动外，还与包括北京大学平民教育讲演团、北京大学马克思主义研究会以及辅仁学社等进步团体的成员深入交往。在与他们的交往过程中，毛泽东逐渐意识到："我们是脱不了社会的生活的，都是预备将来要稍微有所作为的。那么，我们现在便应该和同志的人合力来做一点准备工夫。"而他认为应有的准备是："（一）结合同志。（二）在很经济的可能的范围内成立为他日所必要的基础事业。"这里提到的"结合同志"，就是要组织共产党的代称词。

1920年5月8日，毛泽东与新民学会会员来到上海半淞园，欢送即将赴法勤工俭学的萧三等6位会员。送别会上，大家对学会的定位和发展进行了深入讨论。会议一直开到黄昏，大家仍意犹未尽，送别会完全变成了一个讨论会。会后，毛泽东委托萧三、陈绍休把这次会议的相关精神带给在法国的会友。半淞园会议标志着新民学会由"革新学术，砥砺品行，改良人心风俗"的初始宗旨，上升到"改造中国与世界"的理论高度。此时，学会已经有了向政党发展的趋势。

半淞园会议后，毛泽东选择暂时留在上海。他和彭璜等人一起，在上海组织了湖南改造促成会，拟定了《湖南建设问题条件商榷》，主要内容是：废除督军，裁减军队，增加教育经费，实行自治，保障人民各种自由权利等。在上海两个多月的时间里，他与李思安、李凤池、陈书农等三名湖南学生同住，每人每月仅有三元零用钱，四个人轮流做饭，常吃蚕豆煮饭。毛泽东还去洗衣店帮工，赚取微薄的生活费用。尽管生活艰苦，但他仍坚持广泛阅读各类书报，还邀请十多位旅沪青年成立了"自修学社"，共同学习各种理论著作和外语。1920年4月，共产国际远东书记处主席团成员、俄共（布）中央委员会远东局代表魏金斯基受俄共（布）远东局派遣来到中国。6月，他在上海协助陈独秀筹备组建中国共产党第一个早期组织。毛泽东还多次去霞飞路老渔阳里2号拜访陈独秀。毛泽东后来回忆："一九二〇年夏，我在理论上和某种程度的行动上，变成马克思主义者，并且自此以后，我自认为是一个马克思主义者了。"

另一边，蔡和森到达法国后，"以世界大势律中国，对于改造计划略具规模"。他通过"猛看猛译"，在半年多的时间里，撰写了两封给毛泽东的信、《法国最近的劳动运动》、一封给陈独秀的信《马克思学说与中国无产阶级》，全面地介绍了欧洲共产主义运动，系统地阐明了关于创建共产党的理论，成为中国共产党内比较早比较系统地阐述建党理论的理论家。他还收集传播马列主义和十月革命的重要小册子约百种，准备编译一部传播革命运动的丛书，向国内广泛介绍。

1920年6月，受毛泽东委托传达半淞园会议精神的萧三、陈绍休等人抵达法国巴黎。蔡和森闻讯从蒙达尼赶往巴黎。18日，萧三、陈绍休与萧子升、蔡和森在巴黎见面，确定联系法国各地的新民学会会员于7月5日在蒙达尼聚会，讨论学会方针等问题。7月6日至10日，他们在蒙达尼公学的教室里举行了五天会议，会上，蔡和森提出以"改造中国与世界"为学会的方针，得到了大家的一致赞成。但在"改造中国与世界"走什么样的道路，采取什么手段这个问题上，蔡和森与萧子升等人发生了激烈的争论。蔡和森主张用激进的方法走十月革命的道路，以暴力夺取政权。而萧子升则倾向于无政府、无强权的蒲鲁东式革命。会后，蔡和森、萧子升两人都把自己的观点以书信形式寄给毛泽东，征求他的意见。毛泽东一方面将蔡和森来信转给新民学会会员传阅，另一方面在核心会员中进行了深入讨论。蒙达尼会议第一次响亮地提出了"改造中国与世界"的口号，但它的召开，也凸显了新民学会内部有关社会改造思想的分歧。

毛泽东等人自上海回到长沙后，开始着手创建长沙的共产党早期组织。

据萧子升回忆："一九二〇年，学会出现了分裂。在毛泽东领导下的那些热衷共产主义的人，形成了一个单独的秘密组织，所有非共产党员，除我之外，都不知道暗中进行的事情。"然而，毛泽东、何叔衡认为，虽然在新民学会中物色发展党团员最有基础。但在当时，长沙的共产党早期组织处于秘密状态，不宜在信仰不一致的新民学会会员中公开。因此，在新民学会的公开讨论活动中，建党、建团并没有成为讨论主题。

1921年1月1日至3日，新民学会长沙会友新年大会在长沙文化书社内召开。会议的主旨是讨论学会方针、目的及达到目的的手段、方法。新年大会上，毛泽东对改良主义、无政府主义、基尔特社会主义进行了集中批判，会员也各抒己见，讨论激烈。在激烈的讨论后，会议最终决定，赞同以"改造中国与世界"为新民学会的宗旨，还通过了组织社会主义青年团等几项具体工作。这次会议在对过去信仰的深刻检讨和反省之下，彻底纠正了学会的方向。至此，新民学会从整体上转化为一个以科学社会主义为宗旨的马克思主义革命团体。然而，这次大会也预示着新民学会的会员们从思想上已经不可逆转地走上了分裂的道路。

1921年1月2日编辑的《新民学会会员通信集》第3集中，刊登了新民学会的紧要启事，其中提到："惟会友个人对于会之精神，间或未能了解。……本会对于有上述情形之人，认为虽曾列名为会友，实无互助互勉之可能。为保持会的精神起见，惟有不再认其为会员。"这个启事表明，新民学会内部发生分裂的苗头已经凸显。

1921年1月16日，是新民学会一月常会。与会者在长沙文化书社围绕"会友个人的进行计划""会友个人的生活方法"及"个性之介绍及批评"展开讨论。参会者都对个人的近期打算、长远计划，乃至人生观、世界观，作了自我表白，清浊分明。这就为长沙的共产党早期组织物色发展党团员对象，提供了大量有益的参考。

1920年10月，萧子升为里昂大学建设问题回国。然而，他回国后，先是在北京、上海等地办理华法教育会和里昂大学的事情，直到1921年2月25日才回到长沙。长沙的新民学会会友翘首盼望了几个月，他才迟迟归来。回湘后，萧子升暂住船山学社，毛泽东等人希望他放弃蒲鲁东式的无政府主义，改信马克思主义，但萧子升则竭力宣传蒲鲁东的互助论、罗素的基尔特社会主义，不放弃自己的主张。毛泽东与萧子升的谈话，因为各抒己见、互不相让，往往以争得面红耳赤、默默流泪告终。船山学社里的争论，标志着毛泽东与萧子升在政治上分道扬镳，自此之后，新民学会活动全部终结，学会也自然消亡。

在新民学会完成它的历史使命自然消亡之后，以毛泽东、蔡和森为代表的接受了马克思主义的会员在马克思主义的旗帜下聚集起来，将新民学会的精神传统转移到湖南共产党组织的建设上，新民学会由此完成了凤凰涅槃、浴火重生。中国共产党长沙早期组织正是在这个基础上诞生的。

★
"对中国的事情和命运产生了广泛的影响"——新民学会的历史之功

"鲲鹏击浪从兹始"，新民学会作为一个由进步青年出于"革新学术，砥砺品行，改良人心风俗"的追求凝聚而成的进步团体，在爱国主义的深入人心和马克思主义的广泛传播的影响下，通过会员积极投身留法勤工俭学、驱张运动等一系列斗争实践，产生了深刻的思想变化，使学会宗旨发生了巨大转变，发展成为以"改造中国与世界"为宗旨的革命团体。虽然，由于学会会员间信仰的不一致，学会最终发生了分裂，走向自然消亡。但这个高尚、纯洁、勇猛、精进的同志团体，站在时代潮流的浪尖，"到中流击水，浪遏飞舟"，为马克思主义在中国的传播和中国共产党的建立、发展作出了突出贡献，"新民学会建党先声，毛蔡寄庐流芳千古"当之无愧！

一是新民学会为马克思主义在湖南乃至全中国的传播做了充分的思想准备。面对着"国家坏到了极处，人类苦到了极处，社会黑暗到了极处"的现实，毛泽东、萧子升等人围绕"如何使个人及全人类的生活向上"进行了数百次深刻的讨论，讨论的结果是：个人的改造和人类的改造需要通过"自己品性要改造，学问要进步"来逐步实现。正是在这种思潮的影响之下，十多个志同道合的青年逐渐融合汇聚，一个学术团体——新民学会应运而生。

新民学会的成立，标志着以毛泽东为代表的新民学会会员义无反顾地走上了一条追求信仰、追寻"大本大源"的道路。此时的毛泽东等人认为，要实现"新民"和新世界，就要克服资本主义社会的弊病，实现世界主义的理想。而"这种世界主义，就是四海同胞主义，就是愿意自己好也愿意别人好的主义，也就是所谓社会主义"。这说明，新民学会成立的目的，一开始其实就是实现社会主义。

然而，由于在此时的会员的认知中，实现社会主义的方法还没有触及改造社会的经济制度和政治制度，他们把"改良人心风俗"认作社会改造的根本办法，单纯地认为仅仅通过个人品行的改造和团体的互助，或许就能实现全人类改造。这注定了会员的改造之路上将布满荆棘险阻。事实证明，新民学会在寻找社会改造的道路中，也曾一度被工读主义、新村主义、无政府主义、空想社会主义思潮俘获，被单纯而高尚的理想主义所感召，致力于寻找新世界与新生活。他们从古今中外的书本中、从躬身亲为的社会实验中努力寻找心目中"新村"一类的理想国，可惜这些带有浓重道德色彩的乌托邦实验，在残酷的现实面前被一一击碎。

面对挫折和失败，这群青年没有放弃、没有沉沦，而是根据实际情况，适时作出调整，继续求索。从《湘江评论》到驱张运动、自治运动，从文化书社到俄罗斯研究会，湖南人的奋斗精神在毛泽东这样"可敬可爱的青年身上复活了"。正如陈独秀在《欢迎湖南人底精神》一文中热情讴歌的那样："我们欢迎湖南人底精神，是欢迎他们的奋斗精神，欢迎他们奋斗造桥的精神，欢迎他们造的桥，比王船山、曾国藩、罗泽南、黄克强、蔡松坡所造的还要雄大精美得多。"

对于湖南自治运动的教训总结，成了新民学会性质发生转变的重大因素。一篇《"驱张"和"自治"不是我们的根本主张》，预示着毛泽东和许多会员最终放弃了有关社会改造的"乌托邦"设想和"呼声革命"。改造中国社会，注定是一条艰巨性和长期性兼具的道路，因此，这群青年终于发现，"我们学会，不可徒然做人的聚集，感情的结合，要变为主义的结合才好。主义譬如一面旗子，旗子立起了，大家才有所指望，才知所趋赴"。新民学会从一个学术团体转向革命团体的重要转折，也随之开始。

十月革命的一声炮响和五四运动的如火如荼，给迷茫中的中国人送来了时代的强音——马克思主义。作为"西方的反西方主义者",马克思主义由于自身的革命性、科学性、正义性等理论特征与中国传统文化价值存在某些契合,获得了以毛泽东、蔡和森为代表的新民学会一部分会员的接受和认可。在1921年新年大会上,毛泽东就当时社会上主要的社会主义思潮作出了精辟的总结分析:"社会政策,是补苴罅漏的政策,不成办法。社会民主主义,借议会为改造工具,但事实上议会的立法总是保护有产阶级的。无政府主义否认权力,这种主义恐怕永世都做不到。温和方法的共产主义,如罗素所主张极端的自由,放任资本家,亦是永世做不到的。激烈方法的共产主义,即所谓劳农主义,用阶级专政的方法,是可以预计效果的,故最宜采用。"

在组织和参与新民学会的活动中,以毛泽东为代表的一部分会员通过学习知识和寻觅真理,自身逐渐接受了马克思主义关于历史的解释,在俄国革命的成功中感受到了马克思主义强大的实践改造能力,看到了改造中国与世界的现实希望,从而认定马克思主义是"根本上变换全国之思想"的"宇宙之真理",认定"唯物史观是吾党哲学的根据"。这批青年,也成了中国第一批马克思主义者。

二是新民学会为中国共产党的成立和即将到来的革命高潮做好了组织准备。"在这种黑暗阴沉的社会里,不有一般勇往直前,……奋斗的真的青年出来撞警钟,挑重担,光明的世界,是永久不会实现的。"新民学会作为一个有信仰、有"主义"的群体,在军阀混战,人民陷于水深火热的困境之中应运而生,这是先进知识分子由于不满社会黑暗统治,追求自我进步,寻找救国救民道路的结果。学会成立之初,会员之间就有着"三年之内,必使我辈团体,成为中国之重心点"的宏愿,在后来不断学习和追求进步的过程中,会员又不断深化自身认识,"刻苦立志"。在这个过程之中,新民学会作为一面光辉的旗帜,集合一代湖南精英,也最终成就了近代中国"楚境一隅,经营天下"的济济盛况。

作为一个有章程、有纪律的团体,新民学会在组织学会生活的过程中,制定了一整套科学的章程制度和组织原则,这为后来湖南党组织的建设和发展,提供了可供参考的行为规范。新民学会成立大会所制定的学会章程共11

条，涉及学会宗旨、组织办法、入会条件、组织纪律、会员义务、会费使用等各个方面。同时规定入会条件，会员须遵守"五不"规范。在后来包括半淞园会议、新年大会上，又对入会条件进行了进一步的补充和约束。这些规定和制度以及所形成的优良作风传统，不仅影响了会员的思想和行为，更通过后来走上无产阶级革命道路的会员的模范行为，潜移默化地影响了湘籍无产阶级革命家群体的思想和行为，甚至影响整个无产阶级革命队伍的思想和行为。如1929年12月，毛泽东主持制定古田会议决议，规定发展新党员的5项条件中，就可以看到新民学会章程的影子。

新民学会在发展过程中，产生了自己的领袖人物——毛泽东和蔡和森。毛泽东和蔡和森同为新民学会的主要发起人。毛泽东既是学会会务主持人，又是学会革命活动的主要领导人。蔡和森则作为新民学会海外会员的主要领袖，同时又是学会的核心理论家。他们二人，同为学会领袖群体中最有威信、最有影响、最有经验的人，后来同时成为中国革命的先驱和马克思主义中国化的开拓者。李维汉曾经回忆："当时，在我们同辈中有这样一句话：'和森是理论家，润之是实际家。'"这句话虽不甚准确，但却也道出了毛泽东、蔡和森对新民学会的突出贡献及其在学会的重要地位。毛泽东、蔡和森不仅仅是新民学会的领袖人物，在他们走上无产阶级革命道路之后，更成了湘籍无产阶级革命家群体中当之无愧的领袖人物。中国人民在以毛泽东为领袖的中国共产党带领下，经过艰苦斗争，最终取得了新民主主义革命的胜利。而蔡和森则是最早提出"中国共产党"名称的理论家。在他短短36年的人生中，创造了明确提出"中国共产党"的组织名称第一人、主编党中央机关报《向导》第一人、撰写中共党史专著第一人等在内的多个"第一"，为中国共产党的理论建设作出了卓越贡献。他们二人，最终成为湘籍无产阶级革命家群体中无可争议的领袖人物。

虽然新民学会从正式成立到自然消亡，只有短短3年时间，但它的存在和活动，在改造湖南社会，反对帝国主义和军阀统治，推动湖南现代化进程中，起到了承上启下、举足轻重的历史作用。正如李维汉后来所回忆的："在五四运动以后，中国共产党成立以前，新民学会在湖南地区的革命运动中起着核心领导作用，为湖南地区的建党建团工作作了思想上和组织上的准备"，新民学会"在思想上和组织上为建立中国共产党作出了它应有的贡献"。自新民学会成长起来的湖南共产主义新人和湖南共产党早期组织，使三湘大地为之动容，推动了湖南现代化的车轮开始滚滚向前。至此，湖南现代化展现出新的曙光。

三是新民学会为中国共产党成立后毛泽东等人领导的革命斗争实践积累了经验。革命活动是革命群体的主要存在方式。没有革命活动，革命群体就不会持久，也就失去了其存在的意义和价值。新民学会会员之间，是一种"主义的结合"。在黎锦熙看来，新民学会"事业与求学计划颇宏远，行之亦甚果毅，良不易得"。新民学会作为五四时期湖南地区反帝反封建革命活动的核心组织，所领导开展的一系列留学运动、学生运动、工人运动，可以看作湘籍无产阶级革命家群体萌芽的一个重要标志。

新民学会的宗旨从最初的"革新学术，砥砺品行，改良人心风俗"到后来的"改造中国与世界"，显露出浓重的实践气息。而作为学会核心人物的毛泽东，行事特点更是不尚空谈而尚务实，坚持从实际出发。他在赴法勤工俭学和回湘之间毅然选择了后者，在送别蔡和森等会友后义无反顾回到长沙，把时间和精力投入掌握本国国情、领导革命活动上。在他和一部分新民学会会员的精心组织和领导下，湖南学生运动"吓坏了军阀"，《湘江评论》打开了洞庭湖的闸门，《女界钟》敲响了研讨"妇女解放"的钟声，驱张运动、湖南自治运动唤醒了民众的自我觉醒，文化书社、俄罗斯研究会等更是为后来中国共产党和中国社会主义青年团的建立做了充分的准备。正是在这一系列革命实践的过程中，毛泽东等人积累了宝贵的群众斗争经验，为他们在后来领导中国共产党坚定地进行革命斗争，带领中国人民最终摆脱封建主义、帝国主义、官僚资本主义"三座大山"，赢得新民主主义革命的伟大胜利提供了强有力的实践经验。

事实上，新民学会领导开展的革命活动，无论从深度还是广度来看，都已经达到了相当的水平。各项活动，为会员日后领导和发动群众，推动进行更伟大、更深刻的社会革命，积累了宝贵而丰富的经验教训。如赴法、赴南洋等留学运动，为向外学习、开展国际交流积累了经验；五四运动中以新民学会会员为骨干的湖南学生联合会领导的罢课、游行及抵制日货等学生运动,为日后开展政治动员活动积累了经验;"驱张""自治"等群众运动,以及蔡和森等在法会友组织发动的包括二二八运动、拒款运动、进驻里昂中法大学斗争等三次革命活动,为后来中国共产党成立以后,广泛争取各方支持、开展统一战线积累了丰富的实践经验。

从组织新民学会开始,毛泽东便强调会员要有严格的入会条件、手续,学会活动要取"潜在的态度",脚踏实地,不出风头,不务虚荣,多做基础工作,不浮游于大城市。在湖南自治运动失败之后,在军阀对群众运动极力镇压以及毛泽东本人遭遇诬控、传讯等一系列残酷现实中,他们更加深刻地认识到,唯有"潜在"组织,方能更好地开展秘密工作。自新民学会的实践中总结出的有关坚持"潜在切实"的作风、注重打基础和创造适应秘密工作的组织形式及方法,最终成为加强中国共产党的建设的宝贵经验。

在新民学会所领导的革命斗争实践中,毛泽东等人不断加深了对人民群众的深厚感情。与此同时,他们也更加深刻地认识到群众的伟大力量,从而更加坚定了依靠人民群众,走彻底的社会革命道路的理想信念。正如毛泽东后来对斯诺所回忆的那样:"在这以后,我越来越相信只有通过群众的行动确立起来的群众政治权力,才能保证有力的改革的实现。"

在努力宣传马克思主义和领导社会革命实践的过程中,新民学会的先进知识分子们还逐渐认识到,把马克思主义理论与中国革命实践结合,探索符合中国国情需要的革命道路的必要性和迫切性。毛泽东在领导新民学会的革命活动实践中,特别重视团结工人和发动工人运动,主持和参与过包括办工人夜学、深入工人阶层进行考察研究、发动宣传等各项活动。或许正是自这一时期开始,有关"在中国的民主革命运动中,……然而知识分子如果不和工农民众相结合,则将一事无成"的思想已经在青年毛泽东的思想中初见雏形。毛泽东等人在领导新民学会革命实践中形成的注重理论联系实际、坚持把马列主义与运动实践相结合的宝贵经验,在后来湖南共产党早期组织的建立和发展过程中发挥了重要作用,为湖南共产党组织成为党的创建时期基础较好的小组之一奠定了坚实的基础,为推动湖南地区革命形势的蓬勃发展、为工人运动的开展及中国共产党早期的发展作出了不可磨灭的贡献。

四是新民学会为中国社会的发展培养了一大批人才。首先,新民学会孕育了一批马克思主义者。新民学会从一群湖南青年的理想和信仰中走来。长期的坚持斗争中，从新民学会会员中锻炼出了一批立场坚定、模范守纪的优秀会员，79名学会会员中，先后有42人加入了中国共产党。他们在不同的历史时期，采用不同的方式，为中国的解放事业作出了卓越贡献。

  以毛泽东为代表的新民学会会员，一生致力于把信仰和斗争精神在民众中传播和普及，通过宣扬和鼓舞"民众的大联合"，唤醒了下层民众沉睡的阶级意识、斗争意识。新民学会内部的研究讨论，为毛泽东、蔡和森、何叔衡、向警予、李维汉、张昆弟、罗学瓒等人在后来革命斗争中表现出高度的革命觉悟、革命忠诚及深厚的马克思主义理论修养、不怕牺牲排除万难的革命意志做了良好的铺垫。新民学会会员中，向警予、蔡和森、何叔衡、张昆弟、罗学瓒、郭亮、陈章甫等人为中国革命事业牺牲，可以说，他们对于整个20世纪中国无产阶级革命事业的蓬勃发展，起到了无可替代的重要作用。

  其次，还有另外一部分新民学会会员，他们在救国救民的道路上，选择将科学教育作为自己的成才之路。事实上，多数新民学会会员后来选择了从事文化教育事业。新民学会会员中，涌现出了一批知名的学者，如科学家李振翩，翻译家萧三，教育家匡互生、朱剑凡、周世钊、张国基，资深的学者魏璧、劳君展、曾星煌、邹蕴真、陈书农、杨润余……他们都是文化教育战线上颇有声名和建树的人物。

  虽然，自1921年之后，新民学会会员由于信仰的差异而走上了各自不同的人生道路。但从总体上讲，他们当中绝大多数会员都是满怀爱国热情，矢志追求救国救民的真理，积极投身社会改革，努力推进人类进步。

  在新民学会自然消亡之后，毛泽东等人关于成立新民学会的初衷，经由马克思主义改造升华后，在无产阶级政党的领导下、在中国革命的斗争实践中发出了振聋发聩的时代强音，新民学会精神永存！

目 录

第一编 历史足迹

一、"集合同志，创造新环境，为共同的活动" 002
风华少年 002
精神导师杨昌济 006
毛泽东的思考 009
鲲鹏击浪从兹始 013
理想之光 016

二、"革新学术，砥砺品行，改良人心风俗" 020
沩痴寄庐结社 020
一师附小聚首 024
楚怡学校会议 031
周南女校会议 037

三、"改造中国与世界" 041
"改造中国与世界"的提出 041
"改造中国与世界"的实践 048
建党先声 055

四、"对中国的事情和命运产生了广泛的影响" 062

不同的方向 062
新年会议 066
学会自然消亡 070
"以才为基" 073

第二编　重要史料

一、酝酿成立学会 078

毛泽东致友人信（1915年7月） 078
毛泽东致萧子升信（1915年8月） 080
毛泽东致萧子升信（1915年9月6日） 082
毛泽东致萧子升信（1915年9月27日） 086
毛泽东致萧子升信（1916年6月26日） 087
毛泽东致萧子升信（1916年7月18日） 088
毛泽东致萧子升信（1916年7月25日） 092
毛泽东致黎锦熙信（1916年12月9日） 097
毛泽东致黎锦熙信（1917年8月23日） 099
体育之研究（1917年4月1日） 104
《一切入一》序（1917年夏） 114
张昆弟记毛泽东的两次谈话（1917年9月） 116
夜学日志首卷（1917年11月） 118
问题研究会章程（1919年9月1日） 127

二、学会发起及早期重大决定活动 133

蔡林彬给萧旭东（1918年7月） 133
毛泽东致罗学瓒信（1918年8月11日） 136
蔡林彬给毛泽东（1918年8月21日） 137
蔡林彬给陈绍休萧子暲萧子升毛泽东（1918年8月27日） 139
《湘江评论》创刊宣言（1919年7月14日） 145
蔡林彬给毛泽东（1919年7月24日） 147

《新湖南》周刊第七号刷新宣言（1919年9月）   149
罗学瓒给泽东（1919年11月14日）   150
毛泽东致陶毅信（1920年2月）   152
毛泽东致黎锦熙信（1920年3月12日）   155
毛泽东致周世钊信（1920年3月14日）   157
张国基给蒋竹如（1920年4月15日）   160
罗宗翰给周世钊（1920年4月21日）   162
张国基给毛泽东（1920年5月23日）   164
蔡林彬给毛泽东（1920年5月28日）   166
向警予给彭璜毛泽东（1920年6月2日）   169
向警予给陶毅任培道（1920年6月7日）   170
萧子暲给毛泽东彭璜（1920年6月22日）   172
毛泽东致彭璜（1921年1月28日）   173
《新民学会会员通信集》发刊的意思及条例（1920年11月）   175
学生之工作（1919年12月1日）   176
萧三日记（1918年3月至4月）   182

三、学会重要革命活动和传播马克思主义相关史料   183

欧阳泽给毛泽东彭璜等（1920年5月22日）   183
罗学瓒给毛泽东周世钊陈书农蒋竹如（1920年5月25日）   185
周世钊给毛泽东（1920年6月28日）   187
易礼容给毛泽东彭璜（1920年6月30日）   188
罗学瓒给毛泽东（1920年7月14日）   190
萧旭东给毛泽东（1920年7月至8月）   193
李维汉给毛泽东（1920年8月28日）   200
张国基给毛泽东（1920年9月19日）   201
萧子暲给陶毅（1920年11月7日）   204
毛泽东致向警予信（1920年11月25日）   206
毛泽东致欧阳泽信（1920年11月25日）   208
毛泽东致罗璈阶信（1920年11月25日）   209
毛泽东致张国基信（1920年11月25日）   211
毛泽东致罗学瓒信（1920年11月26日）   213

向警予给陶毅（1920年12月20日）	216
《蒸阳请愿录》序	219
湖南改造促成会发起宣言（1920年6月14日）	221
湖南改造促成会复曾毅书（1920年6月23日）	224
发起文化书社（1920年7月31日）	228
发起留俄勤工俭学（1920年8月22日）	230
文化书社组织大纲（1920年8月25日）	231
对于发起俄罗斯研究会的感言（1920年8月）	233
"驱张"和"自治"不是我们的根本主张（1920年11月）	236
湘潭教育促进会宣言（1920年7月31日）	238
张文亮日记（节选）（1920年）	240

四、学会自然解散和部分会员情况　　243

新民学会会务报告（第一号）	243
新民学会会务报告（第二号）	254
蔡林彬给毛泽东（1920年8月13日）	273
毛泽东给萧旭东萧〔蔡〕林彬并在法诸会友（1920年12月1日）	277
谢觉哉日记（1921年1月至10月）	283
开放海外大学女子请愿团致女界全体书（1921年7月）	285
新民学会紧要启事（1921年1月2日）	289

第三编　珍闻辑要

一、峥嵘岁月　　292

谈新民学会／毛泽东	292
回忆"二十八画生征友"片段／罗章龙	295
回忆新民学会始末／陈书农	299
忆参与新民学会活动情况／李维汉	301
忆新民学会早期活动与《新民学会会员通信集》编汇情况／罗章龙	322
忆毛泽东与《女界钟》的创办／周敦祥	331
忆新民学会点滴／劳君展	334

我加入新民学会的过程和其他情况 / 沈均一	336
忆赴法前后情况 / 罗章龙	338
毛泽东创办长沙文化书社 / 易礼容	341
关于文化书社组织活动情况的介绍 / 易礼容	344
对"驱张"等活动的回忆 / 易礼容	347
加入新民学会及参与相关活动的点滴回忆 / 张　怀	349
新民学会成立会和一九二一年新年会议概况 / 邹蕴真	351
新民学会及在南洋的活动情况 / 张国基	355
忆新民学会的分裂 / 萧子升	361

二、史海钩沉　　　　　　　　　　　　　　　　　　　365

毛泽东同志在五四时期（节选）/ 萧　三	365
第一次会见毛泽东同志及相关情况的回忆 / 谢觉哉	369
回忆翻译德文版《共产党宣言》/ 罗章龙	370
毛泽东青年时代的挚友陈昌 / 钱家楣	371
新民学会会员简介	374

主要参考书目　　　　　　　　　　　　　　　　　　　390

后　记　　　　　　　　　　　　　　　　　　　　　　391

第一编

历史足迹

一

"集合同志，创造新环境，为共同的活动"

风华少年

"恰同学少年，风华正茂；书生意气，挥斥方遒。指点江山，激扬文字，粪土当年万户侯。"这是毛泽东在1925年写就的《沁园春·长沙》中对自己与新民学会的战友们学习、战斗生活的生动描摹。1918年在岳麓山脚下刘家台子成立的新民学会恰是这样一群青春焕发、"以天下为己任"的风华少年的集合。他们组成的新民学会在"五四"时期是湖南省反帝反封建斗争的核心组织，也是当时全国最有生命力和战斗力的青年社团之一。新民学会的成立和其产生的巨大影响，与学会的成员有很大关系，学会成员虽然"人数不多，但都是思想上很认真的人"，"学会有七十到八十名会员，其中许多人后来成了中国共产主义和中国革命史上的有名人物"。毛泽东、蔡和森、何叔衡等人正是其中的代表。

新民学会的会员中有著名的"湘江三友"。在当时的湖南省立第一师范的学生中,杨昌济老师有3位得意弟子:毛泽东、蔡和森和萧子升。他们品学兼优、志趣相投,被人们称为"湘江三友",是成立新民学会的骨干力量。

毛泽东,出生于湖南湘潭县韶山冲的一个农民家庭。少年时先后在家乡的六所私塾读书,接受中国传统的启蒙教育。父亲本意想把他培养成为一个像自己一样的富裕农民或是精明的粮商。但显然毛泽东志不在此。他十分喜爱读书,书籍大大开阔了毛泽东的视野,也引起了他的思考。特别是湖湘文化和中国社会的现状对毛泽东产生了深刻的影响,他开始意识到国家兴亡,匹夫有责,对国家的前途命运有了不少思考。1910年,16岁的毛泽东请亲戚说动父亲允许他去"洋学堂"——湘乡县立东山小学堂上学,临行前他提笔写了一首《七绝·改西乡隆盛诗赠父亲》,夹在父亲每天必看的账簿里。诗中写道:

孩儿立志出乡关,学不成名誓不还。

埋骨何须桑梓地,人生无处不青山。

少年毛泽东胸怀天下、志在四方的鸿鹄之志跃然纸上。

初到东山学堂的毛泽东即展露了过人的才华,在东山学堂入学考试的作文题《言志》中,毛泽东抒发了自己求学救国的志愿。他的作文被老师们争相传阅,校长李元甫赞赏地说:"我们学堂里取了一名建国才!"在东山学堂毛泽东眼界大开,他感受到了老师们鲜明的爱国思想,接触到了包括自然科学在内的一些西学新学科,学了一些外国的历史和地理知识。在那里他熟读梁启超刊登于日本报纸上的唤醒中国青年人的文章,接触了改造社会的思想,他的思想受到了真正意义上的启蒙。

1911年春,毛泽东来到省城长沙,考入驻省湘乡中学。在革命党报纸上读到黄花岗起义的新闻后,他在学校张贴文章支持推翻清朝、建立民国,并带头剪掉辫子。武昌起义爆发后,毛泽东投笔从戎,成为湖南新军的一名士兵。1912年2月清帝退位,毛泽东认为其参军目的已实现,退伍回长沙继续求学。3月,毛泽东考取湖南公立高等商业学校,但一个月后因为英文跟不上教学进度而退学。随即他以第一名成绩考入湖南全省公立高等中学校,半年后因为觉得课程少而规则烦琐,就退学在省立图书馆自学西方政治和科学的经典著作。但父亲毛贻昌不同意毛泽东自修,并拒绝继续提供费用。

1913年春,毛泽东考入不收学费的湖南省立第四师范,1914年2月,随着该校并入省立第一师范。1914年秋,他被编入本科第八班,直至1918年6月毕业。在四师、一师学习的 5 年半时间，是毛泽东一生中非常重要的阶段。正是在这一时期，他与蔡和森等人结识，创建了新民学会。

蔡和森，字润寰，曾用名蔡林彬，1895 年出生，祖籍湖南湘乡永丰镇（今属双峰县）。幼时因为家境贫困，他在 13 岁的时候进了永丰镇上的蔡广祥辣酱店当学徒。三年学徒期满，他不愿经商而立志读书。在 16 岁的"高龄"时才进入初等小学读书，因年龄大，他常常被周围的同学嘲笑称为"太学生"。但他不以为意，刻苦攻读，一个学期后便跳级进入双峰高等小学堂。

在双峰高小，蔡和森除了努力学好学校开设的各门功课外，还十分关心时事，并联系自己三年的学徒经历，去思考更多的社会问题。他曾把范仲淹《岳阳楼记》中的名句"先天下之忧而忧，后天下之乐而乐"抄写在国文课本上，将其作为座右铭，借以鼓励和鞭策自己。少年时的蔡和森就是一个敢作敢为，并具有革命意识的人。辛亥革命爆发后，他响应中华民国临时政府的号召，立即剪掉自己头上的辫子，并推动家乡永丰镇开展剪辫子运动。初次的反抗行动激发了他朦胧的革命意识，推动着他寻求改造社会的良方。1913 年，蔡和森以优异的成绩进入湖南省立第一师范，和张昆弟等人被编入了第六班，一年后与毛泽东相识，结为志同道合的挚友。他们可以说是英雄所见略同，"指点江山，激扬文字"，积极投身社会实践和革命活动，在湖南进步青年中产生很大影响。当时，在湖南进步青年中，毛泽东、蔡和森齐名，被奉为表率。

1920 年，毛泽东、蔡和森的老师杨昌济在病逝前专门写信给好友——时任北洋政府教育部部长的章士钊，郑重推荐自己的两名学生："吾郑重语君，二子海内人才，前程远大，君不言救国则已，救国必重二子。"这"二人"就是毛泽东与蔡和森。

"湘江三友"中的另外一位，也是新民学会的重要创始会员——萧子升。萧子升，字旭东，后来改名萧瑜，湖南湘乡人，与毛泽东是邻县邻区的同乡。他有个弟弟，名叫萧三（现代著名诗人、翻译家，新民学会会员），字子暲，是毛泽东小学时代的同学。毛泽东在湘乡的东山学堂读小学时，他的才华得到了老师和同学们的认同，萧子升和萧三兄弟那时就与他结识了。萧子升虽然比毛泽东小一岁，但是1911 年秋就进入湖南省立第一师范第三班学习，比毛泽东高三届，是湖南省立一师的高才生。

1915 年夏，萧子升从一师毕业，毛泽东仍留在一师求学。但他们保持着密切的往来，相互探讨，交流心得。新民学会成立时，萧子升不仅是发起人之一，而且对新民学会章程做了重要修改。"会章系鼎丞、润之起草，条文颇详；子升不赞成将现在不见诸行事的条文加入，颇加删削。"

无产阶级革命家何叔衡也是新民学会早期的骨干会员。何叔衡，1876年出生在湖南宁乡一个农民家庭。他从小一面务农，一面断断续续读了8年私塾。26岁的何叔衡曾遵父命参加科举考试，并考上了秀才。县衙门请他去管理钱粮，但他"感世局之汹汹，人情之愤愤"，拒不任职，宁愿在乡间种地、教书，被人称为"穷秀才"。不久，清廷行"新政"，办新式学堂，1909年何叔衡受聘于云山高等小学堂，在教文史的同时也开始阅读外界新书，接触到孙中山倡导的民主主义思想和近代科学知识。1911年辛亥革命爆发，他率先剪去头上的辫子，又动员周围的男人剪辫、女人放脚。

1913年何叔衡进入长沙，虽已经37岁，却报考第四师范（翌年合并入第一师范）当新生。校内主事颇为惊诧，他却说："深居穷乡僻壤，风气不开，外事不知，耽误了青春。旧学根底浅，新学才启蒙，急盼求新学，想为国为民出力。"他的回答深受学校负责人的赞许。这位校内年纪最大的学生，积极参加青年人的活动，并与小自己17岁的毛泽东结为挚友。他们两人虽年龄相差较大，但因志趣相投，常共同探讨救国救民真理，很快建立了亲密的友谊。何叔衡在一师只读了半年就提前毕业了。1914年7月，他受聘于长沙楚怡学校，在此任主任教员，教高年级的语文课，但仍和在一师求学的毛泽东等人时相往来，保持密切的联系。

新民学会英才汇聚的一个重要纽带是湖南省立第一师范。第一师范创建于1903年，最初称湖南师范馆，前身是南宋著名理学家张栻讲学的城南书院。学校强调人格和学识的全面培养，校章规定的教育方针"除照部定教育宗旨外，特采最新民本主义"，即"道德实践""身体活动""社会生活"。学校还先后聘请了一批学识渊博、思想进步、品德高尚的教师，如杨昌济、徐特立、方维夏、王季范、黎锦熙等。与毛泽东差不多同时，一批追求进步的热血青年也纷纷考入第一师范，其中有蔡和森、张昆弟、陈章甫、罗学瓒、周世钊、李维汉、萧子升、萧子暲等。已是秀才，比毛泽东大17岁的何叔衡，也一起考了进来。在当时的湖南，一师堪称培养新青年的摇篮。老师学识渊博，道德高尚，教书育人并重；同学勤学苦练，思想前进，以国家栋梁自许。他们都忧国忧民，怀有救亡革新、改造社会的志向，师生之间互相切磋。在毕业之际，这一群时代精英，终于结成新民学会这样的进步团体。

精神导师杨昌济

新民学会是诞生在湖南的进步团体，而包括毛泽东在内的所有成员都是在源远流长的湖湘文化中成长起来的。湖南堪称一方"文脉深、文源广、文气足"的水土，湖湘文化上乘虞舜，中嗣屈贾，下接朱张，从屈原、贾谊到湖湘学派的奠基人胡安国再到明末清初湖湘文化集大成者王船山，湖湘英杰多在民族危亡、国家危难、民不聊生的社会背景下，在中华民族处于逆境之际，以天下为己任、忧国忧民，宣传和实践着自己的爱国主义思想。近代以来，随着西方列强侵略扩张，民族矛盾上升激化，湖湘文化的爱国主义思想更进一步被继承和发扬。曾国藩、左宗棠领导湘军，"舍身报国"；谭嗣同变法失败后坚决拒绝到日本避难，愿成为为中国变法流血的第一人。杨昌济在论"湖南人在中国之地位"时自豪地指出："德国之普鲁士实为中枢，日本之鹿儿岛多生俊杰，中国有湘，略与之同。"在长期的历史积淀和文化创造中，湖湘文化凝练出了激昂的爱国主义精神、忧国忧民的忠贞情怀、深厚的民本主义思想和以天下为己任的责任担当等精髓，成为湖南人民的宝贵财富。湖湘文化强调经世致用、经邦济世、以治国平天下为己任的特点在新民学会的成员身上留下深刻烙印，力戒空谈虚浮、主张务实践履、倡导实事求是的学风也深深地影响了毛泽东等湖湘青年。受湖湘文化影响，新民学会的会员以毛泽东为代表，"骛高远而卑流俗，有九天俯视之概"，具有改天换地之志。

除了受深厚的湖湘文化的影响，有一位精神导师对新民学会影响至深，他就是杨昌济。《新民学会会务报告》（第一号）中谈及新民学会成立原因时，曾有这样的描述："诸人大都系杨怀中先生的学生。与闻杨怀中先生的绪论，作成一种奋斗的和向上的人生观。"这是学会产生的思想源泉。毛泽东、蔡和森、萧子升、向警予等一大批有志青年都是他的学生。新民学会首批 21 个会员，其中他的学生就有 20

个之多①。

杨昌济，湖南长沙县板仓人。中国近代教育家、伦理学家，因世居板仓被人称为"板仓先生"。自幼饱受传统文化熏陶，尤喜程朱之学，是"长沙大儒"，早年曾加入进步团体南学会，宣传新学、新政，赞同谭嗣同的"以民为主"的政治主张。戊戌政变之后，退居家乡，研究经世之学。后来考取官费留日学生，先后在日本和欧洲留学长达近十年。

他是一位爱国心切、道德高尚、思想进步、诲人不倦的教育家。他把创造新社会的希望寄托在人才的培育上，决心"强避桃源作太古，欲栽大木拄长天"，献身教育事业培育人才。留学结束回国后，他断然拒绝湖南督军请他做教育司司长的邀请，专心从事研究和教育工作，"以直接感化青年为己任，意在多布种子，俟其发生"。杨昌济先后在湖南省立第四师范、第一师范任教。在当时一师的教师当中，论口才，杨昌济并不是很好，但他既博学多才，又注重实际，所以所授课仍受到广大学生的欢迎。加之他与一师的一些资深教师，如徐特立、方维夏、黎锦熙、王季范、易培基等人过从甚密，这样自然而然地就吸引了一批"尖子"学生聚集在他身边。大家对他心悦诚服，听讲非常用心，并常常利用课余时间到杨昌济家中请教。凡有学生登门请教，杨昌济都不惜牺牲休息时间，谆谆启导，与学生的关系非常密切。

杨昌济为人治学，极为严谨，学生在许多方面虔诚地向他学习，甚至模仿。杨昌济以"不死、求己、猛进、坚忍"的做人原则要求毛泽东、蔡和森等学生，让他们要注意锻炼身体、锤炼意志，做到坚忍顽强。毛泽东、蔡和森等人则提出"要像杨老师一样坚持冷水浴，坚持各种体育锻炼"，蔡和森虽因患有哮喘身体较弱，但却坚持锻炼身体，毛泽东更是像杨昌济一样坚持日日冷水沐浴。杨昌济也极为喜欢这批学生，"看到蔡和森、毛泽东等这样一批大有作为的青年，经常来到自己家里探讨治学、做人的方法，心里很高兴"。其中毛泽东、蔡和森更是杨昌济的得意门生，正如时人所记载的，杨先生"在长沙五年，弟子著录以千百计，尤以赏毛泽东、蔡林彬"。

杨昌济学贯中西，博古通今，是近代湖湘文化集大成者，是近代研究、传播湖湘文化的代表人物。他十分重视研究做人的道理，注意世界观、人生观的培养。他

---

① 罗章龙不是杨昌济的学生。

说："一个人要有理想，有高尚的理想。"他热烈支持兴起的新文化运动，宣传《新青年》的主张，热情向青年介绍和传播西方哲学、伦理学说，介绍中国古典学术思想和历史知识，鼓励学生树立"奋斗""向上"的人生观，鼓励学生用自己的实际行动去改良社会、改良人心风俗，他还与大家一起讨论"如何使个人及全人类的生活向上"等问题。杨昌济组织的研讨活动，深深地启发了毛泽东、蔡和森等人。毛泽东曾深入思考杨昌济所讲哲学中的"大原则"到底为何。他的理解就是"宇宙之真理"或称为"大本大源"。杨昌济成为引导毛泽东探索"大本大源"的导师。蔡和森对杨昌济所提出的政治大变动、文化大冲突的时代，青年要对人生、对社会种种问题加以新研究，一个人要有自己信仰的主义，树立贯穿终身的理想，一个国家、一个民族要有统一的理想等论述充满了兴趣。这也激发了他去追寻去探索自己的人生信仰，去找寻救国救民的思想的信念。这可能也为蔡和森后来远涉法国寻求真理，较早地成为坚定的马克思主义者埋下了伏笔。杨昌济强调用批判的态度进行学习。他认为"真理在两极端之间"，不能对任何学说无保留地继承和无批判地接受。他认为："夫一国有一国之民族精神，犹一人有一人之个性也。一国之文明，不能全体移植于他国"。他要求学生"能输入西洋之文明以自益，后输出吾国之文明以益天下，既广求世界之智识，复继承吾国先民自古遗传之学说，发挥而光大之"。要懂得"何者当因，何者当革"，只有这样，才是正确对待中西文化的态度。毛泽东、蔡和森、罗学瓒、张昆弟等都接受了这一教导。杨昌济的中西文化观，引导了毛泽东、蔡和森对待中西文化的思想与态度。由于毛泽东、蔡和森等在学生时代就有了这种思想基础，所以，他们后来能把马克思主义与中国实践相结合，把马克思主义中国化，并能够取得巨大成果，作出杰出贡献。

杨昌济时刻向学生进行爱国主义教育。1915年，日本帝国主义向袁世凯提出企图灭亡我国的"二十一条"时，他向学生作时局报告："日本对我国的侵略是步步逼近，而我国的自卫工作则毫无进步，甚为可忧！袁世凯想做皇帝，不惜出卖国家主权，接受'二十一条'，可耻，可恶！中国人民应当奋起，洗雪这耻辱。"他的讲话，以"不死、求己、猛进、坚忍八字勉励诸生"而结束。

正是在这种关于修身、立志、求真理的教学、探讨过程中，促成了中国著名的革命团体——新民学会的成立。可以说，杨昌济是新民学会的精神导师，是蔡和森、毛泽东等走上民主革命道路的引导者之一。

毛泽东的思考

二十世纪初的中国正处于社会动荡、新旧文化的激烈交锋之中。辛亥革命推翻了帝制，然而并没有改变中国半殖民地半封建社会的悲惨命运。湖南身处国之腹地，更是成为军阀南来北往的拉锯战场，战火连年不断，政治暮气至深，官场腐败已甚。究竟中国未来的出路在哪里？怎样实现个人和社会的向上？如何追寻和实现自己的信仰？自认为对国家和社会负有"根本改造大任"，心怀造福全人类宏大志愿的毛泽东已经进行了深入的思考。

毛泽东认为中国的落后、社会的黑暗、革命的屡败，是由于民智未开、人心太坏。要改变这种现实，必须从"大本大源"问题入手，即确立思想，规范行动，塑造人格，培养一代"新民"。1917年8月23日，正在湖南省立第一师范读书的毛泽东，给老师兼好友黎锦熙写了一封信，分析世局，探讨人生、哲学，探讨宇宙之"大本大源"的理念。

当时虽然改良主义、自由主义、社会达尔文主义、无政府主义、实用主义、民粹主义、工团主义等各种主义和思潮，"你方唱罢我登场"，但都没能改变旧中国的前途和命运。毛泽东在信中分析时局问题时叹息"国人积弊甚深，思想太旧，道德太坏"，而当政者既无自察之明，又无治国之策，他们的所谓变法，"俱从枝节入手"，而没有真正找到本源。"数千年之历史，民智污塞，开通为难。欲动天下者，当动天下之心……动其心者，当具有大本大源。今日变法，俱从枝节入手，如议会、宪法、总统、内阁、军事、实业、教育，一切皆枝节也。枝节亦不可少，惟此等枝节，必有本源。本源未得，则此等枝节为赘疣，为不贯气，为支离灭裂，幸则与本源略近，不幸则背道而驰"。而什么才是本源，"本源者，宇宙之真理"，"向大本大源处探讨。探讨既得，自然足以解释一切"。因此他主张"根本上变换全国之思想"，只要抓住"大本大源"，去教育民众，便可以从根本上变换世道人心。他说："天下之生民，各为宇宙之一体，即宇宙之真理，各具于人人之心中，虽有偏全之不同，而总有几分之存在。今吾以大本大源为号召，天下之心其有不动者乎？天下之心皆动，天下之事有不能为者乎？"对于当时的军阀政客，毛泽东认为他们"胸中茫然无有"，"如秋潦无源，浮萍无根"，只剩"手腕智计"。这样的政客与古代奸雄无异，无补于中国世事。他便呼唤学有本源，呼唤有雄才大略的政治家，"当今之世，宜有大气量人，从哲学、伦理学入手，改造哲学，改造伦理学，根本上变换全国之思想"，求得中国面貌之根本改变。但是毛泽东也感慨因未得"大本大源"之道而心中茫然，"十年未得真理，即十年无志；终身未得，即终身无志"。求得真理是立志的先决条件，但是，"真欲立志，不能如是容易，必先研究哲学、伦理学，以其所得真理，奉以为己身言动之准，立之为前途之鹄，再择其合于此鹄之事，尽力为之，以为达到之方，始谓之有志也"。

1917年下半年至1918年上半年，毛泽东在《〈伦理学原理〉批注》中，对个人和自我实现的问题进行了更进一步的思考。他还认为，"我"作为一个实体，具有至伟至大之力，是成就豪杰之士的人格之源。他要从"实现自我"做起，去担当再造中国的大任。责任意识、担当意识又得到了极大的提升。

先研究学问本源，求得"大本大源"之道，进而肩负起改变国之思想、国之命运的责任，这一路径成为他之后集合同志、组建新民学会时的原则——从探讨学术出发，进而"要有一种为大家共同信守的'主义'"，"主义譬如一面旗子，旗子立起了，大家才有所指望，才知所趋赴"。

求学时青年毛泽东还主张：求知识期间不仅要注重知识的获取，更要广交朋友；而完成改造中国社会的大业，更断非少数几个人可以包办的，必须要有一批志同道合可以共谋大事的同志、朋友，团结起来为共同的事业和志向而协力奋斗。

1915年6月25日，毛泽东在《致湘生信》中，谈及"来日之中国，艰难百倍于昔，非有奇杰不足言救济，足下幸无暴弃。同学陈子，有志之士，馀不多见。屠沽贾衒之中，必有非常之人，盍留意焉！人非圣贤，不能孑然有所成就，亲师而外，取友为急，以为然乎？"强调了拯救内忧外患的中国，没有杰出的人才是不可能的。而一个人要有所成就，除请教老师之外，结交朋友极为重要。毛泽东决心"效嘤鸣之求，步将伯之呼"，想方设法寻找有共同信仰、志趣相投的朋友。

1915年9月中旬，长沙城区各中等学校传达室门口张贴了一则《征友启事》。启事用八裁湘纸油印，有几百字，古典文体，书写为兰亭帖体。

这则贴出的《征友启事》大意是：今日祖国正处在危机存亡之秋，特邀请有志爱国工作的青年组织团体，砥砺品行，储蓄才能，共同寻求救国之道。启事原文有"愿嘤鸣以求友，敢步将伯之呼"之语，并指出征求的青年朋友要对学问、时政感兴趣，能吃苦耐劳，意志坚定，愿随时为国捐躯。

启事落款署名"二十八画生"。在邮寄启事的信封上注明"请张贴在大家看得见的地方"。启事还注明：来信由第一师范附小陈章甫转交。

这则《征友启事》发出后，随即在各校师生中引发各种议论。不少思想守旧的人认为，"二十八画生"是一个神经质的人，要把征友启事给撕毁掉；有的猜测"二十八画生"是在找女朋友。当时湖南女子师范的马校长，平日禁止该校女生与男校学生来往，看到该启事后更是起了防范之心，不仅向女生们打招呼，而且特地跑到湖南第一师范附小，向陈章甫询问"二十八画生"的情况："陈先生，你怎么帮人做起找朋友、当媒婆的事情来了！找朋友找到我们女子师范来了。这'二十八画生'是什么人？"

陈章甫笑道："你完全误会了。"并解释说，"二十八画生"就是毛泽东，是"毛泽东"姓名繁体的笔画总和，称毛泽东是湖南省立第一师范第八班的一位德才兼备、品学兼优又有鸿鹄之志的学生。

为证实陈章甫的话，马校长又找到第一师范校长武绍程核实，得到了同样赞语，即刻茅塞顿开："这是一位救国人才，有志气，有理想，可钦可畏！"

这位帮毛泽东转交来信，同时也是在《致湘生信》中被赞为"同学陈子，有志之士"的，正是毛泽东征友时树立的标兵——陈昌。陈昌，字章甫，湖南浏阳人。1915年6月毕业于湖南省立第一师范的第二班，先后在一师附小、浏阳县立高小任教。他将爱国豪情录入日记，见于行动。

据陈章甫日记记载，毛泽东与他书信往来甚密，尤其是在1916年春，为商讨时局，数日一封。他每当收到毛泽东的来信，就在日记中发表感慨。1915年12月，正值袁世凯复辟帝制，汤化龙、杨度等人趋炎附势，拥戴帝制，他写有《除夕偶题》：

呜呼一去几时归，烈士空劳举世悲。

沧海桑田成幻影，万民齐咒帝王徽。

1916年2月28日，陈章甫接到毛泽东手书《汤康梁三先生之时局痛言》后，题诗《感时二首》：

商量时局愤孤忠，外患犹将接内讧。

大地群雄方逐鹿，岂堪同室又兴戈。

　　同舟共济尚仓皇，大海茫茫渡未还。

　　兄弟阋墙先御侮，凯歌高奏太平洋。

　　符合毛泽东求友条件的还有罗学瓒。罗学瓒，湖南湘潭人。他的日记也是充满爱国、忧时、修身、储才的内容。其现存的1915年9月至1916年10月28日48篇日记中，其中有39篇是关于这方面的议论与记载，如他与好友毛泽东畅谈后撰写的《立志在匡时》：

　　我心如不乐，移足晤故人。

　　故人留我饮，待我如嘉宾。

　　开怀天下事，不言家与身。

　　登高翘首望，万物杂然陈。

　　光芒垂万丈，何畏鬼妖精？

　　奋我匣中剑，斩此冤孽根！

　　立志在匡时，欲为国之英。

　　陈章甫、罗学瓒的日记中所闪烁出来的思想光芒，正是毛泽东征友条件的最好注解。

　　后来，他们都成为新民学会的会员、中国共产党党员。陈章甫于1929年冬由中共中央派往湘鄂西根据地的途中，被反动派诱捕，后押往长沙杀害。罗学瓒于1930年任中共浙江省委书记时，被叛徒出卖，不幸牺牲。

　　多年后，毛泽东在延安回忆这段往事时，谈及有"三个半人"响应他的《征友启事》："其中一个是罗章龙，他后来加入了共产党。""'半'个答复来自一个没有明确表达意见的青年，他的名字叫作李立三"。"另外两个青年后来成了极端反动分子"。[1]

---

[1] 埃德加·斯诺 著，王涛译《红星照耀中国》，湖南人民出版社2020年7月版，第106页。

鲲鹏击浪从兹始

从毛泽东发起《征友启事》到后来新民学会的发起、成立和发展，与这段激昂岁月相伴的正是以毛泽东为代表的、为改造中国社会而砥砺奋斗的青年们的身影。

1915年毛泽东以"二十八画生"的名义发出的《征友启事》只收到寥寥几封回信。其中最早回复的是与毛泽东结下"管鲍之交"的罗章龙。罗章龙，1896年生于浏阳市。曾就读于长沙第一联合中学，受到了辛亥革命浪潮的鼓动与启迪。1915年毛泽东以"二十八画生"名义发出《征友启事》时，他化名"纵宇一郎"成为响应征友活动的"三个半人"中的第一人。罗章龙在《长沙定王台初晤二十八画生》一诗记录了此事。诗前写道：

《二十八画生征友启事》内有云："愿嘤鸣以求友，敢步将伯之呼。"

吾即投函询之。旋得复书，中有云："空谷足音，跫然色喜。"

后来经陈昌（章甫）、陈绍休（赞周）等浏阳籍学友联络，毛、罗两人约定在定王台见面。1915年秋的一个晴和周日，两人在湖南省立图书馆见面，整整谈了3个多小时。谈话内容很广泛。一是治学问题，毛泽东认为，学与用不符，读书与社会实践脱节，是个大问题，我们应共同探索。二是怎样处世做人，也就是人生观问题。毛泽东对醉生梦死、愤世嫉俗、消极悲观者，都给予批判，主张立志救国、奋斗向上。他说，评价人生，就看贡献大小，对人类影响的大小。三是对事物、对宇宙的看法，也就是宇宙观问题。物质与精神，哪个是第一性？这时两人都不清晰，都表示还待研究探讨。四是改造社会问题，两人都对军阀统治愤愤不满，觉得要改造，但如何改造，不得其法。毛泽东说，他对中国的井田制、太平天国的"天朝田亩制"做过研究，这些制度都不合时宜。

临别时，毛泽东说：我们谈得很好，"愿结管鲍之谊"，以后要常见面。

共同的理想抱负，使两人很快成为志同道合的朋友。定王台的这次会面在当时的两校学子中传为美谈，被誉为"三奇会"（毛泽东在一师时被称为"毛奇"，与德意志建国时的普鲁士名将谐音，又一语双关，说他是一师的奇特之士；而罗章龙与同往定王台的陈君，也非同俗流，在联中被称为"二奇"）。《长沙定王台初晤二十八画生》一诗中描述了罗章龙的欣喜之情：

　　白日城东路，娜嬛丽且清。
　　风尘交北海，空谷见庄生。
　　策喜长沙傅，骚怀楚屈平。
　　风流期共赏，同证此时情。

毛泽东也在后来写给黎锦熙的信中表达了新得知音的喜悦之情，"近日心事稍快惟此耳"。

而毛泽东跟萧子升、蔡和森等人的交往，更是源于大家对理想的共同追求。

毛泽东进入一师后刻苦攻读，很快成为学生中的佼佼者，他的诗词、文章也得到老师的赞赏。当时一师的展览室内常展出从十几个班学生的习作中选出的佳作。毛泽东和萧子升二人的文章经常位列其中，这也恰为早已认识的他们提供了一次进一步了解对方学识和思想的契机。二人虽然在一师共同学习的时间并不久，但是交往十分密切，经常携手散步、游玩、交流学习心得、畅谈理想。他们常到第一师范的后山妙高峰君子亭散步、游玩。相传宋朝的张栻、朱熹在城南书院讲学时，经常游览妙高峰并题诗寄怀，后人为纪念他们的友谊，建有君子亭。毛、萧在这里远眺岳麓山，近观湘江水。一次两人诗性大作，相互应和赋诗一首，描摹了暮色中岳麓山和湘江的美丽景色：

　　萧：晚霭峰间起，归人江上行。云流千里远
　　毛：人对一帆轻。落日荒林暗，
　　萧：寒钟古寺生。深林归倦鸟，
　　毛：高阁倚佳人。

1915年夏，萧子升从一师毕业，毛泽东仍留在一师求学。但他们的交往进一步加深，达到了毛泽东在信中所说的"相违咫尺数日，情若千里三秋"，一天不见面，好像离别三五年。1915年到1918年，毛泽东给萧子升的信留存下来的有13封，仅1916年6月底到7月初就有3封。1915年冬，毛泽东在反袁斗争中编辑《汤康梁三先生之时局痛言》一书，毛泽东写信请擅长书法的萧子升题写书名，萧子升接信后即用行书题写书名交给毛泽东。1916年2月29日毛泽东给萧子升的信中记载，萧子升打算将祖辈遗留的经史子集77种书目，无偿赠送给毛泽东，但这77种书目

"购之非二百金莫办",毛泽东婉言拒收,说"赠而不读,读而无得,有负盛心"。

1917年暑假,毛泽东和萧子升以游学的方式,在长沙、宁乡、安化、益阳、沅江5地做了一次长达一个多月的农村社会调查。他们沿途了解农民的经济和生活状况,饱览名胜古迹。但是此次游学生活异常艰苦,白天步行奔波,晚上常幕天席地。生活上除了靠沿途同学家帮助和好心人接济外,还得不时给途经的茶楼酒肆、商号钱庄写字送对联换一点钱。为了纪念这次游学活动,两人回到长沙还特意穿着旅行时的衣服和草鞋照相留念。长沙的朋友们听了他们的游学经历,赞赏他们是"身无分文,心忧天下"。

毛泽东和蔡和森在第一师范求学时,由于有共同的志向,结成了志同道合的学友,过着"恰同学少年"的生活。在学校里两人都是佼佼者,同为老师的得意门生、同学们的榜样。他们相互学习,互相切磋,友谊不断升温。1915年,蔡和森转入湖南高等师范专修科文学部学习。蔡和森在高等师范学习时,借住在岳麓山饮马塘的一间茅屋里。由于家庭贫困,经常断炊,有时到爱晚亭看书饿极了就以爱晚亭附近的青风峡的泉水充饥。毛泽东知道后,与萧子升商议,以共同探讨人生、改造社会等问题为由,力劝蔡和森到在楚怡学校任职的萧子升、何叔衡处居住,由他们提供生活费。友谊之深可见一斑。

毛泽东经常会主动约上好友数个,在湖南境内游历。但绝不是为了个人感怀的抒发。在记载里我们看到,毛泽东经常带着大家去禹王碑、辛弃疾练兵的飞虎营、王夫之隐居的大罗山等地。在这些地方,他并非游山玩水,而是号召大家多实践,多接触风土人情,多关注历史变迁。

理想之光

　　从1915年贴出《征友启事》，两年的广泛交际，毛泽东结识了许多志同道合的朋友，他们几乎天天以散步、游泳、游园、爬山等方式集合。他们集合时讨论的问题范围广泛，有校风、社会风气、家庭、婚姻问题，也有修身、立志、重现实、求真理等。毛泽东后来自述青年时期的经历时说："我逐渐地团结了一批学生在我的周围，形成了一个核心……这是一小批态度严肃的人，他们不屑于议论身边琐事。他们的一言一行，都一定要有一个目的……我的朋友们和我只愿意谈论大事——人的天性，人类社会，中国，世界，宇宙。"

　　毛泽东的同校好友张昆弟就在日记里这样描述毛泽东："毛君云，西人物质文明极盛，遂为衣食住三者所拘，徒供肉欲之发达已耳。若人生仅此衣食住三者而已足，是人生太无价值。又云，吾辈必想一最容易之方法，以解决经济问题，而后求遂吾人理想之世界主义。"毛泽东认为人生不能单以解决衣食住为目标，还应该追求更高的理想。

　　张昆弟是与毛泽东共同追求更高理想的新民学会会友。张昆弟，湖南益阳人。1913年考入湖南第一师范第六班学习，与毛泽东同年级。他们经常交换日记、心得，相互勉励。张昆弟看了蔡和森、毛泽东的日记后，在自己的日记中自我反省："每读友人日记，令人惭愧交集。他人之日异而月不同，道德学问，蒸蒸有生气向上之势。而吾则不见其进，若或有退焉！"他决心振筋骨，树雄心，向前追进，"大呼无畏，大呼猛进，为汝作先锋队"。

　　1917年秋初，开学后的第一个星期日，天气很燥热。毛泽东、张昆弟、彭道良与蔡和森相约，到离长沙50里的湘潭县境的昭山去游玩。蔡和森因那天搬家——从岳麓山下饮马塘迁移至刘家台子（又名周家台子），未去。他们3人冒着火热的太阳，沿着粤汉铁路向南走。晚上，夜宿在昭山寺的客房里，毛泽东、张昆弟、彭道良在房外小楼上乘凉，谈论的问题仍是：学习、修身、历史人物。他们互相鼓励要冲决家庭、社会的一切封建网罗，完善自己的身心，为改造中国储蓄才能。

毛泽东侃侃而谈：西方资本主义国家物质文明极其发达，但都限于为了衣食住，徒供肉欲的需要而已。假若一个人的人生仅是满足衣食住的需求，那人生太无价值。我们必须求得一个最容易的方法解决经济问题，然后以求实现我们理想的世界主义。他还说：人们的脑力劳动与体力劳动结合没有什么事是办不成的。

张昆弟、彭道良一致赞成他的见解。

9月22日，毛泽东、张昆弟在湘江游完泳后，前往蔡和森在岳麓山饮马塘的住所。当时已经是黄昏了，他们就住在那里。晚饭后，三人头顶明月到岳麓山爱晚亭里进行讨论。

当时陈独秀主编的《新青年》认为辛亥革命失败的一个重要原因是：国民思想落后，不关心国家大事，没能投入辛亥革命。毛、蔡、张等都是《新青年》的热心读者，他们的讨论、见解，反映了《新青年》的影响。此时，他们的思想都有圣贤豪杰创世观的痕迹，同时也受到了杨昌济、陈独秀改造国民性的思想的影响。

毛泽东谈到，最近读《新青年》上关于改造国民性的文章，很受启发。现在国民性惰，虚伪相崇，奴隶性成，思想狭隘，中国需要有像俄国托尔斯泰那样的大哲学家、革命家、大伦理革命家，洗涤国民之旧思想，开发其新思想。这时毛泽东的思想还是先知先觉、圣贤救世的思想。

张昆弟十分赞同毛泽东的意见，他指出中国人沉郁固塞，陋不自知，入主出奴，普成习性。需要有如俄之托尔斯泰其人者，冲决一切现象之罗网，发展其理想之世界。"行之以身，著之以书，以真理为归，真理所在，毫不旁顾"，从前的谭嗣同，今天的陈独秀，都是魄力雄伟的人物，非今日一些庸俗学者可比。

蔡和森也同意这样的观点，认为要学习谭嗣同冲决一切罗网的精神，突破旧思想、旧习俗、旧势力，去寻找改造旧思想、旧习俗的武器。

毛泽东"又主张家族革命，师生革命。革命非兵戎相见之谓，乃除旧布新之谓"。毛泽东此时并不主张暴力革命，他这里所指的"家族革命""师生革命"，是思想上的除旧布新，是一种说理的思想斗争，是用"民主"和"科学"去破除封建道德伦理，改变民心风俗。

毛泽东也常和萧子升在夜里登上一师不远处的妙高峰，坐在星月之下，面对万家灯火，纵论古今。当时正是袁世凯担任大总统不久，他们从报纸了解到国内外大事后，对中国的未来深表担忧。一次在君子亭上彻夜长谈时，毛泽东指出："康有为有些好的想法，但他已是过时的人，至于孙中山，他可是真正的革命领袖，但他没有半点军权。"萧子升则说："袁世凯不过是名罪犯，那些带兵的头也不过是他的傀儡！"面对内忧外患的现实，他们的共同的结论是要寻找新生力量，并规划出一个共同信奉的坚定理想。

1917年中秋节，毛泽东邀请罗学瓒、张昆弟、邹蕴真、彭道良、贺果、周世钊、邹彝鼎、李维汉、萧植蕃、陈绍休、罗章龙、蔡和森等16人，租用木船两只，环绕橘子洲游览了一圈。接着，大家席地坐在橘子洲头的草地上，漫谈"如何使个人及全人类的生活向上"。

罗学瓒：我们正处在一个国弱民穷的时代，需要有大志大勇的人共同来探讨救国救民的真理和方法。

邹蕴真：人生与忧患同来，种种烦恼皆为我练心之助，种种危险皆为我练胆之机，国家危急存亡之秋，英俊人才大批涌现，就是这个道理。

张昆弟：古之豪杰多出于乱世，是因为这些人有社会责任心，敢于承担救国救民的责任。

毛泽东：今日言救国，非各人广求知识、高尚道德、储蓄才能不可。

周世钊：欲达此目的，非从学生时代开始不可。

蔡和森：欲救今日之中国，非卧薪尝胆、十年生聚、十年教训不可。

罗学瓒：登高自卑，由近及远。我们大多是师范生，将来多是从事教育工作的，讲救国，就要首先培植救国人才，从小学生培养做起，从为乡梓服务做起。

毛泽东：这是一个可大可久的基础事业。我是打算当一名小学教师。

蔡和森：胸怀要广阔，心术要洁净，意志要坚定，言行要一致，必须多读修养之书及伦理哲学。

罗章龙：朋友要广交，要赤诚待人，言必信，行必果。但有三种人不能交：一种是有势利眼的人不能交，不但不交，而且应远离他；第二种是品行卑劣，无远大志向的人不能交；第三种是好谄谀之人不能交。

蔡和森对罗章龙的交友原则提出了不同意见，认为一个人应出淤泥而不染，濯清涟而不妖，不为颓俗所移，而应学会转移颓俗的本领。

讨论非常热烈，不知不觉已过二更。清风明月，吟诗畅饮，大家久久不愿散会。毛泽东提议，背诵唐诗三百首中带"月"的诗句，并带头朗诵"海上明月共潮生""何处春江无月明"。罗学瓒当晚作有《与诸友人雇舟畅游水陆洲》诗词二首，毛泽东、周世钊也开怀和诗，可惜诗作没有保留下来。

毛泽东和他的朋友们，就是这样经常聚会。岳麓山下蔡和森的家里和萧子升任教的楚怡小学教师宿舍，还有老师杨昌济的"板仓杨寓"，是他们聚会的场所。"如何使个人及全人类的生活向上"，是他们讨论的议题。"讨论的情形至款密，讨论的次数大概在百次以上"。经过严肃认真地反复讨论，大家达成一种共识：个人的品行要改造，学问要进取，国内的新思想、新文化已经发展起来了，再过静的生活和孤独的生活是不对的，应该追求一种动的生活和团体的生活。最后，毛泽东根据大家达成的"集合同志，创造新环境，为共同的活动"这一结果，提议组织一种严密的团体，成立一个学会。这个建议得到了大家的一致赞同。

二

"革新学术，砥砺品行，改良人心风俗"

★

沩痴寄庐结社

1918年4月14日，在长沙市溁湾镇刘家台子蔡和森一家租住的"沩痴寄庐"，毛泽东、何叔衡、陈绍休、邹鼎丞、张昆弟、蔡和森、邹蕴真、陈书农、周名弟、叶兆桢、罗章龙、萧子升、萧三等人聚会，讨论学会的名称、宗旨、章程，新民学会正式成立。

新民学会的名称最初是萧子升提出的。1918年3月31日，萧三在日记里写道："二兄①来坐已久，交阅润之所草新民学会简章。二兄意名为新民会云。"因为学会的首要目的是创造新环境，而创造新环境，首先要有新思想、新人才。因此，培育

---

① 即萧子升，他们是亲兄弟。

"新民"是首要任务。学会名称取自"大学之道，在明明德，在亲民，在止于至善"，"日日新，又日新"，"作新民"。意在相互砥砺品行，养成健全之人格，共同研讨学术，求得真理，倡导革新，建设新生活。经过充分讨论，大家最后一致同意学会取名为新民学会。

在会议上，毛泽东向大家汇报了会章起草经过和起草中争论的问题。他说：我们组织学会的出发点是要团结爱国青年，寻求革命出路，拯救国家；学会的学术研究应该侧重个人及人类的生活如何向上；学会的活动应该侧重社会改造，要改造旧环境，创造新环境；学会的发展应该向政党发展。

毛泽东的发言引起了热烈讨论。

蔡和森：孙中山组织的中国同盟会就是政党。我们组织学会是为了聚集爱国青年寻求中国独立富强之路。学会的发展方向是政党，应是题中之义。

邹彝鼎：辛亥革命后，政党林立，但无一不是追求私利。我们的学会可向政党发展。着手方法，先从改造自己的思想道德、民心风俗入手，去掉私心。

萧子升：我不反对学会向政党方向发展。我是主张会章写得简单明确，现在能够做的就写，不能做到的就不写；现在是学术团体，限于学术研究，修养道德，改良人心风俗。

邹蕴真：改良社会，先应改变人心；改变人心，先从学术着手，研究哲学、伦理学。这是杨昌济老师的一贯主张。

…………

经过充分讨论，会议通过了经萧子升修改的会章。新民学会最初的性质是学术团体，会章规定学会以"革新学术，砥砺品行，改良人心风俗为宗旨"。因此，新民学会成立初期，只是进步青年要求"向上""互助"的一个进步团体。后来在"五四"时期，成为湖南声援五四运动的"开路先锋"和"核心组织"。最后，一部分最先进的会员坚定选择从事工人工作，使学会成为政治运动的组织者和中坚力量。

在新民学会成立会上，会员们热烈讨论了学会的纪律，并将其写进了学会章程。章程第四条规定会员须遵守下列纪律：一、不虚伪；二、不懒惰；三、不浪费；四、不赌博；五、不狎妓。如有违者，"经多数会员之决议，令其出会"。

最初章程规定只有品格好、志向好、学问好，确有向上要求的青年才能入会，发展会员须有会员5人以上之介绍及过半数会员承认者，才得入会。会员对本会每年负一次以上通函的义务，报告自己及所在地状况及研究心得，以资互益。会员入会时缴纳入会费银圆一元，每年纳常年费银圆一元。后来经过多次讨论、修改，最后在上海半淞园会议上通过决议：发展会员"务宜谨慎"。新会友入会必须具备"一、纯洁；二、诚恳；三、奋斗；四、服从真理"的品质。此后的长沙会议又将"奋斗"与"服从真理"合为"向上"。

会章规定，设总干事一人，干事若干人，任期3年，由会员投票产生。在酝酿新民学会过程中，毛泽东是发起人、召集人，出力最多。

萧子升学识丰富，善写，能说，是大家公认的才子。经毛泽东提议，大家推选萧子升任总干事，毛泽东出任干事。但学会实际领导者是毛泽东。

新民学会除上述明确的规定外，还有一些无形的信条，如"不标榜""不张扬""不求急效"和"不依赖旧势力"。这些信条存在于彼此的交往和讨论中，没有明白地宣布过。因"不标榜"，多数会员彼此间很少面誉，言必及义，自谦和勉励的话多于高兴和得意的话。因"不张扬"，社会上除少数相知的朋友外，没有人知道新民学会的名称。因"不求急效"，会友无论求学还是做事，都重在为将来打基础。因"不依赖旧势力"，学会注重创造，反对因袭，学会从来没有和旧势力发生关系，也没有邀请旧势力的人加入学会。

另外，新民学会还有几个特点：第一，多数会员头脑清醒，是非分明，能容纳新思想，拒绝陈腐气；第二，有奋斗精神，大多数会员有不畏艰险、不怕强暴、联合好人做好事的勇气，有虚心好学、开拓进取的精神；第三，会友之间有亲密团结、互助及自我牺牲精神。

根据萧三当天写的日记记载，会议当天批准的基本会员，包括当天参加会议的萧子升（萧旭东）、萧三（萧植蕃）、何叔衡（何瞻岵）、陈赞周（陈绍休）、毛泽东（毛润之）、邹彝鼎（邹鼎丞）、张昆弟（张芝圃）、蔡林彬（蔡和森）、邹蕴真（邹泮芹）、陈书农（陈启民）、周名弟（周明缔）、叶兆桢（叶瑞庭）、罗章龙（罗璈阶）等13人，也包括未来得及参加会议的陈章甫（陈昌）、熊焜甫（熊光楚）、周世钊（周敦元）、罗学瓒（罗荣熙）、李和笙（李维汉）、曾以鲁（曾星煌）、傅昌钰（傅海涛）、彭道良（彭则厚）等8人。

在会议上讨论基本会员时，何叔衡曾经表示自己已经是年近半百的人了，参加年轻人的组织是否适宜？大家一致说："参加学会的只要志同道合即可，不问年龄界限。"何叔衡当即高兴地说："好，我年老志远，跟你们在一起，我也年轻了！"

会后，罗章龙十分兴奋，赋诗一首，以资纪念：

> 济济新民会，风云一代英。
>
> 汩痴盟众士，潆水泛流觥。
>
> 佳气郁衡麓，春风拂郡城。
>
> 庄严公约在，掷地作金声。

此诗表达了会员对充满生机的新民学会寄托极大的希望。

此后，在学会存在期间，新民学会干出了许多轰轰烈烈的事业。

一师附小聚首

新民学会成立后的第一项活动是发起湖南留法勤工俭学运动，蔡和森是主要的倡导者。

留法勤工俭学运动始于1912年，发起人是蔡元培、李石曾、吴玉章等，为"输世界文明于国内"，他们在北京组织了留法俭学会和留法预备学校。1914年，受袁世凯政府的阻止，被迫停办。1915年6月，李石曾等在法国巴黎组织了勤工俭学会，试验工余求学，以"勤于工作，俭于求学，以促进劳动者知识"为宗旨。1916年3月，蔡元培、李石曾、吴玉章和法国的欧乐、穆岱在巴黎发起组织华法教育会，蔡元培和欧乐任会长，成立华工学校。他们从巴黎回国后，又组织了北京华法教育会和留法勤工俭学会，作为经办全国赴法勤工俭学的总机关。第一次世界大战后，法国恢复生产需要大批劳工，在法国政府的默许下，赴法勤工俭学运动蓬勃开展起来。

1918年6月，湖南第一师范六、七、八、九、十班共170名学生毕业，毕业学生中就有不少新民学会会员。毕业后，何去何从？是参加工作还是继续学习？是出省学习还是出国深造？这个问题迫切地摆在新民学会会员面前。

在新民学会成立会上，这个问题曾被提了出来，并被热烈讨论过。新民学会会员都是志存高远的热血青年，他们觉得留在长沙学习或是工作，不能扩大知识面，多数会员有出国深造的志向。那时出国留学主要是两个方向：一是到资本主义比较发达的国家去，二是到马来西亚、印度尼西亚等东南亚国家去。当时出国留学去得最多的是日本。因为日本不仅是辛亥革命的策源地，孙中山就是在东京组建的同盟会；而且自明治维新以来，日本资本主义经济快速发展，已经发展成为东西方科学文化交流的桥梁。根据1918年3月31日萧三日记记载，学会成立前，毛泽东就草拟了赴日本求学的计划，准备发动同窗好友共去日本留学。在新民学会成立会议上，多数会员倾向去日本留学，并且会员傅昌钰已去日本，学会决定再派周名弟前往日本留学。

正当这群热血青年寻找出路的时候,他们的恩师、北京大学教授杨昌济托人给蔡和森、萧子升捎来了一封信,告诉他们留法勤工俭学的信息:蔡元培、李石曾、吴玉章等人组织的华法教育会在北京、保定等处开办了留法勤工俭学预备班,正在招生。

当时萧子升在楚怡学校任教,蔡和森寄居楚怡学校。蔡和森1917年6月从湖南高等师范毕业后没有工作,除开在长沙找工作很困难外,主要原因是他正在与毛泽东等人酝酿组织新民学会,谋划如何把解决个人出路与改造社会结合起来。收到杨昌济的来信后,蔡和森非常高兴,对毛泽东说:"从严复、梁启超开始直到孙中山都在向西方学习寻求救国真理,虽然最后都失败了,但是并不等于绝了路。现在情况变了,俄罗斯发生了十月革命,建立了劳农政府。究竟他们是怎么取得胜利的,这个值得研究和学习。虽然因北洋政府阻挠,我们不能直接去俄罗斯,但可以去靠近俄罗斯的西方。这是很好的机会,决不能错过!"

蔡、萧两人收到杨昌济教授的来信后,如获至宝,立即与毛泽东、何叔衡、陈赞周日夕筹议,决定召开新民学会会员大会,讨论留法勤工俭学问题。

1918年6月20日,何叔衡、毛泽东、蔡和森、萧子升、萧子暲、陈绍休、周世钊、邹鼎丞、张昆弟、李维汉、陈启民等,在湖南省立第一师范附属小学召开会议,讨论新民学会会员"向外发展问题"。

会议上,萧子升宣读了杨昌济的来信。信中说北大校长蔡元培等正在组织青年赴法勤工俭学,目的是去学习西方先进的科学文化知识,输入西方文明,实行科学救国、教育救国、实业救国,并已经在北京、保定等处办有留法预备学校,教授法语和勤工俭学的基本技能。有志勤工俭学的,不拘学历,都可以报名。有特殊困难的,还可以得到华法教育会的赞助。这是有志青年出国深造的好机会,希望新民学会会员前往北京参加留法预备班的学习。

蔡和森在会上介绍了留法勤工俭学运动的起源。接着,蔡和森说:湖南连遭北洋军阀统治,教育摧残殆尽,学生无学可求;革新学术、改良人心风俗,也需要走到国外去了解世界,吸收新思想;要贯彻"储养与练习结合,树立可大可久之基础",赴法勤工俭学是一个很好的机会。因此,留法勤工俭学运动应尽力进行。言毕,他第一个报名去法国勤工俭学。

罗章龙在发言中指出,留学日本的机会已经过去,留学欧洲的机遇已经到来。

早在新民学会成立会议上，罗章龙就含蓄表示很想去日本留学深造，但是因家庭困难难于成行。会后，毛泽东了解到有关情况后，与何叔衡一起号召新民学会会员从道义上、经济上积极支持，协助罗章龙筹备出国经费。可是等罗章龙筹集齐经费到达上海准备渡海赴日时，日本已经发生了迫害、镇压中国留学生的流血事件。从日本被迫回国的留日学生黄日葵告诉罗章龙：莫去日本了，日本不能容纳我们这些人；我们是中国人，可以在本国学习；要搞革命，可在本国进行。于是罗章龙终止了留学日本的计划。

李维汉在发言中指出：第一次世界大战中，法国的青年上了前线，许多工厂需要大批劳动力；如今第一次世界大战已经结束，法国更是需要大量的有知识和技能的劳动者去恢复生产。这就是赴法勤工俭学的时代背景。自己在湖南军工技术学校附属工厂当过铸工，有一点技术基础，可以报名参加赴法勤工俭学。

在发言中，大家都认为：在汤芗铭、傅良佐、张敬尧的统治下，湖南连年军阀混战，教育摧废殆尽，省内无法就业与升学，唯一出路是向外发展，留法勤工俭学就是千载难逢的机会。

毛泽东赞成大家的意见："向外发展"是新民学会成立会议上就确定了的方针。留法勤工俭学，我们不仅要动员学会会员去，还要发动全社会的有志青年去。长郡、周南、明德、稻田师范等学校的新民学会会员都要来做宣传工作。不仅要动员大批的有志青年去法国勤工俭学，还要动员大家到世界各地去学习考察，不一定都去法国。

周世钊在发言中提出：到法国勤工俭学和到东南亚从事华侨教育都是大好事情，应当鼓励大家去。但是也不要忘记我们是学师范教育的，要为本省的教育服务。我愿意先在省城从事小学教育，积蓄经验，有机会时再去大学深造。

何叔衡对此深表赞同。他说：世钊的意见很对。从学会的发展看，长沙是我们的基地，必须要有几个会员坚守阵地，后路不能空虚。

会议最后议定：学会以培养人才为基础事业，一方面要派人外出求学，学习外国先进的科学技术和先进革命经验，一方面也要有人在国内从事教育事业，从小学做起。决定派蔡和森先往北京与杨昌济联系，了解情况，毛泽东和萧子升暂留长沙，发动广大青年，组织赴法勤工俭学。

6月23日，蔡和森前往北京，25日抵达。他在北京拜访了杨昌济，经杨介绍，访问了蔡元培、李石曾等人。获知蔡元培、熊希龄、章士钊组织的华法教育会和留法勤工俭学预备学校——北京法文专修馆、保定育德中学留法预备班、长辛店工业班将在近期开学，得知家境贫寒的勤工俭学学生不仅可以得到华法教育会的资助，还可以向华工局借款，而且湖南人熊希龄、章士钊掌握一笔"湘省善后款"可以借支用于勤工俭学。经过多方活动，蔡和森争取到了包括蔡和森、毛泽东、李维汉、张昆弟、萧三和陈绍休等在内的25个借款资助名额。蔡和森及时写信给毛泽东、萧子升、萧三等人通报联系情况，建议"将青年界全面煽动，空全省学子以来京"，多动员有志青年进入留法预备班，要多渠道筹措赴法勤工俭学经费，希望湖南教育会会长、楚怡学校校长陈润霖致信给熊希龄，请求拨款支持湖南赴法勤工俭学学生，希望毛泽东找陈润霖和周南女校校长朱剑凡商议在湖南建立赴法勤工俭学预备班，为湖南动员大批学子赴法勤工俭学创造条件，建议毛泽东长驻北京，一边工作，一边学习，一边联络办理留法勤工俭学预备事宜。

8月19日，毛泽东、萧子升率领罗学瓒、邹鼎丞、张昆弟、李维汉、罗章龙、陈绍休等25个青年到达北京，其中新民学会会员12人，分别进入北京、保定及布里村留法预备班。蔡和森在北京法文专修馆学习法文。经杨昌济介绍，毛泽东在北京大学教授李大钊任馆长的北大图书馆担任助理员，一边工作一边自学，同时为湖南青年联络、办理留法勤工俭学预备事宜。

在北京，毛泽东、蔡和森整天为湖南学子赴法勤工俭学之事奔波，不仅要接待从湖南来的青年学生，安排他们进留法预备班学习，还得要千方百计为他们筹款赴法。他们多次走访蔡元培、李石曾等，寻求他们对湖南学子赴法勤工俭学的支持和帮助。在毛泽东、蔡和森、萧子升的活动下，湖南赴法勤工俭学活动获得了熊希龄、范源濂、李石曾的支援，得到华工局的贷款；继又获得熊希龄、范源濂拨米盐税公款16000元，华法教育会提供的5000元，章士钊筹措的2万元，聂云台等的"私人接济"。就这样，湖南许多贫困学生，如蔡和森、罗学瓒、李维汉、李富春、陈绍休、萧三、唐铎、欧阳泽、柳季刚、刘明俨等得以留法勤工俭学。

湖南赴法勤工俭学学生被分配在三个预备学校学习。萧子升、萧子暲、陈绍休、熊光楚、邹鼎丞、罗学瓒在北京法文专修馆学习法文和做工的基本技能；李维汉、李富春、张昆弟、曾以鲁、贺果、张增益、任理、杨楚、王建中等在保定育德中学高等工艺预备班学习，这个预备班学制1年，结业后由华法教育会安排赴法，李维汉所在的这个班共有学生86人，其中湖南籍的就有72人，有"湖南班"之称。蔡和森、唐铎、颜昌颐等30余人在保定蠡县布里村留法预备初级班学习。10月7日，陈绍休又将湖南来的熊信吾、孙发力、黄进等30余人送往蠡县布里村留法预备初级班学习。

经新民学会会员活动，9月5日，华法教育会湖南分会成立，会长陈润霖，副会长朱剑凡。湖南分会办有留法机械科预备班、女子留法预备班。1919年11月，由向警予、蔡畅等新民学会女会员倡导，长沙又成立了湖南女子留法勤工俭学会，并颁布了学会简章，请朱剑凡作指导。次年春，女子留法勤工俭学会办女子留法预备班，由朱剑凡任主任，新民学会会员陶毅任指导老师。

在北京期间，毛泽东和蔡和森有机会阅读了李大钊的《法俄革命之比较观》《庶民的胜利》《布尔什维主义的胜利》等传播马克思主义的文章，接受了李大钊在这些文章中所追求的人道主义、民主主义等观点。李大钊成为引导毛泽东走向马克思主义的第一人。

1919年1月，萧子升以华法教育会工作人员的身份前往法国巴黎，为留法勤工俭学学生做准备工作。

3月12日，得知母亲病重，又值第一批赴法勤工俭学学生从上海启程赴法国，毛泽东辞去北京大学图书馆的工作，离京南下。3月14日，毛泽东到达上海，欢送第一批、第二批赴法勤工俭学学生。次日，毛泽东前往环球中国学生会所在地上海静安寺路51号，参加赴法勤工俭学学生欢送会。15日，上海《申报》报道：第一批各省"所派留法学生多至89人，其中43人均湖南籍"，其人数居全国各省之冠。4月6日，在上海停留20余天后，毛泽东回到长沙，继续从事留法勤工俭学的宣传、动员工作。

为欢送赴法勤工俭学学生，毛泽东先后三次到上海。第二次到上海是同年12月16日，欢送蔡和森、向警予等30余人赴法。1920年5月，为送别萧三、陈绍休等赴法勤工俭学和与旅沪湘人商讨驱张①运动胜利后如何改造湖南的问题，毛泽东第三次赴上海。

第三次赴上海时，毛泽东拜访了湘籍名人章士钊。在毛泽东的请求下，章士钊曾经想尽办法筹集了2万银圆，资助湘籍学子赴法勤工俭学和毛泽东回湘从事湖南自治运动。中华人民共和国成立后，毛泽东对此事一直念念不忘。从1963年起，每年大年初二，毛泽东必定派秘书从自己的稿费中送2000元人民币给章士钊，以回报

---

① 驱逐皖系军阀、湖南督军兼湖南省省长张敬尧。

他当初对赴法勤工俭学运动和革命活动的支持。毛泽东告诉章士钊的孙女章含之："这个钱是给你们那位老人家的补助。"直到1972年送满累计2万元，又从1973年开始还"利息"，直到章士钊去世。

蔡和森是赴法勤工俭学运动中最坚决最积极的一个。他不仅在一师附小会议上第一个报名参加赴法勤工俭学，而且还动员年近60岁的母亲葛健豪和妹妹蔡畅等家人报名参加。1920年2月，蔡和森率领母亲葛健豪、妹妹蔡畅及向警予等30余人抵达法国蒙达尼。3月8日，他写信给家里，希望父亲蔡容峰、哥哥蔡麓仙、姐姐蔡庆熙、外甥女刘昂也来法国勤工俭学，并叮嘱姐姐动员何叔衡等一起来。他迫切希望有志青年乃至老年人都去法国勤工俭学。

在湖南赴法勤工俭学学生中，年龄最小的是熊信吾，14岁，最大的是葛健豪，54岁，其次是徐特立，43岁。

从1919年3月17日中国首批勤工俭学学生赴法，到1921年2月28日最后一批勤工俭学学生抵达法国，前后共有18省1600多名学生分20批赴法勤工俭学；其中四川省有378人，居第一，湖南有346人，约占四分之一，居第二。全国60名留法女生，湖南占40名。湖南346名赴法勤工俭学学生中，有中学生220名，大学生70名，小学生2名，其余是教师和工人。新民学会70余名会员中，赴法勤工俭学的有蔡和森、蔡畅、向警予、李维汉、罗学瓒、张昆弟、萧三、萧子升、熊季光、熊叔彬、魏璧、劳君展、曾星煌、张百龄、刘明俨、欧阳泽、熊焜甫、陈绍休、贺果等19人，此外还有刘清扬赴德国学习。这是一批头脑清醒、志向远大、"真心求学，实意做事"的知识青年。当年湖南《大公报》发表的《湖南留法勤工俭学生调查记》赞赏道：湖南学生"多具远大之兴趣，有即知即行不顾危险之性"，其留学目的"不仅在求高深学问，能知能行，学有专艺，尤为目下国内急需"。后来他们中的大多数成为马克思主义在湖南的重要传播者。新民学会70余名会员中，后来加入中国共产党者达41人，留法勤工俭学成员的19人中有蔡和森、蔡畅、向警予、李维汉、罗学瓒、张昆弟、萧三、刘明俨、熊季光、贺果、欧阳泽、熊焜甫12人参加了共产党。

毛泽东曾提出新民学会会员应该散于世界各处去考察，天涯海角都要去人，不应该堆积在一处，"各方面的'阵'都要打开，各方面都应该有去打先锋的人"。新民学会大概有40%的会员在国外工作、学习。在组织留法勤工俭学的同时，新民学会还组织青年赴南洋从事教育工作。李思安、张国基、萧道五等会员就去了新加坡。

至 1920 年 9 月，在新加坡、马来西亚从事教育工作的湖南人达 24 人。

毛泽东组织了新民学会会员等湖南青年"向外发展"，先是赴法、赴南洋诸国，后来往俄罗斯。但是，他始终没有外出留学，我们"如果要在现今的世界稍为尽一点力，当然脱不开'中国'这个地盘。关于这个地盘内的情形，似不可不加以实地的调查及研究"[①]。往后，他忙于建党工作，再也没有机会出国留学。

[①] 中国革命博物馆、湖南省博物馆：《新民学会资料》，人民出版社 1980 年版，第 63 页。

楚怡学校会议

1919年1月18日至6月28日，第一次世界大战的战胜国（协约国）和战败国（同盟国）在巴黎凡尔赛宫召开了一次讨论战后问题的国际会议，共27国参加，苏俄未被邀请。会议标榜通过媾和建立世界永久和平，实际上是英国、法国、美国、日本、意大利等帝国主义战胜国分配战争赃物、重新瓜分世界的会议。中国本是战胜国之一，可是巴黎和会拒绝了中国代表提出的废除外国在中国的势力范围、撤退外国驻中国的军队和巡警、撤销领事裁判权、归还租界、取消中日"二十一条"及换文的要求，拒绝了中国代表提出的废除战前德国夺取的在山东的各项特权的提案，却接受了日本的无理要求，承认日本夺取德国在山东的各种特权。巴黎和会上中国外交失败的消息在知识分子和学生中迅速传开，遭到中国人民的坚决反对。北京、上海等地正在酝酿一场伟大的反帝爱国运动。

1919年4月6日，毛泽东从上海回到长沙，担任修业小学历史教员。看到报纸上不断报道巴黎会议上外交受辱的消息和北京、上海等地的学生正在酝酿争回山东权利的斗争的信息，毛泽东对章士钊说："我在北京、上海看到知识分子界对中国在巴黎会议上的外交受辱义愤填膺，正在酝酿一场伟大的爱国运动；湖南应该行动起来，我们新民学会也应该有所行动。"随后，毛泽东走访了留在长沙的新民学会会员，准备在周日到楚怡学校何叔衡的住处开会，商讨如何迎接这场即将到来的伟大的爱国运动。

在4月中上旬召开的楚怡学校会议上，毛泽东首先向新民学会会员讲述了他在北京、上海的经历，介绍了他接触到的一些让他特别佩服的人物，如李大钊、陈独秀、蔡元培、胡适等。接着他重点谈到了国内形势。他说：自陈独秀提出"科学"和"民主"口号以来，国内要求社会解放、妇女解放和思想解放的呼声日益高涨。特别是中国政府在巴黎会议上的外交失败，激起了北京知识界的巨大愤慨。湘籍学生邓中夏、匡日休等组织的《国民》杂志社，正在连续揭露巴黎分赃会议的真相和北洋政府卖国外交的罪恶,这一切都预示着一个伟大的爱国行动即将到来。希望新民学会会员密切注意时局动向,随时准备响应北京、上海等地学生的爱国斗争。鉴于新民学会大批骨干已经或即将出国勤工俭学,毛泽东提议要在反帝爱国运动中物色发展一批会员,特别是要注意在长郡、明德、周南、商专、法政和稻田女师等学校中发展会员。

这次楚怡学校会议,为迎接即将到来的五四运动作了思想上的准备。

1919年5月1日,第一次世界大战的战胜国英、法、美操纵的重新瓜分世界的巴黎和会,正式拒绝了中国代表提出的合理要求,却接受了日本的无理提案。北京政府屈服于列强的压力,准备在丧权辱国的和约上签字。消息传回国内后,北京大学1000余名师生和北京10多所学校的代表于5月3日召开会议,决议联合社会各界"外争主权,内除国贼",并通电巴黎专使,拒绝在和约上签字,定于5月4日在天安门举行大示威,并通电各地于5月7日举行总示威。

5月4日,北京学生3000余人,在邓中夏、许德珩、傅斯年、罗家伦率领下,高举"外争主权,内除国贼""废除'二十一条'""还我青岛"的旗帜,在天安门集合,后向各国领事馆驻地东交民巷进发。途中遭受军警阻挡,改道向亲日派官僚曹汝霖位于赵家楼胡同的住宅冲去。曹宅大门紧闭,警卫森严。北京高等师范学校、湖南邵东人匡互生等5人越墙进去,打开大门。学生冲入曹宅,没有搜到曹汝霖,但抓到了另一卖国官僚章宗祥,便将章痛打一顿,匡互生还放火烧毁了曹宅。北京政府闻讯急调军警镇压,捕去学生32人。轰轰烈烈的五四运动爆发了。

5月5日,北京大学学生干事会成立,邓中夏、黄日葵负责宣传工作。5月6日,北京学生联合会成立,邓中夏、许德珩、黄日葵被选为执行部成员,由邓中夏主编出版《五四》日刊。北京学联决定派代表到南方各省扩大宣传。黄日葵、许德珩沿津浦铁路南下,到天津联络张太雷、周恩来,然后再往南京、上海。邓中夏等人沿京汉铁路南下,先后到长辛店、保定、郑州、武汉、长沙、广州,发动各省市的学生、工人、市民支持学生运动。

五四运动的消息传到湖南后,毛泽东与留在省内的新民学会会员及教育界、新闻界的人士广泛交流对时局的见解,发动各界支援北京学生爱国运动。毛泽东起草了一个字数不多却热情奔放的传单,传单的第一句是"同胞们,起来!用我们的热血,挽救祖国的危亡",并写上"废除'二十一条'""誓死争回青岛""外争国权,内除国贼"等口号,以几个学校的名义发出。5月7日,长沙学生手执"誓死争回青岛"的旗帜举行游行。

5月9日，湖南《大公报》披露北京五四运动详情。5月14日，毛泽东与省教育会各干事、各校校长举行联席会议，讨论"协争青岛问题"。湖南省教育会会长、楚怡学校校长陈润霖，湖南商业高等专科学校校长汤松，周南女校校长朱剑凡等参加会议。会议郑重声明"倘我代表擅行签字，国民死不承认"。又致电北京政府，要求罢免曹汝霖、章宗祥、陆宗舆等卖国贼的职务，"以谢国人"。①

5月23日，北京学生代表邓中夏等抵达长沙，首先会见了毛泽东。邓中夏系湖南宜章县人，在湖南高等师范读书时就与毛泽东相识，1918年毛泽东在北京大学图书馆工作时，二人有密切交往。邓中夏向毛泽东详细介绍了北京学生运动的情况，希望以新民学会为核心，发动湖南学生组织学生联合会，支持北京的反帝运动。毛泽东告诉他：新民学会已有一些思想准备和组织基础。

5月25日，毛泽东在楚怡学校召集新民学会会员中的长沙各校学生代表——易礼容、蒋竹如、陈书农、彭璜、柳敏、黎宗烈、唐耀章、魏璧、朱后郑、张维、高标、何培元等开会，请邓中夏介绍北京五四运动情况，并决定成立湖南学生联合会。会议上，邓中夏声泪俱下，讲述北京五四运动的经过。代表们纷纷提议立即组织湖南学生联合会，以实际行动支持北京学生的爱国运动。会上，大家初步讨论了湖南学生联合会的章程，建议由毛泽东负责起草。

5月28日，湖南学生联合会成立，公开发表章程，宣布宗旨为：爱护国家，服务社会，研究学术，促进文明。最初选举湖南法政专门学校学生夏正猷为会长，后来因为6月3日夏正猷所在学校的学生会没有执行学联罢课的决定，引起各校不满，于是改选彭璜为会长，并推选柳直荀、易礼容、李思安、蒋竹如、魏璧、萧光球、陈纯粹、黎宗烈等新民学会会员分别为评议部、执行部委员。会址设长沙市落星田商专学校。在湖南学联成立会上，决定了在6月3日全省学生罢课，并于6月4日在湖南《大公报》发表《罢课宣言》，同时，向北京政府提出拒绝巴黎和约、废除中日一切不平等条约、严厉制止摧残学生运动等要求。

6月3日，长沙大中学校举行总罢课。参加游行的有第一师范、商专、工专、湘雅、长郡、明德、楚怡、兑泽、岳云中学、周南女校、湖南省立第一中学、达材法专、群治法校及湘乡驻省中学、宁乡驻省中学等20余校。刘少奇参加了这次游行

---

① 湖南《大公报》1919年5月16—19日。

示威后,赶赴北京,参加北京的学生运动。任弼时参加这次游行示威后,便与湘阴同学回家乡进行提倡国货、抵制日货的宣传。

学生的爱国行动,得到教育界的广泛同情和大力支持。湖南省教育会会长、楚怡学校校长陈润霖,周南女校校长朱剑凡,湖南第一师范校长孔昭绶,湖南商专校长汤松,长沙师范校长徐特立,新民学会会员、楚怡学校教员何叔衡,湖南第一师范学监王季范,周南女校教员陶毅以及修业小学教员周世钊等纷纷集议,支持学生反帝爱国行动,称赞罢课是"激于爱国热忱"。同时,发出《呈省长文》,要求湖南督军兼省长张敬尧"通知军警,对于各校出外之学生,随时加以保护,以防意外"。

然而,张敬尧却诬学生爱国运动为"过激主义",说什么青岛问题政府正在据理力争,无须学生越俎干涉,学生罢课、游行是"扰乱秩序,名为爱国,实为祸国",命令警局严加防范。学生丝毫不为张敬尧的淫威所吓退,进一步组织救国十人团、讲演团、话剧团,进行广泛宣传。

五四反帝爱国运动,主要矛头对准日本帝国主义。5月28日,在新民学会推动下,由湖南学联发起,湖南教育会、商会等共同组织了国货维持会,推举劳鼎勋任会长,长沙县县长姜济寰等为副会长,主张维持国货、抵制日货。6月10日,湖南学联出版了《救国周刊》,其宗旨是"开导社会,提倡国货"。此后,各校学生走上街头,没收日货、提倡国货形成高潮。

在抵制日货中,长沙码头工人和商家店员成为中坚力量。长沙有12个码头,全部工人都参加了反帝行列。他们或把洋货从洋船上卸下来,或拒绝为日本轮船搬运货物,或劝中国人不坐日本船、不买日本货,并招呼旅客乘坐中国船。

7月7日,湖南学生联合会与湖南国货维持会在省教育会坪共同举行焚毁日货的游行示威活动,现场群众无不拍手称快。可是这一爱国行动,却遭到了张敬尧的横加阻挠和破坏。

7月9日,湖南各界联合会成立,彭璜任会长。这是继北京、天津、上海、南京各界联合会之后成立的第五个省级联合战线性质的组织,也是倡导组织全国各界联合会的发起单位。

长沙人民的爱国热情迅速波及全省。5月30日,郴州学生成立了救国团;6月6日,湘潭学联成立;10日,武冈学生救国十人团成立。12日,张敬尧强迫各校提前放暑假,企图扼杀长沙的学生运动,但弄巧成拙,学生回到各县,推动了各县的反帝爱国运动。衡阳、衡山、宁乡、益阳、沅江、常德、桃源、临湘、平江、攸县、茶陵、酃县、湘乡、宝庆、耒阳、永兴、醴陵、新化、东安、蓝山、会同、靖县、绥宁、城步、新宁等县都兴起反帝爱国活动。反帝爱国活动之广泛，史无前例。

在轰轰烈烈的反帝反军阀的群众运动中，湖南学生联合会和毛泽东觉得急需办一个刊物，以提高群众的政治觉悟，激发群众的革命热情，宣传自己的政见，推动五四运动的深入发展。这时，北京已有李大钊、陈独秀创办的《每周评论》，上海有《星期评论》，成都有《星期日》。这些刊物对毛泽东有很大启示。于是，毛泽东与湖南学生联合会会长彭璜等商议，表示打算参照《每周评论》的形式，创办《湘江评论》。毛泽东的提议，获得湖南学生联合会全体成员的支持。湖南学生联合会决定创办《湘江评论》，聘请毛泽东任主编。

《湘江评论》以宣传最新思潮为主旨。1919 年 7 月 14 日，第 1 期正式面世。毛泽东参照《每周评论》的形式，辟有"西方大事述评""东方大事述评""世界杂评""湘江大事述评""放言""新文艺"等栏目，全系白话，第 2 号附有"临时增刊"。创刊宣言说自"世界革命"呼声大倡，"人类解放"的运动猛进以来，任何力量都阻挡不了革命的潮流。在这潮流中，"洞庭湖的闸门动了，且开了！浩浩荡荡的新思潮业已奔腾澎湃于湘江两岸了……如何承受他？如何传播他？如何研究他？如何施行他？这是我们全体湘人最切最要的大问题"。

毛泽东花了很大精力来主编这个刊物。从创刊号到第 4 期，他撰有文章 41 篇。刊物要出版的前几天，预约的稿子未收齐，他就自己动手写，白天找他的人多，事多，常在晚上写。文章写好后，自己编辑、排版、校对，有时还上街去叫卖。《湘江评论》的重要文章如《创刊宣言》《民众的大联合》《陈独秀之被捕及营救》等，都出自毛泽东的手笔，并充分地反映出《湘江评论》的思想倾向。

《湘江评论》精深的议论和彻底反帝反封建的无畏精神，在社会上产生了强烈反响。在上海出版的《湖南月刊》评介道："著论选材，皆极精粹，诚吾湘前所未有之佳报，欲知世界趋势及湘中曙光者，不可不阅。"胡适发表在《每周评论》第 36 期的文章介绍《湘江评论》的长处是在议论方面，认为《湘江评论》第 2、3、4 期的《民众的大联合》"眼光很远大，议论也很痛快，确是现今的重要文章。还有湘江大事评述一栏，记载湖南的新运动，使我们发生无限乐观。武人统治之下，能产生我们这样一个好兄弟，真是我们意外的欢喜"。北京《晨报》赞扬《湘江评论》"内容完备"，"魅力非常充足"。推崇《湘江评论》的人很多，但咒骂的也不少，说它是"异端邪说""怪人怪论"。军阀张敬尧将其视为眼中钉，在《湘江评论》

第5期印出时，就下令查封该刊物。

《湘江评论》一刊出，就以其崭新的战斗姿态，受到广大群众的热烈欢迎，各地青年争相抢购。第1期印刷的2000份被一抢而空，加印的2000份不到3天就卖完了。从第2期起开始每期印刷5000份，仍然不能满足广大群众的需要。

在《湘江评论》的推动下，长沙各界都开始争相办刊物，如湘雅医专龙毓莹主编的《新湖南》，雅礼学校柳直荀主编的《救国周刊》，周南女校周敦祥主编的《女界钟》，明德中学唐耀章主编的《明德旬刊》，长郡中学的《长郡周刊》等。这些刊物都鼓吹新思潮。

在毛泽东的倡议下，主办了刊物的各学校学生会，成立了周刊联合会，由毛泽东任总干事。在周刊联合会的指导下，长沙各校刊物都办得很出色。

《湘江评论》打开了洞庭湖的闸门，各种思潮浩浩荡荡地涌了进来。

《湘江评论》被封后，应湘雅医专《新湖南》主编龙毓莹的邀请，毛泽东从第7期开始接办该刊。毛泽东为该刊写了《刷新宣言》，提出该刊宗旨是：批评社会、改造思想、介绍学术、讨论问题。它的信条是"什么都可以牺牲，惟宗旨绝对不能牺牲！"因此，从第7期起《新湖南》与以前大不相同。《新青年》载文赞誉第7期"其中精彩真是不少，重要的如《社会主义是什么？无政府主义是什么？》——洋洋数千言，说的很透。"《新湖南》出刊12期后又被张敬尧查封。

周南女校会议

五四运动爆发后，面对全省风起云涌的爱国运动，湖南督军、省长张敬尧，为了维护北洋军阀的统治，对湖南人民的爱国运动极尽镇压之能事。1919年7月，张敬尧派兵镇压长沙爱国群众掀起的抵制日货运动；8月又无耻地下令封闭《湘江评论》、解散湖南学生联合会，并实行严厉的新闻封锁，所有北京发出的电报、新闻统统扣押，不准刊登。张的倒行逆施，激发了湖南人民固有的反抗精神，在毛泽东和新民学会的推动下，长沙很快掀起了轰轰烈烈的驱逐军阀张敬尧出湘的运动。

张敬尧，安徽霍邱人，保定军官学校毕业，号称北洋军阀皖系的"骁将"。1918年初，段祺瑞控制的北洋政府推行"武力统一"政策，派吴佩孚、张敬尧等统率北洋大军进入湖南，与南方军政府湘桂联军作战。3月18日，张敬尧率第七师进占平江，宣布"三日不封刀"，纵容士兵以搜索残敌为名，肆无忌惮地抢掠百姓财物，杀戮和平居民，将平江洗劫一空。3月下旬，第七师进入长沙，再次疯狂抢掠。3月27日，张敬尧被北洋政府任命为湖南督军兼省长，总揽军政大权，开始了皖系军阀祸乱湖湘的残酷统治。张敬尧伙同他的三个兄弟张敬舜、张敬禹和张敬汤——这几个家伙名字起得倒不错，尧、舜、禹、汤，可惜不做人事——在湖南恣意施行暴政，从政治、经济、文化、社会等各个方面进行了极为残暴的统治，烧杀抢掠、摧残妇女、搜刮民财，破坏教育，钳制舆论，可以说是为非作歹、无恶不作。据史料记载，其军队每到一地，经常杀人数万以上，烧毁房屋万间。"张毒"不仅对内实行残酷统治，而且与日本人勾结。湖南人民对其极为痛恨，以谐音称"张督"为"张毒"，时谚称"堂堂呼张，尧舜禹汤，一二三四，虎豹豺狼，张毒不除，湖南无望"。

对张敬尧的残暴统治，湖南学界首先起而反抗。何叔衡曾带领各地学生代表发动驱张请愿。各界代表组成的湖南善后协会，联络国内各地湘籍人士，或筹组报刊，或召开会议，掀起驱张活动。湘籍人士还在上海《大公报》以"湘民血泪"为题大登广告，揭露张敬尧祸湘的"十大罪状"。

1919年8月，当毛泽东主编的《湘江评论》第5期刚印好，张敬尧的军队就把它查封了；接着，张敬尧又强行解散了湖南学生联合会。在此之后，新民学会被迫转入地下，秘密地准备驱逐张敬尧的斗争。

9月，为了争取社会各界对驱张运动的支持，毛泽东与彭璜等原湖南学生联合会负责人秘密商议后，决定让彭璜以湖南学生联合会会长的身份去上海作"驱张"宣传，毛泽东留在长沙联络各界，秘密进行"驱张"准备。

为了作揭露张敬尧祸湘罪恶的准备，毛泽东部署新民学会会员搜集张敬尧为非作歹的证据。新民学会执行委员会副委员长李思安组织了一个调查班子具体负责，成员分赴株洲、岳阳、邵阳等地调查；省教育会、各学校及常宁水口山铅锌矿、湖南第一纱厂等单位搜集了张敬尧纵兵烧杀抢劫的罪行。

"驱张"的另一个重要准备，就是大力发展新民学会会员，壮大"驱张"领导核心。由于新民学会第一批会员中的领导骨干大多赴法勤工俭学，毛泽东与何叔衡、陈启民商议后，准备在声援五四运动中涌现与锻炼出来的一批学生运动先锋中积极而又谨慎地发展一批会员，充实新民学会骨干力量。经毛泽东、何叔衡等的介绍，1919年，新发展了向警予、彭璜、陶斯咏、张国基、夏曦、李思安、周敦祥、劳君展、魏璧、罗宗翰、李振翩、钟楚生、蒋竹如、谢南岭、易礼容、彭光球、萧光球、易阅灰、张百龄、唐耀章、沈均一、徐瑛、刘继庄、钟楚生、张泉山、姜竹林、萧业同等人为会员。

11月16日上午，由何叔衡主持，新民学会在周南女校召开了欢迎新会友会议，有41人参加。毛泽东致欢迎辞。在发言中，毛泽东明确提出当前的紧迫任务就是"把作恶多端的张敬尧驱逐出湖南"。毛泽东的讲话，得到了与会会员的热烈掌声。会上，鉴于新民学会总干事萧子升和大批会员已经去了法国，长沙会务工作需要有人负责，于是推举产生了新民学会新的负责人。经毛泽东、罗宗翰提议，何叔衡当选为委员长，李思安当选为副委员长，毛泽东、陶毅、周世钊、周敦祥、魏璧、陈书农、唐耀章、蒋竹如为评议员。会后，新民学会全力准备"驱张"斗争。

11月16日下午，湖南学生联合会重组，恢复活动，发表重组宣言，指出张敬尧结党营私、交相为害、刮削民脂民膏、草菅人命等罪行。这个宣言，实质上是湖南人民第一个"驱张"宣言。

11月中旬，福州连续发生日本人殴打学生惨案。湖南学联散发传单，要求全国人民加强抵制日货，反对军阀专制。11月26日，长沙学生纠察队在小吴门火车站查出大量日货，12月2日，由湖南学生联合会发起，学生、教师、工人、店员等万余人聚集在教育会坪，举行焚毁日货大会。正在开会时，张敬汤率领军警千余人包围会场，阻挠焚烧，强行驱散与会群众，辱骂殴打学生，当场打伤数十人，逮捕6人。

12月3日下午，何叔衡在周南女校召集新民学会会员大会，分析形势。大家认为：张敬尧入湘后，纵饿狼之兵，行猛虎之政，铲括诈骗，卖湖田、卖矿山、卖纱厂，省有财产已罄；加米捐，加盐税，加田税，人民膏脂全干；学校驻兵，教育经费停发，学生无学可求，教师生活无着。决议以新民学会为核心，组织人员分赴北京、上海、武汉、衡阳、郴州、常德等处，发动驱张运动。决定何叔衡、夏曦暂留长沙，与各地"驱张"代表团保持联系。

4日，湖南学生联合会在白沙井易培基家召开各校学生会代表会议，讨论"驱张"办法。最后，会议决议："以罢课为最后之对待"，实行全省总罢课，并派代表赴各地进行"驱张"宣传。会议还决定请毛泽东起草罢课宣言。

次日，湖南学生联合会发布《罢课宣言》，并定于12月6日全体罢教罢课，宣布"张敬尧一日不去，湘学生一日不回校"。随即湖南学生联合会组织了赴京、沪、津、汉、粤、衡、郴、常"驱张"代表团。

12月6日，第一师范、湖南商专、修业学校、楚怡学校、周南女校等首先罢课。不到一个星期，长沙各中等以上学校和部分小学13000余人全部罢课。接着，长沙73所公私立学校的教职员也宣布总罢教。

12月18日，毛泽东等赴京代表团一行40人到达北京，代表们冒着北方的严寒，不顾满街冰雪，每天奔走各处联络，向湖南在京学生、议员、名流、绅士宣传"驱张"意义，发动他们参加"驱张"斗争。与此同时，彭璜在上海、何叔衡在衡阳分别创办《天问》《湘潮》杂志，讨论"驱张"办法。

在这期间，长沙的驱张运动更是如火如荼。《大公报》《湖南日报》在长沙纷纷鼓吹"驱张"。《大公报》《湖南日报》联合公开质问张敬尧，揭露其媚外亲日、维护北洋军阀统治的丑恶嘴脸。

在湖南各界群众"驱张"怒潮的推动下，北京的湘籍名流利用直皖两系的矛盾，纷纷揭露、控告张敬尧督湘罪行。在湖南旅京各界公民大会上，湘籍国会议员签字担保"驱张"，湘籍议员纷纷表示如不去张无以面对湖南3000万父老。熊希龄公开指责张敬尧督湘一年来的种种劣迹；范源濂则直接向北京政府控告"张敬尧祸湘五大罪状"，要求北京政府"去祸湘之人""施福湘之政"。

各界群众对张敬尧罪行的抨击，也使得北洋军阀内部直皖两系早已存在的矛盾很快表面化和尖锐起来。在护法战争中，奉北洋政府之命首先攻入湖南的是直系军阀吴佩孚率领的第三师，为北军后续部队打开了进取湖南的通道。但段祺瑞却任命皖系张敬尧为湖南督军兼省长，使颇具战功的直系将领吴佩孚和冯玉祥等极为不满。此时，吴佩孚师驻军衡阳，为张敬尧保卫长沙的南大门，监视着驻在郴州一带的湘军谭延闿、赵恒惕等；冯玉祥率第十六混成旅驻常德、桃源一带，为张敬尧守西门。入湘后，张敬尧大肆盗卖湖南资源，购买大量军火，拼命扩充实力，打压直系势力，使得直皖两系矛盾日益尖锐起来。1920年初，吴佩孚、冯玉祥、谭延闿等利用全国"驱张"的声势开始公开倒张。3月，吴佩孚与南军达成协议。并得到南方军政府的资助，从衡阳撤兵北上。南军为驱除张敬尧，收复失去的地盘，在吴军撤防之后，立即北上占领祁阳、耒阳、衡阳等地。张敬尧部一路溃败，退出长沙。6月11日，张敬尧竟下令将新建的镇湘楼和军火库放火焚烧，长沙城内一时大火漫天，周边住宅、店铺多被殃及。6月26日，湘军攻占岳阳，张敬尧自岳阳败逃汉口，其所率北军主力被逐出湖南。不久，北京政府将张敬尧明令撤职查办。张的弟弟张敬汤则在鄂州被执行死刑。"驱张"斗争终于取得了胜利。

驱张运动是五四运动在湖南的发展，是反帝反封建运动在湖南的具体表现。驱张运动培育了一批革命志士，新民学会在国内的会员全部投入了驱张运动。这为马克思主义在湖南的传播，为党的早期组织在湖南的创建，为社会主义青年团在长沙的建立，准备了干部。据统计，参加驱张运动的58个新民学会会员，后来参加共产党和社会主义青年团的有46名，其中共产党员21人。驱张运动之后，毛泽东作为一个政治新星出现在湖南的历史舞台上。

三

"改造中国与世界"

"改造中国与世界"的提出

上海半淞园会议

1920年，湖南各界人民为驱逐湖南督军张敬尧，组织"驱张"请愿团分赴北京、上海、衡阳等地作宣传活动。毛泽东是赴京请愿团代表。

驻京"驱张"请愿团住在北长街99号一座大喇嘛庙内。毛泽东住在一间狭窄的房间里，由寺院的旁门出入。毛泽东在这里的工作非常忙碌，白天四处奔忙，晚上编写稿件，除领导驻京"驱张"请愿团的各项活动外，还认真读了一些当时能够找到的介绍马克思主义的书报和俄国十月革命的书刊。李大钊《我的马克思主义观》，《由经济上解释中国近代思想变动的原因》等文章对毛泽东的启发很大，使他第一次知道了马克思主义三个组成部分，知道了中国近代思想变动的经济根源。北京《晨报》副刊马克思主义研究专号所载的由渊泉翻译的日本河上肇著的《马克思的唯物史观》，使他懂得了历史唯物主义的基本内容。而对他启示更大的，是罗章龙翻译的《共产党宣言》。

这一时期，毛泽东与北京大学的进步团体——北京大学平民教育讲演团有密切往来，与北京大学马克思主义研究会成员及进步团体曦园、辅仁学社成员等也多有交往。这次在京期间，毛泽东经常会见罗章龙、邓中夏等人，共同研讨驱张运动、湖南的社会改造等问题，并请他们介绍马克思主义和俄国十月革命，了解俄罗斯的情况。

这次在京期间，毛泽东先后给陶毅、周世钊写了一封热情洋溢、见解独特的信。

陶毅又名陶斯咏，湖南湘潭人。五四运动时，是长沙周南女校教员，在1919年下半年，经向警予、毛泽东等五人介绍，加入新民学会。在支持周敦祥创办《女界钟》讨论赵五贞自杀事件中，她主张"妇女解放""女子自立"，赞赏"精神个人主义"，注重身心修养，与毛泽东观点一致。她和毛泽东被向警予颂扬为"改造社会的健将"。1920年2月，毛泽东在北京写信给陶毅，提出"我们要结合一个高尚纯粹勇猛精进的同志团体"，因为"我觉得好多人讲改造，却只是空泛的一个目标。究竟要改造到那一步田地（即终极目的）？用什么方法达到？自己或同志从那一个地方下手？这些问题，有详细研究的却很少"。他认为改造社会，要有共同的讨论，讨论共同的目的和共同的方法，再讨论方法怎样实践。只有这样，将来才有共同的研究，共同的准备，共同的破坏和共同的建设。

在写给周世钊的信中，毛泽东希望他留在长沙，同他一起战斗。当时，新民学会的骨干，多数赴法勤工俭学，有的赴东南亚工作，学会空虚。毛泽东计划在长沙做些打基础的事业，这很需要骨干会员。当时周世钊也有外出求学或出国勤工俭学的打算，毛泽东针对这思想，谈了国内研究和出国研究的先后问题。信中说："我觉得求学实在没有'必要在什么地方'的理，'出洋'两字，在好些人只是一种'迷'。中国出过洋的总不下几万乃至几十万，好的实在很少……因此我想暂不出国去，暂时在国内研究各种学问的纲要。我觉得暂时在国内研究，有下列几种好处：1. 看译本较原本快迅得多，可于较短的时间求得较多的知识。2. 世界文明分东西两流，东方文明在世界文明内，要占个半壁的地位。然东方文明可以说就是中国文明。吾人似应先研究过吾国古今学说制度的大要，再到西洋留学才有可资比较的东西。3. 吾人如果要在现今的世界稍为尽一点力，当然脱不开'中国'这个地盘。关于这地盘内的情形，似不可不加以实地的调查，及研究。这层功夫，如果留在出洋回来的时候做，因人事及生活的关系，恐怕有些困难。不如在现在做了，一来无方才所说的困难；二来又可以携带些经验到西洋去，考察时可以借资比较。"信中强调："我们是脱不了社会的生活的，都是预备将来要稍微有所作为的。那么，我们现在便应该和同志的人合力做一点准备工夫。"毛泽东这里提出的准备一是"结合同志"，组织一个纯粹、勇猛、精进的同志团体，二是在很经济的可能范围内，成立为他日所必要的基础事业。

1920年4月11日，毛泽东和萧三、陈绍休等赴法新民学会会员一起，离开北京去上海。经过25天的旅行，5月5日到达上海，住在哈同路民厚南里29号。此时在上海的新民学会会员有13人，其中陈赞周、熊焜甫、萧子暲、刘望成、欧阳玉生、张百龄分别由北京、天津到沪，候船赴法；魏璧、劳君展、周敦祥由长沙到沪，进入上海法文补习学校学习，准备赴法；彭璜原在上海，既是驻沪"驱张"代表团团长，又是湖南学生联合会驻全国学生联合会代表、全国各界联合会驻会干事。在此前，毛泽东曾派李思安、李启汉、陈纯粹去广州，加强驻粤"驱张"代表团的力量，请孙中山用武力支持驱张运动。到达上海时，正值全国第三次学生代表大会召开，李思安和彭璜代表湖南学生联合会出席全国代表大会，他们也就滞留在上海。后来，李启汉在上海协助陈独秀从事组织工会的工作。5月8日，毛泽东同彭璜、李思安等人，为欢送即将赴法的陈赞周、熊焜甫、萧子暲、刘望成、欧阳玉生、张百龄等6位会友赴法，在上海半淞园开送别会。在沪会友都到了。

半淞园是当时上海最大的私人经营的公园，园名取自"剪取吴淞半江水"的诗句。园内的湖泊与黄浦江相通，湖中央有一岛屿，上面奇石纵横、花草丛生。在树木掩映的湖畔，崛起一座大山，山上有亭阁，那是我国第一个载人气球升天之处。半淞园风景如画，每年春秋两季，游人络绎不绝。

毛泽东等人入园后先是驾舟游湖，后又登山望远，淞江半水，绿草碧波，望之不尽，心旷神怡。大家找了一个有石凳石桌的亭子，对即将出国的会友讲了许多祝贺与期望、勉励和依依不舍的话。在热情洋溢的笑谈中，大家还讨论了学会态度、学术研究、发刊会报、新会友入会、会友态度、是否设立分会等问题。

这些问题正是毛泽东致陶毅、周世钊信中提出的问题。毛泽东说："新民学会第一批会员、骨干，多数已经赴法和将要赴法勤工俭学，仅留下何叔衡、陈章甫、周世钊、陈书农和我了。第二批会员骨干留下来的彭璜、易礼容、李思安、陶毅、夏曦等较为多一些。但还有不少人随时在准备出国。出国会友和国外会友怎么样联系？留法会友比较多，是否成立新民学会分会？今后学会怎么样活动？大家可以探讨，可以从学会的任务、学会活动原则、会员入会条件等系列问题入手，展开详尽讨论。"他把自己给陶毅、周世钊的信的内容向与会者作了介绍。

在蔡和森等出国的时候，曾有会友提议，在会友较多的地方设立分会。这次的讨论，多数意见觉得没有设立分会的必要，因为设立分会反而有分散会友团结力之嫌。解决的办法是，在会友较多的地方，如巴黎，可以组织学术谈话会定期聚会。大家觉得以前会友忙于五四运动、"驱张"斗争，很少坐下来对各种学说做深切的研究，主张此后凡遇会友三人以上，就要组织学术谈话会，交换知识，寻找真理，获取共同信仰的主义，养成好学的习惯、风气。陈赞周、萧三提议，会友相互之间应有一种联络通气的东西，比如恢复《湘江评论》，创办学会通讯，并建议早日出版。大家一致推举毛泽东担负编辑出版之责，尽快在上海出版发刊。

关于吸收新会友问题，大家认为，今后介绍新会友入会，务宜谨慎，否则不仅对学会无益，而且对新会友也无益处。大家讨论了吸收新会员的条件：一是纯洁，二是诚恳，三是有向上奋斗精神，四是服从真理。会友之间的关系，大家认为会友交往，宜有真意，宜恳切，宜互相规过，勿漠视会友的过失与痛苦而不顾，宜虚心容纳别人的劝诫，宜努力求学。关于学会的活动，毛泽东特别强调，学会宜取潜在切实、不务虚荣、不出风头的态度。主张学会本身不多做事，不以学会的名义去活动，不要学商店那样，货还未办好，就把招牌挂起来；但不是不活动，而是以会友个人的名义去活动，去创造，这是因为险恶的客观环境，不容许我们过早地公开学会。

毛泽东还对学会的优缺点作了总结。他认为新民学会有很多优点，学会无形中有几种信条，像"不标榜""不张扬""不求急效"和"不依赖旧势力"。这四个信条，无形地存在于会友彼此之间的交往、观摩和讨论中，没有明确地标榜过。此外，学会会友还有几个好处，"第一是头脑清醒，多数会友没有陈腐气，能容纳新的思想。第二是富奋斗精神。多数会友大概都有一点奋斗力，积极方面，联合好人，做成好事；消极方面，排斥恶人，消灭恶事。于改革生活，进修学问，向外进取各点，均能看出会友的奋斗精神。第三是互助及牺牲的精神。会友间大概是能够互助，并有一种牺牲精神"。① 而学会的缺点在于：第一，学术根底浅薄，大多数会友是中学毕业生或肄业生，升学或毕业于专门以上学校的是少数；第二，思想及行为幼稚；第三，一部分会友做事多于求学；第四，还有部分会友相互不认识，尚无亲切联络的了解。

这一天的送别会变成了一个讨论会，大家对学会的定位和发展进行了深入讨论。会议一直开到黄昏，大家仍意犹未尽。会间休息时，参加会议的十二人"在雨中拍照，近览淞江半水"。历经岁月洗礼，这张合影得以辗转保存，现存于中共一大纪念馆。

正如1982年萧三在回忆录《人老心不老，愿作老青年》中所言，经半淞园会议后，新民学会已初步孕育了"共产主义的胚胎"。

蒙达尼会议

上海半淞园会议上，毛泽东委托萧子暲、陈绍休把会议的精神带给在法会友，并希望他们举行一次会议进行讨论。

1920年6月16日，萧子暲、陈绍休等人到达法国巴黎。蔡和森闻讯，特从蒙达尼赶往巴黎。18日，萧子暲、陈绍休与萧子升、蔡和森在巴黎见面，把半淞园会议情况详细传达，并确定召集在法各地新民学会会员于7月5日到蒙达尼聚会，讨论会务进行方针等问题。

7月5日，会员从各地到达蒙达尼。6日至10日，正式在蒙达尼公学开会。与会者有蔡和森、向警予、萧子升、萧子暲、张昆弟、罗学瓒、蔡畅、李维汉、陈赞周、熊作莹、熊作璘、欧阳玉生、熊焜甫、贺果及部分勤工俭学励进会（后改称工学世界社）会员颜昌颐、李富春等共20余人。萧子升主持会议，请萧子暲传达上海半淞园会议讨论过的问题和毛泽东对在法会友的建议。

萧子暲简要概括了半淞园会议的精神，还将毛泽东的讲话突出来，说毛兄主张"世界主义"，立志"改造中国与世界"，先从改造中国、改造湖南入手，他已在上海同彭璜等人组织了湖南改造促成会，待赶走军阀张敬尧后，回湖南从事人民自治运动。他希望在国外的会友利用勤工俭学的机会，努力学习外国革命经验和科学知

---

① 见《新民学会会务报告》（第一号），载《新民学会资料》，人民出版社1980年版，第13—14页。

识外，同时帮助外国的工农大众。他认为改造社会，不限于本国本地，但要立足本国本地。因此，他准备留湘两年，为学会和他本人做些打基础的事业。

萧子升、张昆弟、李维汉等也纷纷同意将"改造中国与世界"定为学会方针，他们认为，学会原先定的"革新学术，砥砺品行，改良人心风俗"，就包含了改造社会的思想，只是更加强调储才蓄能、自我修养方面。成立学会的时候，成员大多数是学生，当时把学会性质定为学术团体，但是现在多数会友已经走入社会，有的已经从事革命事业，有的来法勤工俭学，都是为了寻找革命真理，学习外国的革命和建设经验，新民学会的性质也应该相应地重新定义，由原来的学术团体正式改为革命团体。

到会者一致同意将"改造中国与世界"定为学会方针，但"改造中国与世界"走什么道路，采取什么手段和方法，大家表达了不同的意见。

蔡和森认可当时苏俄的方法，主张组织共产党，实行无产阶级专政。他说自己到法国后，看了法文报刊，眼界大开，以世界大势律中国，对于社会改造有了一些想法。近来，又对各种社会主义学说作了综合研究，觉察苏俄式的社会主义——马克思列宁主义真为改造世界对症之方，将来中国革命也不能例外。新民学会的会员可以到工厂去做工、联络工人；可以去留俄勤工俭学，以俄为大本营，培植人才；还可以与少年中国学会、工学励进会的朋友开一联合讨论会。他将拟一种明确的提议书，注重"无产阶级专政"与"国际色彩"，在这基础上组织共产党。他继续阐明社会主义的必要方法是阶级斗争——无产阶级专政，认为社会主义是资本主义发展的必然趋势，它的重要使命是打破资本主义经济制度，其方法，就是阶级斗争——无产阶级专政，以政权的力量来改造社会主义经济制度。

萧子升不赞成蔡和森的观点，他认为世界的变化是无穷的，革命也是无穷的，不能急进。不认为以一部分人的牺牲能换取多数人的福利。他主张温和的革命，不认可俄式——马克思式的革命为正当，而倾向于无政府、无强权的蒲鲁东式的革命。李维汉则主张用分工协作的方法，对社会内部进行改造。他认为一个社会的病，自有它的特殊背景，对用一剂单方可医天下的病，表示怀疑。"俄国式的革命，我根本上有未敢赞同之处，但也不反对人家赞成他，或竟取法他。"陈绍休对蔡和森的观点也表示怀疑，说"现在中国组织共产党较难"。蔡和森"复详述现今世界大势，以阐发其急烈革命之必要"。对此情形，张昆弟建议请萧子升将不同意见整理，寄给毛泽东、何叔衡、彭璜等会友，看看长沙会友的见解。

接下来，大家还讨论了学会活动方法问题。萧子升建议接受上海半淞园会议的意见，取"潜在切实，不务虚荣，不出风头"的态度，不轻易以学会的名义开展活动，会友可以组织新的外围组织，由新民学会会友在这些组织里起骨干作用。萧子升的建议得到与会者的一致认可。之后，会议转到"个性批评与介绍"上来，大家抱着热诚、坦率的态度对个人个性进行了介绍与评论。经过评论，大家对自己的长处和短处有了更深切的认识，这有益于会友间互相帮助、相互学习。

蒙达尼会议共开了5天，会议的情况和照片都由萧子升以长信向国内会友寄送。

"改造中国与世界"的实践

湖南驱张运动及湖南自治运动

1918年3月，北洋政府任命张敬尧为湖南省督军兼省长。张敬尧在湖南恣意施行暴政，从政治、经济、文化、社会等各个方面进行了极为残酷的统治，烧杀抢掠、搜刮民财、破坏教育、钳制舆论，可以说是为非作歹、无恶不作。湖南人民对其极为痛恨，以谐音称"张督"为"张毒"。8月，为镇压当时的反日爱国运动，张敬尧强行解散了湖南学生联合会，封闭了《湘江评论》。此举激起了湖南广大群众的义愤，在湖南社会各界支持下，毛泽东、彭璜等人领导被封又重组的湖南学生联合会，坚持反日爱国运动，与张敬尧进行了不屈的斗争，史称驱张运动。

11月16日，湖南学联以重组方式恢复活动，发表第一个"驱张"宣言。宣言指出张敬尧植党营私、交相为害、刮削民脂民膏、草菅人命等罪行。此时，福州连续发生日本人殴伤学生惨案。湖南学联散发传单，要求全国人民加强抵制日货，反对军阀专制。11月26日，长沙学生纠察队在小吴门火车站查出大量日货，12月2日，由湖南学生联合会发起，学生、教师、工人、店员等万余人聚集在教育会坪，举行焚毁日货大会。正在开会时，张敬尧的弟弟张敬汤率领军警包围会场，破口大骂学生是"土匪"，挥刀舞枪殴打学生。这一暴行，成为公开驱逐军阀张敬尧的导火线。

12月3日下午，毛泽东在周南女校召集新民学会会员大会，分析形势。此次会议决议以新民学会为核心，派会员分赴北京、上海、武汉、衡阳、郴州、常德等处，发动驱张运动。大会还选举何叔衡任新民学会会长留驻长沙，与各地"驱张"代表团保持联系。这一天，湖南学生联合会决议："以罢课为最后之对待。"第二天学联又开会，决定派代表赴北京、天津、汉口、上海、衡阳、郴州、常德联络各方人士，共同"驱张"。会议通过《罢课宣言》，揭露张敬尧入湘两年来"摧残教育，不遗余力"：50余万教育经费，尽作军饷；学校驻兵，两年不撤，学生久无上课场所；两度解散湖南学联，派兵包围学生，打伤学生数名；迫害驱逐湖南教育界知名人士陈润霖、孔昭绶、汤松、胡子靖、朱剑凡、徐特立。教师、学生受尽摧残屈辱，忍无可忍，定于12月6日全体罢教罢课。随即组织了赴京、沪、津、汉、粤、衡、郴、常"驱张"代表团。赴京代表团由三部分组成：公民代表有毛泽东、罗宗翰、张怀、熊光楚、刘明俨、陈绍休等；教职员代表为罗教铎、杨遇夫等；学生代表为柳敏、李思安、李启汉、李振翮、蒋竹如等。赴上海代表有彭璜、汤松等。赴衡阳代表有彭光球、黎宗烈等。赴常德代表有徐庆誉。

驻京"驱张"代表团到京后，组织了旅京湖南各界联合会，连日会见了旅京湖南议员，请求提出弹劾张敬尧的提案，并派遣代表到总统府、国务院、教育部呈送《张敬尧八大罪状》，请求撤张。毛泽东、罗宗翰、陈绍休、张百龄、柳天惠（柳敏）等在京组织了"平民通讯社"，编辑印刷有关张敬尧罪行的文章，寄往全国各地。

新民学会会员易礼容等在武昌鲇鱼套车站查获了张敬尧部张宗昌私运鸦片烟种子45袋，每袋约200斤，即携带烟种、照片前往北京，与毛泽东商议。毛泽东起草《对于张敬尧私运烟种案之公愤》，由平民通讯社向全国散发。驻粤"驱张"代表团成员符狄梁、易巽、钟秀等邀请湘籍议员周震麟等商议"驱张"一事，请求广州军政府武力"驱张"。周震麟等随即与广州军政府交涉，支援驻郴州的湘军林修梅部。林修梅首举义旗，出兵"驱张"。

驻沪"驱张"代表团联络上海湖南善后协会的章士钊、彭允彝、徐佛苏，组织驻沪湖南各界联合会，积极筹集资金，支援驱张运动。驻衡"驱张"代表团与衡阳学生联合会夏明翰、蒋先云等联合，调查了张敬尧勾结美国慎昌洋行太平实业公司拍卖水口山矿产以饱私囊的罪行，并利用直皖两系军阀矛盾，向驻衡阳的直系军阀吴佩孚请愿，请求援助"驱张"。又通过夏明翰的父亲夏时济联络衡阳绅商向北京政府呈文，查办张敬尧，还创办《湘潮》周刊，宣传"驱张"。接着，他们又去郴州，动员湘军将领谭延闿、赵恒惕出兵，用武力"驱张"。谭、赵正需借助民意，驱逐北军，实现"湘人治湘"的迷梦，因此态度明朗，行动积极。省学联主席徐庆誉前往常德动员驻常德军事首领冯玉祥声援"驱张"，并筹款援助"驱张"学生，还将张敬尧的两个走卒开除常德原籍，"永不承认此种败类为湘西公民"。留守在长沙的新民学会会员和学联骨干，编辑《驱张通讯》，油印散发；筹募经费，支持各地"驱张"代表团。

在驻衡"驱张"代表团的推动下，直系军阀吴佩孚于1920年5月25日开始北撤。吴撤兵前，已与谭延闿、赵恒惕有默契，吴军退一步，湘军即进一步。张敬尧在湘军进逼下，望风而逃，于6月11日晚，将其住所镇湘楼付之一炬，乘舰逃跑。6月26日，张军全部撤出湖南，驱张运动取得了胜利。

驱张运动结束后，素有开明之称的谭延闿取代已经身败名裂的张敬尧成为湖南督军。湘士绅对谭氏寄予厚望，毛泽东亦于这年7月回到长沙。此次回湘，目的之一即是推动湖南自治运动。

湖南自治运动其实是驱张运动的延续。早在1919年底，毛泽东即与彭璜等人研究过驱逐张敬尧以后湖南该向何处去的问题。1920年3月，毛泽东自北京寄给黎锦熙的一封书信中，对"湖南自治"的主张有一详细说明："湖南是中国里面的一省，除非将来改变局势，地位变成美之'州'或德之'邦'，是不容易有独立创设的。"在另一篇名为《湖南改造促成会复曾毅书》的文章里，毛泽东用公开信的方式，宣布了他设计的改造湖南的方式："湘事糟透，皆由于人民之多数不能自觉，不能奋起主张，有话不说，有意不伸，南北武人，乃得乘隙凌侮，据湖南为地盘，括民财归巳〔己〕囊。……消极方面，莫如废督裁兵；积极方面，莫如建设民治。……吾人主张'湘人自决主义'，其意义并非部落主义，又非割据主义，乃以在湖南一块地域之文明，湖南人应自负其创造之责任。……湘人自决者，们〔门〕罗主义也。湖南者湖南人之湖南。湖南人不干涉外省事，外省人亦切不可干涉湖南事。"1920年9月3日，毛泽东在湖南《大公报》刊文《湖南建设问题的根本问题——湖南共和国》，正式提出建设"湖南共和国"。

在湖南自治运动中，毛泽东、彭璜着力"组织联盟"，联络社会各界进步人士，如杨绩荪、匡日休（互生）、朱剑凡、陶毅、马续常、罗教铎、张慎庵、王亦僧、程一中等400余人，提出"由'湖南革命政府'召集湖南人民宪法会议制定'湖南宪法'建设新湖南之建议"，后来又提出《湖南自治运动请愿书》，阐明"人民宪法会议"组织办法6条，强调人民宪法会议代表用直接选举法产生，强调制宪的指导思想"宜采取民治主义及社会主义"①。彭璜等还在他们发表的个人意见中，对"湖南门罗主义""湘人完全自治"作了具体阐述，认为湖南建设的根本问题是建设

---

① 中共中央文献研究室、湖南省委编辑组：《毛泽东早期文稿》（一九一二年六月—一九二〇年十一月），湖南人民出版社2008年版，第700—701页。

"湖南共和国"。彭璜说辛亥革命失败后,中国仍有"共和国",是"军阀专横的共和国",美国独立后建立的"共和国",是财阀专横的"共和国","平民所受专横的痛苦是一样"。而他们主张的"湖南共和国","是要铲除中国式的武力主义,预防美国式的资本主义",建立一个"注意全体人民的福利,至少也要谋大多数人福利的人民自动自治的湖南共和国"。毛、彭都认为,湖南人民已经觉悟到"力谋根本的制度上的革命"了,即要推倒封建军阀统治制度了。[①]

在湖南自治运动中,毛泽东、彭璜始终强调"自治"是人民的自治。他们说"湘人治湘"一语,不仅不愿被外省人来治,也不愿意被本省的少数特殊人来治,我们要组织完全的乡自治和完全的省自治,乡长民选,县长民选,省长民选,自己选举同辈中靠得住的人去执行公役,这才叫作"湘人自治"。毛泽东总结俄国十月革命的经验,在于"有主义(布尔什维克斯姆)、有时机(俄国战败)、有预备、有真正可靠的党众",特别是有占"全国人数十分之八九的劳农阶级,如斯响应。俄国革命的成功全在这些处所"。他于10月7日发表了《为湖南自治敬告长沙三十万市民》,号召长沙人民起来参加湖南自治运动。在毛泽东、彭璜等人的发动下,湖南各界有436人在《由"湖南革命政府"召集"湖南人民宪法会议"制定"湖南宪法"以建设"新湖南"之建议》的建议书上签名。10月10日,长沙工人、市民万余人在省教育会坪聚会,向省政府、省议会呈送《湖南人民自治请愿书》。11月7日,庆祝俄国十月革命3周年,新民学会组织长沙工人、学生游行示威。有些示威者想在会场上升起红旗,把省议会的旗帜降下来,遭警察禁止,发生了争执。事后,省议会诬控毛泽东是扯旗事件的策划者,"近又在图书馆邀集各分团代表开会,运动某军队捣毁省议会",受到省警察厅的追究。

湖南自治运动的纲领是"要求实行男女平权和代议制政府",事实证明,在帝国主义和封建军阀联合统治的中国,议会道路是行不通的,湖南人民自治运动失败了。新民学会在长沙的核心成员毛泽东、彭璜、何叔衡等从湖南自治运动中获得了教训,得到了启示。11月25日,毛泽东致信向警予,"几个月来,已看透了。政治界暮气已深,腐败已甚,政治改良一途,可谓绝无希望。吾人惟有不理一切,另辟

[①] 中共中央文献研究室、湖南省委编辑组:《新民学会资料》,人民出版社1980年版,第235—241页。

道路，另造环境一法。"①

"工学世界社"在法国的斗争

1920年2月，新民学会会员李维汉、张昆弟、罗学瓒等在留法勤工俭学学生中发起成立"工学励进会"。同年8月，"工学励进会"更名为"工学世界社"，社址设在蒙达尼。

1921年1月，法国经济萧条，许多工厂倒闭，法国大批工人失业，留法勤工俭学学生更难找到工作。大约有500多名勤工俭学学生没找到工作，靠从华法教育会领的每天五法郎维持生活。对于勤工俭学学生的困难，中国驻法公使馆和华法教育会不仅不帮助解决，反而多方进行刁难。

1月12日，华法教育会发出第一号通告，谓今后华法教育会同勤工俭学会"分立"，勤工俭学学生的一切问题，由学生自行组织事务所解决。16日，又发出第二号通告，正式宣布华法教育会同勤工俭学学生脱离经济关系，"从2月尾起，不负各方面经济责任。无论有工无工同学，概不负维持责"。这就使生活本来已经十分窘困的学生顿时陷入绝境。而且，此时又传出华法教育会职员大量侵吞国内汇来的救济勤工俭学学生款项的消息，勤工俭学学生们更加感到忍无可忍。

1921年1月中旬，蔡和森、向警予、李维汉等13人散发《蒙达尼勤工俭学同人意见书》，其主要见解为：(1)"做工不能达到求学的目的"；(2)"要求生存权、求学权"；(3)"请补官费"。

2月初，蒙达尼学校当局以拖欠学费为名强制勤工俭学学生退学。而华法教育会发出通知，声明与勤工俭学学生断绝经济关系，并诬蔑他们"既无做工之志趣，又无做工之能力"。北洋政府驻法公使馆则发出了通告，扬言要将在法找不到工做的中国穷学生一律遣送回国。通告一发出，蔡和森与王若飞立即召集在巴黎附近的工学世界社成员李维汉、李富春等紧急开会，商讨对策。蔡和森对他们说，我们不能坐等工做，坐等书读，要先争生存权、求学权，要求政府给每个勤工俭学学生一年至少发四百法郎补助费，并保证在法求学有四年以上时间。为了达到这个目的，大家要一致行动起来，与北洋政府、驻法公使馆、华法教育会进行斗争。他的建议

---

① 中共中央文献研究室：《毛泽东年谱》（1893—1949）（上卷），人民出版社 中央文献出版社1993年版，第71页。

得到大家的拥护。2月27日,以李富春、李维汉为主要负责人的工学世界社在巴黎召开社员大会,决定立即开展活动,并通过"要生存权、要求学权"的口号。

2月28日,在蔡和森和李维汉、张昆弟等工学世界社成员带领和组织下,500多名留法勤工俭学学生在巴黎举行了游行示威活动,他们高喊着"要读书权""要生存权"的口号,向北洋政府驻法公使馆请愿,将驻法公使馆团团包围。蔡和森、李维汉、汪泽楷、方敦元等人被公推为勤工俭学学生代表,前往驻法使馆请见公使陈箓。蔡畅和向警予等女同学勇敢地走在队伍的前面,最先冲进驻法公使馆,与驻法公使陈箓进行了面对面的说理斗争。陈箓一时无可奈何,被迫答应借款维持勤工俭学学生的生活。但反动的北洋政府代表却暗中请来了大批法国警察对请愿勤工俭学学生进行驱逐毒打,李维汉和蔡和森等十余名代表被警察局囚禁两个多小时。

这次运动没有实现原定目标,但是经过斗争,公使馆被迫延长发放三个月每人每日五法郎的救济费,华法教育会也答应继续为失工学生找工作。

1921年6月,北洋政府为扩大内战,企图以出卖中国的印花税、滇渝铁路建筑权为条件,向法国秘密借款100万金法郎购买军火。留法勤工俭学学生得知这一消息后,无不义愤填膺,强烈反对。由周恩来、蔡和森、赵世炎、陈毅等发起,联合巴黎华侨各团体,于6月30日组织了"拒款委员会",发表了《拒款宣言》。在周恩来、蔡和森等组织下,中国留学生和旅法各界侨胞在巴黎连续举行两次拒款大会。

在周恩来、蔡和森等组织下的拒款斗争影响很大。法国政府则担心事态扩大,不得不宣布"暂缓借款"。赴法勤工俭学学生的拒款斗争取得了胜利。

拒款斗争后,北洋政府对留法中国学生采取了敌对行动。9月15日,华法教育会停发了中国勤工俭学学生的维持费。这样,广大勤工俭学学生又一次被推入了绝境。于是,蔡和森、李维汉、陈毅等领导发动留法勤工俭学学生开展了"以开放里昂大学为唯一目标"的斗争。里昂大学是法国政府仿效美国用中国的庚子赔款创办清华大学的先例,为安置留法勤工俭学学生,用庚子赔款建立的大学。他们原来答应在法国招收一部分勤工俭学学生入学。但到开学时,里昂大学校方却以"勤工俭学学生程度太低""自费亦殊不易"为借口,竟把勤工俭学学生拒之校门之外,招收的全是国内的富家子弟。这种做法激起了留法勤工俭学学生的义愤,于是蔡和森、周恩来、赵世炎等发起了一场斗争。

1921年9月17日,各地学生代表100多人齐集于巴黎华侨协社召开代表大会,讨论争回"里大"问题。李立三、赵世炎、蔡和森、陈毅、李维汉等都到会。代表们一致署名通过了一个重要的宣言，提出的目标是："为谋勤工俭学学生全体的根本解决，以开放里昂大学为唯一目标。"提出的信条是："1. 誓死争回'里大'；2. 绝对不承认部分解决；3. 绝对不承认考试。" 9月19日，赵世炎和李立三，作为克鲁邹的代表先期到达里昂。随后，蔡和森等也到了里昂。王若飞、李维汉等作为驻巴黎的代表，负责和陈箓进行交涉，并散发传单，制造舆论，争取社会同情。

9月20日，赵世炎、蔡和森、陈毅、李立三等率领125名留法勤工俭学学生"先发队"，分别从巴黎、克鲁邹、蒙达尼等地赶到里昂，进驻里昂大学，要求入校读书。同时，由李维汉、向警予、李富春、蔡畅等组成十人团，在巴黎负责联络工作。9月21日，蔡和森等入校先发队员由巴黎直奔里昂，第二天清晨占领了里昂大学校舍。北洋政府驻法公使闻讯后，立即勾结法国当局，派出数百名警察冲进里昂大学，殴打手无寸铁的勤工俭学学生，并以武力逮捕了蔡和森、赵世炎等100余人，押送到一座兵营内囚禁了20多天。各地留法学生和华工奋起声援，李富春、蔡畅等十人团四处奔走营救，但毫无结果。10月13日晚，中法两国反动当局以"过激党""宣传共产主义"的罪名，将进占里昂大学的104名留法勤工俭学学生强行遣送回国。在这104人中，有蔡和森、李立三、陈毅、张昆弟、罗学瓒、颜昌颐等。对这一事件，周恩来写下《勤工俭学生在法最后之命运》，发表在1921年12月至1922年1月的天津《益世报》上。

在开展进驻里昂大学斗争时，李富春、周恩来、王若飞、李维汉、聂荣臻等留在巴黎负责后方工作和准备以后的斗争。在蔡和森等104人被法国当局强行遣送回国以后，赵世炎、李维汉等继续领导留法勤工俭学学生的活动。中国勤工俭学学生1921年2月的请愿斗争和1921年9月占领里昂大学的斗争虽然先后都失败了，但给勤工俭学学生上了生动的一课，他们对资本主义和帝国主义的认识深入了一大步，认识了资产阶级民主、人权的虚伪性，从而逐步抛弃工学主义、无政府主义和资产阶级改良主义的幻想，树立了马克思主义信仰，为建立旅欧共产主义组织创造了条件。

建 党 先 声

马克思主义的研究和传播

俄国十月革命爆发后，湖南《大公报》以"俄京二次政变记"为题客观地报道了这个消息。1917年12月6、7日，又载有《俄国政变中心之兵工委员会》。这些报道，给正在艰难地寻找救国救民真理的湖南先进分子以鼓舞和向往。

国内的新民学会会员毛泽东、何叔衡、彭璜、李启汉、罗章龙等人，潜心致力于研究马克思主义学说。1918年8月、1920年春，毛泽东两次到北京时，如饥似渴地阅读马克思主义和社会主义著作，并得到李大钊、陈独秀的直接帮助，成为在湖南传播马克思主义的重要组织者和领导者。1918年8月，毛泽东在北京大学图书馆工作时，阅读了有关十月革命的文字，有如酣睡初醒，看到了一道曙光。1919年4月，毛泽东回长沙，向周世钊等新民学会会员愉快地介绍了俄国十月革命和李大钊的《法俄革命之比较观》等著作。4月6日，李大钊、陈独秀主编的《每周评论》第十六期刊登了《共产党宣言》摘译。《新青年》第五卷第五号，刊有李大钊《庶民的胜利》《布尔什维主义的胜利》。何叔衡阅后，将这些刊物寄给谢觉哉。

五四运动期间，各种社会主义学说在湖南都有介绍，其中1919年7月4日至9日湖南《大公报》连载南陔的《社会主义两大派之研究》介绍较为详细。该文介绍社会主义各流派有4种主张："主张给各人以相等之均份说"的小资产阶级平均主义，"主张就各人所需要以给之"的无政府共产主义，"主张就各人之成绩以给之"的工团主义，"主张以各人之劳力以给之"的集产主义，即马克思主义。他把新村主义、无政府主义、基尔特社会主义归纳为空想社会主义，称颂马克思的学说是"科学理论之社会主义"。这是当时在湖南地区社会主义学说研究中有较高水平的文章。这时，绝大多数进步青年对社会主义只是抱着一种朦胧的向往。他们对社会主义学说，并不十分清晰，分辨不出真伪。

驱张运动的胜利,为马克思主义的广泛传播创造了较为宽松的环境。新民学会中的早期马克思主义者,开始在国内和国外同时进行创建无产阶级政党的政治活动和理论探索。毛泽东、彭璜是受陈独秀、李大钊、邓中夏的影响、指导,获得了马克思主义。毛泽东后来对斯诺说:"到了1920年夏天,我已经成为一名马克思主义者,无论是在理论上还是在一定程度的行动上。"[①] 蔡和森、向警予、李维汉、罗学瓒、萧三是在法国勤工俭学时,接受了马克思主义,再通过书信向故乡宣传马克思主义。毛泽东筹办文化书社,从事工人、平民教育,努力使刚刚学到手的马克思主义原理与工人运动、与青年学生运动相结合。最早提出"中国共产党"的全称和阐述在中国建立共产党的明确理论的是蔡和森,他在1920年7月率先提出"组织共产党",比上海共产党发起组制定的《中国共产党宣言》约早5个月。他在写给毛泽东等新民学会会员的几封信中,根据列宁的建党原则,阐明了在中国建立共产党的鲜明观点和理论主张,对国内毛泽东、何叔衡和陈独秀等人的建党活动给予了有力的帮助,并实际参加了筹组旅欧共产主义早期组织的工作。毛泽东除把他们寄回的书信转给新民学会会员传阅外,还送给报刊公开发表。李维汉的《勤工俭学研究发端》一文刊在1920年4月驻衡"驱张"代表团出版的《湘潮》杂志上。该文指明"现在社会的不平等都带着十分或九分的经济压迫的原因",布尔什维克在俄国的改革是"马克思主义学说的实现"。

当时研究、传播的重点是唯物史观与列宁的建党学说。在唯物史观方面,介绍了社会的发展根源于生产力和生产关系、经济基础与上层建筑的矛盾运动,阐明阶级的划分和阶级之间的斗争是基于经济利益的不同,以及国家是阶级斗争的工具,无产阶级必须掌握政权,建立多数人对少数人的专政;在剩余价值理论方面,介绍剩余价值是资本家通过生产过程无偿占有工人劳动中的一部分,是对无产阶级的剥削,是资本积累的源泉之一。侧重宣传这些观点,是为使人们正确认识社会发展规律,认识旧中国的社会制度,担负起改造旧社会的使命。

1920年8月13日,蔡和森给毛泽东写信说"俄社会革命的出发点是唯物史观",必须以唯物史观作为革命的指导思想,才不至堕入迷阵。毛泽东回信说"唯物史观是吾党哲学的根据"。他们认为人民群众是历史的创造者,无论什么理论、什么事业,没有人民群众的实践,没有一种"运动"的继起,这种理论要达到的目

[①] 埃德加·斯诺著,王涛译《红星照耀中国》,湖南人民出版社2020年版,第114页。

的，是不能实现的。

在唯物史观的指导下，他们论述了科学社会主义学说。蔡和森写道，"我近对各种主义综合审缔〔谛〕，觉社会主义真为改造现世界对症之方，中国也不能外此。社会主义必须之方法：阶级战争——无产阶级专政"。他郑重宣布，"我是极端主张无产阶级专政的"。毛泽东对他的意见"深切赞同"，并说"非得政权则不能发动革命，不能保护革命，不能完成革命"。[①]

马克思主义在湖南的广泛传播和一批具有初步共产主义思想的先进分子的涌现，促进了湖南共产党早期组织的诞生。

马克思主义与社会实际的结合

1920年7月，毛泽东、彭璜、李思安告别上海时，毛、彭向陈独秀谈了回湘的打算：先办文化书社，传播新文化；建立俄罗斯研究会，准备赴俄勤工俭学（毛、彭都有赴俄勤工俭学的计划，李思安有去新加坡从事华侨教育的打算）；团结社会各界人士，发动湖南人民自治运动，做些改造湖南环境的工作。在各项工作中，特别注重新闻界和教育界的知识分子，注重社会上有影响的人物，通过他们出面来组织教育促进会、文化书社、俄罗斯研究会和开展湖南人民自治运动。在这之前，毛泽东以书信向蔡和森等留法勤工俭学会友通报了这个计划。

1920年8月2日，长沙文化书社在长沙楚怡学校成立。毛泽东、易礼容、彭璜、何叔衡等新民学会会员是主要发起人。书社还邀请了长沙县知事姜济寰，长沙商会会长左学谦，周南女校校长朱剑凡，湖南省长公署秘书长、教育厅厅长兼第一师范校长易培基，湘雅医专秘书赵运文等参加。他们的参与，使文化书社披上了合理合法的光环。毛泽东起草的《文化书社缘起》充分表达了发起人的意思："我们认定，没有新文化由于没有新思想，没有新思想由于没有新研究，没有新研究由于没有新材料。湖南人现在脑子的饥荒实在过于肚子饥荒，青年人尤其嗷嗷待哺。文化书社愿以最迅速、最简便的方法介绍中外各种新书报杂志，以充青年及全体湖南人新研究的材料。"《文化书社缘起》鲜明指出："一枝新文化小花，发现在北冰洋岸的俄罗斯。"[②]

[①] 中国革命博物馆、湖南省博物馆：《新民学会资料》，人民出版社1980年版，第163页。
[②] 中国革命博物馆、湖南省博物馆：《新民学会资料》，人民出版社1980年版，第250—251页。

文化书社的使命，是传播新文化、新思想。而新文化、新思想的主流就是马克思主义。文化书社是发起人捐资、社会赞助的公益事业。《文化书社组织大纲》明文规定："本社全部财产为各投资人所公有。无论何人，与本社旨趣相合，自一元以上均可随时投入。"

文化书社最初租用长沙市潮宗街56号湘雅医专的仓库为营业门面，后来搬迁至长沙市水风井附近的船山学社右侧。由易礼容任经理，毛泽东任特别交涉员，聘请了陈独秀、李大钊、恽代英、李石曾、左舜生、赵南公、杨端六为信用介绍，约定罗宗翰为驻北京总代表、毛飞为驻上海总代表，与全国各地书刊建立了广泛的联系。在上海由陈独秀介绍，上海商务印书馆、中华书局、亚东、泰东图书馆、伊文思图书馆、时事新报社、新青年社免去押金。在李大钊的帮助下，北京新知书社、新潮社也免交押金。武昌利群书社出版的书籍，恽代英优价供应。

文化书社把有限的资金，用于优先采购和销售马克思主义书刊。为使中外各种有价值的书报杂志广播全省，人人有阅读的机会，文化书社采取了许多有力措施：一是在各地设立分社和贩卖部，至1921年3月，已在平江、浏阳、武冈、宝庆、衡阳、宁乡、溆浦设立分社，在湖南省立第一师范、楚怡小学、修业学校等处设立了贩卖部；二是印发《文化书社敬告买这本书的先生》的传单，夹在新书内，动员读者介绍推销书刊；三是组织读书会，在《读书会的商榷》中，号召先进青年聚资购书，共同研究，既能节约经费，又能看到很多书报。这些措施收到较好效果，至1921年3月底，文化书社销售的书达164种、杂志达50种、日报达5种，其中有《马克思资本论入门》、《社会主义史》（李季译）、《阶级斗争》（恽代英译）、《马克思经济学说》（陈溥贤译）、《科学社会主义》（王岫庐译）、《共产党宣言》（陈望道译）、《五月一日》（李大钊著）、《两个工人的谈话》、《新民学会会员通信集》、《新俄国之研究》、《劳农政府与中国》、《旅俄六周见闻录》、《新青年》、《劳动界》等介绍马克思主义和苏俄情况的书刊，也有宣传无政府主义、杜威实用主义的著作，如《社会改造原理》、《杜威五大讲演》、《实验主义》（方东美译）、《克鲁泡特金的思想》、《西洋伦理学原理》等，有益于先进青年进行比较研究，确立人生信仰。

文化书社依照《湘江评论》"民众大联合"的思想，以新民学会会员为骨干，团结了湖南文化界、教育界、新闻界的知名人士，政界、商界的社会贤达50余人，不仅争得了他们的投资，解决了书社财源，而且扩大了文化书社的社会影响，使文化书社成为联络各界的纽带。在这当中，作为交涉员的毛泽东起了重要作用，也为他后来在湖南的革命活动奠定了基础。

文化书社还是长沙共产党早期组织和党的创立时期中共湖南支部的秘密联络点。1921年,共产国际代表马林和翻译张太雷来长沙,就是在书社与毛泽东、易礼容见面,讲授阶级斗争问题。毛泽东的"永久通讯处",也是填写"长沙文化书社"。直到党在全国建立地下交通系统后,书社才减轻了秘密联络的责任。

中国共产党成立后,文化书社还为党组织提供活动经费。党急需活动经费时,常由文化书社出面,向钱庄贷款以解燃眉之急;还安置几个人,解决了6个职业革命者的生活来源。党也为文化书社筹集过资金。毛泽东回湘时,曾与中共湘区委书记李维汉商议,拨款800元给文化书社还清债务。1926年,毛泽东又找谭延闿从国民革命军第二军的经费中拨款400元给书社,再转作党的活动费。中共湘区委成立后,中共中央从上海寄给中共湘区委每月60元的活动费,是经日本在华邮局寄给文化书社,由区委委员易礼容保管、开支。

文化书社销售新书报,既迅速,又广泛,且守信誉,在社会上反响很好。反动派时时都想封闭它,但由于它有社会名流广泛的支持,不便于下手,直至1927年7月大革命失败后文化书社才遭封闭。

与文化书社同时诞生的另一重要社团,是湖南俄罗斯研究会。

苏俄劳农政府两次对华宣言,宣布废除帝俄时代对华的一切不平等条约,在中国知识界产生了巨大影响,人们对苏俄产生好感,激发了留俄求学的愿望。毛泽东、彭璜早有组织留俄勤工俭学的夙愿。1920年2月,毛泽东在给陶毅的信中说道:"彭璜君和我,都不想往法,安顿往俄。何叔衡想留法,我劝他不必留法,不如留俄。我一己的计划,一星期外将赴上海。湘事平了,回长沙,想和同志成一'自由研究社'(或径名自修大学),预计一年或二年,必将古今中外学术大纲,弄个清楚,好作出洋考察的工具(不然,不能考察)。然后组一留俄队,赴俄勤工俭学。"他告诉陶毅:"这桩事(留俄),我正和李大钊君等商量……我为这件事,脑子里装满了愉快和希望,所以我特地告诉你。"[①]

1920年8月22日,毛泽东、何叔衡、彭璜、姜济寰(姜咏洪)、易培基、方维夏、包道平等组织湖南俄罗斯研究会,由何叔衡宣读"湖南俄罗斯研究会简章",大意是"本会以研究俄罗斯一切情况为宗旨",以研究俄罗斯"平等的哲学思

---

① 中国革命博物馆、湖南省博物馆:《新民学会资料》,人民出版社1980年版,第61—62页。

想"——布尔什维主义，同时注重"国交上面"，即以苏俄劳农政府对华宣言为基础，研究苏俄的对外政策，促进中俄建交。研究所得，拟编辑发行俄罗斯丛刊。湖南俄罗斯研究会还以组织留俄勤工俭学、派人赴俄实地调查作为自己的基本任务。筹备会选举何叔衡、毛泽东、彭璜、包道平为筹备员，从事筹备。[①] 9月16日，湖南俄罗斯研究会在文化书社内召开成立大会。湖南俄罗斯研究会设总干事一人，书记、庶务干事各一人。会议推选姜济寰任总干事，毛泽东任书记干事，彭璜任会计干事和驻会干事，负责日常事务。俄罗斯研究会的活动经费，由会员自动捐款，社会赞助。

湖南俄罗斯研究会每周组织几次报告会、讨论会。毛泽东拟了一系列题目，分别由毛泽东、何叔衡、彭璜、方维夏、姜济寰等人讲演。方维夏，当时任湖南省立第一师范教师。萧劲光曾在湖南俄罗斯研究会听了几次课，初步知道了俄国革命是建立在工农当家作主、没有压迫剥削的社会，要想实现这个平等的社会，就要像俄国那样进行革命。

俄罗斯研究会发表了一些研究成果，其中最重要最深刻的文字，首推彭璜《对于发起俄罗斯研究会的感言》。他写道："前几天有一个留学俄国机会的好消息，连带又产生一个俄罗斯研究会的好〈团〉体，也足见得湖南的教育众不拘成见提倡新文化的一班〔斑〕，也足见得湖南的政府，正欲革故鼎新、与民更始，虚怀远虑，无不能容纳现世界的潮流；也足见得湖南的人民，精神活泼，勇于进取，大有要与世界文明族类并驾齐驱的气概，或正是'近水楼台先得月，向阳花木早逢春'，东方的瑞士，看看起于有俄罗斯研究会的湖南。"

俄罗斯研究会成立前后，毛泽东已经成为一个马克思主义者了。毛泽东于1936年在延安同美国记者埃德加·斯诺谈到自己和中国共产主义运动情况时，深有感触地回忆说："到了1920年夏天，在理论上，而且在某种程度的行动上，我已成为一个马克思主义者了。"此时的毛泽东注意从俄罗斯研究会的内部核心成员中发展中共党员。是年9月，在毛泽东的领导下，长沙成立了马克思主义研究会。成员达数十人，大多是新民学会会员与俄罗斯研究会的重要成员。毛泽东领导会员们学习《共产党宣言》《社会主义从空想到科学的发展》与《国家与革命》等马克思主义经典著作。在宣传马克思主义的同时，毛泽东还引导各位会员联系中国与湖南的实

---

① 中国革命博物馆、湖南省博物馆：《新民学会资料》，人民出版社1980年版，第354—355页。

际情况，将理论学习与社会实践调查相结合，并注意将马列主义理论与工人运动相结合。毛泽东在湖南省立第一师范开办了工人夜学，帮助工人学习文化。不仅如此，他还深入工厂，如湖南第一纱厂、黑铅炼厂与印刷厂等进行宣传和组织工人运动，向工人们讲授马克思主义的基本知识，提高工人阶级的思想觉悟。由于毛泽东认真细致耐心的思想工作，争取了无政府主义者黄爱、庞人铨及其领导的湖南劳工会，使之接受马克思主义的理论指导。毛泽东后来回忆："1920年冬天，我第一次在政治上把工人们组织起来了，在这项工作中我开始受到马克思主义理论和俄国革命历史影响的指引。"这充分表明，毛泽东已经开始走上了把马克思列宁主义同中国工人运动相结合的道路。这些活动为中共组织的建立提供了深厚的群众基础。

湖南俄罗斯研究会成立不久，第一批留俄学员就于9月赴上海外国语补习学校学习俄语，他们是任弼时、萧劲光、任岳、胡士廉、周昭秋、陈启沃6人。彭述之、张学琅亦于10月初赴上海，刘少奇、刘汉之、吴先瑞等7人约在10月底赴上海。罗亦农、任作民、卜士奇、袁达时、吴芳等，原在上海组织了沪滨工读互助团，然后转入外国语补习学校。1921年冬，中共旅俄支部从正在莫斯科东方大学学习的萧劲光、任岳、周昭秋、胡士廉等4人抽调出来学习军事，进入红军军事学校接受初级军官训练，首开中共党员去学军事的先例。

俄罗斯研究会的成立给处于思想解放前沿的湖南带来了更多的新风气与新思想。在毛泽东等人的领导下，俄罗斯研究会不仅宣传了马克思主义理论与十月革命的经验，而且组织湖南青年赴俄勤工俭学，很多中共高级领导人，如任弼时等人，即是此时加入俄罗斯研究会并赴俄走上革命道路的。俄罗斯研究会推动了毛泽东等人在湖南建立早期的马克思主义组织工作，也培养了早期的中共革命干部，为早期中共的壮大与发展提供了干部力量。

四

"对中国的事情和命运产生了广泛的影响"

★

不同的方向

  新民学会的会员中,既有如毛泽东、蔡和森一般,从少年时代起就饱尝社会冷暖者,也有如萧子升一般,出身书香世家,向来就以读书为业者。由于各个会员间家庭背景、性格、经历迥异,因此自学会创立之初,就暗含着分歧的因素。
  毛泽东的父亲只读过两年私塾,他并不支持毛泽东求学。因此,少年毛泽东的求学经历坎坷,一路波折不断,甚至数度被迫中断。丰富的人生阅历使他养成了不拘小节、自强不息、积极有为、动而不浮的精神品质。在学校里,他极富反抗精神,注重发挥集体的作用,反对个人冥想,主张组织集体研究、采取集体行动。
  萧子升的父亲一生从事教育工作,又曾经远渡重洋,他为人开明,眼界开阔,鼓励子女上进,并向他们灌输教育救国的思想理念。在父亲的极大影响之下,萧子升一生推崇教育，养成了深沉、恳挚的性格。平日里，他注重细节，比较讲究生活习惯，毛泽东称之为"布尔乔亚的臭习惯"。

事实上，新民学会会友间的分歧在学会成立之初，就已经有所体现。早在起草修改会章的过程中，毛泽东就主张学会应当向政党发展。为此，他与邹鼎丞一同起草了条文颇详的大纲，蔡和森也同意新民学会应当以天下事之忧而忧，要向中国同盟会看齐。而萧子升的想法恰恰相反，在他看来，社会改造应从改变人心入手，改变人心应从学术入手。因此主张未来的事情现在不要管，向学术团体方向发展，不赞成将现在不见诸行事的条文加入，并在修改会章时予以删削。在新民学会的成立大会上，会员们最终讨论通过了萧子升修改的会章，而删除了毛泽东和蔡和森向政党方向发展的内容。

四个月后，在给毛泽东的信里，蔡和森曾不无遗憾地谈道："杨师东奔西走，走了十年，仍不过是能读其书而已，其他究何所得！……兄对于会务，本有经纶天下之大经、立天下之大本的意趣，弟实极其同情，且尤不讳忌嫌疑于政党社会党及诸清流所不敢为者之间。以为清流既无望、心底不纯洁者又不可，吾辈不努力为之，尚让何人去做？尚待何时去做？此区区之意，相与共照也。"

新民学会成立之初，正值新文化运动如火如荼，国内外各种学说相互激荡、争奇斗艳，一时间气象万千。各种学说推动了1918年开始的赴法勤工俭学活动的开展，也为渴望走出去的会员们打开了一扇对外沟通交流的窗口。他们如饥似渴地从新学说中吸吮着给养，渴望冲破旧文化的思想牢笼。

1918年六七月间，在北京联系留法勤工俭学事宜的蔡和森在北大图书馆拜访了李大钊，得到很大的启发。当年的七月，他致信萧子升，提出要效仿列宁之所为——"以一人之忧共诸天下，以天下之忧纳诸一身"。此时的他，已经从原先崇拜墨子转而尊敬列宁。在蔡和森看来，列宁在苏俄实行的共产主义实践与墨子的理想相似，但比墨子的学说更加彻底。1919年底，蔡和森启程赴法。在蒙达尼，他通过"猛看猛译"马克思主义理论经典，研究欧洲共产主义运动，深刻认识到无产阶级政党是"革命运动的发动者，宣传者，先锋队，作战部，以中国现在的情形看来，须先组织他，然后工团，合作社，才能发生有力的组织"。蔡和森由此成为我国留法勤工俭学学生中最早接受马克思主义的革命先驱。

1918年8月，毛泽东在赴北京准备留法勤工俭学之际，经杨昌济推荐，在李大钊任馆长的北大图书馆任图书馆助理员。在校期间，他阅读《庶民的胜利》《布尔什维主义的胜利》等介绍俄国十月革命的书籍,第一次接触到了马克思主义。五四运动爆发以后,毛泽东通过主编《湘江评论》、组织驱张运动,进一步了解了马克思主义,在领导"湖南自治"、开办文化书社以及在问题与主义的论战中,充分认识到"政治界暮气已深,腐败已甚,政治改良一途,可谓绝无希望",从而完成了由新民主主义革命者向共产主义者的转变。

萧子升作为毛泽东少年时代的至交好友,他文思敏捷,才气纵横,少年时代就曾发下"不为我造就我,而为国家造就我,不为我求学问,而为学问求学问"的豪言壮语。然而,在组织留法勤工俭学的过程中,萧子升深受华法教育会李石曾的赏识,在留法期间,出任了华法教育会秘书。他醉心会务,与李石曾、张东荪等人走得很近,受到他们有关"工读神圣"、基尔特社会主义和蒲鲁东无政府主义思想影响较大,逐渐走上了无政府主义的道路。

新民学会会员之间矛盾走向公开化,是在1920年7月6日至10日的蒙达尼会议上。在这次会议上,在法国的新民学会会员们,围绕"改造中国与世界"的具体道路和方法产生了巨大的分歧。会员们被分为两派,一派以蔡和森为代表,主张走俄国十月社会主义革命道路,组织共产党,进行阶级斗争,实行无产阶级专政;另一派以萧子升为代表,主张温和革命——以教育为工具的革命。

会后,蔡和森、萧子升等人分别致信毛泽东,征求毛泽东的意见。此时远在国内的毛泽东,已经在当年五六月间拜访陈独秀的过程中,接受陈独秀关于湖南建党的委托,成为一名真正的马克思主义者。他在收到自法国寄来的信后,经过较长时间的思考,又结合自己在"驱张""自治"运动中的实践经验,于当年12月1日给蔡和森等人复信,系统分析阐述了自己的观点。

毛泽东在信中说道:"我对子升和笙两人的意见(用平和的手段,谋全体的幸福),在真理上是赞成的,但在事实上认为做不到。罗素在长沙演说,意与子升及和笙同,主张共产主义,但反对劳农专政,谓宜用教育的方法使有产阶级觉悟,可不至要妨碍自由,兴起战争,革命流血。但我于罗素讲演后,曾和荫柏,礼容等有极详之辩论,我对于罗素的主张,有两句评语,就是'理论上说得通,事实上做不到'。罗素和子升和笙主张的要点,是'用教育的方法',但教育一要有钱,二要有人,三要有机关。现在世界,钱尽在资本家的手;主持教育的人尽是一些资本家或资本家的奴隶;现在世界的学校及报馆两种最重要的教育机关,又尽在资本家的掌握中。总言之,现在世界的教育,是一种资本主义的教育……如此,共产党人非取政权，且不能安息于其宇下，更安能握得其教育权？如此，资本家久握教育权，大鼓吹其资本主义，使共产党人的共产主义宣传，信者日见其微。所以我觉得教育的方法是不行的。我看俄国式的革命，是无可如何的山穷水尽诸路皆走不通了的一个变计。并不是有更好的方法弃而不采，单要采这个恐怖的方法。"①

在信中，毛泽东站在历史的角度深刻分析了资本主义的罪恶性以及无产阶级谋求革命的必然性，"人类生活全是一种现实欲望的扩张。这种现实欲望，只向扩张的方面走，决不向减缩的方面走，小资本家必想做大资本家，大资本家必想做最大的资本家，是一定的心理。历史上凡是专制主义者，或帝国主义者，或军国主义者，非等到人家来推倒，决没有自己肯收场的"。②并进一步提出，"且无产者既已觉悟到自己应该有产，而现在受无产的痛苦是不应该，因无产的不安而发生共产的要求，已经成了一种事实。事实是当前的，是不能消灭的，是知了就要行的。因此我觉得俄国的革命，和各国急进派共产党人数日见其多，组织日见其密，只是自然的结果。"③

对于萧子升等人提倡的无政府主义观点，毛泽东站在现实的角度予以了质疑："再有一层，是我对于无政府主义的怀疑。我的理由却不仅在无强权无组织的社会状态之不可能，我只忧一到这种社会状态实现了之难以终其局。因为这种社会状态是定要造成人类死率减少而生率加多的，其结局必至于人满为患。如果不能做到（一）不吃饭，（二）不穿衣，（三）不住屋，（四）地球上各处气候寒暖和土地肥瘠均一，或是（五）更发明无量可以住人的新地，是终于免不掉人满为患一个难关的。"④

最后，毛泽东明确表达了自己的观点："所以我对于绝对的自由主义，无政府的主义，以及德谟克拉西主义，依我现在的看法，都只认为于理论上说得好听，事实上是做不到的。因此我于子升和笙二兄的主张，不表同意。而于和森的主张，表示深切的赞同。"⑤

---

① 《毛泽东书信选集》，中央文献出版社2003年版，第3—4页。
② 《毛泽东书信选集》，中央文献出版社2003年版，第5—6页。
③ 《毛泽东书信选集》，中央文献出版社2003年版，第5—6页。
④ 《毛泽东书信选集》，中央文献出版社2003年版，第5—6页。
⑤ 《毛泽东书信选集》，中央文献出版社2003年版，第5—6页。

新 年 会 议

1920年至1921年的中国，许多地方正在进行着有关未来中国发展的方向——到底是应当走资本主义道路，还是走社会主义道路，还是采用革命方式，还是采用改良方式来改造中国的"社会主义大论战"。在毛泽东看来，新民学会要适应世界的变化，必须对以前的宗旨作彻底的改造，"我想我们学会，不可徒然做人的聚集，感情的结合，要变为主义的结合才好。主义譬如一面旗子，旗子立起了，大家才有所指望，才知所趋赴"。

蒙达尼会议之后，蔡和森在1920年8月13日、9月16日先后两次致信毛泽东，在信中，他系统而精确地阐明了自己对马克思主义的信仰和创建中国共产党的理论。毛泽东在收到蔡和森的信后，转给新民学会会员传阅，他先后找到何叔衡、彭璜、陈子博、周世钊、易礼容、陶毅和陈启民讨论和交换意见，会员展开了激烈的争辩。为了延续蒙达尼会议的讨论、统一会员思想、树立起主义这面旗子，毛泽东、何叔衡等人筹划召开新民学会新年会议。会前，毛泽东、何叔衡、周世钊、陶毅等人商议预先向会员们提出了14个问题，要会员做准备。

1921年初的长沙，"天气阴沉寒冷，时飞小雪"，潮宗街文化书社内，新民学会长沙会友新年会议召开了。元旦这天的会议，由何叔衡主持，毛泽东报告开会理由及学会发展历程，并提出会议重点讨论三个问题：一、新民学会以什么作共同目的？二、达到目的须采用什么方法？三、方法进行即刻如何着手？

毛泽东首先报告了在法会友在蒙达尼会议对于上述三个问题的讨论结果：主张以"改造中国与世界"为共同目的，但对于达到目的的方法则有分歧。在此提请会员讨论。

讨论一开始，熊瑾玎认为，"改造中国与世界"是学会素来的主张，不需要讨论了。毛泽东则不以为然，他认为，由于现在国内对于社会问题的解决有两派主张，一派主张改造，另一派主张改良，因此，有必要就"改造中国与世界"这个主题作进一步探讨。

会员们第一天上午并未就此得出结论。于是1月2日继续第一个问题的讨论并作出表决。在与会的会员中，除2人赞成"促社会进化"为目的、1人对"改造中国与世界"和"促社会进化"都表示赞同、2人不表态外，其余包括毛泽东、彭璜、陈昌、易礼容、陶斯咏、钟楚生、周世钊、陈启民、任培道、易阅灰等在内的10人均主张以"改造中国与世界"作为新民学会的共同目的。

在讨论第二个问题"达到目的须采用什么方法"时，毛泽东首先报告了留法会友的见解：蔡和森主张组织共产党，走十月革命——无产阶级专政道路；萧子升则主张蒲鲁东无政府主义以教育为工具的改良主义道路。同时介绍了当前世界有关解决社会问题的五种方法：一是社会政策，二是社会民主主义，三是激烈方法的共产主义（列宁的主义），四是温和方法的共产主义（罗素的主义），五是无政府主义。毛泽东当场表明自己的态度："温和方法的共产主义，如罗素所主张极端的自由，放任资本家，亦是永世做不到的，急烈方法的共产主义，即所谓劳农主义，用阶级专政的方法，是可以预计效果的，故最宜采用。"

陶斯咏称："从教育上下手，我从前也做过这种梦想，但中国在现在这种经济状况之下，断不能将教育办好。我的意见，宜与兵士接近，宣传我们的主义，使之自起变化，实行急进改革。"

何叔衡明确提出自己主张过激主义，因为"一次的扰乱，抵得二十年的教育"。

邹蕴真则表示："理论上无政府主义最好，但事实上做不到。比较可行，还是德谟克拉西。主张要对症下药。时间上积渐改进；空间上积渐改进；物质方面的救济，开发实业。精神方面的救济，普及并提高教育……"

彭璜的发言特别精彩："相信多数派的好，采革命的手段。吾人有讲主义之必要。讲主义不是说空话，中国现尚无民主主义，但这主义已过时不能适用。不根本反对无政府主义，但无政府主义是主观的，天下不尽是克鲁泡特金、托尔斯太也。物质文明不高，不足阻社会主义之进行。试以中国的国情与德、英、美、法各国逐一比较，知法之工团主义，英之行会主义，美之 I. W. W.，[①] 德之社会民主主义，均不能行之于中国。中国国情，如社会组织，工业状况，人民性质，皆与俄国相近，故俄之过激主义可以行于中国。亦不必抄袭过激主义，惟须有同类的精神，即使用

---

① 世界产业工人联盟的缩写。

革命的社会主义也。"

会员们就第二个问题讨论了2个多小时,最终表决结果:毛泽东、何叔衡、彭璜、陈子博、易礼容、陈章甫、陶斯咏、钟楚生、陈启民、贺延祜、张泉山、易阅灰12人赞成布尔什维克主义;任培道、邹蕴真2人赞成德谟克拉西;李承德表示赞成温和方法的共产主义;周世钊、刘继庄、熊瑾玎尚未决定,没有明确的态度。

第三天的讨论主要围绕"方法进行即刻如何着手"来展开。发言中,会员们各抒己见,何叔衡提出:"一方面成就自己,多研究;一方面注重传播,从劳动者及兵士入手。将武人政客财阀之腐败专利情形,尽情宣布;鼓吹劳工神圣,促进冲突暴动。次则多与俄人联络。"陈书农、熊瑾玎提出"组党"的提议,但没有明确要组织什么性质的党。彭璜提出了明确的主张:"组党,劳动党有必要。"陈子博、陈章甫、易礼容等人,也分别就如何着手扩大行动的社会影响提出了各种建议。毛泽东赞成他们的看法,并最后作出归纳:"诸君所举各种着手办法:研究,组织,宣传,联络,经费,事业,我都赞成。惟研究底下,须增'修养'。联络可称'联络同志',因非同志,不论个人或团体,均属无益。筹措经费可先由会友组织储蓄会。我们须做的几种基本事业:学校,菜园,通俗报,讲演团,印刷局,编译社,均可办。"此建议获得大多数会员的赞同。

由于许多会友因为父母包办婚姻,已有家室,"多感室家的苦痛",因此,新年会议上还讨论了"会友室家问题"。会友们提出了各种救助方法,包括办工厂、办女子工读学校等。最后,大家同意在法会友的意见,先组织"妇女成美会",并推举陶斯咏、易礼容、陈章甫、任培道为筹备员,研究解决办法。

由于会友讨论热烈,3天的会期如白驹过隙,转瞬而逝,原定的14个议题中,还有"会友个人的进行计划""会友个人的生活方法""个性之介绍批评"三个议题没有来得及讨论,留待一月常会再议。

1月16日,新民学会一月常会仍在文化书社召开。到会者21人。何叔衡继续主持会议,报告继续讨论新年会议留下的三个议题。何叔衡照例是第一个发言者,毛泽东则是最后一个结论者。在讨论中,彭璜、陈子博明确表达了自己参与革命的积极性,而包括周世钊、蒋竹如、谢南岭、罗宗翰、陈启民、陶斯咏、邹蕴真、唐文甫等在内的一部分会友则或明确或委婉地表达了自己想要从教的愿望。

讨论"会友个人的生活方法"可以透射会友的人生观。因此,何叔衡、毛泽东、彭璜力主深入进行讨论。何叔衡带头表明立场:"自己拟作教育上的事业,期得到低额的报酬，以资生活。"彭璜则表示："我觉得人只要有勇气，不应计及生活问题上去。罗素说：'应当想生活问题以外的事'，我很相信。我们只要把求学做事的问题解决，生活不成问题。但我们生活，也要定一个方向。许多方面的生活，如做官之类，我们不可去。只有教育界（除开别的新组织新生活）和作工，为我们所可采的方面。"发言中，有许多人提及要办工厂、印刷局等。毛泽东回复："文化书社有此计划，因'书社'只是发行一部，还要组织一个印刷局，及一个编译社。"

新民学会长沙会友新年会议的召开，表明新民学会的分裂已经成为一种不可逆转的趋势。但是，这次会议也为长沙的共产党早期组织物色发展党团员，提供了参考。会议中，与会者对"改造中国与世界"所取的道路、方法、个人长远计划、近期打算乃至世界观、人生观都作了自我表白，清浊分明。会议后，陈子博、易礼容先后转为共产党员。

学会自然消亡

新民学会，是一群青年学生在面对深重的民族危机，心怀沉重的历史耻辱感、浓烈的历史责任感之下，出于对新生活和新归宿的渴望而逐渐团结汇聚形成和发展起来的。然而，作为一个既没有明确政治观，又没有固定行动计划，结构松散的进步团体，新民学会缺乏严密的组织机构和会员约束，仅仅依靠会员的自觉而开展活动，作为一个团体，它从一开始就存在着很大的缺陷。毛泽东、蔡和森、萧子升等人作为学会的核心骨干会员，在学会中起着关键性的纽带作用，他们之间的友谊在很大程度上直接影响着新民学会的发起和消亡。因此，1921年初萧子升与毛泽东、蔡和森在政治立场上选择分道扬镳的同时，也标志了新民学会完成了它的历史使命而最终走向自然消亡。

1920年，作为华发教育会秘书的萧子升，为里昂大学建设问题回国。他先在北京、上海等地办理华法教育会和里昂大学的事情，直到1921年2月25日才回到长沙。在长沙的新民学会会友们翘首以盼了几个月，他才迟迟归来。

萧子升抵长次日，何叔衡召集新民学会会友在湖南通俗教育馆聚餐，为萧子升接风洗尘，聚会热闹非凡。在湖南通俗教育馆内，毛泽东、彭璜、何叔衡多次与萧子升阔谈，既有国内省内情况介绍，又有长沙会友活动描述，也有个人在风霜浪潮中的感受，特别是对各种新思潮的评论，每个人都有自己的独特见解。毛泽东抱着过往的手足之情，对萧子升作了许多争取说理的工作，希望他放弃蒲鲁东式的无政府主义，改信马克思主义。萧子升也不知疲倦地向他们宣传蒲鲁东的互助论、罗素的基尔特社会主义，不放弃自己的主张。他们各持己见，时常争得面红耳赤。

据新民学会评议员陈启民后来回忆，1921年春，在杨柳吐绿、桃花盛开、阴雨绵绵的日子，毛泽东与萧子升在湖南通俗教育馆何叔衡的住处，发生激烈争论。毛泽东恼怒了，说："你当你的绅士，我走我的独木桥。"

萧子升在其所著的《我和毛泽东的一段曲折经历》中，记录了一个有趣的故事。在船山学社内，萧子升当着何叔衡等新民学会会员质问毛泽东："你为什么说我是资产阶级分子？如果说我说过不赞成共产主义，那你知道我反对的是俄罗斯共产主义而已，你也知道我很赞成共产主义原则，我相信社会主义亦应渐渐转变为共产主义。"还没待毛泽东答复，何叔衡高声笑道："萧胡髭，你不在的时候，润芝要我走一条路；润芝不在，你又劝我走另一条路；你们俩〔两〕人都不在时，我不知道走哪条路好！现在你们两人都在，我仍然不知道走哪条路好！"何胡子的幽默话，引得人们大笑。他是在暗示、唤醒会友，学会出现了分裂，部分人信仰马克思主义，要走俄国十月革命的道路；另一部分人相信无政府主义，或者是教育救国论，走改良渐进的道路。

萧子升继续写道："一九二一年，新民学会分裂出两个独立的小组。其中较大的组百分之百的成员是共产党员，在毛泽东的领导下，成为中共湖南支部。"另一个组，是在法国的蔡和森领导的，"蔡和森到达法国，一有机会，他就向同胞们宣传共产主义多么好……蔡和森向居住在蒙达尼的伙伴宣传共产主义，同时写信说服居住在法国其他地区的学生。他口才不好，但文字表达能力很强，甚至超过毛泽东。他母亲当时已五十上下，他妹妹蔡畅都很尊重他的意见。不过，他头一次改变别人的思想还是他的爱人向警予，她也是新民学会最优秀的会员之一。向小姐不仅善于写文章，而且是个很好的演说家。她性格真诚，外表温柔文雅，富有吸引力。她成为中国第一个女共产党员，又是蔡和森宣传的助手。""另一个老友是李维汉。他亦名和笙……李维汉、蔡和森、向警予是致力宣传共产主义的三名传教者。"

少年时代，毛泽东、蔡和森、萧子升同是杨昌济的学生中的佼佼者，又彼此惺惺相惜，三人结为挚友，被同学称为"湘江三友"。毛泽东与萧子升相互欣赏，还曾一起结伴游学湖南。早在一师求学之际，毛泽东就曾表示与萧子升之交"相违咫尺数日，情若千里三秋"。蔡和森少年求学时家境困难，无以为餐，在楚怡学校任教的萧子升听说以后，专程登门，以"共同研讨人生，改造社会等问题"为由，邀请蔡和森与自己同住，为他解决食宿问题。他们之间的患难之情，真挚感人。然而，由于人生追求、价值取向的不同，1920年以后，他们在政治观念上出现分歧。1921年，这种分歧已经发展成为不可调和的矛盾。为了挽回过往的情谊，同时也为了争取萧子升信仰马克思主义，蔡和森、毛泽东曾做过大量工作。用萧子升的话说，他们经常谈到深夜，却谁也说服不了谁。

毛、蔡与萧的这种冲突，随着争论的激烈化而逐步扩展到新民学会的其他会员身上。双方为了更好地说服对方,都据理力争地争取其他会友的支持。谢觉哉曾经在日记里透露,1921年3月6日,萧子升向他宣传:"改造社会的人,不可太现色彩,须藏激烈于稳健之中;若色彩过重,社会且望而畏之,牺牲常多,代价常少……蒲鲁东是无政府主义家,而当时政府欢迎之,用拆政府台的人来拥护政府,成绩所以卓著。"萧子升希望谢觉哉赞成他的观点,而何叔衡、毛泽东、易礼容也常常找谢觉哉讨论,帮助他肃清无政府主义影响。

毛泽东与萧子升的争辩,用毛泽东自己的话来说,就是"吾人惟有主义之争,而无私人之争,主义之争,出于不得不争,所争者主义,非私人也。私人之争,世亦多有,则大概是可以相让的。"按照萧子升的描述,这正是毛泽东和萧子升"不能弄出一个共同的行动计划,两人都很伤心,甚至潸然泪下"的时期。

根据《新民学会会务报告》(第二号)记载,学会在1921年召开了三次会议,第一次新年会议,是1月1、2、3号召开;第二次一月常会,在1月16日召开;第三次二月常会,在2月20日召开。往后就没有开会的记载了。这期会务报告末尾刊发的《各会友鉴》:"第三号会务报告,大略要本年年底才可编印。至通信集第四集稿已齐,本年八月可出。第五集的信稿,亟盼陆续寄到;极随便的信,极短的信(如明信片)均请寄来。来件请寄长沙文化书社。"可见,在1921年初,毛泽东编辑出版《新民学会会务报告》(第二号)时,对新民学会还有兴趣,但自从与萧子升争论后,学会的活动全部终结,学会也自然消亡了。上述出版计划没有实现。

这年6月29日,毛泽东、何叔衡从长沙乘船前往上海,半路上遇到萧子升。在船上,毛泽东依旧想要把《资本主义制度大纲》推荐给萧子升,萧子升则始终用老子的"治大国若烹小鲜"作为自己的政治理念,二人不欢而散。萧子升在武汉下船后去了法国。毛泽东、何叔衡继续向上海进发。

毛泽东此行前往上海,在谢觉哉的日记里也有所记载:"午后六时叔衡往上海,偕行者润之,赴全国□□□□□之招。"这里的"□□□□□",表示"共产主义者"。毛泽东(润之)和何叔衡是出席这次大会的湖南代表。

"以才为基"

新民学会的主要发起者毛泽东和学会会员都是立志爱国、奋发图强、勤勤恳恳的青年。虽然他们后来的信仰有些差异，有的信仰马克思主义，有的主张教育救国、实业救国，但他们都符合毛泽东在《征友启事》里明确提出的征友要求：必须是"立志爱国"的青年，必须具有"纯洁、诚恳、奋斗、服从真理"的品德，必须有"改造中国与世界"的宏愿，必须要有自己信仰的"主义"。正如毛泽东后来在与斯诺谈话中评价的那样，"他们人数不多，但都是思想上很认真的人，不屑于议论琐事。他们所做和所说的每一件事，都有一个目的。他们没有时间谈情说爱，认为时局是如此危急，求知的需要是如此迫切，没有时间去谈论女人或私人问题。"新民学会当之无愧是一次"以才为基"的聚合，这种聚合，使新民学会在其自然消亡之后，仍然"对中国的事情和命运产生了广泛的影响"。

虽然，学会的存在只有短短的三年，但它在中国革命动荡转变的年代里，却孕育了一批马克思主义者，成为湖南革命家群体的逻辑起点。78名会员中，先后有37人加入了中国共产党。从新民学会走出的无产阶级革命家有毛泽东、蔡和森、何叔衡、向警予、李维汉、蔡畅、谢觉哉、熊瑾玎；著名的烈士有李启汉、郭亮、夏曦、罗学瓒、张昆弟、陈章甫、方维夏、傅昌钰、彭平之、彭道良、谢南岭。另外，著名的华侨教育家张国基，英年早逝的彭璜、陈子博、欧阳泽、熊光楚，长期在国民党统治区从事党的地下工作的刘明俨，遭受"立三路线"迫害被开除党籍，直至新中国成立后才恢复党籍的贺果，在长期革命斗争中因各种原因失去党组织关系，后为知名民主人士的刘清扬、易礼容、罗章龙、熊季光、许文煊、李思安、李中、蒋竹如、萧光球、周毓明、戴毓本。他们在不同的历史时期，采用不同的方式，为中国人民的解放事业作出了卓越贡献。

另一部分会员，他们在救国救民的道路上选择了科学教育作为自己的成才之路。早在新年大会上讨论个人计划时，就有不少会员认为"教育是为人类的、为社会的",将教育作为自己的"终身事业"。而这一选择对他们的一生产生了极大的影响。事实上,新民学会会员多数从事文化教育事业,其中产生了享有国际声誉的科学家李振翩,杰出的无产阶级文化战士、国际诗人萧三,知名的教育家朱剑凡、周世钊、张国基,资深的学者、教授魏璧、劳君展、曾星煌、邹蕴真、陈书农、杨润余,新闻战线上的著名记者黄醒、唐耀章,长期从事教育事业的周敦祥、李思安、蒋竹如、钟楚生、吴毓珍、吴家瑛……他们都是文化教育战线上颇有声名和建树的人物。

著名华侨教育家张国基,在湖南一师读书期间结识了毛泽东,积极参加毛泽东领导的反帝反封建的爱国学生运动。五四运动时,张国基任湖南学生联合会副主席,成为当时学生运动的领袖。1919年5月,北京大学的学生运动领袖邓中夏来到长沙,毛泽东带邓中夏找到张国基,在一师后山操场,共议推动五四运动在湖南的深入发展。1920年从一师毕业后,根据新民学会向外发展的要求,张国基赴新加坡。毛泽东为他送别,嘱咐他要以"世界主义精神帮助东南亚诸国人民"。1926年回国后,张国基加入中国共产党,党组织派他再度出国,继续从事华侨教育工作。张国基在华侨集中的东南亚各国,从教30多年,桃李满天下。1958年10月,应毛泽东、周恩来的邀请回国。次年出任北京华侨补习学校校长,后任该校名誉校长直到逝世,培养了一大批归国华侨青年。

周世钊在湖南一师读书时,与毛泽东同班同室五年半,其友谊建立在共同的兴趣、理想上。他俩都爱好文学,常赋诗作文,相互品评。1917年全校开展"人物互选"活动,毛泽东为第一,周世钊列第二。毛泽东主办工人夜校,周世钊任国文教员。毛泽东组建新民学会,周世钊为第一批基本会员。毛泽东主编《湘江评论》,周世钊鼎力相助。1920年7月,毛泽东从北京经上海回到长沙,相继创办长沙文化书社、湖南俄罗斯研究会,领导湖南人民自治运动,协助何叔衡改组湖南通俗报编委会。周世钊都积极参加了这一系列活动,并担任湖南通俗报编辑。1927年从国立东南大学毕业后,周世钊回湖南任教,先后在长沙明德中学、长郡中学、湖南一师执教。中华人民共和国成立后,周世钊一直担任湖南一师校长,为湖南的教育事业呕心沥血,培养了大批人才。

以萧子升为代表的另一部分新民学会会员们,后来加入了国民党,也走上了各自的人生道路。萧子升在1924年回国后,加入国民党,他先后担任国民党北平市党务指导委员、《民报》总编辑、中法大学教授、国立北京大学委员兼农学院院长、华北大学校长及国民政府农矿部次长、国立历史博物馆馆长等职。后他随国民党政府去台湾，后来又到法国、瑞士。1952年前往南美乌拉圭，从事教育事业。

匡互生，湖南宝庆人，1915年入北京高等师范学校，曾信仰无政府主义。1919年4月底，巴黎和会上中国丧权辱国的消息传来，匡互生等认为只有采取暴力行动，才能制裁国贼、收回胶济铁路，于是成立秘密行动小组，并被推举为负责人。5月4日下午，北京各校学生3000多人在北京天安门集会，提出"外争国权，内惩国贼"的爱国口号，整队行进时匡互生走在最前列。后到曹汝霖住宅，匡互生又带头取出曹宅被褥等物，举火焚烧，演出了火烧赵家楼最壮烈的一幕，成为五四运动的闯将。同年夏，匡互生回长沙楚怡学校任教，积极参加驱张运动。1920年夏，匡互生任湖南省立第一师范教务主任。他在宝庆创办了长沙文化书社宝庆分社，传播新思想。后在上海创办立达学园，献身教育事业。

熊梦飞，曾三度任湖南省立第一师范校长，信仰无政府主义。1911年考入长沙第一联合中学，1915年考入北京高等师范学校，被推选为学生自治会主席，积极投入五四运动。熊梦飞与匡互生等一起参与捉拿卖国贼曹汝霖等的爱国活动，后与邓中夏返湘，找到毛泽东、陈书农、张国基等会员报告北京五四运动的情况。1919年，熊梦飞参加新民学会组织的驱张运动。1925年，熊梦飞在河南开封任教时加入国民党，是国民党CC派湖南骨干分子之一。1949年湖南和平解放时，熊梦飞参与起义，中华人民共和国成立后被捕判刑，后假释。1962年4月病故。

从1921年开始，新民学会会员由于信仰的差异而走上了各自不同的人生道路。但从总体上讲，他们当中绝大多数会员都是满怀爱国热情，矢志追求救国救民的真理，积极投身社会变革，致力于推进人类进步。这在中国共产党建党之前的众多的进步团体中实属罕见。在新民学会完成他的历史使命自然消亡之后，长沙的共产党组织，继承了新民学会留下的宝贵经验财富，在"踏着人生社会实际说话"的路上，扬帆起航。

第二编

重要史料

酝酿成立学会

毛泽东致友人信[①]

（1915年7月）

悔之也。当今之世，黯黮淡闷塞，非有强聒[②]，狂澜谁鄣？亶其躬而有益于国与群，仁人君子所欲为也。又或谓搅神废日，此亦似矣。虽然，此乃所谓佞也。孟

[①] 此信前后残缺，受信人和写作时间不明。从信中所提"子升悔于言"和子升"来书"两事及作者在信中所反映的对受信人的态度来看，似为写给萧子升的。从信的笔迹和信中反映的有关学习的内容来看，与1915年间的其他书信相近。又，联系1915年8月给萧子升信来看，此信似写于1915年7月。另本书中提及的人物，一部分作了一些注释，因为材料不完备，难免遗漏和错误，尚望了解情况的同志提出补正意见。

[②] 见《庄子·天下》："见侮不辱，救民之斗；禁攻寝兵，救世之战；以此周行天下，上说下教，虽天下不取，强聒而不舍者也。"强聒而不舍，意为人们不想听而仍然喧谈不休。

轲好辩①，不得谓之佞；子贡存鲁、乱齐、破吴、强晋而霸越②，不得谓之佞也。谁曰搅神？谁曰废日？且吾尝闻用之而弥盛矣，锻工不蒌其腕而硕其腕，篾夫不纤其胫而肥其胫。苏张纵横③，其舌未敝也，离朱巧察④，其目不眯也。凡此用而弥盛者，所在多有，搅神之说，不足信矣。弟近年来所有寸进，于书本得者少，于质疑问难得者多。苟舍谭论而专求之书，其陋莫甚，虽至今昏愦如前，未可知也。且吾闻子升悔于言矣。若曰对人哓哓，退惟多失，惩前毖后，其慎言哉！然吾谓子升，不先有言，何以知失？知失则得，非言之功乎？若诚惩而毖之，子升其难知失也已。故旷日之说，亦不足信也。是故互质参观，所以张知，强聒不舍，可以振国，排搅神废日之说，所以益神而修业，言之为贵，不愈可见乎！然非欲取同于君，求君更正其谬，此弟区区之意所求降鉴者也。夫人之生所遭不齐，惟豪杰之士知殊趋而同至，不型人以合吾之轨，亦不迁己轨以合人之型，此诚至公彻理之谈也。夫古今门户之争，在政有君子小人、清流浊流之分，在学则有汉氏、宋氏、程、朱、鹿〔陆〕、王之异⑤。政无论矣，学亦多讥，主奴出入，各植藩桓，招引朋徒，相啮轧不休。嗟乎，此何故哉？弟观杨先生⑥之涵宏盛大，以为不可及，子升可谓能遵师训，且足以发者也。来书又谓获益切劂，以弟之愚谬引为足与共学适道，崇奖过量，非所能当。嗟乎，一人之事，他人孰能尽知者哉！古来貌合神非，口尧舜而心桀纣者多矣。昔樊英⑦蜚声于（下略）

摘自《毛泽东早期文稿（一九一二年六月——一九二〇年十一月）》

---

① 见《孟子·滕文公下》："公都子曰：'外人皆称夫子好辩，敢问何也？'孟子曰：'予岂好辩哉？予不得已也。'"

② 子贡（前520—前456），春秋时卫国人，姓端木，名赐，孔子学生。"存鲁、乱齐、破吴、强晋而霸越"，事见《史记·仲尼弟子列传》。

③ 苏，指苏秦（？—前284），战国时东周洛阳（今河南洛阳）人，任齐相时约楚、燕、赵、韩、魏五国攻秦，史称合纵。张，指张仪（？—前309），战国时魏国人，任秦相时游说各国服从秦国，瓦解齐楚联盟，史称连横。

④ 离朱，相传为黄帝时人。《慎子》云："离朱之明，察秋毫之末于百步之外。"

⑤ 汉氏、宋氏，即汉学、宋学，为清代两大学术流派。汉学重考据，宋学重义理。程，指程颢、程颐兄弟；朱，指朱熹；陆，指陆九渊；王，指王守仁。程朱认为"理在心外"，且为宇宙根本；陆王则主张"心即理"，心是宇宙之根本。

⑥ 杨先生，指杨昌济（1871—1920），字华生，又名怀中，湖南长沙人。

⑦ 樊英，字季齐，东汉南阳鲁阳（今河南鲁山县）人，经学家。习《京氏易》，兼明五经，颇有名于当时。

毛泽东致萧子升信①

（1915 年 8 月）

子升足下：

　　七日奉到来示，披读之余，距跃三百！嗟乎，非子升，畴肯以道为予言者邪？非子升，畴能以道为予言者邪？厌饫嘉谟，心以开爽，然轸结者深，郁蓄者叠，磊砢抑塞，莫能自疏，对子升而发之，子升其许我乎？今夫人者万类之灵，发声以为言，言而后抟其类以为群。夫言以灵而发，群以言而抟，然则言也者，顾不贵欤！尝诵程子之箴，阅曾公之书，上溯周公②孔子之训，若曰惟口兴戎③，讷言敏行④，载在方册，播之千祀。今者子升以默默示我准则，合乎圣贤之旨，敢不拜嘉！虽然，仆则思之，天地道藏之邃鸾，今古义蕴之奥窔，或蕃变而错综，或散乱而隐约，其为事无域，而人生有程，人获一珠，家藏半璧，欲不互质参观，安由博征而广识哉？夫所谓言以招愆者，此其似矣！虽然，言不能因愆而废，犹食不能因噎而废也。况所言者未必愆，即愆矣，亦哲人之细事。基督以言而磔⑤，龙、比以言而诛⑥，自彼视之，曾不以愆而〈废〉，鲁阳殷浩⑦，垂誉于士林，及一缨世故，莫不应时持减。弟夙夜危惧，愧对君子，近写日记一段，命曰自讼，子升试一观之，可以悉弟痛艾之衷矣。其言曰："客告予曰：若知夫匏瓜乎？阳动土暖，茁乙布菱，缠牵成蔓，

---

① 此信无写作时间。从信中所提萧子升决定不去"平校"任教，"学校展限至廿五"日开学，毛泽东准备"十五回家"省亲等情况看，此信当写于 1915 年 8 月 3 日之后、15 日之前。
② 周公，指周公旦，周文王子，武王弟。辅武王灭商，建立周朝。
③ 见《尚书·大禹谟》。原文为"惟口出好兴戎"。不是周公或孔子之言。
④ 见《论语·里仁》。原文为"君子欲讷于言而敏于行"。
⑤ 基督，即耶稣，因传教于犹太各地，为犹太教当权者所仇视，被罗马帝国驻犹太总督彼拉多钉死在十字架上。
⑥ 龙，指关龙逄，夏臣；比，指比干，商臣。二人均因劝谏分别被夏桀、商纣杀死。
⑦ 鲁阳，战国时楚之县公。相传他与韩作战，挥戈使太阳返回。见《淮南子·览冥训》。殷浩（？—356），东晋人，识度清远，弱冠时有盛名。穆帝永和二年（346）任扬州刺史。永和六年，任都督扬豫徐兖青五州军事，统军进取中原。永和八年为前秦所败，次年又为姚襄所大败，被废为庶人。

不能自伸。苟无人理，则纵横荆棘之颠，□播蓐草之内，时序洊至，间吐疏苞，若明若灭。人将指曰：是亦蓐草之类而已。然而秋深叶萎，牧竖过往其间，剔草疏榛，则累累之物，大者如瓮，乃是蔓之瓜也。反而观之，牡丹之在园中，绿萼朱葩，交生怒发，矞皇光晶，争妍斗艳。昧者将曰：是其实之盛大不可限也，而孰知秋至凉归，花则枯矣，实不可得。吾子观于二物，奚取焉？应曰：牡丹先盛而后衰，匏瓜先衰而后盛，一者无终，一者有卒，有卒是取，其匏瓜乎？客曰：虽然，吾观于子一伎粗伸，即欲献于人也，一善未达，即欲号于众也，招朋引类，耸袂轩眉，无静澹之容，有浮嚣之气，姝姝自悦，曾不知耻，虽强其外，实干其中，名利不毁，耆欲日深，道听涂说，搅神丧日，而自以为欣。日学牡丹之所为，将无实之可望，猥用自诡曰：吾惟匏瓜之是取也，岂不诬哉！予无以答，逡巡而退，涩然汗出，戚然气沮。"章甫①归家，约二周即来，讲席定在附属初小。弟已遣人赍书往趣急来。足下长信附上矣，焜甫②函亦送去。学校展限至廿五，弟将十五回家，一觐堂上，省诸弟。平校不就，自是正着。弟所以云者，恐修业③方面未决妥也。管见尽此，其他见之子璋④书中，伏维照察。

泽东顿首

摘自《毛泽东早期文稿（一九一二年六月——一九二〇年十一月）》

---

① 章甫，即陈章甫（1894—1930），湖南浏阳人，新民学会会员，中共党员。湖南省立第一师范学生，与毛泽东为同学。1915年毕业后，任长沙五美高小教师。1917年在一师附小任教。后从事工人运动，1926年任水口山铅锌矿工会主任。1927年大革命失败后，继续坚持斗争。1930年被派往湘西贺龙部工作，途经澧县时被捕，后在长沙就义。

② 焜甫，即熊光楚（1889—1939），湖南湘乡人。1913年冬在湖南省立第一师范毕业后，任该校图书管理员。1917年夏毕业于湖南高等师范文史专修科。后参加新民学会并赴法勤工俭学。

③ 修业，指长沙修业学校。始建于1903年，当时只设中学部。1904年接收敬业小学堂，增办小学部，1906年又开办速成师范科。1906年至1919年，徐特立在该校任校董兼教员。1919年4月至12月，毛泽东在该校小学部任历史课教员。

④ 子璋，即萧子暲（1896—1983），又名萧植蕃、萧三，湖南湘乡人。为萧子升之弟、湖南省立第一师范第三班学生、新民学会会员。1920年赴法勤工俭学，1922年加入中国共产党，1924年回国。曾任共青团湖南省委书记、共青团中央代理书记等职。1930年以中国左翼作家常驻代表名义，出席国际革命作家会议，主编《世界革命文学》中文版。1939年回延安。新中国成立前后从事国际交往工作和文艺活动。

毛泽东致萧子升信①

（1915年9月6日）

子升学长足下：

仆读《中庸》②，曰博学之。朱子补《大学》③，曰：即凡天下之物，莫不因其已知之理而益穷之，以至乎其极。表里精粗无不到，全体大用无不明矣。其上孔子之言，谓博学于文，孟子曰博学而详说，窃以为是天经地义，学者之所宜遵循。闻黎君邵西④好学，乃往询之，其言若合，而条理加详密焉，入手之法，又甚备而完。吾于黎君，感之最深，盖自有生至今，能如是道者，一焉而已。足下好学深思，闻其说未备，嘱转说述，但不能尽惟即耳。苟有一知，敢不效于左右，以答盛意，致其恳恳邪！仆问邵西，学乌乎求？学校浊败，舍之以就深山幽泉，读古坟籍，以建其础，效康氏、梁任公之所为，然后下山而涉其新。邵西不谓然，此先后倒置也。盖通为专之基，新为旧之基，若政家、事功家之学，尤贵肆应曲当。俾士马克⑤，通识最富者也。即今袁氏⑥，亦富于通识者也。错此则必败，其例若王安石⑦，欲行

---

① 此信无写作年份。信中所提"闻黎君邵西好学，乃往询之"之事，是在黎锦熙1915年9月离湘赴京任事之前。又萧子升1915年6月才从一师毕业。故推断此信当写于1915年。

② 《中庸》，相传为战国时子思所作。《大学》原为《礼记》中的一篇。宋代将《中庸》《大学》《论语》《孟子》合编，统称为"四书"。

③ 朱子即朱熹（1130—1200），宋徽州婺源人，著名理学家。补《大学》，指朱熹所补"释格物致知之义"一段。作者信中所引之句，原文为："是以《大学》始教，必使学者即凡天下之物，莫不因其已知之理而益穷之，以求至乎其极。至于用力之久，而一旦豁然贯通焉，则众物之表里精粗无不到，而吾心之全体大用无不明矣。"

④ 黎邵西，也作劭西，即黎锦熙，时在湖南省立第一师范任教。

⑤ 俾士马克，今译俾斯麦（1815—1898），普鲁士王国首相和德意志帝国宰相。

⑥ 袁氏，指袁世凯（1859—1916），字慰庭，号容庵，河南项城人。北洋军阀首领。1911年任内阁总理大臣，1912年3月窃取中华民国临时大总统职位，在北京建立北洋军阀政权。1915年接受日本提出的企图灭亡中国的"二十一条"，宣布次年改元"洪宪"，元旦登皇帝位。由于遭到全国反对，1916年3月被迫撤销帝制。

⑦ 王安石（1021—1086），字介甫，宋抚州临川人。北宋仁宗嘉祐三年（1058年）上书，主张变法。为宣传改革，曾著《三经新义》（其中有《周官新义》）、《字说》（今不存）等书。所作散文，雄健峭拔，为唐宋八大家之一。

其意而托于古，注《周礼》①，作《字说》，其文章亦傲睨汉唐，如此可谓有专门之学者矣，而卒以败者，无通识，并不周知社会之故，而行不适之策也。于是翻然塞其妄想，系其心于学校，惟通识之是求也。此其具体耳，其抽象则如何？下手之方则如何？于是邵西曰，国文者，具清切之艺能，述通常之言事，曲曲写之，能尽其妙，一也。得文章之意味，观古今之群籍，各审其美而靡所阂，二也。今之教者学者皆不然。长，今之所谓通也。异，今之所谓奥也。其实，所谓长者，堆积冗复而已，堆积冗复，不得谓之通；所谓异者，佶聱闷涩而已，佶聱闷涩，不得谓之奥。至于为求学之阶梯，将以观古今之群籍，亦无知与无能焉者矣。历史者，观往迹制今宜者也，公理公例之求为急。一朝代之久，欲振其纲而挈其目，莫妙觅其巨夫伟人。巨夫伟人为一朝代之代表，将其前后当身之迹，一一求之至彻，于是而观一代，皆此代表人之附属品矣。观中国史，当注意四裔，后观亚洲史乃有根；观西洋史，当注意中西之比较，取于外乃足以资于内也。地理者，空间之问题也，历史及百科，莫不根此。研究之法，地图为要；地图之用，手填最切。地理，采通识之最多者也，报章杂志皆归之。报章杂志言教育，而地理有教育之篇；报章杂志言风俗，而地理有风俗之章。政治、军事、产业、交通、宗教等等，无一不在地理范围之内。今之学者多不解此，泛泛然阅报章杂志，而不知其所归，此所谓无系统者也。体操、图画、音乐、手工者，技能的而美术的也，君子假之，而得为学、养生之道焉。为学奚假乎是？是须有条理有秩序，綮之则无以为条理秩序，以娱吾心而缮吾性，为学之道孰大焉。养生奚假乎是？古之人有行之者，陶侃、克林威尔、华盛顿是也。陶侃运甓习劳，克将军驱猎山林，华盛顿后园斫木②。盖人之神也有止，所以瘁其神也无止，以有止御无止则殆。圣人知之，假是以复其神，使不瘁也。犹不止此，游戏、手工、图画、音乐，美感教育也。美感教育为现在世界达到实体世界之津梁（见蔡氏民国元年教育方针）③，故诸科在学校为不可阙。邵西所言各科下手方法及

---

① 《周礼》原名《周官》，或称《周官经》，儒家经典之一。
② 陶侃（259—334），东晋庐江浔阳人。曾为荆州刺史、广州刺史，封长沙郡公。克林威尔，今译克伦威尔（1599—1658），英格兰军人和政治家，1653年起任英格兰、苏格兰和爱尔兰护国公。华盛顿（1732—1799），美国将军、政治家、首任总统。文中所说"陶侃运甓习劳，克将军驱猎山林，华盛顿后园斫木"，都是说他们不论地位高低，总不忘习劳励志。
③ 蔡氏，指蔡元培（1868—1940），字鹤卿，号孑民，浙江绍兴人。近代教育家。"民国元年教育方针"，指1912年蔡任南京临时政府教育总长时所发表的《对于教育方针之意见》。

其用如此。于是又介仆读《群学肄言·缮性篇》①，仆因取其书遍观之竟，乃抚卷叹曰，为学之道在是矣！盖是书名《群学肄言》，其实不限于群学，作百科之肄言观可也。其旨以谓为学之难三：其一在物，其一在心，其一心物相对。在物者曰物蔽，在心者曰情瞀智绉，心物相对者曰学诐、国拘、流梏、政惑、教辟。是三难者，将欲祛之，则必缮性。缮性在学，学有三科，曰玄间著。玄科者，名、数二学属之；间科者，物理学、化学属之；著科者，博物学属之。三科习，而后三难祛。心习姱，性灵缮，于是乃可言学，络之以心理生理，关于群学者大也。吾谓此岂惟学也，德即寓乎其中矣。于此有人焉，不蔽于物，瞀于情，绉于智，而又无学诐、国拘、流梏、政惑、教辟诸弊，其人之为君子，尚待言哉！近每与人言及为学，即介以此书，以其所言者切也。足下有暇，可览观焉（章甫近阅此书）。以上所陈，凡分三者：初论专通之先后，次言诸科之研法，次述"群肄"一书之可珍。然尚有其要者，国学是也。足下所深注意，仆所以言之在后者，夫亦郑重之意云尔。国学则亦广矣，其义甚深，四部之篇②，上下半万载之纪述，穷年竭智，莫殚几何，不向若而叹也！有为人之学，有为国人之学，有为世界人之学。为人之学者，父子夫妇昆弟之道，布帛菽粟之宜也。为国人之学者，明其国历史、地理、政教、艺俗之学也。为世界人之学者，世界观、国际学也。顾为人国人之学易，为吾国人之学难。历史半万载，地方七千里，政教若是其繁邃，人情风俗若是其广复，将恶乎求之？吾而为日本，土疆三岛耳，吾而为德伊③，历史才半纪，土地敌吾二广省耳，如之何不易！然则何苦而为中华民？顾吾人所最急者，国学常识也。昔人有言，欲通一经，早通群经。今欲通国学，亦早通其常识耳。首贵择书，其书必能孕群籍而抱万有。干振则枝披，将麾则卒舞。如是之书，曾氏"杂钞"④ 其庶几焉。是书上自隆古，下迄清代，尽抡四部精要。为之之法，如《吕刑》⑤ 一篇出自《书》，吾读此篇而及于《书》，乃

---

① 《群学肄言》系严复将英国社会学家、哲学家斯宾塞所著《社会学研究》摘译成中文出版时所取名。《缮性篇》是其中的一篇。

② 四部之篇，晋荀勖分书籍为甲部（六艺，小学）、乙部（诸子兵书，术学）、丙部（史记及其他记载）、丁部（诗赋图赞）四部；至晋李充重分四部，定为经、史、子、集。隋唐以后经籍艺文分类，多用四部为序。也作群书的通称。

③ 德伊，今译德意志。

④ 曾氏"杂钞"，指曾国藩所纂的《经史百家杂钞》。

⑤ 《吕刑》，《尚书》中的一篇，为周穆王时有关刑罪的文告，因吕侯的请命而颁，故名。

加详究焉出于《书》者若干篇，吾遂及于《书》全体矣。他经亦然。《伯夷列传》①一篇出于《史记》②，吾读此篇而及于《史记》，加详究焉出于《史记》者若干篇，吾遂及于《史记》之全体矣。他史亦然。出于"子"者，自一"子"至他"子"。出于"集"者，自一"集"至他"集"。于是而国学常识罗于胸中矣。此其大略也。为学最忌一陋字，行此庶几或免。仆观曾文正为学，四者为之科。曰义理，何一二书为主（谓《论语》《近思录》）③，何若干书辅之。曰考据亦然；曰词章曰经济亦然。与黎氏所云略合。惟黎则一干，此则四宗。黎以一书为主，此所主者，不止一书也。国学者，统道与文也。姚氏"类纂"④畸于文，曾书则二者兼之，所以可贵也。其法曰"演绎法"，察其曲以知其全者也，执其微以会其通者也。又曰"中心统辖法"，守其中而得大者也，施于内而遍于外者也。各科皆可行之，不独此科也。吾闻之甚有警焉！试一观当世诸老先生，若举人、翰林、秀才之属，于其专门之业，不可谓不精，若夫所谓常识，求公例公理，绳束古今为一贯，则能者不甚寡哉！斯宾塞尔⑤云，专攻之之〔学〕，每多暗于通宗，岂不然哉！所陈词冗意单，掇粗漏精，既承盛指，不敢不告，赐之是正，不胜祷幸。

泽东顿首
九月六日
摘自《毛泽东早期文稿（一九一二年六月——一九二〇年十一月）》

---

① 《伯夷列传》，《史记》中的一篇。记述武王灭商后，伯夷、叔齐兄弟二人不食周粟，饿死首阳山之事。
② 《史记》，西汉司马迁撰，共130篇，为我国第一部纪传体史书。
③ 《论语》，孔子言行的记录，为儒家经典之一。《近思录》为南宋朱熹、吕祖谦合撰，共14卷，辑录北宋周敦颐、程颐、程颢和张载的言论，计622条。
④ 姚氏"类纂"，指清姚鼐编辑的《古文辞类纂》。
⑤ 斯宾塞尔，今译斯宾塞（1820—1903），英国哲学家、社会学家，是早期的进化论者。强调用科学方法研究社会现象。著《综合哲学》，对生物学、心理学、人类学、社会学的发展影响甚大。

毛泽东致萧子升信①

（1915年9月27日）

□□□②下：

接书，得悉教务殷繁，七日作书，改为十日，甚□意。前书初九发，今十九，适十日矣。又得来书，宜答雅意。吾人立言，当以身心之修养、学问之研求为主，辅之政事时务，不贵文而贵质，彩必遗弃，惟取其神。易言之，每为一书，必有益处，言必载物，不然，与庸众人何异？此日如金，甚可爱惜！仆自克之力甚薄，欲借外界以为策励，故求友之心甚热。如足下，诚能策励我者也。□③无他长处，惟守"善与人同""取人为善"二语，故已有得，未尝敢不告于人；人有善，虽千里吾求之。前望足下上希古人，乃本心也。近以友不博则见不广，少年学问寡成，壮岁事功难立，乃发内宣，所以效嘤鸣而求友声④，至今数日，应者尚寡。兹附上一纸，贵校有贤者，可为介绍。馀见赞周⑤书中。秋凉腹疾，剧一二日，近小愈矣。身体万宜防，重病时始识健时乐也。

东上
十九

摘自《毛泽东早期文稿（一九一二年六月——一九二〇年十一月）》

---

① 此信无写作年月。信中所提"乃发内宣（即《征友启事》）……至今数日"和"秋凉腹疾"等事，与1915年11月9日致黎锦熙信中所提"夏假后，乃作一启事，张之各校"等语对照，此信当写于1915年下半年开学之初。信末落款日期"十九"，当为农历八月十九日，即公历9月27日。

② 原件此处文字缺失，似为"子升足"三字。

③ 原件此字不显，疑为"仆"字。

④ 1915年秋，毛泽东发出《征友启事》，署名二十八画生（"毛泽东"三字的繁体共二十八画），意欲结交对学问、时政感兴趣，能耐艰苦、有决心、能为国牺牲的朋友。"启事"最后引用《诗经·小雅·伐木》中"嘤其鸣矣，求其友声"句。

⑤ 赞周，即陈赞周（1892—1921），又名绍休，湖南浏阳人。毛泽东在湖南省立第一师范读书时的同学，新民学会会员，1920年赴法国勤工俭学，1921年在法国病故。

毛泽东致萧子升信①

（1916年6月26日）

升兄赐鉴：

  今朝九钟抵岸，行七十里，宿银田市②。主人与予有故，颇安适焉。四肢之怨虽深，而灵台之乐殊甚。洗尘振衣，捉管为书，回想昨霄今早，情景宛在，感念奚如！中途寡所见闻，然略可得而述。近城之处，驻有桂军③，招摇道涂，侧目而横睨，与诸无赖集博通衢大街，逻卒熟视不敢问。证以校内所见，信乎两粤睹〔赌〕风之重也。七里铺、姜车④一带，有所谓护国军⑤二股：一苏鸣鹄所部，约千二百人；一赵某所部，数略同。联手成群，猬居饭店，吃饭不偿值，无不怨之。细询其人，殊觉可怜，盖盼望给资遣散而不得者也。其官长亦居饭铺，榜其门曰某官，所张檄告，介乎通不通之间焉。一路景色，弥望青碧，池水清涟，田苗秀蔚，日隐烟斜之际，清露下洒，暖气上蒸，岚采舒发，云霞掩映，极目遐迩，有如画图。今夕书此，明日发邮，在涂两日，二十九前后当达左右，欲以取一笑为快，少慰关垂也。

泽白

二十六日

摘自《毛泽东早期文稿（一九一二年六月——一九二〇年十一月）》

---

  ① 此信无写作年月。从毛泽东1916年6月24日致萧子升信中所说"明日开霁，决行返舍"等语联系起来看，当写于同年同月。
  ② 银田市，应为银田寺，镇名，离韶山冲约30里。
  ③ 桂军，泛指广西军阀部队，这里指陆荣廷于1916年宣布反袁独立后所组成的军队。
  ④ 姜车，应为姜畲，镇名，原属湘潭县。
  ⑤ 护国军，原为蔡锷1915年12月在云南策动讨伐袁世凯时组织的军队的称谓。后各省讨袁军队，也多用此名称。

毛泽东致萧子升信

（1916年7月18日）

升兄足下：

　　十二日在湘潭发一函①，不知到否？兹又七日矣，心有所触，敬为吾兄述之，亦前约也。湖南问题，弟向持汤督②不可去，其被逐也，颇为冤之，今现象益紊矣。何以云其冤也？汤在此三年，以严刑峻法为治，一洗从前鸥张暴戾之气，而镇静辑睦之，秩序整肃，几复承平之旧。其治军也，严而有纪，虽袁氏③厄之，而能暗计扩张，及于独立，数在万五千以外，用能内固省城，外御岳鄂，旁顾各县，而属之镇守使者不与焉，非甚明干，能至是乎？任张树勋④警察长，长沙一埠，道不拾遗，鸡犬无惊，市政之饬，冠于各省，询之武汉来者，皆言不及湖南百一也。南北军兴⑤，湘为斗场，省城波浪迭兴，当春夏之交，危险万状，而能镇定不挠。矿警一役⑥之后，学生多逃，下谕不可辍课，请款即发，此岂葸懦蹙踏者所克办哉！筹画独立，尤具苦心，先授意望云亭⑦，使之独立，然后计退北军，调归所部，联络黔桂，一旦响应。袁氏不幸早死矣，使战事延长，则四川与湘省独立之功，不在云贵

---

　　① 湘潭发一函，指1916年7月12日毛泽东由家返校途经湘潭县城时向萧子升所寄之信。

　　② 汤督，指汤芗铭（1883—1975），字铸新，湖北蕲水人。汤化龙之弟。任湖南都督时，积极支持袁世凯复辟帝制。1916年5月29日，被迫宣布湖南独立。7月4日晚，从长沙仓皇逃走。

　　③ 袁氏，即袁世凯。

　　④ 张树勋，字竹桥，湖南宁乡人。1914年10月至1916年7月任湖南省警察厅厅长，后任河南省警务处长。

　　⑤ 辛亥以后，军阀混战，南北对峙，湖南当军事之冲。北洋军阀为制服两广，企图盘踞湖南；南方军阀则以湖南为北进阵地。北来南去，南来北去，各系北洋以及黔军、桂军、湘军等都出入湖南，战祸兵灾接踵而至，湖南人民深受其害。

　　⑥ 矿警一役，指1916年5月14日湖南矿警督办郭人漳，率矿警二营进驻长沙几处街巷，意欲推翻汤芗铭，自任都督之事。

　　⑦ 望云亭，湖北宜昌人。1915年8月任湖南零陵镇守使，屡次电劝袁世凯称帝。及至1916年5月17日，宣布郴州、永州独立，自称护国军湘南总司令，又通电宜章、桂阳、资兴、汝城各县，脱离北京政府。

首义之下，岂特地有所必取，城有所必攻，南北成败之枢纽在是焉耳。党人憎之，憎其媚袁也，然汤曷尝媚袁哉？汤之见猜于袁，非一日矣。初不准其扩兵，继派曹锟①以监之，继又派沈金鉴②以掣其权。其杀人万数千也，亦政策之不得已耳。彼江宁冯氏③之杀人，比此谁多少？其击吴江，荡江阴，如刈草芥耳。谓其制造民意，逢迎袁恶，污浼善类似矣。然云、贵、广西诸省，曷尝无此等事哉！图远者必有所待，成大者必有所忍，护国之目的，不如此不足以达之，以此为罪，非知大计者也（杀人、污善二事，在严格的伦理学则当别论）。此次出逃，前书论其愚，正唯其愚，故不得谓之诈。其汉口通电④，多系实事，有兵万余而不战，惧糜烂也；有财而不取，惧遗患也（湘人宣布罪状⑤，谓其卷款数百万，恐未必然）。要之，汤可告无罪于天下，可告无罪于湘人，其去湘也，湘之大不幸也。何以云现象益棼也？汤之招致桂军，好意也，而桂军叛之，此非必陆荣廷⑥之意，追汤至于湘阴，劫其饷械，连同省中所掠，捆载而归，报纸所称"文明军队，班师凯旋"者也。即如弟校，寸草皆为拾去，小学有湘军残械，以八人守之，彼乃尽取去，又缚八人者而欲杀之。故去桂军，人人以为如去虎也。程潜⑦醉心权利，统兵来省，声势赫然，既

---

① 曹锟（1862—1938），字仲珊，天津人，北洋直系军阀首领。天津武备学堂毕业。清末为袁世凯所辖京畿陆军第三镇统制。辛亥革命后，任北洋军第三师师长，驻岳阳。护国战争爆发后，该师进入戒备状态，以图镇慑南方。

② 沈金鉴，字叔詹，浙江吴兴人。1915年9月至1916年6月，任湖南巡按使。

③ 江宁，即今南京。冯氏，指冯国璋（1859—1919），字华甫，直隶河间人。1913年二次革命时，率军攻占南京，被袁世凯任命为江苏都督。后为北洋直系军阀首领。

④ 汉口通电，指1916年7月7日汤芗铭在汉口发出的通电。电中说明"离湘宗旨"，"意在退兵弭变"，并自称"有兵不战""有财不取"，以掩人称"汤屠户"诸端劣迹。

⑤ 罪状，指《护国军湖南总司令程潜布告汤芗铭罪状》。其中罗列"汤芗铭在湘十大罪恶"：一、吞没巨款，紊乱财政；二、惨杀无辜，力长元恶；三、蕃植游探，流毒社会；四、纵恣北军，蹂躏人民；五、摧残教育，毒戮士林；六、酷用毒刑，绝灭人道；七、滥用私人，秽乱吏治；八、盗卖矿产，次卷逃；九、出入警跸，阻绝交通；十、援结败类，败坏风俗。

⑥ 陆荣廷（1859—1928），字干卿，广西武鸣人。清末曾任广西提督等职。辛亥革命时广西独立，被推为副都督，旋任都督。护国战争期间，于1916年3月15日宣布广西独立，任都督兼广西护国军总司令，曾派军进入湖南。1916年7月6日，北京政府曾一度任命陈宧为湖南督军兼署省长，未到任前，由陆暂兼任，但二人均未到任。

⑦ 程潜（1882—1968），字颂云，湖南醴陵人。同盟会会员。1913年任湖南军事厅长。"二次革命"失败后，亡命日本。1916年春任湖南招抚使，自滇入湘，被举为护国军湖南总司令。此时率部进驻长沙。

与曾继梧①为仇,又与陶忠恂②作敌。唐蟒、龙璋③之徒,乘之以兴,咸欲哜都督一脔以为快,各自招兵以张其势力。程、陶纵其部下,在距城某地大战两昼夜之久,设无刘公④出而维持,早已焦烂不可收拾矣。民政府、民政厅同时并立,各自发号,各自施令,怪不可闻。七月初七,乱徒捣巡警署,警卒逃散,枪械劫去。十余年惨淡经营之成绩,一旦荡然无存。筹备十余日矣,尚复不能站岗。赌徒猬起,淫风火炽,商埠警权,几为外人所得,秩序之坏极矣!汤既去,暴徒弹冠相庆,憾前之被压也,四捕调查,捕则杀之。十七日追悼杨德邻⑤,缚六人欲杀之以为祭,有阻得免。呜乎,此法兰西恐怖时代之现象也。士生其间,慎哉立身。弟在湘潭,逡巡不敢来省,得友报始至,诚畏之也。各属劫长官拒知事之声,纷然起矣。宁乡知事丁象益,鄂人而汤委者也。有易孔昭盗首谢文彬所委,谢死易遂下狱。兹易得龙璋委任,乃煽其余党公电逐丁而代之。都督今数易矣,又有易人之说。当独立时,认汤为督,旋逐去之,欢迎陆荣廷。陆未至,而曾代。及程潜至,又不得不下台,遂公举浏阳军官,参议员、省议员、公民团及各绅商,通电列名者数十百人也,旋忽相

---

① 曾继梧(1877—1943),字凤冈,湖南新化人。同盟会会员。1912年任湖南新军第三师师长。1916年6月任湖南护国军第一军总司令。汤芗铭逃走后,率军进入长沙,同年7月暂代都督。

② 陶忠恂,原系北洋军将领,汤芗铭离湘后,陶尚有部分队伍留在长沙城外,时曾继梧编制湘军,陶部拟扩充为第三师,任师长,并以朱泽黄、周则范分任旅长。程潜到达省城后,部队也驻城外,1916年7月14日与陶部发生冲突,互战两日。信中所指程、陶大战两昼夜,即指此事。

③ 唐蟒(1887—1954),字圭良,湖南浏阳人。唐才常之子。日本陆军士官学校毕业。历任岳州镇守使、湖南都督府参谋长、湘军第一混成旅旅长、国民革命军第六军参谋长等职。龙璋(1854—1918),字砚仙,湖南攸县人。清末举人。曾与胡元倓等在长沙创办明德学堂,资助华兴会、同盟会的革命活动,辛亥革命后,曾任西路巡按使,都督府民政司长。1916年7月上旬被湖南军政各界联合会议推为湖南民政长,未到职。

④ 刘公,指刘人熙(1844—1919),字艮生,自署蔚庐,湖南浏阳人。曾任广西道台。后设立湖南中路师范学堂,又任法政学堂总办。辛亥革命后,任湖南民政长。曾电促王芝祥策动陆荣廷宣告广西独立。1915年投入反袁(世凯)驱汤(芗铭)运动。次年7月6日,被湖南各界联合会议推举为临时都督,19日北京政府任命其暂代湖南督军,25日又任命其兼代湖南省长。

⑤ 杨德邻(1870—1913),字性恂,也作杏生,湖南长沙县人。曾任国民党湖南支部政务研究会会长、谭延闿都督府财政司司长。因坚决主张反袁,1913年10月13日被湖南查办使汤芗铭杀害。

惊以伯有①。陈宧②来，北军数万至岳州，又开会议，又迎陆荣廷，久之无事，则又公举黄克强③。怪哉湘事，真莫名其妙矣！由此观之，湘省之祸，比之辛亥为烈也。兄乡居，谅欲闻其详。是非自有公论，弟于他事多恕，独于湘局实愤愤不能平于心。恐招过。不可令他人见，阅后摧烧之，幸甚。余容后续，鹄企箴规。即颂署安。不宣。

弟泽东敬白

七月十八日

摘自《毛泽东早期文稿（一九一二年六月——一九二〇年十一月）》

---

① 相惊以伯有，出自《左传·昭公七年》："郑人相惊以伯有，曰：'伯有至矣。'则皆走，不知所往。"意为郑人畏伯有鬼魂作祟。后以"相惊伯有"形容无故自相惊扰。

② 陈宧（1870—1939），字二庵，也作二安，湖北安陆人。1912年任北京政府参谋部次长，为袁世凯所宠信。1915年2月，督理四川军务，率北洋军三旅入川。次年5月22日，因西南各省先后讨袁，被迫宣布独立。旋为川军驱逐出境。此时被大总统黎元洪任命为湖南督军兼署省长，遭湘人抵制，未果。

③ 黄克强（1874—1916），原名轸，字廑午，也作庆午，后改名兴，号克强，湖南善化人。1903年在长沙发起组织华兴会，被举为会长。1905年任中国同盟会执行部庶务，居协理地位。1911年武昌起义后，被推为中华民国军政府战时总司令，旋被各省代表公举为副元帅，代行大元帅职权。南京临时政府成立，任陆军总长兼总参谋长。南北和议后，任南京留守。"二次革命"时就任江苏讨袁军总司令。败后再次亡命日本，坚持反袁。袁世凯死后，黄兴回到上海。1916年7月下旬，被湖南军政各界通电公推为湖南督军，黄无意于此，乃荐谭延闿以自代。同年10月31日病故。

毛泽东致萧子升信

（1916年7月25日）

升兄足下：

　　十二日由湘潭发一函，十八日由校发一函，皆详述时事，不知有遗落否？盼复不至，曷胜延企。国局自上月三十日约法、国会、内阁三大问题①解决后，南方相继取消独立，撤除军务院，渐趋统一。此由于南部诸英之深明□②义，□段氏③之中枢斡运，黎公④之至诚感人，其力尤多。各省虽尚有不服命令者，如山西之拒沈铭昌⑤，福建之拒胡瑞霖⑥，广东之攻龙济光⑦，四川陈周之争⑧，湖南之逐汤芗铭。除湖南之动出无理外，其余或缘帝制关系，或因势不得已，有可原焉。中央举措，

---

　　① 1916年袁世凯死后，黎元洪接任大总统职，宣布恢复《中华民国临时约法》，重行召集国会，裁参政院，改政事堂为国务院，以段祺瑞为国务总理。南方的军务院于7月15日宣布撤销。
　　② 此处和下处空缺字，疑为"大"字和"及"字。
　　③ 段氏，指段祺瑞（1865—1936），字芝泉，安徽合肥人。北洋皖系军阀首领。1912—1916年历任北京政府陆军总长，参谋总长、国务总理。袁世凯死后，任国务总理统治北京政府。
　　④ 黎公，指黎元洪（1864—1928），字宋卿，湖北黄陂人，1914年袁世凯解散国会，篡改临时约法，设参政院时，黎被任为院（议）长。袁死后，接任大总统。
　　⑤ 沈铭昌，字冕士，浙江绍兴人。历任河南豫东观察使、山西省长及北京政府内务次长、财政次长，山东省长。
　　⑥ 胡瑞霖，字子笏，湖北江陵人。时被任命为福建省长。
　　⑦ 龙济光（1868—1925），字子诚，云南蒙自人。彝族土司。清末历任广西提督、广东陆军第二十五镇统制。1913年奉袁世凯命攻占广州，任广东都督。反对护国战争，率部伐桂、滇，后又被迫宣布广东独立。袁世凯死后，时被任为广东都督兼巡按使，遭到滇、桂护国军的反对。后率部占据海南岛。
　　⑧ 指陈宧、周骏在四川的权力之争。1916年5月22日，陈宧被迫宣布四川独立，改任都督。两日后，袁世凯任命重庆镇守使、川军第一师师长周骏为崇武将军，署理四川军务，周骏率军讨伐陈宧，攻占成都，旋因护国军西上而退走。袁世凯死后，6月25日陈宧离川赴京，周骏率部进入成都，自任都督。

究可佩服，任任可澄为滇省长，戴勘①为黔省长，罗佩金为桂省长，蔡谔〔锷〕督蜀，陆荣廷督粤。调去陈宧、周骏、李烈钧，李加以中将勋二位②，可谓善于调处者矣。前书言湘人取们罗主义③，举刘④以便其私，不幸言中矣。蔡谔〔锷〕亦已赴任，惟粤之龙、李皆去，此与川局相同，为愚虑所不及。

湖南问题始终不赞成，既略详前书，兹又有可述者焉。一般暴徒无故将汤逐去，都督已经两易，刘已真除代理，应如何服从中央，静候简人。乃又公举黄克强⑤，欲独出风头，行分治制。故举龙璋为民政长，终以舆论攻击，悬之空中，令人笑其滑稽。近乃迫唆议会重举之，以请于中央。然黄请之既久，请龙亦已数日矣，并不见中央命令，吾意必难应允。此种自推长官风气，极不可开。本省人作本省官，其害甚大。在湖南尤有特别情形，前车不远，即在辛亥。今兹目前之祸，又显而易见，倾侧、构陷、钻营之风大竞。民政厅日出知事一批或数批，本不应更而更之。湘潭知事张其钜，到任未逾月，称贤能，今易人矣。榷运局已易三人，初一人以运动入，旋他人又运动得委而代之，兹中央又委一人至。造币厂则更四人，尚未定，皆数日间事。弟校校长委彭政枢，学生大愤，欲拒之而未能。刘、吴长者，而所为如此，皆暴徒之过。刘与谭组安⑥书云"度日如年"，盖实语也。此略举一二，余可概见，几何不如俗人所云"打开脑壳"乎！前书言暴徒乘机报复，有所谓"国事同难会"者最横行，捕杀人不辨黑白。军人政客，气焰万丈，稍有帝制嫌疑者，即斥去之。施文尧竟枪毙矣。弟昔曾与暲兄书，言杀机一起，报复未已，法兰西之祸，最为可惧，不谓此次竟演此恶剧。又湘之独立，至昨日始取消，盖事事称怪焉。

---

① 戴勘，应为戴戡（1880—1917），字循若，贵州贵定人。唐继尧督黔时，任都督府参赞、贵州巡按使。1915年任参政院参政。同年冬赴昆明，任护国军第一军右翼总司令，率部入川。袁世凯死后，任四川军务会办、四川省长。1916年7月6日由黎元洪任命为贵州省长。

② 据当时北京政府授勋条例，有大勋位、勋一位、勋二位等勋位等级。

③ 们罗主义，今译门罗主义，指美国总统门罗于1823年提出的对外政策。宣称"美洲是美洲人的美洲"，任何欧洲列强不得干涉南、北美洲的事务。

④ 刘，指刘人熙。

⑤ 黄克强，即黄兴，1916年7月底，刘人熙暂代湖南督军时，湖南军政各界通电公举黄兴为湖南督军。

⑥ 谭组安，即谭延闿（1880—1930），字组庵，号畏三，湖南茶陵人。1909年任湖南谘议局议长，为湖南立宪派首脑人物。1911年参加各省谘议局联合会第二次会议，任主席，并与汤化龙等发起成立"宪友会"；10月22日长沙起义后任军政府参议院院长、民政部长；湖南正副都督焦达峰、陈作新被害后，任都督。1912年加入国民党，任湖南支部部长。1916年8月北京政府委为湖南省长兼督军。

前言附和帝制者，不可穷惩，虽然，其诸罪魁祸首，为塞后患、励廉耻起见，又何可不治，庶几震竦天下之耳目，而扫绝风霾腥秽之气。故拿办八人令①下，人心奇快。阅报至此，为之惊骇。此衮衮诸公，昔日势焰熏灼，炙手可热，而今乃有此下场！夫历史，无用之物也。居数千年治化之下，前代成败盛衰之迹岂少，应如何善择，自立自处？王莽、曹操、司马懿、拿破仑、梅特涅之徒，奈何皆不足为前车之鉴？史而有用，不至于是。故最愚者袁世凯，而八人者则其次也。此次惩办，武人未及，如段芝贵、倪嗣冲、吴炳湘等，皆不与于罪人之数，舆论非之，即八人者，闻亦多逃矣。

近日朝野有动色相告者一事，曰"日俄协约"②。此约业已成立，两国各尊重在满蒙之权利外，俄让长春滨江间铁路及松花江航权，而日助俄以枪械弹药战争之物。今所明布者犹轻，其重且要者，密之不令人见也。驻日公使有急报归国，《大公报》登之，足下可观焉。大隈阁③有动摇之说，然无论何人执政，其对我政策不易。思之思之，日人诚我国劲敌！感以纵横万里而屈于三岛，民数号四万万而对此三千万者为之奴，满蒙去而北边动，胡马骎骎入中原，况山东已失，开济之路已为攫去，则入河南矣。二十年内，非一战不足以图存，而国人犹沉酣未觉，注意东事少。愚意吾侪无他事可做，欲完自身以保子孙，止有磨励以待日本。吾之内情，彼尽知之，而吾人有不知者；彼之内状，吾人寡有知者焉。吾愿足下看书报，注意东事，祈共勉之，谓可乎？

西方似无大烈之战，据经济家从经济上观察，战事不能再延一年。现在德、奥始终未败，鞑旦海峡始终未破，塞、比、门三国④已亡，自去冬罗马尼亚加入后，同盟国声威更振，协约方面则屡思耸动葡萄牙、希腊，然至今未动云。

墨乱⑤未已，美以兵力干涉，喧传已久，然未见实行，反有墨乱徒侵入美南部，

---

① 1916年7月14日大总统黎元洪下令惩办洪宪帝制祸首杨度、孙毓筠、顾鳌、梁士诒、夏寿田、朱启钤、周自齐、薛大可等八人。但以后均无结果。

② 日俄协约，指1916年7月日俄再订关于分掠满蒙权益的协约。

③ 大隈阁，指日本大隈重信于1914年再任首相时第二次组织的内阁。该内阁曾胁迫中国北京政府接受旨在并吞中国的"二十一条"。

④ 塞比门三国，指塞尔维亚、比利时、门的内哥罗（即"黑山"）三国。

⑤ 1913年墨西哥韦尔塔发动政变，推翻马特洛政府，捕杀马特洛，自任总统。美国以韦尔塔亲英，拒予承认。1914年，以卡兰萨为领袖的自由党推翻韦尔塔政府，由卡兰萨继任总统。1916年3月，由波兴将军统率之美国干涉军入侵墨西哥，但因墨西哥人民坚决抵抗，干涉军于1917年2月撤退。

恣杀民人之事。威尔逊①任期已满，正在选举中。候补者威尔逊、许士、罗士福②。有举威者，芝加高则举许。许，大理院长，主和平与威同。美人忌罗氏雄杰，罗亦自知不胜，乃宣告让许。吾意美人既不愿加入欧战，又扩张兵备之事，舆论尚未成熟，故此次非威即许，政策既不变，则威不妨联任。至罗当民国元年与塔虎脱③竞争，由共和党裂为进步党，以此使民主党之威尔逊坐收渔人之利。犹忆其往某处演说，怨家刺之，血流肠溃，犹从容演说毕乃就医，未尝不叹其勇且壮！闻其春秋盛，雄奇迈往之气未衰。愚意此刻非彼用武之时，欧洲非彼用武之地。彼之时，乃十年以后；其地，则太平洋耳。日美战争之说，传之已久。十年之后，中国兴会稽之师④，彼则仗同袍之义，吾攻其陆，彼攻其海。既服三岛，东西两共和国亲和接近，欢然为经济食货之献酬，斯亦千载之大业已。今之退让，殆亦有见于此乎！

湘城报纸近无虑七八家，《大公报》⑤殊有精神，以仄于篇幅，不能多载新闻。《湖南公报》⑥纯系抄录，然新闻为多。近日海上诸名流演说，如孙中山之地方自治等，长哉万言，殊可益智，《湖南公报》载之，而《大公报》不见。又如《时报》⑦著名访员之通函，该报亦向不录，为可惜也。此数日载有天坛宪法草案⑧原稿，此

---

① 威尔逊（1856—1924），美国民主党人，1913—1921年任美国总统。
② 许士，即查尔斯·伊万斯·休斯，曾任纽约州州长，当时任最高法院陪审法官。罗士福，即西奥多·罗斯福（1858—1919），美国共和党人，1899—1900年任纽约州州长，1901年当选副总统，同年麦金莱总统被刺死后，继任总统。
③ 塔虎脱，今译塔夫脱（1857—1930），美国共和党人。1901—1904年任菲律宾总督，1904—1908年任美国陆军部长，1909—1913年任总统。
④ 公元前494年，越王勾践为吴王夫差所败，勾践卧薪尝胆，刻苦图强，经过十年生聚，十年教训，于前473年兴师攻灭吴国。会稽为越国建都之地，"兴会稽之师"，即指吴越交战的这段历史，后常以此喻兴兵报仇雪耻。
⑤ 《大公报》，指湖南《大公报》，由刘人熙、贝允昕主办，李抱一、龙兼公、张平子等曾先后担任主编。该报于1915年9月1日创刊，1927年3月2日被查封，1929年5月21日复刊；日本占领长沙时，于1944年6月16日停刊；抗日战争胜利后，于1945年10月1日复刊，最后于1947年12月31日停办。
⑥ 《湖南公报》，日报，1912年4月创刊于长沙。最初由贝允昕任主编，李抱一、黎锦熙、张平子等任编辑。1913年转为进步党机关报。刘腴深、黎锦熙曾任总经理和总编辑。袁世凯窃国后，该报拥护袁世凯、汤芗铭。1916年袁死后停刊。
⑦ 《时报》，清末资产阶级改良派狄葆贤（楚青）创办。由康有为、梁启超等人支持和资助，1904年6月13日发刊于上海。1921年由黄伯惠接办，1939年9月1日停刊。
⑧ 天坛宪法草案，原名《中华民国宪法草案》，因在北京天坛祈年殿起草而得名。1913年"草案"制成，主要规定政府组织采用内阁制，以限制总统权力。当时临时大总统袁世凯攫取大权，阴谋称帝，以武力解散国会，"草案"即被废弃。

可摘下，而议会之议事录，亦可注意焉。

　　书此既竟，接足下及暲兄①大示，始知前两书均未达览，承寄银市信②，亦未奉到。盖初九日在家动身，正兄言旋不久，尚在途中耳。在校颇有奋发踔励之概，从早至晚，读书不休，人数稀少，天气亦佳，惟甚畏开学上课。暲兄在原地教学甚善。望时惠箴规，借益愚陋。现在兵已退去，前所以能住，升兄知之也。余意不尽，敬颂

　　日绥。

弟泽东白
七月二十五日灯下
摘自《毛泽东早期文稿（一九一二年六月——一九二〇年十一月）》

---

① 暲兄，指萧子暲。
② 银市信，指投寄湘潭县银田寺转毛泽东的信。

毛泽东致黎锦熙信

（1916 年 12 月 9 日）

邵西仁兄大人阁下：

　　去冬曾上一函，所言多不是，得书解责，中心服之。前之所言，诚自知其不当。袁氏笼络名士，如王、梁、章、樊诸人①，均堕其术中。以此联想及兄。其实兄尚非今之所谓名士也。事务之官，固不同乘权借势之选，而兄之所处，不过编书，犹是书生事业②，并事务官而无之，于进退之义何有？此弟之甚妄言也。辱教：学宜自造，不必因人；心情求全而去偏。此诸义者，皆书诸绅矣。又嘱以常常通信，心中无所见，有之矣，又以为不足质诸左右，增笔墨栽〔裁〕答之劳。今夏阅报，见兄"以国语易国文"一文③，私意不尽谓然，拟发所见，以资商榷。又念于此道并无研究，一隅之见，自以为是者，未必果是，为此而止。今乃有进者：古称三达德，智、仁与勇并举④。今之教育学者以为可配德智体之三言。诚以德智所寄，不外于身；智仁体也，非勇无以为用。且观自来不永寿者，未必其数之本短也，或亦其身

---

　　① 袁氏，指袁世凯。王、梁、章、樊，据黎锦熙回忆及有关史实，系指王闿运、梁启超、章炳麟、樊增祥。
　　② 1915 年 9 月，黎锦熙任北京政府教育部教科书编纂处主持人。
　　③ 1916 年秋，黎锦熙等人发动"国语运动"，主张把小学国文（文言文）改为国语（白话文），并发表《论教育之根本问题》。"以国语易国文"一文即指这篇文章。
　　④ 三达德，见《礼记·中庸》："天下之达道五，所以行之者三。曰：君臣也，父子也，夫妇也，昆弟也，朋友之交也。五者，天下之达道也。知、仁、勇三者，天下之达德也，所以行之者一也。"

体之弱然尔。颜子①则早夭矣；贾生②，王佐之才，死之年才三十三耳；王勃、卢照邻③或早死，或坐废。此皆有甚高之德与智，一旦身不存，德智则随之而隳矣！夫人之一生，所乐所事，夫曰实现。世界之外有本体，血肉虽死，心灵不死，不在寿命之长短，而在成功之多寡。此其言固矣。然苟身之不全，则先已不足自乐于心，本实先拨矣。反观世事，何者可欣？观卢升之集，而知其痛心之极矣。昔者圣人之自卫其生也，鱼馁肉败不食，《乡党》一篇载之详矣④。孟子曰：知命者不立夫岩之下。⑤有身而不能自强，可以自强而故暴弃之，此食馁败而立岩墙也，可惜孰甚焉！兄之德智美矣，惟身体健康一层，不免少缺。弟意宜勤加运动之功。弟身亦不强，近以运动之故，受益颇多。闻之至弱之人，可以进于至强。东西大体育家，若罗斯福，若孙棠，若嘉纳⑥，皆以至弱之身，而得至强之效。弟始闻体魄、精神不能并完，且官骸肌络及时而定，不复再可改易，今乃知其不然。心身可以并完也，而官骸亦无时不可改易也。愚意如此，不知合兄之心否？余不多言，敬请教安！

小弟泽东谨上
十二月九日

摘自《毛泽东早期文稿（一九一二年六月——一九二〇年十一月）》

---

① 颜子，即颜渊（前521—前490），名回，字子渊，春秋末鲁国人。孔子学生。好学有德，但身体很弱，二十九岁白头，三十一岁即去世。

② 贾生，指贾谊（前200—前168），西汉政论家、文学家，洛阳人。文帝时召为博士，颇受赏识，升为太中大夫。敢于提出改革建议，为大臣周勃、灌婴等所排挤，贬为长沙王太傅。后转为梁怀王太傅。梁怀王坠马死，深感未尽太傅之责，忧惧哭泣，岁余而死，年三十二。

③ 王勃（649—676），字子安，唐文学家。绛州龙门人。与杨炯、卢照邻、骆宾王以文辞齐名，称"初唐四杰"。曾任沛王府修撰，虢州参军。所写《滕王阁序》，脍炙人口。后往交趾探父，因渡海溺水，受惊而死，时方二十八岁。卢照邻（约637—约686），即卢升之，号幽忧子。唐文学家。幽州范阳人。曾任新都尉。后为风痹症所苦，投颍水而死。后人辑有《幽忧子集》。

④ 见《论语·乡党》："食不厌精，脍不厌细，食饐而餲，鱼馁而肉败不食，色恶不食，臭恶不食，失饪不食，不时不食，割不正不食，不得其酱不食。肉虽多，不使胜食气。唯酒无量，不及乱。沽酒市脯不食，不撤姜食，不多食。"

⑤ 见《孟子·尽心》："是故知命者，不立乎岩墙之下。"

⑥ 罗斯福，指西奥多·罗斯福，曾任美国总统。其人好胜，体格强健，喜爱运动。卸总统任后，曾到非洲东部探险。孙棠，据日本《体育大辞典》载：Sando是德国铁路哑铃操的普及者，常作巡回表演。嘉纳（1860—1938），日本东京大学教授，讲道馆馆长，曾将日本"柔术"改良为"柔道"，后曾任国际奥林匹克委员会委员。

毛泽东致黎锦熙信

（1917年8月23日）

邵西先生阁下：

省城一面，几回欲通音问，懒惰未果。近日以来，颇多杂思，四无亲人，莫可与语。弟自得阁下，如婴儿之得慈母。盖举世昏昏，皆是斫我心灵，丧我志气，无一可与商量学问，言天下国家之大计，成全道德，适当于立身处世之道。自恸幼年失学，而又日愁父师。人谁不思上进？当其求涂不得，歧路彷徨，其苦有不可胜言者，盖人当幼少全苦境也。今年暑假回家一省，来城略住，漫游宁乡、安化、益阳、沅江诸县，稍为变动空气，锻炼筋骨。昨十六日回省，二十日入校，二十二日开学，明日开讲。乘暇作此信，将胸中所见，陈求指答，幸垂察焉。

今之天下纷纷，就一面言，本为变革应有事情；就他面言，今之纷纷，毋亦诸人本身本领之不足，无术以救天下之难，徒以肤末之见治其偏而不足者，猥曰吾有以治天下之全邪！此无他，无内省之明，无外观之识而已矣。己之本领何在，此应自知也。以樽栌之材，欲为栋梁之任，其胸中茫然无有，徒欲学古代奸雄意气之为，以手腕智计为牢笼一世之具，此如秋潦无源，浮萍无根，如何能久？今之论人者，称袁世凯、孙文、康有为而三。孙、袁吾不论，独康似略有本源矣。然细观之，其本源究不能指其实在何处，徒为华言炫听，并无一干竖立、枝叶扶疏之妙。愚意所谓本源者，倡学而已矣。惟学如基础，今人无学，故基础不厚，时惧倾圮。愚于近人，独服曾文正，观其收拾洪杨一役，完满无缺。使以今人易其位，其能如彼之完满乎？天下亦大矣，社会之组织极复杂，而又有数千年之历史，民智污塞，开通为难。欲动天下者，当动天下之心，而不徒在显见之迹。动其心者，当具有大本大源。今日变法，俱从枝节入手，如议会、宪法、总统、内阁、军事、实业、教育，一切皆枝节也。枝节亦不可少，惟此等枝节，必有本源。本源未得，则此等枝节为赘疣，为不贯气，为支离灭裂，幸则与本源略近，不幸则背道而驰。夫以与本源背道而驰者而以之为临民制治之具，几何不谬种流传，陷一世一国于败亡哉？而岂有毫末之富强幸福可言哉？夫本源者，宇宙之真理，天下之生民，各为宇宙之一体，即宇宙之真理，各具于人人之心中，虽有偏全之不同，而总有几分之存在。今吾以大本大源为号召，天下之心其有不动者乎？天下之心皆动，天下之事有不能为者乎？天下之事可为，国家有不富强幸福者乎？然今之天下则纷纷矣！推其原因，一在如前之所云，无内省之明；一则不知天下应以何道而后能动，乃无外观之识也。故愚以为，当今之世，宜有大气量人，从哲学、伦理学入手，改造哲学，改造伦理学，根本上变换全国之思想。此如大纛一张，万夫走集；雷电一震，阴曀皆开，则沛乎不可御矣！

自昔无知识，近顷略阅书报，将中外事态略为比较，觉吾国人积弊甚深，思想太旧，道德太坏。夫思想主人之心，道德范人之行，二者不洁，遍地皆污。盖二者之势力，无在不为所弥漫也。思想道德必真必实。吾国思想与道德，可以伪而不真、虚而不实之两言括之，五千年流传到今，种根甚深，结蒂甚固，非有大力不易摧陷廓清。怀中①先生言，日本某君以东方思想均不切于实际生活。诚哉其言！吾意即西方思想亦未必尽是，几多之部分，亦应与东方思想同时改造也。

今人动教子弟宜立志，又曰某君有志，愚意此最不通。志者，吾有见夫宇宙之真理，照此以定吾人心之所之之谓也。今人所谓立志，如有志为军事家，有志为教育家，乃见前辈之行事及近人之施为，羡其成功，盲从以为己志，乃出于一种模仿性。真欲立志，不能如是容易，必先研究哲学、伦理学，以其所得真理，奉以为己身言动之准，立之为前途之鹄，再择其合于此鹄之事，尽力为之，以为达到之方，始谓之有志也。如此之志，方为真志，而非盲从之志。其始所谓立志，只可谓之有求善之倾向，或求真求美之倾向，不过一种之冲动耳，非真正之志也。虽然，此志也容易立哉？十年未得真理，即十年无志；终身未得，即终身无志。此又学之所以贵乎幼也。今人学为文，即好议论，能推断是非，下笔千言，世即誉之为有才，不知此亦妄也。彼其有所议论，皆其心中之臆见，未尝有当于宇宙事理之真。彼既未曾略用研究工夫，真理从何而来？故某公常自谓"今日之我与昨日之我挑战"②，来日之我与今日之我挑战与否，亦未可知。盖研究日进，前之臆见自见其妄也。顾既

---

① 怀中，即杨昌济。
② 某公，指梁启超，1903年10月，梁在《新民丛报》第38—39号所载之《政治学大家伯伦知理之学说》文中说："若夫理论，则吾生平最惯与舆论挑战，且不惮以今日之我与昔日之我挑战者也。"后，梁又在《清代学术概论》《中国历史研究法补编》中说过"今我与昨我挑战"的话。

腾之以为口说，世方以为贤者之言，奉而行矣，今乃知其为妄，宁不误尽天下！弟亦颇有蹈此弊倾向，今后宜戒，只将全幅工夫，向大本大源处探讨。探讨既得，自然足以解释一切，而枝叶扶疏，不宜妄论短长，占去日力。阁下以为何如？

圣人，既得大本者也；贤人，略得大本者也；愚人，不得大本者也。圣人通达天地，明贯过去现在未来，洞悉三界现象①，如孔子之"百世可知"②，孟子之"圣人复起，不易吾言"③。孔孟对答弟子之问，曾不能难，愚者或震之为神奇，不知并无谬巧，惟在得一大本而已。执此以对付百纷，驾驭动静，举不能逃，而何谬巧哉？（惟宗教家见众人以为神奇，则自神奇之，如耶苏、摩哈默德④、释迦牟尼。）

欲人人依自己真正主张以行，不盲从他人是非，非普及哲学不可。吾见今之人，为强有力者所利用，滔滔皆是，全失却其主观性灵，颠倒之，播弄之，如商货，如土木，不亦大可哀哉！人人有哲学见解，自然人己平，争端息，真理流行，群妄退匿。

某君语弟：人何以愚者多而智者少哉？老朽者聪明已蔽，语之以真理而不能听，促之而不能动，是亦固然不足怪。惟少年亦多不顾道理之人，只欲冥行，即如上哲学讲堂，只昏昏欲睡，不能入耳。死生亦大矣，此问题都不求解释，只顾目前秭米尘埃之争，则甚矣人之不智！弟谓此种人，大都可悯。彼其不顾道理者，千百年恶社会所陶铸而然，非彼所能自主也，且亦大可怜矣。终日在彼等心中作战者，有数事焉：生死一也，义利一也，毁誉又一也。愚者当前，则只曰于彼乎，于此乎？歧路徘徊，而无一确实之标准，以为判断之主。此如墙上草，风来两边倒，其倒于恶，固偶然之事；倒于善，亦偶然之事。一种笼统之社会制裁，则对于善者鼓吹之，对于恶者裁抑之。一切之人，被驱于此制裁之下，则相率为善不为恶，如今之守节、育婴、修桥、补路，乃至孝、友、睦、雍、任、恤种种之德，无非盲目的动作。此种事实固佳，而要其制裁与被制裁两面之心理，则固尽为盲目的也，不知有宇宙之

---

① 佛教称欲界、色界、无色界为三界。下为欲界，中为色界，上为无色界。这是由佛教善恶报应和禅定修行理论概括而来的。
② 见《论语·为政》。原文为："子张问：'十世可知也？'子曰：'殷因于夏礼，所损益，可知也；周因于殷礼，所损益，可知也。其或继周者，虽百世，可知也。'"
③ 见《孟子·公孙丑》。原文为："圣人复起，必从吾言矣。"
④ 耶苏，今译耶稣，为基督教信奉的救世主。摩哈默德，今译穆罕默德（约570—632），生于麦加，伊斯兰教创始人。

大本大源也。吾人欲使此愚人而归于智，非普及哲学不可。

　　小人累君子，君子当存慈悲之心以救小人。政治、法律、宗教、礼仪制度，及多余之农、工、商业，终日经营忙碌，非为君子设也，为小人设也。君子已有高尚之智德，如世但有君子，则政治、法律、礼仪制度，及多余之农、工、商业，皆可废而不用。无如小人太多，世上经营，遂以多数为标准，而牺牲君子一部分以从之，此小人累君子也。然小人者，可悯者也，君子如但顾自己，则可离群索居，古之人有行之者，巢、许是也①。若以慈悲为心，则此小人者，吾同胞也，吾宇宙之一体也。吾等独去，则彼将益即于沉沦，自宜为一援手，开其智而蓄其德，与之共跻于圣域。彼时天下皆为圣贤，而无凡愚，可尽毁一切世法，呼太和之气而吸清海之波。孔子知此义，故立太平世为鹄，而不废据乱、升平二世②。大同者，吾人之鹄也。立德、立功、立言以尽力于斯世者，吾人存慈悲之心以救小人也。

　　弟对于学校甚多不满之处，他日当为书与阁下详论之。现届毕业不远，毕业之后，自思读书为上，教书、办事为下。自揣固未尝立志，对于宇宙，对于人生，对于国家，对于教育，作何主张，均茫乎未定，如何教书、办事？强而为之，定惟徒费日力，抑且太觉糊涂。以糊涂为因，必得糊涂之果，为此而惧。弟久思组织私塾，采古讲学与今学校二者之长，暂只以三年为期，课程则以略通国学大要为准。过此即须出洋求学，乃求西学大要，归仍返于私塾生活，以几其深。怀此理想者，四年于兹矣。今距一年之后，即须实行，而基础未立，所忧盖有三事：一曰人，有师有友，方不孤陋寡闻；二曰地，须交通而避烦嚣；三曰财，家薄必不能任，既不教书，阙少一分收入，又须费用，增加一分支出，三者惟此为难。然拟学颜子之箪瓢③与范公之画粥④，冀可勉强支持也。阁下于此，不知赞否若何？又阁下于自己进修之

---

　　① 巢，指巢父，许，指许由，又作许繇。均为古代隐士。相传巢父因巢居树上而得名。帝尧要让位给他，不受。尧又要让位给许由，巢父又劝许由隐居。许遂逃至箕山下，农耕而食。尧改请他做九州长官，他却到颍水边洗耳，表示不愿听。

　　② 从据乱世进至升平世，再进至太平世，这是儒家公羊学派的历史进化观。近代康有为把公羊三世说与《礼记·礼运》中的大同、小康思想结合起来，进一步论证了这种乌托邦的历史进化观。

　　③ 颜子之箪瓢，语出《论语·雍也》，原文为："子曰：'贤哉，回也！一箪食，一瓢饮，在陋巷，人不堪其忧，回也不改其乐。贤哉，回也！'"

　　④ 范公，指范仲淹（989—1052），字希文。北宋苏州吴县人。少家贫，在僧寺里读书，经常煮一小锅粥，待凝结后用刀划成四块，早晚各取两块，外加一点咸菜，即为一天饮食。《宋史·范仲淹传》中记述："……食不给，至以糜粥继之，人不能堪，仲淹不苦也。"

筹画，愿示规模，作我楷法。思深言长，聊欲尽意，不觉其琐。

乡弟泽东谨上

八月二十三日

摘自《毛泽东早期文稿（一九一二年六月——一九二〇年十一月）》

体育之研究①

（1917年4月1日）

国力恭〔苶〕弱，武风不振，民族之体质日趋轻细，此甚可忧之现象也。提倡之者不得其本，久而无效，长是不改，弱且加甚。夫命中致远，外部之事，结果之事也；体力充实，内部之事，原因之事也。体不坚实，则见兵而畏之，何有于命中，何有于致远？坚实在于锻炼，锻炼在于自觉。今之提倡者非不设种种之方法，然而无效者，外力不足以动其心，不知何为体育之真义。体育果有如何之价值，效果云何，著手何处，皆茫乎如在雾中，其无效亦宜。欲图体育之有效，非动其主观，促其对于体育之自觉不可。苟自觉矣，则体育之条目可不言而自知，命中政〔致〕远之效亦当不求而自至矣。不佞深感体育之要，伤提倡者之不得其当，知海内同志同此病而相怜者必多，不自惭报，贡其愚见，以资商榷。所言并非皆已实行，尚多空言理想之处，不敢为欺。倘辱不遗，赐之教诲，所虚心百拜者也。

第一　释体育

自有生民以来，智识有愚暗，无不知自卫其生者。是故西山之薇②，饥极必食，井上之李③，不容不咽，巢木以为居，皮兽以为衣，盖发乎天能，不知所以然也，然而未精也。有圣人者出，于是乎有礼，饮食起居皆有节度。故"子之燕居，申申

---

① 本文署名"二十八画生"，即毛泽东。1958年3月人民体育出版社曾以同一署名将此文印成单行本在内部发行。1979年8月，《新体育》第八期再次发表，同年12月，人民体育出版社又出单行本，署名均改为毛泽东，同时作了校勘，加了新式标点和注释，并附有白话释文。

② 西山之薇，见《史记·伯夷列传》。伯夷、叔齐兄弟二人，不愿继承孤竹君王位，逃到首阳山隐姓埋名。周武王起兵讨伐殷纣王，兄弟二人曾拦马劝阻。周武王得天下后，伯夷、叔齐以吃周朝粮食为耻，在西山下采食野薇，后饿死。

③ 井上之李，见《孟子·滕文公下》。陈仲子，战国时人。他以哥哥做大官为不义，不愿在其家生活，便同妻子逃到楚国，织麻鞋为生。有一次，他三天没有吃饭，看见井上有被虫吃了过半的李子，忍不住爬过去吃了。

如也，夭夭如也"①；"食饐而餲，鱼馁而肉败，不食"②；"射于瞿相之圃，盖观者如墙堵焉"③。人体之组成与群动无不同，而群动不能及人之寿，所以制其生者无节度也。人则以节度制其生。愈降于后而愈明，于是乎有体育。体育者，养生之道也。东西之所明者不一：庄子效法于庖丁，仲尼取资于射御；现今文明诸国，德为最盛，其斗剑之风播于全国；日本则有武士道，近且因吾国之绪余，造成柔术，觥觥乎可观已。而考其内容，皆先精究生理，详于官体之构造，脉络之运行，何方发达为早，何部较有偏缺，其体育即准此为程序，抑其过而救其所不及。故其结论，在使身体平均发达。由此言之，体育者，人类自养其生之道，使身体平均发达，而有规则次序之可言者也。

第二　体育在吾人之位置

体育一道，配德育与智育，而德智皆寄于体，无体是无德智也。顾知之者或寡矣，或以为重在智识，或曰道德也，夫知识则诚可贵矣，人之所以异于动物者此耳。顾徒知识之何载乎？道德亦诚可贵矣，所以立群道平人己者此耳。顾徒道德之何寓乎？体者，为知识之载而为道德之寓者也，其载知识也如车，其寓道德也如舍。体者，载知识之车而寓道德之舍也。儿童及年入小学，小学之时，宜专注重于身体之发育，而知识之增进、道德之养成次之；宜以养护为主，而以教授训练为辅。今盖多不知之，故儿童缘读书而得疾病或至夭殇者有之矣。中学及中学以上宜三育并重，今人则多偏于智。中学之年，身体之发育尚未完成，乃今培之者少而倾之者多，发育不将有中止之势乎？吾国学制，课程密如牛毛，虽成年之人，顽强之身，犹莫能举，况未成年者乎？况弱者乎？观其意，教者若特设此繁重之课以困学生，蹂躏其身而残贼其生，有不受者则罚之。智力过人者，则令加读某种某种之书，甘言以餂之，厚赏以诱之。嗟乎，此所谓贼夫人之子欤！学者亦若恶此生之永年，必欲摧折之，以身为殉而不悔。何其梦梦如是也！人独患无身耳，他复何患？求所以善其身者，他事亦随之矣。善其身无过于体育。体育于吾人实占第一之位置，体强壮而后

---

① 见《论语·述而》。
② 见《论语·乡党》。
③ 见《礼记·射义》。原文为"孔子射于矍相之圃，盖观者如堵墙"。矍相在山东曲阜城内阙里以西。

学问道德之进修勇而收效远。于吾人研究之中，宜视为重要之部。"学有本末，事有终始，知所先后，则近道矣。"此之谓也。

第三　前此体育之弊及吾人自处之道

三育并重，然昔之为学者详德智而略于体。及其弊也，偻身俯首，纤纤素手，登山则气迫，步〔涉〕水则足痉。故有颜子①而短命，有贾生②而早夭，王勃、卢照邻，或幼伤，或坐废。此皆有甚高之德与智也，一旦身不存，德智则从之而隳矣。惟北方之强，衽金革死而不厌③；燕赵多悲歌慷慨之士；烈士武臣，多出凉州④。清之初世，颜习斋、李刚主⑤文而兼武。习斋远跋千里之外，学击剑之术于塞北，与勇士角而胜焉。故其言曰："文武缺一岂道乎？"顾炎武，南人也，好居于北，不喜乘船而喜乘马。此数古人者，皆可师者也。

学校既起，采各国之成法，风习稍稍改矣。然办学之人犹未脱陈旧一流，囿于所习，不能骤变，或少注意及之，亦惟是外面铺张，不揣其本而齐其末。故愚观现今之体育，率多有形式而无实质。非不有体操课程也，非不有体操教员也，然而受体操之益者少，非徒无益，又有害焉。教者发令，学者强应，身顺而心违，精神受无量之痛苦，精神苦而身亦苦矣，盖一体操之终，未有不貌瘁神伤者也。饮食不求洁，无机之物、微生之菌入于体中，化为疾病；室内光线不足，则目力受害不小；桌椅长短不合，削趾适履，则躯干受亏；其余类此者尚多，不能尽也。

然则为吾侪学者之计如之何？学校之设备，教师之教训，乃外的客观的也，吾人盖尚有内的主观的。夫内断于心，百体从令，祸福无不自己求之者，我欲仁斯仁

---

① 颜子，即颜渊。
② 贾生，即贾谊。
③ 见《中庸》。原文为："子曰：'南方之强与？北方之强与？……衽金革，死而不厌，北方之强也。'"
④ 凉州，明洪武为凉州卫。清雍正二年（1724年）改为府，其辖境相当今甘肃武威、永昌、民勤、天祝、古浪、永登等地。1913年已废。
⑤ 颜习斋（1635—1704），名元，字易直，又字浑然，别号习斋，河北博野人。清初思想家、教育家。研究学问主张实践，勤劳动，忍嗜欲，苦筋骨，习六艺，讲世务，以备天下国家之用。并兼长武术。李刚主（1659—1733），名塨，号恕谷。河北蠡县人。少时从学于颜元，后发挥颜氏学说，世称"颜李之学"。通五经六艺，主张学问要结合实用。晚年修葺习斋学舍，讲学其中，从游弟子甚多。

至，况于体育乎。苟自之不振，虽使外的客观的尽善尽美，亦犹之乎不能受益也。故讲体育必自自动始。

第四 体育之效

人者，动物也，则动尚矣。人者，有理性的动物也，则动必有道。然何贵乎此动邪？何贵乎此有道之动邪？动以营生也，此浅言之也；动以卫国也，此大言之也，皆非本义。动也者，盖养乎吾生，乐乎吾心而已。朱子①主敬，陆子②主静。静，静也；敬，非动也，亦静而已。老子③曰"无动为大"，释氏④务求寂静，静坐之法，为朱陆之徒者咸尊之。近有因是子⑤者，言静坐法，自诩其法之神，而鄙运动者之自损其体。是或一道，然予未敢效之也。愚拙之见，天地盖惟有动而已。

动之属于人类而有规则之可言者，曰体育。前既言之，体育之效则强筋骨也。愚昔尝闻，人之官骸肌络及时而定，不复再可改易，大抵二十五岁以后即一成无变，今乃知其不然。人之身盖日日变易者：新陈代谢之作用不绝行于各部组织之间，目不明可以明，耳不聪可以聪，虽六七十之人犹有改易官骸之效，事盖有必至者。又闻弱者难以转而为强，今亦知其非是。盖生而强者滥用其强，不戒于种种嗜欲，以渐戕〈戕〉贼其身，自谓天生好身手，得此已足，尚待锻炼？故至强者或终转为至弱。至于弱者，则恒自闵其身之不全，而惧其生之不永，兢业自持：于消极方面则深戒嗜欲，不敢使有损失；于积极方面则勤自锻炼，增益其所不能。久之遂变而为强矣。故生而强者不必自喜也，生而弱者不必自悲也。吾生而弱乎，或者天之诱我以至于强，未可知也。东西著称之体育家，若美之罗斯福，德之孙棠，日本之嘉纳，皆以至弱之身，而得至强之效。又尝闻之：精神身体不能并完，用思想之人每歉于体，而体魄蛮健者多缺于思。其说亦谬。此盖指薄志弱行之人，非所以概乎君子也。

---

① 朱子，即朱熹。他在哲学上发展二程（程颢、程颐）关于理气关系的学说，集理学之大成，建立客观唯心主义的理学体系，世称"程朱学派"。

② 陆子，即陆九渊（1139—1193），字子静，号存斋，抚州金溪人。南宋哲学家、教育家。官至奉议郎知荆门军。其学受程颢影响较大，与兄九韶、九龄并称"三陆子之学"。提出"心即理"学说，认为"学苟知本，六经皆我注脚"。其学说后由明王守仁继承发展，成为陆王学派。

③ 老子，姓李名耳，字聃，周朝人，著《道德经》。

④ 释氏，指佛教创始者释迦牟尼。

⑤ 因是子，名蒋维乔，习静坐数十年，著有《因是子静坐法》。

孔子七十二而死，未闻其身体不健；释迦①往来传道，死年亦高；邪苏②不幸以冤死；至于摩诃末③，左持经典，右执利剑，征压一世，此皆古之所谓圣人，而最大之思想家也。今之伍秩庸④先生七十有余岁矣，自谓可至百余岁，彼亦用思想之人也；王湘绮⑤死年七十余，而康健镬〔矍〕铄。为是说者其何以解邪？总之，勤体育则强筋骨，强筋骨则体质可变，弱可转强，身心可以并完。此盖非天命而全乎人力也。

非第强筋骨也，又足以增知识。近人有言曰：文明其精神，野蛮其体魄。此言是也。欲文明其精神，先自野蛮其体魄；苟野蛮其体魄矣，则文明之精神随之。夫知识之事，认识世间之事物而判断其理也，于此有须于体者焉。直观则赖乎耳目，思索则赖乎脑筋，耳目脑筋之谓体，体全而知识之事以全，故可谓间接从体育以得知识。今世百科之学，无论学校独修，总须力能胜任。力能胜任者，体之强者也；不能胜任者，其弱者也。强弱分，而所任之区域以殊矣。

非第增知识也，又足以调感情。感情之于人，其力极大。古人以理性制之，故曰"主人翁常惺惺否"，又曰"以理制心"。然理性出于心，心存乎体。常观罢弱之人往往为感情所役，而无力以自拔；五官不全及肢体有缺者多困于一偏之情，而理性不足以救之。故身体健全，感情斯正，可谓不易之理。以例言之：吾人遇某种不快之事，受其剌〔刺〕激，心神震荡，难于制止，苟加以严急之运动，立可汰去陈旧之观念，而复使脑筋清明，效盖可立而待也。

非第调感情也，又足以强意志。体育之大效盖尤在此矣。夫体育之主旨，武勇也。武勇之目，若猛烈，若不畏，若敢为，若耐久，皆意志之事。取例明之，如冷水浴足以练习猛烈与不畏，又足以练习敢为。凡各种之运动持续不改，皆有练习耐久之益，若长讵〔距〕离之赛跑，于耐久之练习尤著。夫力拔山气盖世⑥，猛烈而

---

① 释迦，即释迦牟尼。
② 邪苏，即耶稣，基督教所信奉的救世主，称为基督，传教于犹太各地。后因改革犹太教，被钉死于十字架。
③ 摩诃末，指伊斯兰教的创始者穆罕默德。
④ 伍秩庸，即伍廷芳（1842—1922），字文爵，广东新会人。早年留学国外。历任驻美国、秘鲁、墨西哥、古巴等国公使。辛亥革命后，任外交、司法等部部长。
⑤ 王湘绮，即王闿运（1833—1916），字壬秋，湖南湘潭人。近代学者、文学家。曾讲学于四川、湖南、江西等地，清末授翰林院检讨，加侍讲衔，辛亥革命后任国史馆馆长。经学治《诗》《礼》《春秋》，宗法公羊。诗文在形式上主要模拟汉魏六朝，为晚清拟古派所推崇。
⑥ 见《史记·项羽本纪》。原文为"力拔山兮气盖世"。

已；不斩楼兰誓不还①，不畏而已；化家为国，敢为而已；八年于外，三过其门而不入②，耐久而已。要皆可于日常体育之小基之。意志也者，固人生事业之先驱也。

肢体纤小者举止轻浮，肤理缓弛者心意柔钝，身体之影响于心理也如是。体育之效，至于强筋骨，因而增知识，因而调感情，因而强意志。筋骨者，吾人之身；知识，感情，意志者，吾人之心。身心皆适，是谓俱泰。故夫体育非他，养乎吾生、乐乎吾心而已。

第五　不好运动之原因

运动为体育之最要者。今之学者多不好运动，其原因盖有四焉：一则无自觉心也。一事之见于行为也，必先动其喜为此事之情，尤必先有对于此事明白周详知其所以然之智。明白周详知所以然者，即自觉心也。人多不知运动对于自己有如何之关系，或知其大略，亦未至于亲切严密之度，无以发其智，因无以动其情。夫能研究各种科学孳孳不倦者，以其关系于己者切也，今日不为，他日将无以谋生，而运动则无此自觉。此其咎由于自己不能深省者半，而教师不知所以开之亦占其半也。一则积习难返也。我国历来重文，羞齿短后，动有"好汉不当兵"之语。虽知运动当行之理与各国运动致强之效，然旧观念之力尚强，其于新观念之运动盖犹在迎拒参半之列，故不好运动，亦无怪其然。一则提倡不力也。此又有两种：其一，今之所称教育家多不谙体育，自己不知体育，徒耳其名，亦从而体育之，所以出之也不诚，所以行之也无术，遂减学者研究之心。夫荡子而言自立，沉湎而言节饮，固无人信之矣。其次，教体操者多无学识，语言鄙俚，闻者塞耳，所知惟此一技，又未必精，日日相见者，惟此机械之动作而已。夫徒有形式而无精意以贯注之者，其事不可一日存，而今之体操实如是。一则学者以运动为可羞也。以愚所考察，此实为不运动之大原因矣。夫衣裳襜襜、行止于于、瞻视舒徐而夷犹者，美好之态，而社会之所尚也。忽尔张臂露足，伸肢屈体，此何为者邪？宁非大可怪者邪？故有深知身体不可不运动，且甚思实行，竟不能实行者；有群行群止能运动，单独行动则不

---

① 楼兰，是汉时西域的鄯善国，其国王与匈奴统治者勾通，多次截杀汉朝使者，屡犯汉境。傅介子（？—前65），西汉北地义渠人。他自请往击楼兰，说不斩楼兰王誓不回来，后来果然带了楼兰王的首级回到汉朝。

② 相传夏禹一心治水，在外十三年，手足都生了老茧，三次路过自己家门都顾不得进去。

能者；有燕居私室能运动，稠人广众则不能者。一言蔽之，害羞之一念为之耳。四者皆不好运动之原因。第一与第四属于主观，改之在己；第二与第三属于客观，改之在人。君子求己，在人者听之可矣。

第六　运动之方法贵少

愚自伤体弱，因欲研究卫生之术。顾古人言者亦不少矣，近今学校有体操，坊间有书册，冥心务泛，终难得益。盖此事不重言谈，重在实行，苟能实行，得一道半法已足。曾文正①行临睡洗脚、食后千步之法，得益不少。有老者年八十犹康健，问之，曰："吾惟不饱食耳。"今之体操，诸法樊陈，更仆尽之，宁止数十百种？巢林止于一枝，饮河止于满腹，吾人惟此身耳，惟此官骸藏脏络耳，虽百其法，不外欲使血脉流通。夫法之致其效者一，一法之效然，百法之效亦然，则余之九十九法可废也。目不两视而明，耳不两听而聪，筋骨之锻炼而百其方法，是扰之也，欲其有效，未见其能有效矣。夫应诸方之用，与锻一己之身者不同。浪桥所以适于航海，持竿所以适于逾高，游戏宜乎小学，兵式宜乎中学以上，此应诸方之用者也。运动筋骸使血脉流通，此锻一己之身也。应诸方之用者其法宜多，锻一己之身者其法宜少。近之学者多误此意，故其失有二：一则好运动者以多为善，几欲一人之身，百般俱备，其至无一益身者；一则不好运动者见人之技艺多，吾所知者少，则绝弃之而不为。其宜多者不必善，务广而荒，又何贵乎？少者不必不善，虽一手一足之屈伸，苟以为常，亦有益焉。明乎此，而后体育始有进步可言矣。

第七　运动应注意之项

凡事皆宜有恒，运动亦然。有两人于此，其于运动也，一人时作时辍，一人到底不懈，则效不效必有分矣。运动而有恒，第一能生兴味。凡静者不能自动，必有所以动之者，动之无过于兴味。凡科学皆宜引起多方之兴味，而于运动尤然。人静处则甚逸，发动则甚劳，人恒好逸而恶劳，使无物焉以促之，则不足以移其势而变其好恶之心。而此兴味之起，由于日日运动不辍。最好于才起临睡行两次运动，裸

---

① 曾文正，即曾国藩。

体最善，次则薄衣，多衣甚碍事。日以为常，使此运动之观念相连而不绝，今日之运动承乎昨日之运动，而又引起明日之运动。每次不必久，三十分钟已足。如此自生一种之兴味焉。第二能生快乐。运动既久，成效大著，发生自己价值之念。以之为学则胜任愉快，以之修德则日起有功，心中无限快乐，亦缘有恒而得也。快乐与兴味有辨：兴味者运动之始，快乐者运动之终；兴味生于进行，快乐生于结果。二者自异。

有恒矣，而不用心，亦难有效。走马观花，虽日日观，犹无观也。心在鸣〈鸿〉鹄①，虽与俱学，勿若之矣。故运动有注全力之道焉。运动之时，心在运动，闲思杂虑，一切屏去，运心于血脉如何流通，筋肉如何张弛，关节如何反复，呼吸如何出入，而运作按节，屈伸进退，皆一一踏实。朱子论主一无适，谓吃饭则想著吃饭，穿衣则想著穿衣。注全力于运动之时者，亦若是则已耳。

文明柔顺②，君子之容，虽然，非所以语于运动也。运动宜蛮拙。骑突枪鸣，十荡十决③，喑呜颓山岳，叱咤变风云，力拔项王之山，勇贯由基之札，其道盖存乎蛮拙，而无与于纤巧之事。运动之进取宜蛮，蛮则气力雄，筋骨劲。运动之方法宜拙，拙则资守实，练习易。二者在初行运动之人为尤要。

运运〔动〕所宜注意者三：有恒，一也；注全力，二也；蛮拙，三也。他所当注意者尚多，举其要者如此。

第八　运动一得之商榷

愚既粗涉各种运动，以其皆系外铄而无当于一己之心得，乃提挈各种运动之长，自成一种运动，得此运动之益颇为不少。凡分六段：手部也，足部也，躯干部也，头部也，打击运动也，调和运动也。段之中有节，凡二十有七节。以其为六段，因名之曰"六段运动"。兹述于后，世之君子，幸教正焉。

一、手部运动，坐势。

---

① 见《孟子·告子上》。原文是："今夫弈之为数，小数也。不专心致志，则不得也。弈秋，通国之善弈者也，使弈秋诲二人弈。其一人专心致志，惟弈秋之为听；一人虽听之，一心以为有鸿鹄将至，思援弓缴而射之。虽与之俱学，弗若之矣。为是其智弗若与？曰：非然也。"

② 古人称赞周文王"外文明而内柔顺"。

③ 十荡十决，指项羽在垓下被刘邦重重包围，只剩十骑，他十次冲入汉兵阵地，都突破缺口，冲了出来的故事。

1. 握拳向前屈伸，左右参，三次（左右参者，左动右息，右动左息，相参互也）。

2. 握拳屈肘前侧后半圆形运动，左右参，三次。

3. 握拳向前面下方屈伸，右左并，三次（左右并者，并动不相参互）。

4. 手仰向外拿，左右参，三次。

5. 手覆向外拿，左右参，三次。

6. 伸指屈肘前剌〔刺〕，左右参，三次。

二、足部运动，坐势。

1. 手握拳左右垂。足就原位一前屈，一后斜伸，左右参，三次。

2. 手握拳前平。足一侧伸，一前屈。伸者可易位，屈者惟趾立，臀跟相接，左右参，三次。

3. 手握拳左右垂。足一支一揭，左右参，三次。

4. 手握拳左右垂。足一支一前踢，左右参，三次。

5. 手握拳左右垂。足一前屈，一后伸。屈者在原位，伸者易位，两足略在直线上，左右参，三次。

6. 手释拳。全身一起一蹲，蹲时臀跟略接，三次。

三、躯干部运动，立势。

1. 身向前后屈，三次（手握拳，下同）。

2. 手一上伸，一下垂。绷张左右胸肋，左右各一次。

3. 手一侧垂，一前斜垂。绷张左右背肋，左右各一次。

4. 足丁字势。手左右横荡，扭捩腰胁，左右各一次。

四、头部运动，坐势。

1. 头前后屈，三次。

2. 头左右转，三次。

3. 用手按摩额部、颊部、鼻部、唇部、喉部、耳部、后颈部。

4. 自由运动。头大体位置不动，用意使皮肤及下颚运动，五次。

五、打击运动，不定势（打击运动者，以拳遍击身体各处，使血液奔注，筋肉坚实，为此运动之主）。

1. 手部。右手击左手，左手击右手。

（1）前膊。上面、下面、左面、右面。

（2）后膊。上面、下面、左面、右面。

2. 肩部。

3. 胸部。

4. 胁部。

5. 背部。

6. 腹部。

7. 臀部。

8. 腿部。上腿、下腿。

六、调和运动，不定势。

1. 跳舞，十余次。

2. 深呼吸，三次。

根据1917年4月1日《新青年》第3卷第2号刊印

摘自《毛泽东早期文稿（一九一二年六月——一九二〇年十一月）》

《一切入一》序①

（1917年夏）

　　君既订此本成，名之曰《一切入一》，命予有以书其端。予维庄生有言：吾生也有涯，而智也无涯。今世学问之涂愈益加辟，文化日益进步，人事日益蕃衍，势有不可究诘者。惟文化进矣，人之知慧亦随而进，则所以究诘之者，仍自有道也。顾究诘也同，而有获有不获，则积不积之故也。今夫百丈之台，其始则一石耳，由是而二石焉，由是而三石四石，以至于万石焉。学问亦然。今日记一事，明日悟一理，积久而成学。高以下基，洪由纤起，在乎人之求之而已。等积矣，又有大小偏全之别，庇千山之材而为一台，汇百家之说而成一学，取精用宏，根茂实盛，此与夫执一先生之言而姝姝自悦者，区以别矣。虽然，台积而高，学积而博，可以为至矣，而未也。有台而不坚，有学而不精，无以异乎无台与学也。学如何精，视乎积之道而已矣。积之之道，在有条理。吾国古学之弊，在于混杂而无章，分类则以经、史、子、集，政教合一，玄著不分，此所以累数千年而无进也。若夫西洋则不然，其于一学，有所谓纯正者焉，有所谓应用者焉，又有所谓说明者焉，有所谓规范者焉，界万有之学而立为科。于一科之中，复剖分为界、为门、为纲、为属、为种，秩乎若瀑布之悬岩而振也。今而有志于学，不遵斯道焉，固未可以剸〈斮〉其精矣。虽然，犹未也。博与精，非旦暮所能成就，必也有恒乎？曰，日行不怕千万里。将适千里，及门而复，虽矻矻决不可及，恒不恒之分也。君之为此本也，意果存乎是，而欲尽其力以致之欤！此本之将以为积，审矣。搜罗万有，以博其心胸，抑又无疑。惟是札□②兼收，小大毕聚，虽美于目，而未必可悦于心，则宜有以条理之，挈其瑰宝，而绝其淄磷焉。又持之以久远，不中涂而辍。诚若是，

---

① 本文是毛泽东为萧子升自订的读书札记本《一切入一》写的序言。
② 原件此字残缺，左边为"石"，疑为"砭"字。

则固百丈之台之基矣，而予又奚疑！

同学弟毛泽东
民国六年夏

摘自《毛泽东早期文稿（一九一二年六月——一九二〇年十一月）》

张昆弟记毛泽东的两次谈话[①]

(1917年9月)

(一)

今日星期,约与蔡和森、毛润芝、彭则厚作一二时之旅行。早饭后,彭君过河邀蔡君同至渔湾市会伴,余与毛君先到渔湾市。稍久,彭君一人来,蔡君以值今日移居不果行。此议发自蔡君,余诺之,并商之彭毛二君也。事之难合,诚莫能料。三人遂沿铁道行,天气炎热,幸风大温稍解。走十余里休息于铁路旁茶店,饮茶解渴,稍坐又行。过十余里,经大托铺,前行六里息饭店,并在此午饭。饭每大碗五十文,菜每碗二十文,三人共吃饭五大碗,小菜五碗。饭后稍息,拟就该店后大塘浴,以水浅不及股止,遂至店拿行具前行。未及三里寻一清且深之港坝,三人同浴,余以不善水甚不自由。浴后,行十四里至目的地下,时日将西下矣。遂由山之背缘石砌而上,湘水清临其下,高峰秀挹其上,昭山其名也。山上有寺,名昭山寺,寺有和尚三四人。余辈〈告〉以来意,时晚,欲在该寺借宿。和尚初有不肯意,余辈遂有作露宿于丛树中之意。和尚后允借宿,露宿暂止。晚饭后,三人同由山之正面下,就湘江浴。浴后,盘沙对语,凉风暖解,水波助语,不知乐从何来也。久之,由原路上,时行时语,不见山之倒立矣。和尚待于前门,星光照下,树色苍浓,隐隐生气勃发焉。不久进寺,和尚带余辈至一客房,指旷床为宿处,并借余辈小被一块。房外有小楼一间,余辈至小楼纳凉,南风乱吹,三人语笑称善者久之。谈语颇久,甚相得也,毛君云,西人物质文明极盛,遂为衣食住三者所拘,徒供肉欲之发

[①] 本文是毛泽东的好友张昆弟的两则日记。其中记述了1917年9月间毛泽东夜宿昭山寺和在蔡和森家中的两次谈话。标题为本书编者所加。张昆弟(1894—1932),字芝圃,湖南省立第一师范学生,新民学会会员。1919年赴法勤工俭学,1921年冬回国,1922年加入中国共产党,参加过京汉铁路工人大罢工。1928年出席中国共产党在莫斯科召开的六大,并列席共产国际六大。1931年,以中央工运特派员身份到湘鄂西苏区,曾任红五军团政治部主任、湘鄂西省总工会党团书记。1932年牺牲于洪湖地区。

达已耳。若人生仅此衣食住三者而已足，是人生太无价值。又云，吾辈必想一最容易之方法，以解经济问题，而后求遂吾人理想之世界主义。又云，人之心力与体力合行一事，事未有难成者。余甚然其言。且人心能力说，余久信仰，故余有以谭嗣同《仁学》可炼心力之说，友鼎丞亦然之。彭君以清夜之感，久有为僧之志，且云数年后邀余辈同至该邑名山读书，余与毛君亦有此志，毛君之志较余尤坚。余当时亦有感云，风吹树扰声天籁，欲报无从悟弃形。但未出以相示。夜深始睡。

十七日补
九月十六日

（二）

昨日下午与毛君润芝游泳。游泳后至麓山蔡和森君居。时将黄昏，遂宿于此。夜谈颇久。毛君润芝云，现在国民性惰，虚伪相崇，奴隶性成，思想狭隘，安得国人有大哲学革命家，大伦理革命家，如俄之托尔斯泰其人，以洗涤国民之旧思想，开发其新思想。余甚然其言。中国人沉郁固塞，陋不自知，入主出奴，普成习性。安得有俄之托尔斯泰其人者，冲决一切现象之网罗，发展其理想之世界。行之以身，著之以书，以真理为归，真理所在，毫不旁顾。前之谭嗣同，今之陈独秀，其人者，魄力颇雄大，诚非今日俗学所可比拟。又毛君主张将唐宋以后之文集诗集，焚诸一炉。又主张家族革命，师生革命。革命非兵戎相见之谓，乃除旧布新之谓。

今日早起，同蔡毛二君由蔡君居侧上岳麓，沿山脊而行，至书院后下山，凉山〈风〉大发，空气清爽。空气浴，大风浴，胸襟洞澈，旷然有远俗之慨。归时十一句钟矣。

由麓山归，作家书一封。下午送信晋城，托胡君带归。

九月二十三日

摘自《毛泽东早期文稿（一九一二年六月——一九二〇年十一月）》

夜学日志首卷①

（1917年11月）

本校夜学上期已办半年，任事者为师范高小两部教职员，而周先生渭航②实主任其事。学生分为甲乙两班，每班每周上课两夜，初甚踊跃，人数达六七十，后则逐渐减少。其原因盖有三：一因学生本系各处粗工，素少恒性，夜郁一舍，其心不耐；二因工人雇役来去不常，学生多各地来省求工之人，辞工他去，夜学即辍；三则任事者为两部职教员，日中事繁，夜上精力或有□□，间因风两〔雨〕作辍，不免有失信用之处。据周先生报告如此，亦□为一种之研究资料矣。课分常识、算术、国文三门，均用讲义，用油印印成小叶，课课为断，盖因学生新旧参入也。本期学友会改选，定有数种计画，夜学即为计画之一。创议之初，咸以师范本以教育为天职。我国现状，社会之中坚实为大多数失学之国民，此辈阻碍政令之推行、自治之组织、风俗之改良、教育之普及，其力甚大。此时固应以学校教育为急，造成新国民及有开拓能力之人材。而欲达此目的，不可不去为此目的之阻碍。此创设夜学之意，一也。复次，殴〔欧〕美号称教育普及，而夜学与露天学校、半日学校、林间学校等不废；褓姆有院，聋盲有院，残废有院，精神病者有院，于无可教育之中，求其一线之可教者，而不忍熟置也。草木鸟兽，同兹生类，犹宜护惜，而况人乎？小人原不小了，他本不是恶人，偶因天禀之不齐，境遇之不同至于失学，正仁人之所宜矜惜，而无可自诿者。此创设夜学之意，又一也。复次，吾等所学名曰教育，而在三四年级者，大都理论完毕，进于实习，设此夜学可为吾等实习之场，与工业之设工场，商校之设商市，农校之设农场相等。此创设夜学之意，又一也。更有进

---

① 夜学日志是1917年冬毛泽东主持湖南省立第一师范学友会附设夜学工作时建立的。日志由职员轮流记载，主要记录夜学教学和管理情况。现在保存下来的日志首卷不全，只有1917年11月5日至26日的日志。收入本篇的是毛泽东写的首卷前言和14日以前的日志。标点为本书编者所加。14日以后的日志，记有毛泽东讲授历史课等情况，但为他人所写，本书未予收录。

② 周渭航，即周震鹍。湖南省立第一师范同学录中写为周渭舫，湖南宁乡人。当时在湖南省立第一师范任教，1917年上学期担任夜学主任。

者，则现时学校大弊，在与社会打成两橛，犹鸿沟之分东西，一入学校，俯视社会犹如登天；社会之于学校，亦视为一种神圣不可捉摸之物。相隔相疑，乃成三弊：一为学生不能得职业于社会，学生近之，社会远之，学生亲之，社会离之，永无联结契合之日。一则社会不遣子弟入学校，学校之不善，亦为一因，而社会不悉学校内容，则为最大因。学校之人与社会之人，自来不通情愫，不相告语，虽有良校，彼何由知乎？一则烧校阻款之事由此起也。除去三弊，疏通隔阂，社会与学校团结一气，社会之人视学生如耳目，依其指导而得繁荣发展之益；学生视社会之人如手足，凭其辅佐而得实施所志之益。久之，社会之人皆学校毕业之人，学校之局部为一时之小学校，社会之全体实为永久之大学校。此则千百年后改良进步之成绩，而为吾等创设夜学之意，又一也。此议既定，商之校中职教员先生，无不赞成，即以上期夜学归学友会办理。因两校同立，恐学生与经费两有难处，于是遂归学友会独办一校，连日著手组织。

十一月五日

夜学报名达百零二人。先是已出两次广告，第一次除张贴通衢外，并函托警察分发，令国民学校学生带归劝告，久之无效；第二次除印刷分贴外，另书大张张贴显处，亦无结果，报名者并前次九人而已。其故，盖社会不悉学校内容，虽有广告，疑不敢即入，一也。仅仅张贴，无人注意，彼等不注意于此，犹之吾人不注意官府布告也。令警察分发，其已否奉行已属疑问，即分发矣，人民视警察俨然官吏，久已望而畏之，更何能信？二也。并未遍散，彼等未能手受而目击之，三也。至十月三日，乃用白话自写自发，发时加以口说，大受彼等之欢迎，争相诘问，咸曰"读夜书去！"铜元局一带，铁道两旁至洪恩寺一带，左自大椿桥，右至社坛岭、天鹅塘，共发去六百张，并张贴通衢极密，故不及三日，报名即达此数。

晚上，合国民高小本校职教员及三四两级同学十余人开会，商议进行办法。

十一月六日

出牌布告学生云：诸位报了名，人数已齐，便须上学。今定阴历九月二十五日晚上七点钟，在师范下首国民学校内头次上学，各带笔墨砚池，齐到为要。

十一月七日

晚上开会磋商进行办法。学生报名又增二十余人。

十一月八日

晚上教员十二人开教务会议。

连日开会,议决事之事甚多,其要如下:

一、每班每周三夜,每夜二时,共六时。分配国文、算术、常识三科,国文三时,算术一时半,常识一时半。常识每夜于国文算术完毕教授三十分。其时间表如左①:

日 班 时	月	火	水	木	金	土
	甲	乙	甲	乙	甲	乙
一点半	国	国	算	算	国	国
	国	国	算	算	国	国
半点	地(常)	地(常)	地(常)	地(常)	地(常)	地(常)

二、国文算术,编纂讲义,其取材,一从两等小学教本节取,二从杂字课本节取。

三、常识之分类及时间(从阴历十月一日起至明年六月三十日止,共九月)如左:

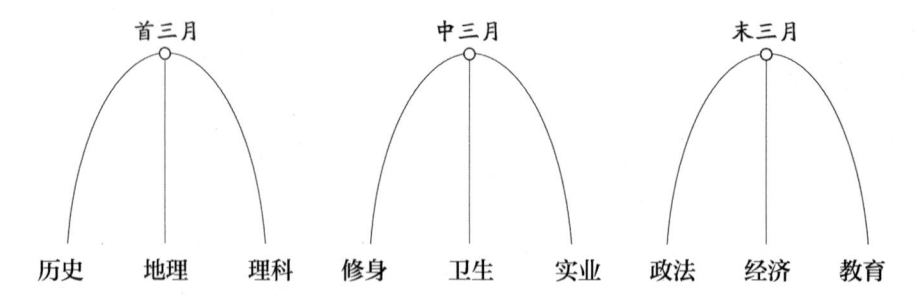

首三月：历史　地理　理科
中三月：修身　卫生　实业
末三月：政法　经济　教育

四、教员每班国文二人,算术一人,常识三人。

五、常识每人担任一门,再于一定期间配分细目。如历史一门,在首三月教授,计有十二次,可教十二事之类。

六、常识为与以普通之知识及精神之安慰。如历史,教以历代之大势及近年关

---

① 原文因系直排,故称"左"而不称"下"。类似情况不另说明。

系最巨之事迹，所以粗养其历史的观念及爱国心。（彼等从前从传说及演剧，亦得有许多零碎之事迹，惟无系统的观念及爱国心耳。）

七、常识注重内容，讲义宜少，每次以一叶为合，凡图表等皆得印刷。

八、常识注重精神，与国文、算术之近于技能者相别，故作为余兴，每晚以半点钟，用演讲之形式教授之。

九、常识各门，内容多而时间少，宜择其重要及与夜学学生有密接关系者。

十、国文内容，分认字、写字（发纸）、短文、便条、信札等项。

十一、算术，先期尽教珠算，入后稍加笔算。

十二、教授，大部取注入式，间采启发式。

十三、讲义，由教授其课之两人商酌共编。

十四、一种讲义之格式，一律由教者规定。

十五、各种讲义，均须存留底稿，底稿之本一律。

十六、讲义，归教者自负付印、保管之责，随时与缮写、印刷商酌。

十七、所领参考书归领者保存。

十一月九日

是日为夜学开学之期。昨日下午，印刷通告六百张，遍发各处，将夜学全体职教员组织齐全，其姓名如下：

教员

甲班国文	邹彝鼎	星期一
	叶兆桢	星期五
乙班国文	彭宗亮	星期二
	唐富言	星期六
甲班算术	罗宗翰	
乙班算术	方　蔚	
甲班历史	毛泽东	
乙班历史	单传世	
甲班地理	萧学湘	
乙班地理	刘岱崑	
甲班理科	张　超	
乙班理科	周名第	

管理

星期一日　张昆第　邓贤佑

星期二日　周世钊　曾以鲁

星期三日　李端纶　萧珍元

星期四日　孙慕韩　贺　梯

星期五日　刘　澹　郭毅钦

星期六日　李声澥　黄乾生

缮写　　　田士清　杨绍秉

印刷　　　曾正邦　廖　衡

开学之程序如左：

一、夜学职教员于晚餐后，齐集国民学校。

二、签到。

三、试验学生分为甲乙两班，试验之标准如左：

　　（一）书街名五个

　　（二）写住所及职业

　　（三）写姓名

四、教职员演说。

五、发听讲券及规则。

六、退。

同时派定司事如左：

签到　　张　超　李端纶

试验　　邹彝鼎　叶兆桢

　　　　彭踪亮　唐富言

分班　　毛泽东　单传世

填券　　田士清　杨绍秉

六点半，将黑，夜学教职员陆续至国民学校，学生逐渐报到，齐即试验。将试验之事书于黑板，各给纸一方，有清楚不误全行写出者，有略写街名二三个及姓名住所者，有姓名不能写好者。随到齐试，多人巡行监察，缴卷者，导入礼堂静坐。约一时完毕。将卷评定甲乙，分为两班，计甲班四十四人，乙班四十一人，券上填注甲乙字样。毕，整队向国旗、孔圣行三鞠礼，职教、学生相向互行一鞠躬礼。师范学监主任、代理学友会会长方维夏先生致训词，大体勉励学生向学，举朱买臣、李密①为例。次，夜学主任周渭航先生致训词，说明本校全体内容。两先生均介绍夜学各职教员，谓均系能写、能算、能作，尽心来教各位，云云。次，唱名发甲班听讲券，立于左边一排（始系向前横立）；次，发乙班听讲券，立于右边一排。分班既定。次，取上课说明书分发。次，毛泽东将上课说明书逐条解释。事毕，从容整队而出。此次报到，既极踊跃，而秩序又甚为整齐，出于意料之外。此次学生中，十三四岁小儿竟占十分三之数，有在初小读过一年及二年者。夫儿童失学如此其多，使无此夜学稍从补救，将永以废学矣。其中年失学者，前日截止报名后，尚有无数要求补报者。以碍于名数不能许，彼等固如嗷嗷之待哺也。

录上课说明书于此：今夜开了学，分了班，你们就是这夜学的学生了。再过两天，到下礼拜一日（即阴历九月二十八日）便要上课。今将各事说明于下：

一、夜学分为甲乙两班。

甲班上课，在礼拜一、礼拜三、礼拜五（即阴历九月二十八日、三十日，十月初二日，以下照推）。

乙班上课，在礼拜二、礼拜四、礼拜六（即〈阴历〉九月二十九日，十月初一日、初三日，以下照推）。

二、每夜上课两点钟，七点钟起，九点钟止。

三、功课分国文、算术、常识三门。

四、讲义及抄本由本校发给。

五、上课须带笔墨。

六、每次上课，衣服听便，不必求好。

七、每人发听讲券一张。

八、本校已函请警察保护，来往只管放心。

十一月十日

购来参考书十二种。其目如下：

五言鉴　珠玑幼学　童子尺牍　指明算法　中西日用杂字　便用杂字　启蒙杂

---

① 朱买臣（？—前115），字翁子，西汉吴县人。家贫如洗，靠打柴为生，在打柴间歇时读书。后来官至会稽太守、主爵都尉。李密（582—619），字玄邃。少时家贫，上不起学，替人放牛，每天在牛角上挂一些书，骑在牛背上读。613年，与隋朝官吏杨玄感起兵反隋，后成为瓦岗农民起义军首领。

字　包举杂字　四言杂字　六言杂字　捷径须知

又，前日在学校图书室领来参考书如下：

高初两等国文教科书及教授法六十本。

高小算术教科［算］书及教授法十三本。

高小历史教科书及教授法。

高小地理教科书及教授法。

高小理科教科书及教授法。

晚上点名后，管理十二人在学友会事务室会议，公决事件如左：

一、教室设灯四盏，头门设灯一盏，三门设灯一盏。

二、本校派定工役一名，司送茶水灯油等事。国民部派定工役一名，应随时呼唤。

三、教员与管理员齐同赴夜学上课，以免学生久待。

四、管理取严格主义，以坚学生信仰。

五、讲义归管理发给，另备名册一本，记其次数。

六、学生雨具，令拂干，置于讲堂椅下自为照料。

七、学生大小解，天晴另就街侧〔厕〕所。

八、看钟摇铃，属于管理。

九、每日事毕，即告于次日管理，移交名册。

十一月十一日

昨日，出牌通告：未到学生准今晚补试，并将前夕分定之甲乙两班榜示。

晚上七时补试。计前夕报名未到者四十四人，今晚到十人。

十一月十二日

甲班上课，到者□□□□缺课□□①。国文邹彝鼎出席，授第一课《贮蓄》。末附授杂字四句。初，详为解释难字及意义。次，范读，齐读。入后，发习字纸，每人两张，以一张打格子。一点半毕，摇铃休息十分钟。地理常识，萧学湘出席，授五洲大势，发图表各一张，因内容颇多，延长时间约半点钟。管理为张昆弟、邓贤佑。

---

① 此两处原件空缺。

在休息之后点名（学生初时陆续投到，故在此时点名）。

上下课，呼立正敬礼，先时略为指示。

邹、萧上课时，以其姓名介绍于学生（由毛泽东）。

课毕，由毛泽东报告：不可喧扰；宜每次上课，三次不到者，开缺另补；解手赴外边厕所；雨时雨具，自置椅下看管；今次有未带笔墨者，下次宜都带来；习字纸带归书好，下次带来，评定甲乙记分等事。

教授两点余钟，学生听之颇能娓娓不倦。

教室洋油灯四盏，有二盏不明，灯在四角，中间颇暗，应添一盏。

同学有数人参观。

学生休息时饮茶。

教地理时，先令改正课本错字，于黑板绘图，并示以地球仪。

讲义先未断句，教时令学生自断（教者口唱）。

此次地理讲义不善，字嫌小，又不明白。

十一月十三日

乙班上课，到者四十人。国文彭踪亮出席。地理常识刘代崑出席。国文第一课《承宫》，后附谚语。地理与甲班同。管理者周世钊、曾以鲁。

省城特别戒严，步哨及于社坛岭，报告学生提早上课；一面由学校行文省署，邀求保护，并报告各种规则，如甲班。

乙班学生程席〔度〕颇低，国文多不深瞳〔懂〕。

甲班学生昨夕放学，有在铁道旁喧呼者，警察以此为言，特申告乙班生。

十一月十四日

甲班上课。算术罗宗翰出席，教以算之种类、加法大略及亚〔阿〕拉伯字码。历史常识毛泽东出席，教历朝大势及上古事迹。学生有四人未带算盘，从小学暂借。为戒严早半时下课。

实验三日矣，觉国文似太多、太深。太多，宜减其分量；太深，宜改用通俗语（介乎白话与文言之间）。常识分量亦嫌太多（指文字），宜少用文字，其讲义宜用白话，简单几句标明。初，不发给，单用精神演讲；将终，取讲义略读一遍足矣。本日历史，即改用此法，觉活泼得多。

本日算术，却觉过浅，学生学过归除者，令其举手，有十九人之多。此则宜逐渐加深。

今晚，每人发算术练习纸一张。

说理宜深，语言、文字出之以浅（主任周先生意见）。

摘自《毛泽东早期文稿（一九一二年六月——一九二〇年十一月）》

问题研究会章程[①]

（1919年9月1日）

第一条 凡事或理之为现代人生所必需，或不必需，而均尚未得适当之解决，致影响于现代人生之进步者，成为问题。同人今设一会，注重解决如斯之问题，先从研究入手，定名问题研究会。

第二条 下列各种问题及其他认为有研究价值续行加入之问题，为本会研究之问题。

（一）教育问题

（1）教育普及问题（强迫教育问题）（2）中等教育问题（3）专门教育问题（4）大学教育问题（5）社会教育问题（6）国语教科书编纂问题（7）中等学校国文科教授问题（8）不惩罚问题（9）废止考试问题（10）各级教授法改良问题（11）小学教师知识健康及薪金问题（12）公共体育场建设问题（13）公共娱乐场建设问题（14）公共图书馆建设问题（15）学制改订问题（16）大派留学生问题（17）杜威教育说如何实施问题

（二）女子问题

（1）女子参政问题（2）女子教育问题（3）女子职业问题（4）女子交际问题（5）贞操问题（6）恋爱自由及恋爱神圣问题（7）男女同校问题（8）女子修饰问题（9）家庭教育问题（10）姑媳同居问题（11）废娼问题（12）废妾问题（13）放足问题（14）公共育儿院设置问题（15）公共蒙养院设置问题（16）私生儿待遇

[①] 原件没有署名。1919年10月23日《北京大学日刊》第467号刊载的北京大学学生邓康（即邓中夏）启事说："我的朋友毛君泽东，从长沙寄来问题研究会章程十余张。在北京的朋友看了，都说很好，有研究的必要，各向我要了一份去。现在我只剩下一份，要的人还不少，我就借本校日刊登出，以答关心现代问题解决的诸君的雅意。"据周世钊1966年4月20日回忆：问题研究会"是拟划中的东西，它没有会员、组织，也没有开过什么会"，其会章"是毛泽东草拟的"，所列问题"全由毛泽东提出"。

问题（17）避孕问题

（三）国语问题（白话文问题）

（四）孔子问题

（五）东西文明会合问题

（六）婚姻制度改良及婚姻制度应否废弃问题

（七）家族制度改良及家族制度应否废弃问题

（八）国家制度改良及国家制度应否废弃问题

（九）宗教改良及宗教应否废弃问题

（十）劳动问题

（1）劳动时间问题（2）劳工教育问题（3）劳工住屋及娱乐问题（4）劳工失职处置问题（5）工值问题（6）小儿劳作问题（7）男女工值平等问题（8）劳工组合问题（9）国际劳动同盟问题（10）劳农干政问题（11）强制劳动问题（12）余剩均分问题（13）生产机关公有问题（14）工人退职年金问题（15）遗产归公问题（附）

（十一）民族自决问题

（十二）经济自由问题

（十三）海洋自由问题

（十四）军备限制问题

（十五）国际联盟问题

（十六）自由移民问题

（十七）人种平等问题

（十八）社会主义能否实施问题

（十九）民众的联合如何进行问题

（二十）勤工俭学主义如何普及问题

（二一）俄国问题

（二二）德国问题

（二三）奥匈问题

（二四）印度自治问题

（二五）爱尔兰独立问题

（二六）土耳其分裂问题

（二七）埃及骚乱问题

（二八）处置德皇问题

（二九）重建比利时问题

（三十）重建东部法国问题

（三一）德殖民地处置问题

（三二）港湾公有问题

（三三）飞渡大西洋问题

（三四）飞渡太平洋问题

（三五）飞渡天山问题

（三六）白令英吉利直布罗陀三峡凿隧通车问题

（三七）西伯利亚问题

（三八）斐律宾①独立问题

（三九）日本粮食问题

（四十）日本问题

（四一）朝鲜问题

（四二）山东问题

（四三）湖南问题

（四四）废督问题

（四五）裁兵问题

（四六）国防军问题

（四七）新旧国会问题

（四八）铁路统一问题（撤销势力范围问题）

（四九）满州〔洲〕问题

（五十）蒙古问题

（五一）西藏问题

（五二）退回庚子赔款问题

（五三）华工问题

（1）华工教育问题（2）华工储蓄问题（3）华工归国后安置问题

---

① 斐律宾，今译菲律宾。

（五四）地方自治问题

（五五）中央地方集权分权问题

（五六）两院制一院制问题

（五七）普通选举问题

（五八）大总统权限问题

（五九）文法官考试问题

（六十）澄清贿赂问题

（六一）合议制的内阁问题

（六二）实业问题

（1）蚕丝改良问题（2）茶产改良问题（3）种棉改良问题（4）造林问题（5）开矿问题（6）纱厂及布厂多设问题（7）海外贸易经营问题（8）国民工厂设立问题

（六三）交通问题

（1）铁路改良问题（2）铁路大借外款广行添筑问题（3）无线电台建设问题（4）海陆电线添设问题（5）航业扩张问题（6）商埠马路建筑问题（7）乡村汽车路建筑问题

（六四）财政问题

（1）外债偿还问题（2）外债添借问题（3）内债偿还及加募问题（4）裁厘加税问题（5）盐务整顿问题（6）京省财权划分问题（7）税制整顿问题（8）清丈田亩问题（9）田赋均一及加征问题

（六五）经济问题

（1）币制本位问题（2）中央银行确立问题（3）收还纸币问题（4）国民银行设立问题（5）国民储蓄问题

（六六）司法独立问题

（六七）领事裁判权取消问题

（六八）商市公园设建问题

（六九）模范村问题

（七十）西南自治问题

（七一）联邦制应否施行问题

第三条 问题之研究，须以学理为根据。因此在各种问题研究之先，须为各种

主义之研究。下列各种主义，为特须注重研究之主义

 （一）哲学上之主义

 （二）伦理上之主义

 （三）教育上之主义

 （四）宗教上之主义

 （五）文学上之主义

 （六）美术上之主义

 （七）政治上之主义

 （八）经济上之主义

 （九）法律上之主义

 （十）科学上之规律

 第四条 问题不论发生之大小，只须含有较广之普遍性，即可提出研究，如日本问题之类。

 第五条 问题之研究，有须实地调查者，须实地调查之，如华工问题之类。无须实地调查，及一时不能实地调查者，则从书册、杂志、新闻纸三项着手研究，如孔子问题及三海峡凿隧通车问题之类。

 第六条 问题之研究，注重有关系于现代人生者。然在未来而可以预测之问题，亦注意之问题。在古代与现代及未来毫无关系者，则不注意。

 第七条 问题研究之方式分为三种

 （一）一人独自之研究

 （二）二人以上开研究会之研究

 （三）二人以上不在一地用通函之研究

 第八条 问题研究会，只限于"以学理解决问题"。"以实行解决问题"，属于问题研究会以外。

 第九条 不论何人有心研究一个以上之问题，而愿与问题研究会生交涉者，即为问题研究会会员。

 第十条 会与会员间，会员与会员间，只限于"问题研究"之一点，有关此外之关系，属于问题研究会以外。

 第十一条 问题研究会，设书记二人，办理会中事务。

 第十二条 问题研究会，于中华民国八年西历一千九百十九年九月一日成立。

问题研究会章程，即于是日订定，且发布。

　　　　　根据 1919 年 10 月 23 日《北京大学日刊》第 467 号刊印
　　　　摘自《毛泽东早期文稿（一九一二年六月——一九二〇年十一月）》

二

学会发起及早期重大决定活动

蔡林彬给萧旭东

(1918年7月)

子升兄：

　　弟今天会见石曾先生，除以前所闻皆得证实外，又知借款机关亦已组织，我省为熊秉三章秋桐二氏担此义务，筹有的款，以辅助绝无自借能力之士。此好消息出于意外，孑民先生亦云然，尤足信实。今特将简章及说明书寄上，请细与暲，赞，芝，鼎四兄详细讨论。暲兄已否到省？南洋消息如何？如不可靠，则来此亦为上策。芝圃本有做工意，弟为彼设想，于此亦实相宜。鼎丞则往日之希望反多，弟尝思为在那方进行，似不必为此。然若以其尚无何等把握，不如此方现在之有形可捉，则投此亦未始不佳。赞兄往南洋本最好，然似乎筹川资，等消息，难得充分把握，此间现有陆军大学招学消息（尚在调查中），未始不可作一箭双雕之想。总之如四兄皆有意于此，当速寄文凭相片来京，然后等弟之信，再定直往保定之期，方为稳妥耳。三十夜之信，想已接阅，与润兄详议答复矣。二兄行期，似可从速。罗君到省未？大学报名，在本月二十五截止，请电话通知其尊人，速定行止。盖罗君于此必须另辟佳处，则后来者愈有地步也。李耀先行未？如未，亦可联络，一可使彼不走歧路，二可在此处多一殖民地，以便援引后来者，交利之计也。

弟颇恨行色仓忙，殿后种种任务，未与兄一一陈之。日来愈益有感于吾国社会之晦盲否塞，为正人君子心量不大，孜孜然聚其聪明才力于为己，而不肯旁通一点之所致（此其说甚长待面陈）。窃意吾会须八表同营，以一人之忧共诸天下，以天下之忧纳诸一身。其入手办法，则自会友相互间为始。诸自有志以上，即当忠为之谋，解其一人内顾之忧力智力，以利用于共同大目的之上，夫然后天下事始可为也。吾等皆有心人，然只恐心量不大，有"苟能是，是亦足矣"之心，则群治之昌明愈益无望，此弟最近之瞿然猛觉者也。心智旁通，则仁不可胜用，有"感而遂通天下之故"之妙味。民包〔胞〕物与，立人达人，尽性赞育，胥在于是。会友叶君，竟尔死去，每一念之，辄愧悔其未尝一为之谋。现学友中之失所者实繁有徒，不可不略尽心力，为之筹画，殿后办此者，惟有兄与润之。弟前与兄言旧友黄受松，此君识力陷于悲观，意志困于境遇，理解一切而气弱不振，常有途穷之叹，久为忧之。兄如慨然举之以进，一面拔一人才，一面得一人才，实为双美，请更商之邹、张，嘱二君觅其通信处，早通一信，以免祛其穷愁潦倒之忧。不然，忧能伤人，彼方久撄恶疾，倘有意外，弟更何以为情？其余如贺梯①亦弟所信实，一士虽微，百年赖之，祈与王先生②言焉。此外如新识中之有可谋者，亦祈兄一一加意而后行。书籍要多带，弟太带少，此地无处有借，准备工夫竟不能做。二三人另合一担，虽费八元，亦为值得。弟寓中之书，请兄检阅一次，如其可带，请拣选带来。

兄岳山之游，或可俟诸他日，能于短期间同润之一往章甫处最好，一可促进其行动，二可为往西往南往东者略筹川资。保定亦须百元，如赞周、鼎丞筹此，皆为难也。润兄重要笔记亦带来为好。润兄归家一行否？如皆会行动，会事如何善后？二兄当为熟筹。陈君书农来省否？周君世钊有信否？鼎兄如不走动，则如何设法之处，须过月写信。润兄及鼎芝诸兄见易先生③时，请代致意，此时不遑作书也。升

---

① 贺梯，字仙陔，湖南安化人，湖南一师学生。曾任湖南省建设厅秘书。
② 王季范。
③ 易培基，字寅村，当时任湖南省立第一师范教员。

兄字帖可带来。顺问教安。润兄处未另肃。

> 彬肃
> 七年七月，在北京

摘自《新民学会资料》

毛泽东致罗学瓒信①

（1918年8月11日）

荣熙学长鉴：

接蔡君②信，知兄已发函复我到京。赴法二百元能筹，旅保③一百元无著是一问题。旅保费，俟弟至京与蔡商量筹借，或有著未可知，有著之时再函知兄前来可也。文凭须即寄来，由邮双挂号不误。弟又有一言奉商者，兄于从事工艺似乎不甚相宜，而兄所宜乃在教育。弟与蔡君等往返商议，深以同人多数他往，无有几个从事小学教育之人，后路空虚，非计之得。近周君世钊④就修业主任之聘，弟十分赞同欣慰。前闻兄有担任黄氏⑤讲席之说，不知将成事实否？往保固是一面，然不如从事教育之有大益。性质长此，一也；可便研究与性相近之学，如文科等，二也；育才作会务之后盾，三也。有此诸层，似宜斟酌于远近去住之间，而不宜冒然从事（南洋亦系教育，暂息以候南信亦是一法）。以后与兄商量之处尚多，此亦其一也。馀不具。

弟泽东
八月十一号

摘自《毛泽东早期文稿（一九一二年六月——一九二〇年十一月）》

---

① 此信为明信片，无写作年份。从信中提及即将赴京筹措赴法勤工俭学经费等事看，此信当写于1918年8月毛泽东去北京前。

② 蔡君，指蔡和森。

③ 保，指河北保定。当时在保定育德中学设有留法预备班。

④ 周世钊（1897—1976），字惇元，又名敦元、东园，湖南宁乡人。在湖南省立第一师范时与毛泽东同学，为新民学会会员。时任长沙修业学校主任教员。后长期从事教育工作。新中国成立后任湖南省第一师范校长、省教育厅长、副省长。

⑤ 黄氏，指湘潭黄氏族校。

蔡林彬给毛泽东

（1918年8月21日）

润之兄：

　　前覆一片，未尽所怀，今补呈之。（中略）兄若以此为暂时的手段，则何如借路过身，一入地狱（若弟自观之实不是地狱）。弟尝慨世之君子，为种种的舆论律、道德律所束缚，只能为伪善，不能为伪恶，是以使小人得积极横行。枉尺直枉〔寻〕，弟实主张。窃以为人不能有善而无恶，正人之恶，即是善之变相，求全则难免不为乡愿。弟内有恢恢之志，外殊不尚硁硁之行；自信其心既正，将来有恶当前，必不少避而勇为之；恶经正人君子为了一回，则其阶级，就要演进一层。尝耻吾国之思想圈及善恶圈，只有一个铜钱大，窃欲扯直而延长之，善恶俱进，无甚轩轾。现为一恶，而将来能得十善之结果，何所顾恤而不为之！吾人若从一身之利害及名誉计算，诚有不宜屈节者，若从全体之利害计算，可以杀身成仁，况不可行伪恶以得权乎（兄以时未至为言，我以为此正其时，此时稍为一枉，其所直不知几万万也）。君子无弹性，此乱之所以不止也。弟意现在当得一班正人立恶志（杀坏人），说恶话，行恶事，打恶仗，争恶权，夺恶位，加入恶界，时时与恶为缘，时时与恶战，时时与恶和，操而纵之，使自我出，支而配之，使自我生，演而进之，使自我发；然后将万恶纳入袖中，玩之掌上。我果小人乎？则将此万恶顶之头上，以为护符；散之天下，以为走狗：无不可也。我果君子乎？则将此万恶捣之碎之，烧之熔之，锻之炼之，碎之磨之；神而化之使成美质之原子，新而明之，使成优秀之国民：尤无不可也。若天下治乱，其转遂存于一心，人之贡献于人道，其功过不在形迹之上。果为君子，无善不可为，即无恶不可为，只计大体之功利，不计小己之利害。墨翟倡之，近来俄之列宁颇能行之，弟愿则而效之，虽于兄意未有当，亦聊以通其狂感耳。至于蔡松坡，松坡少时不屈节为清官僚，安得致后此之地位，而成一战之功哉？凡此梦呓，兄可驳骂而痛斥之，匪以言事，以当论学可耳。至兄之行止，尚待自为斟酌，私心以为兄有来此之必要者数端：（一）既不往东，又不往南，自以来京为最宜。(二)吾辈须有一二人驻此,自以兄在此间为最好。(三)自由研究以兄为之,必有多少成处,万不至无结果。至现在情形,杨师自是喜兄来寓,每日可以学习英日文。弟事殊不好为计,故亦望兄来指教。至佃屋请工二事,亦祈兄斟酌弟之家情,为我主张,实不胜感激盷〔盼〕祷也!顺叩暑安。不具。

弟彬白
七年八月二十一日①在北京
摘自《新民学会资料》

---

① 写信时间应为七年七月二十一日。

蔡林彬给陈绍休萧子暲萧子升毛泽东

(1918年8月27日)

赞、暲诸兄转升、润二兄：

弟间接闻听欲往保定预备之人，颇繁有徒；此万不可以"人数有限"遏其动机，绝其希望；当另筹一调剂办法，尽量容收，成一大组织，然后始符初心，始无遗恨。二十五名之额，本为侨工局一面所限定。至同乡（熊①等）之辅助，尚属另一一时不定之生机。弟前财团之条呈，即于二十五名之外，隐示可来额外之多数，此等弟筹之熟，思之深，而且身经其间已久，极悉此事之性质，原属不拘一定。可靠不可靠，有把握没有把握，全在自己创造。弟所怕者，是小结果之可靠与把握，全不虑其不好下台也。弟于侨局一方得有把握之后，即思所以推广调剂之方，只虑来者未必果多，遂于前书不敢明言。现在多少与否，弟究不得而知，只以既有此层意思，便当奉呈来前，以备采择。至其方法之可言者，约有三端：（一）侨局借得二十五分款，就可额外容纳得几个至十个；因我们有最简单之生活，得节省借款几分之几也。（二）熊、章此时行止虽不定，然正大有无把握中之大把握在；因有一年预备期间，足容吾辈运动游说，以造出几个可靠也。（三）就是组织财团。如有三十人来，就要夹三分之一之有钱者及有借贷力者。如有四十人来，就要夹十几个之有钱者及借贷力者。如有六十人来，就要夹二三十个之有钱者及借贷力者。（一）之可能，已不待言。（二）之可能，弟甚信之；只要我们在实际上造出一个形势，迫向人家身上走，使其不得不负维持之责，使其不得不乐于负维持之责，然后为得耳。（三）之可能，亦非梦话；往南洋者果能出其往南洋之川资于此（如暲兄及罗学瓒等兄），在雅礼者果能出其在雅礼一年之费用于此（雅礼有几个要来），往上海者果能出其往上海之费用于此（如李耀先君等久闻彼往法川资已筹足五六百元，弟早有

---

① 熊希龄。

牵入之意，虽不深知，然非不可与言者，请勿全忘）。则不但一方可纾借款无着之忧，一方尤可造成一大形势，以迫出一个大借款。至竟有几个意外的富家公子及借贷力大者参加走〔进〕来，或能在何处以团体名义借款，则来八十人，虽六七个是穷措大不妨也。换言之，弟以（三）为达到（二）之手段，为造成一大形势之手段；是以（三）之性质为"当有可无"的，大形势之起首，则不得不有。（二）既达到，则可以无，有又不必皆有，无又不必皆无，此其为说，须兄等推想，然后一句可以说明。盖二处之辅助，皆是借款，苟能勉强自备，何必多此"借""还"之手续。然不过属于个人言，若属团体言，则是混合分配，只要有借，总是一共同借为好。财团只是壮胆，只是促进大形势之一种手段，资本金并不要如何雄厚，又并不要如何可靠，此又须活看活做者也。总之，此事全在人做，初无可靠与着落之可言，必欲穷其可靠与着落，则莫如吾辈之自身。至弟之僻性，尤不喜小结果之着落与过早之可靠，此则于实行上或云难，然自弟视之究甚易。今使弟再大放其浮词，将青年界全体煽动，空全省之学子以来京，此在旁人视之，必以为不好下台，不知此正是好下台处：在正面言，形势愈大，愈好着手，退一步言，湖南学子，竟大多数患了一个勇猛轻率的神经病，此病甚于此回之水灾，而赈济之效亦大于水灾之赈济；则熊氏等自不得不负维持之责，自不得不乐于维持；亦要如此始可以责人维持，始好责人维持也。然弟亦非专门拘于如此浮泛之想，苟在现在能干造出几个大着落，亦断不肯放松而不为，因此本为我素愿也。自侨局之小着落成后，弟即探问熊氏之行止，行止无定处，不好投书。前闻其返湘，现闻其在津，若其来京，则拟往会。盖熊氏有为本省筹一百万元善后款之说，弟想从此中抽借几千，当亦为彼所乐许。且彼欲广设平民工厂及银行等，尤非预储人才不行。弟前旬写信兴〔与〕石曾先生，谓兄等于二星期内可到，请伊早向侨局接洽。彼即与蔡先生商量，蔡即有信致杨先生，谓熊、章行止不定，向侨局借款，李意想请杨先生作保证人，且谓李不日会至杨寓商量。

现在尚未见李来，大约李之如此促进一步者，因二星期内可到之信也；今仍未来商量者，因兄等犹未到也。李意必以人与凭到，始好直截了当，一画做好；弟前此之所以促升兄早来者，全为此也。究竟杨师个人，尚是难得保证。弟与师议请师联络熊，一面同作保证，一面向他借款，师已谓然。弟欲其早写一信与熊，师则谓须李来京商量及兄等到此，究是实情。升兄如果持重难发，请诸兄向学校催出文凭，即日邮来，以便在此进行。人稍迟究无不可。升兄在省时，请将此事始末，与陈夙芳君一言，强伊写一封信与熊秉三氏。盖此事欲得多人打水，始有饱鱼吃。无论陈为何如人，彼既尸教育会长之职，此事即为当为应为之事。至其信中之理由，由彼写之，或不免照例敷衍，此则须升、润二兄讨论商量，自己起草，交彼照制盖印，其他言词，或可不周到，理由则万宜充足，或专交一理由草与他，他之情必相安也。至此回大组织若能成立，弟思以后将成一继续援引之团体；或应时势之要求，竟在长沙组织高初二等预备校：此亦须与陈等言之，以促其注意。总之弟对于此等人，只要强迫他此后不至漠视青年之需要，即为得了，其人之可与言否，不必论也。

润兄七月二十六之信，已经收到，所论才、财、学三事，极合鄙意。究竟我们现所最急者，是一财字；而才次之；而学则无处不有，无时不可以自致。然非学无以广才，非才无以生财；此所以学会之会员，为须加以充足的物色与罗致，不当任其自然发展也（中国万恶万罪，及不进化，皆起于任自然）。兄自由研究及私塾之说，是弟中层之目的。此时之所急者，欲得二三人在家里经营基础，欲得一些人四出觅供给之货物；是以弟于留京往法而外，又有组织一些人去吉、黑、新疆之想（此等处确可发财）。到了明年，往法者果已成为事实，则后年之往边地者，可得开办费之援助，诚能如此做去，则财之解决，谅非绝不可早，绝不可能。至南洋广东而犹有生机，则愈为多得几着，此则通同所患，仍是人数不供支配耳。至于求财，其方亦自多端：（一）遇，（二）访，（三）造。遇中得人，一见倾心，此属特别少数。访中得人，其数不定，自身之吸力大、同化力大者，所得必多，反是不得不少。至于平常观察，弟颇厌旷日持久，为不经济。吾辈总可发明一短期有效的方法，多与言谈，多与尝试，亟与从事，虽不中，必不远也。造之一层，尤为必要，尤较可靠。今日欲访求已经成德之好人，诚是凤毛麟角。湖南而外，外省尤其难得。造分两号：一是造相遇相处之同辈，二是造幼龄之小学生。前者如兄来京时，便当施行；后者则弟甚望同辈中多出几个小学教员，万勿以个人暂时之不经济，忘却远大之举。来书"失此不为，后虽为之，我等之地位不同，势不顺而机不畅，效难比于此日矣，"弟深以为然。三年以来，每觉胡林翼①之所以不及曾涤生②者，只缘胡凤不讲学，士不归心，影响只能及于一时，故

---

① 胡林翼，号润芝，湖南益阳人。曾任湖北巡抚，为镇压太平天国运动的主要人物之一。

② 曾涤生，即曾国藩，湖南湘乡人。清末湘军首领，曾任礼部侍郎、两江总督，为镇压太平天国运动的主要人物之一。

弟住刘家台时，未尝不想当教员也。自信小当小效，大当大效，惜无人达我之意而推荐之耳。尝思所以补救，故公然不逊，以与子升之学生接近。至对于会友之分途四出，或觅间〔闲〕散事情，或情愿经商，意颇忧之。久思所以补救之方；故前有耸〔怂〕惠升兄荐教员之言，而意中尤望鼎兄略为牺牲，以屈就不经济而实经济之事；又想升兄写一信与何先生，以坚其志，不必欲往东洋。然此皆支节也。若其大意，则在"吾辈总要如何秉了现在之志向，于现在立一可大可久的基础，以为后来活动地步"。吾兄颇以去长沙为遗恨，弟则久思所以补救之方；其方若曰：如得鼎兄出以挥霍旁通之才，广联高小中学专门之学生，而且介绍京湘之常常通信，实无异亲炙也。前于楚怡诸生，欲其通信，即是此意。前将起程时，与家母商议，谓三年之内，必使我辈团体，成为中国之重心点。并且要使女界同时进化，是以舍妹有邀友自读之意，弟又有决意留京四年，每年回长沙一次，以与各界联络之宣言；故其置重长沙之处，亦复大略与兄相同。前与升兄书，谓恨行时不及将种种善后方法与商，即指此等。此等不只一方，不只几人，不只一事，弟皆欲熔成一片，以为必如此始能宏济宏成，作始时即宜运思及之。弟现对于自身及同辈中，又有几句直觉的谬语：即"往京考公费学校，乃随俗的迷梦也，于吾辈并无甚么必要；往西洋进大学，亦随俗的迷梦也，于吾辈并无甚么必要；必要只在通其语文，悉其种种之真象耳"。此如杨师东奔西走，走了十年，仍不过是能读其书而已，其他究何所得！故苟有方法能免去随俗迷梦如勤工自学者，吾人必耸〔怂〕惠而力赞之。弟觉立己立人，划分先后之阶段者，谬也！为学为事，划分先后之阶段者，尤谬也！谬之实例，就在前辈之空疏无用；谬之影响，竟使小人尽进处于有权。盖事不素练，情不熟悉，徒恃其空疏无用之学，以自逸自喜，舍却山林僻隅，安有容其立足存在之地哉！曰鸿炉大冶不可入，曰鸟兽不可与同群，皆惰性无能之遁词，经千古之士君子"兢兢拘拘"而不自觉者也。弟感此极深，知此极切，其言万端，猝莫能尽，且亦吾兄所洞悉矣。弟愿今日之中国，多出做事之人；其未做事时，稳立做事之根基，不妨与鸡鹜争食，不妨与猪狗同槽；对于首恶则奋斗，对于从恶则收容，以万恶为肥料，为化学原料，而我辈为农夫为化学家；失败则于志无伤，成功则万世蒙其利。持论固是太激，倘亦时势之所要求乎？鼎兄本有教育研究所之议，弟思此亦是善后之一种必要，会友中诚能有几个当教员，或于他校联络得几个教员，则尽可一二星期联合讨论一次，以创成湖南之精神的系统的教育，此亦莫大之事业，会中所应做者也。

兄对于会务，本有经纶天下之大经、立天下之大本的意趣，弟实极其同情，且尤不讳忌嫌疑于政党社会党及诸清流所不敢为者之间。以为清流既无望，心地不纯洁者又不可，吾辈不努力为之，尚让何人去做？尚待何时去做？此区区之意，相与共照者也。弟对于章甫兄之往东，又生异议，除"无必要"之说外，尚有二事：（一）自费七八九年，其田价六七百元尚是不敷。（二）回国后果能作何等活动，以现势揆之，殊无可说。此二理由虽不充足，然如加以家庭之万难远离，弟以为不如仍毅然决然，就省中教席，以与鼎丞提挈会中大事，三四年后，必有可观。为会中立其基础，即为个人树其风声，此迂缓而未必有失者也。至长、京之五六留者，三四年后之学问问题，弟亦略为计及，以为只要法之财团，边之财团以及其他财团，能如愿而偿，则我五六人者，可于彼时交换往返接触考察一次，然后回国，大开其世界自由研究社，此幻想或亦有万分一之可恃，惟在努力做去耳。不然，我二三人之留京，为财乎？我不敢承认；为学乎？我亦不敢承认；为基础乎？则我略为承认之。以才为基，以财为用，以学为体，此万世之业，不必忧其一时无成也。兄以为如何？望与章甫兄商量之。

罗学瓒君来片，谓现在不能得家中同意以索预备之资；至川资二百，则明年尚可设法；此则舍来而外，全无问题之可言。罗君又言有黄守垣君欲来，此亦无所不可。又问高小毕业者可入初级预备班否？此正可，惟须自费，想此信到时，罗君或已在省，故未另复。蕴真兄信，甚有来意，极其欢迎。周明谛君来书，虽有意，而无凭，甚为恨事。此外有杨师之堂侄杨楚君欲来，师欲其带足几百元来，不必靠到此借；因如此则到法即有钱回家也。又雅礼之杨焱君欲来，伊往〔住〕下学宫街十一号醉香书屋，请诸兄一往联络为要。刘国司①确在家中，请告以预备费有地方借，彼必然来也。彭璜亦请带一笔为幸。写至此，师写就与熊氏信来阅，略谓侨工局允各借二百元，请同为保证，又恐来者逾限，祈另组一款，以辅助之云云。此书即可发。并且另向熊之亲信人加番力，事当无甚难也。升暲赞诸兄平素所用之伙食饮料器具，请一皆带来。弟寓有饭盒两个，请择带一个；因弟即就图书事，亦须自办伙食也。保定亦定须此等。其他书件有用者皆可带，不要怕火车上只能带五十斤，两手提得起者，彼不干涉也。又纵无一二人早来，亦须速将文凭寄来，以免贻误事机。从经济上打算，又不必一齐来京亦可。图书事虽微薄已甚，然颇以为宜，仍然舍不

---

① 刘国司，湖南湘乡人，湖南商专学生。

得造友之一方面也。请将此意告知家母为盼〔盼〕。其他种种，皆祈诸兄善为料理。感冒中，言无伦次。

彬

七年八月二十七日在北京

摘自《新民学会资料》

《湘江评论》创刊宣言

（1919年7月14日）

自"世界革命"的呼声大倡，"人类解放"的运动猛进，从前吾人所不置疑的问题，所不遽取的方法，多所畏缩的说话，于今都要一改旧观，不疑者疑，不取者取，多畏缩者不畏缩了。这种潮流，任是什么力量，不能阻住。任是什么人物，不能不受他的软化。

世界什么问题最大？吃饭问题最大。什么力量最强？民众联合的力量最强。什么不要怕？天不要怕，鬼不要怕，死人不要怕，官僚不要怕，军阀不要怕，资本家不要怕。

自文艺复兴，思想解放，"人类应如何生活？"成了一个绝大的问题。从这个问题，加以研究，就得了"应该那样生活""不应该这样生活"的结论。一些学者倡之，大多民众和之，就成功或将要成功许多方面的改革。

见于宗教方面，为"宗教改革"，结果得了信教自由。见于文学方面，由贵族的文学，古典的文学，死形的文学，变为平民的文学，现代的文学，有生命的文学。见于政治方面，由独裁政治，变为代议政治。由有很〔限〕制的选举，变为没限制的选举。见于社会方面，由少数阶级专制的黑暗社会，变为全体人民自由发展的光明社会。见于教育方面，为平民教育主义。见于经济方面，为劳获平均主义。见于思想方面，为实验主义。见于国际方面，为国际同盟。

各种改革，一言蔽之，"由强权得自由"而已。各种对抗强权的根本主义，为"平民主义"（兑莫克拉西①。一作民本主义，民主主义，庶民主义）。宗教的强权，文学的强权，政治的强权，社会的强权，教育的强权，经济的强权，思想的强权，国际的强权，丝毫没有存在的余地。都要借平民主义的高呼，将他打倒。

如何打倒的方法，则有二说，一急烈的，一温和的。两样方法，我们应有一番选择。（一）我们承认强权者都是人，都是我们的同类。滥用强权，是他们不自觉的误谬与不幸，是旧社会旧思想传染他们遗害他们。（二）用强权打倒强权，结果

---

① 兑莫克拉西，今译德谟克拉西。

仍然得到强权。不但自相矛盾，并且毫无效力。欧洲的"同盟""协约"战争①，我国的"南""北"战争，都是这一类。

所以我们的见解，在学术方面，主张澈底研究。不受一切传说和迷信的束缚，要寻着什么是真理。在对人的方面，主张群众联合，向强权者为持续的"忠告运动"。实行"呼声革命"——面包的呼声，自由的呼声，平等的呼声——"无血革命"。不至张起大扰乱，行那没效果的"炸弹革命""有血革命"。

国际的强权，迫上了我们的眉睫，就是日本。罢课，罢市，罢工，排货，种种运动，就是直接间接对付强权日本有效的方法。

至于湘江，乃地球上东半球东方的一条江。他的水很清。他的流很长。住在这江上和他邻近的民族，浑浑噩噩。世界上事情，很少懂得。他们没有有组织的社会，人人自营散处。只知有最狭的一己，和最短的一时，共同生活，久远观念，多半未曾梦见。他们的政治，没有和意和澈底的解决，只知道私争。他们被外界的大潮卷急了，也辨〔办〕了些教育，却无甚效力。一班官僚式教育家，死死盘据，把学校当监狱，待学生如囚徒。他们的产业没有开发。他们中也有一些有用人材，在各国各地方学好了学问和艺术。但没有给他们用武的余地，闭锁一个洞庭湖，将他们轻轻挡住。他们的部落思想又很利害，实行湖南饭湖南人吃的主义，教育实业界不能多多容纳异材。他们的脑子贫弱而又腐败，有增益改良的必要，没人提倡。他们正在求学的青年，很多，很有为，没人用有效的方法，将种种有益的新知识新艺术启导他们。咳！湘江湘江！你真枉存在于地球上。

时机到了！世界的大潮卷得更急了！洞庭湖的闸门动了，且开了！浩浩荡荡的新思潮业已奔腾澎湃于湘江两岸了！顺他的生。逆他的死。如何承受他？如何传播他？如何研究他？如何施行他？这是我们全体湘人最切最要的大问题，即是"湘江"出世最切最要的大任务。

泽东

根据1919年7月14日《湘江评论》创刊号刊印

摘自《毛泽东早期文稿（一九一二年六月——一九二〇年十一月）》

---

① "同盟""协约"战争，指1914—1918年的第一次世界大战。19世纪末到20世纪初，资本主义发展到帝国主义阶段，在欧洲形成德、奥匈、意组成的同盟国和英、法、俄组成的协约国两大军事集团，双方为重新瓜分世界、争夺殖民地展开激烈斗争，最终导致第一次世界大战爆发。

蔡林彬给毛泽东

（1919年7月24日）

润之兄：

　　昨夜奉读来示，极忠极切！本以待兄主张然后定计，今计定矣。只要吾兄决来，来而能安，安而能久，则弟从前所虑种种，皆不成甚问题；盖所仰赖于兄者，不独在共学适道，抑尤在与立与权也。大规模之自由研究，最足动吾之心，慰吾之情，虽不详说，差能了解。兄之"梦呓"，尤是弟之兴经，通我智荄，祛我情瞽，其为狂喜，自不待言。前者对于大学之兴味，全在制造友生，对于往法兴味，全在团结工人；二皆不适，亦既耿耿于心。只以事不称意，遂思超脱原计，另辟一路；实则又入网罗，此运思不缜密之过也。自由研究社，略分内容与外延。今兄于外延已略揭其端，远矣大矣，只有巴黎一处，当加矣！至其内容，弟尝思非财力差厚不举，非通一二外国文字不行。故前有虑其太早之说，又有往法做三五年工即行回国开馆延朋之想，由今思之，此亦似太早计。着手办法，惟有吾兄所设之"乌托邦"为得耳。且同侪既有一队往法，则凡所以调剂利用之者，正大有方法可想，是以前之异议，又已神而化之矣。私窃以为不但本国学校无进之必要，即外国学校亦无进之必要；吾人只当走遍各洲，通其语文，读其书报，察其情实而已足，无庸随俗拘苦为也。吾人之穷极目的，惟在冲决世界之层层网罗，造出自由之人格，自由之地位，自由之事功，加倍放大列宁与茅原华三（山）①（此二人亦不审其果有价值否，暂以为近人近事而假借之。）之所为，然后始可称发展如量。然有时为达此穷极目的计，不必要中亦有必要在；是以本来厌恶学校也，而竟又欲入学校；本来痛恨万恶也，而竟公然主张主人君子要为恶。然此实一时之直觉，未经师友之讨论，是以前书略吐之，明知此等为兄脑中所含弘，特欲借此得丰富之反响耳。兄之行止，幸已确定，无犹夷〔疑〕，前书斟酌之说，实无所用其斟酌也！熊希龄氏若抵湘，请兄为往法事

---

① 茅原华山，日本学者，鼓吹"哲人政治"。参见李大钊《俄国大革命之影响》。

往会之，问其答应筹款若何，其详在致升兄书中，请查阅。谨此顺问行期。

蔡林彬
八年七月二十四日①
摘自《新民学会资料》

---

① 写信时间应为七年七月二十四日。

《新湖南》周刊第七号刷新宣言①

（1919年9月）

  本报第七号以后的宗旨是：一、批评社会。二、改造思想。三、介绍学术。四、讨论问题。……第七号以后的本报，同人尽其力之所能，本着这四个宗旨去做；"成败利钝"自然非我们所顾。就是一切势力 Authority 也更非我们所顾。因为我们的信条是"什么都可以牺牲，惟宗旨绝对不能牺牲！"

根据 1919 年 12 月 1 日《新青年》第 7 卷第 1 号刊印
摘自《毛泽东早期文稿（一九一二年六月——一九二〇年十一月）》

---

  ① 《新湖南》，原为长沙湘雅医学专门学校学生自治会会刊，从第 7 号起由毛泽东负责编辑。毛泽东在 1919 年 9 月 5 日给黎锦熙的信中说到，"此间有一种《新湖南》，第 7 号以后归弟编辑，现正在改组，半月后可以出版"。另据周世钊回忆，当时，毛泽东主办的《湘江评论》已被禁止发行，湘雅学生自治会负责人征得毛泽东同意，从第 7 号起由他主持编辑，毛泽东"决心把这个刊物办好"，写了这篇《刷新宣言》。1919 年 12 月 1 日，《新青年》第 7 卷第 1 号《长沙社会面面观》摘登这一宣言时在前面写道："《新湖南》周刊的内容，自从第七号已与以前大不相同，请列位看他第七号刷新的宣言就知道的"。在摘登后又加了一段话："再看他第七期的内容如何？其中精彩真是不少。最要的如《社会主义是什么？无政府主义是什么？》——洋洋数千言，说的很透。又有评中国假冒新招牌的《新中国》杂志及哭《每周评论》，'工读问题'等，都是很好的。不过详细记出来太长了。"

罗学瓒给泽东

（1919年11月14日）

润之兄鉴：

久未得你的信，不知你的母亲大人已完全好了没有？不知你的行止，现已决定了没有？昨由子升寄来湘江评论第一期，弟阅后，各同学亦都看见，前闻罗君增益说很有价值，并销行甚多，不知现在还在办理，抑已停止？现国内发行此种周刊，日渐加多，如每周评论之外，尚有星期评论及四川学生周刊等。闻星期评论很有价值，未知兄等已看了没有？弟闻曾琦君说：日本近来于社会新学说，有许多分科研究社，并共出有杂志至四五十种之多，兄亦可以请周君名第及傅君昌钰等介绍几种，或请人翻译，或自己研究，亦必多所取益。盖中国之新潮，完全自日本输入，尚不过得日本十分之一二耳。惟弟甚愿兄求大成就，即此刻宜出洋求学。若少迟延，时光既过，人事日多，恐难有多时日求学矣。昨有一同学向我说，中国百年之内无大学问家出。我问其故。他说：中国之人用功于文字学太多，以研究科学之时光，多消磨于研究文学，故无学问家之根柢。譬如柏格森为大哲学家，彼并非专于哲学已也，他又精于数学，有数学博士之资格。又长于物理文学，及他诸科学，亦都可与各科博士相比伦。根柢甚好，故能成其为大哲学家。中国学者谁有此种根柢？又中国人好为井底蛙，好为蝼蚁之雄，以为求至国人之不如我，即已足（有此思想，恐怕还少），谁有志愿想伸足世界学者之林。而求有大影响于世界如杜威柏格森其人乎？求与人比并尚不得，况超出于他人者乎？我闻听了这些话很以他为然。润之兄啊！你是一个有志的人，是我们同伴中所钦佩的人，你何如带一个头，权且努力于研究学问的事呢？弟近来想及诸兄如此刻都出外求学，学他十年八载。异日回国，共同组织一个研究学问的团体，对于学问上为一个长期不断的进行。并一方面各抒所学以问世，发为言论作社会之唤醒提倡者。又一面办教育，且学后作工，所谓工读并进。润之兄啊！

我以为此种事情，总要做到才好。因为此是一种求学有益于社会及个人的最经济的方法。前子升说，符业的合社制度，大概是如此的。

我近来颇有努力振作之气，一因出国后想将家庭社会国家之系累，一刀斩断，用专力于做人求学，不如此恐怕自己对自己不住。二因同学中映我以许多好模范，相形见绌，常思振励。故我在此地不啻有一些人在我两旁时相告曰：你年纪大了，不可不努力啊！润之兄啊！这个念头，要维持到底，要实行到底，才可望稍有点成就。还很希望诸兄帮我的忙，或示我以好途捷〔径〕，或指引我的迷惑，这是很感激的。

前子暲致子升信内，多有不满意于团体的话。这是子暲看错了，也是子暲费力费多了发出来的感想。我以为各人有各人的个性，各人有各人的想见，不能说一两个人或一两宗事不满意，就说不要团体，这事也还望你积极的进行。现在周惇元陈启民诸兄还在长沙么？我以为惇元兄文学既深造，若是出外求学，自必有大造于学问界，且惇元兄还无室家之累，何故不出外读书咧（我看现在有些人在国中闹得声名很大，其实没有好多学问，象惇元兄一样的很为难得）。我想他既不想造一个办事人，岂有不能造一个学问家的道理？启民兄的教员生活，不知已常试过没有？我久想写信把他们，问一问消息，或报告一点事情，每次总以信多稍待自宽，实在对不住，语你帮我致意他们罢了。

又有一事，请你费心，就是我在此地已经两月多了，还没有写一封信报告湘潭学友会，也是疏忽的原故，请你将则次寄回的沿途闻见杂记，或关于述事的信件，交黄君纲钦或蒋君竹如转与会内诸君一看，他们说要做会内的报告，也听便。我前次写回的信，都是寄把你，因为即是请你转达两个会内的原故。

近来好吗？

罗学瓒

八年十一月十四日

摘自《新民学会资料》

毛泽东致陶毅信

（1920年2月）

斯咏①先生：

（上略）②

我觉得我们要结合一个高尚纯粹勇猛精进的同志团体。我们同志，在准备时代，都要存一个"向外发展"的志。我于这问题，颇有好些感想。我觉得好多人讲改造，却只是空泛的一个目标。究竟要改造到那一步田地（即终极目的）？用什么方法达到？自己或同志从那一个地方下手？这些问题，有详细研究的却很少。在一个人，或者还有；团体的，共同的，那就少了。个人虽有一种计划，像"我要怎样研究""怎样准备""怎样破坏""怎样建设"，然多有陷于错误的。错误之故，因为系成立于一个人的冥想。这样的冥想，一个人虽觉得好，然拿到社会上，多行不通。这是一个弊病。还有第二个弊病。一个人所想的办法，尽管好，然知道的限于一个人，研究准备进行的限于一个人。这种现象，是"人自为战"，是"浪战"，是"用力多而成功少"，是"最不经济"。要治这种弊，有一个法子，就是"共同的讨论"。共同的讨论有二点：一、讨论共同的目的，二、讨论共同的方法。目的同方法讨论好了，再讨论方法怎样实践。要这样的共同讨论，将来才有共同的研究（此指学问），共同的准备，共同的破坏，和共同的建设。要这样才有贝〔具〕体的效果可睹。"浪战"是招致失败的，是最没效果的。共同讨论，共同进行，是"联军"，是"同盟军"，是可以操战胜攻取的左券的。我们非得力戒浪战不可。我们非得组织联军共同作战不可。

上述之问题，是一个大问题。于今尚有一个问题，也很重大，就是"留学或做事的分配"。我们想要达到一种目的（改造），非讲究适当的方法不可，这方法中

---

① 斯咏，即陶毅（1896—1931），女，湖南湘潭人。长沙周南女校毕业，新民学会会员。当时在周南女校任事。

② 原件如此。

间，有一种是人怎样分配。原来在现在这样"才难"的时候，人才最要讲究经济。不然，便重叠了，堆积了，废置了。有几位在巴黎的同志，发狠的扯人到巴黎去。多扯一般人到巴黎去是好事；多扯同志去，不免错了一些。我们同志，应该散于世界各处去考察，天涯海角都要去人，不应该堆积在一处。最好是一个人或几个人担任去开辟一个方面。各方面的"阵"，都要打开。各方面都应该去打先锋的人。

我们几十个人，结识得很晚，结识以来，为期又浅（新民学会是七年四月才发生的），未能将这些问题澈底研究（或并未曾研究）。即我，历来狠懵懂，狠不成材，也狠少研究。这一次出游，观察多方面情形，会晤得一些人，思索得一些事，觉得这几种问题，狠有研究的价值。外边各处的人，好多也和我一样未曾研究，一样的睡在鼓里，狠是可叹！你是狠明达狠有远志的人，不知对于我所陈述的这一层话，有甚么感想？我料得或者比我先见到了好久了。

以上的话还空，我们可再实际一些讲。

新民学会会友，或旭旦学会①会友，应该常时开谈话会，讨论吾侪共同的目的，及达到目的之方法。一会友的留学及做事，应该受一种合宜的分配，担当一部份责任，为有意识的有组织的活动。在目的地方面，宜有一种预计：怎样在彼地别开新局面？怎样可以引来或取得新同志？怎样可以创造自己的新生命？你是如此，魏周劳②诸君也是如此，其他在长沙的同志及巳〔已〕出外的同志也应该如此，我自己将来，也很想照办。

以上所写是一些大意，以下再胡乱写些琐碎：

会友张国基③君安顿赴南洋，我很赞成他去。在上海的萧子璋君等十余人准备赴法，也很好！彭璜君等数人在上海组织工读互助团，也是一件好事！

彭璜君和我，都不想往法，安顿往俄。何叔衡想留法，我劝他不必留法，不如

---

① 旭旦学会，1920 年 1 月在湖南长沙成立的进步女学生团体。成员多为长沙周南女校和湖南省立第一女子师范学校的学生。

② 魏，指魏璧（1897—1969），又名韫庵，女；周，指周敦祥（1898—1980），号胐如，女；劳，指劳君展（1900—1976），又名启荣、冀儒，女，为九三学社创始人之一。三人均为湖南长沙人，周南女校毕业，新民学会会员，以后都长期从事教育工作。

③ 张国基（1893—1992），又名颐生，湖南益阳人，毛泽东在湖南省立第一师范时的同学、新民学会会员。1927 年南昌起义时任中央独立第一师师长。尔后长期在印度尼西亚从事华侨教育工作。新中国成立后，曾任北京市文史研究馆馆长、全国侨联常委、北京市侨联副主席、全国侨联主席等职务。

留俄。我一己的计划，一星期外将赴上海。湘事①平了，回长沙，想和同志成一"自由研究社"（或径名自修大学），预计一年或二年，必将古今中外学术的大纲，弄个清楚，好作出洋考察的工具（不然，不能考察）。然后组一留俄队，赴俄勤工俭学。至于女子赴俄，并无障碍，逆料俄罗斯的女同志，必会特别欢迎。"女子留俄勤工俭学会"，继"女子留法勤工俭学会"而起，也并不是不可能的事。这桩事（留俄），我正和李大钊君等商量。听说上海复旦教授汤寿军君（即前商专校长）也有意去。我为这件事，脑子里装满了愉快和希望，所以我特地告诉你！好像你曾说过杨润馀君入了我们的学会，近日翻阅旧的《大公报》，看见他的著作，真好！不知杨君近日作何生活？有暇可以告诉我吗？今日到女子工读团，稻田②新来了四人，该团连前共八人，湖南占六人，其余一韩人一苏人，觉得狠有趣味！但将来的成绩怎样？还要看他们的能力和道德力如何，也许终究失败（男子组大概可说已〔已〕经失败了）。北京女高师，学生方面很有自动的活泼的精神，教职方面不免黑暗。接李一纯③君函，说将在周南④教课，不知已〔已〕来了否？再谈。

毛泽东
九年二月在北京
摘自《毛泽东早期文稿（一九一二年六月——一九二〇年十一月）》

---

① 湘事，指当时湖南人民驱逐军阀张敬尧的运动。

② 稻田，指湖南省立第一女子师范学校。因校址设在长沙古稻田，故又名稻田女子师范学校。

③ 李一纯（1899—1984），女，湖南长沙人。长沙周南女校毕业，1923年参加革命，1925年加入中国共产党，后长期在白区从事党的地下工作。抗日战争时期、解放战争时期和新中国成立后均从事理论教育工作。

④ 周南，指长沙周南女校。

毛泽东致黎锦熙信[①]

（1920年3月12日）

邵西先生：

奉上"湖南建设问题条件"二份，有好些处所尚应大加斟酌。弟于吾湘将来究竟应该怎样改革，本不明白。并且湖南是中国里面的一省，除非将来改变局势，地位变成美之"州"或德之"邦"，是不容易有独立创设的。又从中国现下全般局势而论，稍有觉悟的人，应该就从如先生所说的"根本解决"下手，目前状况的为善为恶，尽可置之不闻不问，听他们去自生自灭。这样支支节节的向老虎口里讨碎肉，就使坐定一个"可以办到"，论益处，是始终没有多大的数量的。——不过，这一回我们已经骑在老虎背上，连这一着"次货"——在中国现状内实在是"上货"——都不做，便觉太不好意思了。

先生是很明白湖南事情的人，敬请将各条斟酌，或要增减修正，见示，以便持赴沪上，从事进行，不胜感盼！

乡弟毛泽东
一九二〇，三，一二

湖南建设问题条件商榷

（一）军政

（1）废"督军"，设"军务督办"驻岳阳。

（2）军队以一师为最高额，分驻岳阳、常德、衡阳。

[①] 本篇所附《湖南建设问题条件商榷》一文，起草情况不详。附文共2页，第2页左上方批划的"——怀疑的地方，或者明后天的晚上来尊处领教"，系毛泽东手迹。《湖南建设问题条件商榷》于1920年6月14日在上海《申报》发表。

省城治安，以隶属省长之警察维持之，绝对不驻兵。

各县治安，以隶属县知事之警察维持之，废除警备队及镇守使名目。

（3）军费支出总额，至多不得超过省收入总额十二分之一。

（二）财政

（1）银行民办。银行发行纸币基金，由省议会监督存储。基金额与纸币发行额之比例，由省议会议定。

（2）举办遗产税、所得税及营业税。减轻盐税。废除两年来新加各苛税。

（3）民办"湖南第一纺纱厂"。

（三）教育经费

（1）恢复民国二年教育经费原额，以后应时增加。

（2）确定来源。

（3）保管权属之由省立各学校组织而成之"教育经费保管处"。

（四）自治

（1）恢复并建设县、镇、乡自治机关。

（2）成立并公认县、镇、乡工会。

（3）成立并公认县、镇、乡农会。

（五）完全保障人民集会、结社、言论、出版之自由。

（六）在最快期内，促进修竣粤汉铁路之湖南线。

提出者　湖南改造促成会

通信处　上海法租界八仙桥永乐里

全国各界联合会彭璜

——怀疑的地方，或者明后天的晚上来尊处领教。

摘自《毛泽东早期文稿（一九一二年六月——一九二〇年十一月）》

毛泽东致周世钊信①

（1920年3月14日）

惇元②吾兄：

接张君文亮的信，惊悉兄的母亲病故！这是人生一个痛苦之关。像吾等长日在外未能略尽奉养之力的人，尤其发生"欲报之德，昊天罔极"③之痛！这一点我和你的境遇，算是一个样的！

早前承你寄我一个长信。很对不住！我没有看完，便失掉了！但你信的大意，巳〔已〕大体明白。我想你现时在家，必正绸缪将来进行的计划，我很希望我的计划和你的计划能够完全一致，因此你我的行动也能够一致。我现在觉得你是一个真能爱我，又真能于我有益的人，倘然你我的计划和行动能够一致，那便是很好的了。

我现极愿将我的感想和你讨论，随便将他写在下面，有些也许是从前和你谈过来的。

我觉得求学实在没有"必要在什么地方"的理，"出洋"两字，在好些人只是一种"迷"。中国出过洋的总不下几万乃至几十万，好的实在很少。多数呢？仍旧是"糊涂"，仍旧是"莫名其妙"，这便是一个具体的证据。我曾以此问过胡适之和黎邵西两位，他们都以我的竟〔意〕见为然，胡适之并且作过一篇《非留学篇》。

因此我想暂不出国去，暂时在国内研究各种学问的纲要。我觉得暂时在国内研

---

① 1920年3月14日，毛泽东致信周世钊，4月1日和4日又两次致信萧子升。致萧的这两封信至今未见原文，但萧在同年7月至8月给毛泽东的复信中不仅对其有所引述，而且表示了自己的看法。萧写道："不结婚，主张恋爱自由，最为正当。""'人才要讲经济，学问游历要讲多方面'。这两句话，极得我心，我对于你也早有意不扯你来法了。""'结伴游俄'最赞成。顿湘两年，必要。""'叔翁做事可当大局，非学问之人，乃做事之人。'此语极当。""'各方面——即如某学会人物，都不免有点虚浮，少深沉远大之计，少恳挚之意。'这话说得非常痛快，非常动人。""'动而不浮'四字的精神，五六年来，兄即有之。""'学会进行注意潜在，不出风头，不浮游大码头。'极好。"

② 惇元，即周世钊。

③ 语出《诗经·小雅·蓼莪》。

究，有下列几种好处：

1. 看译本较原本快迅得多，可于较短的时间求到较多的知识。

2. 世界文明分东西两流，东方文明在世界文明内，要占个半壁的地位。然东方文明可以说就是中国文明。吾人似应先研究过吾国古今学说制度的大要，再到西洋留学才有可资比较的东西。

3. 吾人如果要在现今的世界稍为〔微〕尽一点力，当然脱不开"中国"这个地盘。关于这地盘内的情形，似不可不加以实地的调查，及研究。这层工夫，如果留在出洋回来的时候做，因人事及生活的关系，恐怕有些困难。不如在现在做了，一来无方才所说的困难；二来又可携带些经验到西洋去，考察时可以借资比较。

老实说，现在我于种种主义，种种学说，都还没有得到一个比较明了的概念，想从译本及时贤所作的报章杂志，将中外古今的学说刺〔刺〕取精华，使他们各构成一个明了的概念。有工夫能将所刺〔刺〕取的编成一本书，更好。所以我对于上列三条的第一条，认为更属紧要。

以上是就"个人"的方面和"知"的方面说。以下再就"团体"的方面和"行"的方面说：

我们是脱不了社会的生活的，都是预备将来要稍微有所作为的。那么，我们现在便应该和同志的人合力来做一点准备工夫。我看这一层好些人不大注意，我则以为很是一个问题，不但是随便无意的放任的去准备，实在要有意的有组织的去准备，必如此才算经济，才能于较短的时间（人生百年）发生较大的效果。我想（一）结合同志，（二）在很经济的可能的范围内成立为他日所必要的基础事业。我觉得这两样是我们现在十分要注意的。

上述二层（个人的方面和团体的方面），应以第一为主，第二为辅。第一应占时间的大部分，第二占一小部分。总时间定三年（至多），地点长沙。

因此我于你所说的巴黎南洋北京各节，都不赞成，而大大赞成你"在长沙"的那个主张。

我想我们在长沙要创造一种新的生活，可以邀合同志，租一所房子，办一个自修大学（这个名字是胡适之先生造的）。我们在这个大学里实行共产的生活。关于生活费用取得的方法，约可定为下列几种：

（1）教课。（每人每周六小时乃至十小时）

（2）投稿。（论文稿或新闻稿）

（3）编书。（编一种或数种可以卖稿的书）

（4）劳力的工作。（此项以不消费为主，如自炊自濯等。）

所得收入，完全公共。多得的人，补助少得的人，以够消费为止。我想我们两人如果决行，何叔衡和邹泮清或者也会加入。这种组织，也可以叫做"工读互助团"。这组织里最要紧的是要成立一个"学术谈话会"，每周至少要为学术的谈话两次或三次。

以上是说暂不出洋在国内研究的活〔话〕。但我不是绝对反对留学的人，而且是一个主张大留学政策的人。我觉得我们一些人都要过一回"出洋"的瘾才对。

我觉得俄国是世界第一个文明国。我想两三年后，我们要组织一个游俄队。这是后话，暂时尚可不提及他。

出杂志一项，我觉狠不容易。如果自修大学成了，自修有了成绩，可以看情形出一本杂志。（此间的人，多以恢复《湘江评论》为言。）其余会务进行，留待面谈，暂不多说，有暇请简复一信。

弟泽东
一九二〇，三，一四
北京北长街九十九号

摘自《毛泽东早期文稿（一九一二年六月——一九二〇年十一月）》

张国基给蒋竹如

（1920 年 4 月 15 日）

集虚兄：

　　二月十六在香港写了一片给你，收到吗？这次南来，在船上住十五日，没有遇着风波，万顷无涯的海洋，比中国要安静多了。路经海防西贡，见了许多奇怪东西；象那安南人蓄起满脑长发，穿着皮蛋色长衣，腰上缠好多红绿黄白的布，飘齐脚跟，牙齿墨黑，有些捉自己衣上的虱子生吃，蠢到这样，如何不会做"亡国奴"呢？至于马来人，他的皮肤，黑得同安南人牙齿一样，男女不穿衣裤，但围些红布或花布。死了人呢！就把死人放到太阳里晒，等他干了，即用火烧，骨与灰屑，给他投于海中。投的时候，有黑奴一队，于自己黑皮肤上，涂些红绿颜色，跳，跑，打筋斗，闹个不休。这些人不象人鬼不象鬼的东西，真不晓得他们有什么意味。吾国所谓"断发文身"怕莫就是这一类怪物呵。女人，最喜带首饰。耳朵，鼻子，都穿上三四个孔，手脚也都带些圈子，好似上了脚镣手铐。集兄，你看这种东西，奇怪不奇怪呢？

　　南洋气候很热，通常八十几度，但得了海风调和，早晚很觉得清爽。初来的人，每天要有两个冷浴，否则发生脚肿，很危险的。

　　新加坡人很复杂，闽粤人最多，马来人也不少，性情都懒惰，每日工作，止五六小时，真算"劳工神圣"。货物昂贵，白米百斤，至少三十元。此外奇闻尚多，等下次再说。

　　我现已受道南学校和华侨中学的聘，担任道南高二主任和中校图画，授课一星期了。两校在南洋算是办得很好，道南校长张延祖君，直隶人。

湘省形势,现在有了转机吗?覃泽寰曾广钧①等,还在助张为恶吗?有暇请便告我,不多说了。
　　此问
康健。

张国基

九年四月十五日新加坡

摘自《新民学会资料》

---

　　① 曾广钧,曾国藩的孙子。

罗宗翰给周世钊

（1920年4月21日）

东园兄：

久未通问，昨接和畅信，知你仍任原职，甚善，老伯母大人丧事，想已完全办妥，你也不要常常念她。

润之曾有长信寄府，谈求学事，他甚不主张你入学堂，及此时出洋；想组织同志到长沙设自修大学。此事固好，据我的意思，入学堂亦未必不佳：因为现在的学堂，大非昔比，多主自由研究，不至为无谓功课所限，与自修同。我们这辈人，象你的读书力虽比我强的多，但是也不能不有顾问。就是自己能够全知，所费的功夫，一定要多，何如略用指导的快咧？并且一入学堂，还可省去许多无谓的纠缠，若自由研究，又恐发生他种变动，不能持久。

至此时出洋，那本不大好，对于本国的学术没有弄清，外国的学术又没有条理明白，跑到外国，真是茫茫大海，所得必少。所以我主张在专门学校或大学毕业后，再出洋。我现在想考北京高师（此校自去年来，大加改革，与北大办法差不多，全任自由研究），打算到高师毕业，再入该校研究科二年，然后设法出洋，计算再专读书十年，但能否如愿，第一决于今年之能否入学，第二要无他项重大变故，不过心志如此，他且不计。听说你的主意，也有升学一法，我看还是以升学为好，不知你的意思决定没有？

此次经商一事①，迄今近五月，毫无生意，各伙友多抱悲观，行将倒闭，我想无论如何，还要干一下。看他到底怎样？社中②子任③往沪，仅我一人，外面又已呈一种不可活动的状态，闷极！愤极！省中如有重要商情，仍请草稿寄下，以便印发。

---

① 经商一事，指驱张运动。
② 社，指平民通讯社。
③ 子任，即毛泽东。

老武①近日有信来否？教课有空，请示我一二，为感。

  此祝

平安。

弟宗翰

九，四，二一

摘自《新民学会资料》

---

 ① 老武，即何叔衡。

张国基给毛泽东

（1920年5月23日）

润之老兄：

我好久要写信给你。因不知道你的住所，所以拿起笔来，就把他搁置了。前日子暲，玉生，绍休诸兄往法，在此过身，我通会了，谈了很长的话。后来问及你的现状，才知到了上海，万里外得到故人消息，心中格外欢喜。趁著暇时，就把我此次南来的琐事，和环境的感触，写在下面，作一个报告。（中略）

我对于学会，稍有一点意见，不妨把他写来，和你商酌。

一、会务的进行。我们这个会，既是叫做学会，那么，是专门为我们研究学问，和交换知识的一个新村，现在会友有在欧洲的，有在日本的，有在南洋的，分散到这样远，怎样能够研究学问交换知识呢？我的意思，要发行一种书报，替我们做个意见的传达员。但是这种书报，不是为社会公开的，是专为我们研究学术的。要把他做非卖品，不要在社会上出风头。

二、会友的增加。会友是应该要增加的，但是要十分郑重，不可随便忽略。我的意思，增加会友，纵少要有四人以上的介绍，并且要得委员长和评议部的同意。就是学问性情，亦须有一个月以上的考察。若不是这样办法，就会弄得乱七八糟，牛溲马勃，都可收罗，不算什么学会了。

三、会友的界限。我们这个学会。虽是取绝对解放，和男女公开主义，但是女友还是很少，并且仍旧有几分客气，这是一个缺点，我的意思，要有真正的解放，打破一切界限，无论男，女，老，幼，本省，外省，大学生，小学生，只要他的脑经〔筋〕受了这汪洋澎湃的新潮洗过，和宗旨相合，都是可以邀为会友的。

四、会内的设置。应当找个一定的会所，多买书报杂志，以便会友的就阅，或借阅、保管的责任，暂请委员长或干事担负。

五、经费的救济，我们既是要办书报，又要设置会所，需经费亦定不少，会内既没有基本金，纯靠入会金和常年金来办，断不会够。所以我意，要于常年捐外，开一次特别捐，作为开办费，就是出版的书报，各人都要拿钱来买，你看可行不可行呢？

六、印刷会员录，须将现有的会员姓名，别甫，籍贯，住所，通讯处，印成小册，以便常通声气。今夜时候已晚，我的话也说完了。我们到梦乡里再会罢。就此祝你的脑健。

弟张国基

九年五月二十三日夜十二时在新加坡

摘自《新民学会资料》

蔡林彬给毛泽东

（1920年5月28日）

润之兄：

我到法约近五月，时常想写信与你，又时常按住。我和母亲及警余〔予〕咸熙等以二月二日安抵巴黎，母亲心力颇强，故船中困疲皆已矜持过去。我初到时，因旧病复发，甚为痿弱，旋偕母亲及警余〔予〕咸熙等来蒙达尼地方，分入男女中学校，补习法文。母亲与咸熙等同起居，同上课。我则决定恢复体操游息，略如麓山故事。每日生活，全在公园空旷中，不上课，不着书，惟饱吃面包。而如此一月余，体气大健。日看法文报一节，因校中功课浅，及求知欲切，决不上课，日惟手字典一册，报纸两页，以为常。情形如此，故一切无所活动。所以常想写信与你，又常常按住。

我现在还是聋哑兼全（因不注意语言，又没有直接和法人接近），不过不尽为瞎眼耳。看报渐有门径，各国社会运动消息，日能了解一二，颇思纵〔综〕合写来，以作我与你通信资料（因此外仿佛无甚可告），这也是我写信与你迟迟复迟迟的原因。近正汇译德国政变与其社会，共产，工团，各党消息寄你，起自社会民主党之分裂，以迄此届选举终结，故须等至六月中旬始能告竣（德国此次选举期为六月六日）。而你四月一号与四号的信，均由子升转来了，因此赶紧先行写了此信。

我在法大约顿五年，开首一年不活动，专把法文弄清，把各国社会党各国工团以及国际共产党，尽先弄个明白。一面将社会，工团，无政府，德谟克拉西（基尔特社会主义，即纵〔综〕合此四者而成一调和，近德国多数社会党，显然立足于二个主义之上〈社会主义与德谟克拉西〉，以与中产阶级联盟），加番研究。一年中以蛮看报章杂志为事，一年后兼习说话听讲。现一切住校费用，皆由华法会借出（勤工学生皆同），或者还可续借数月，至没有借的时候，才去做工。警余〔予〕等皆同。如有他法可想，成〔或〕权其轻重，把工按住，若能，则当然经济得多。以现在俭学费用之廉，实足以加增俭学之动机。警予已决计俭学数年，将语言习好，情形习熟，设法大辟女子外出之路。勤工俭学生近千人，好分子占最少数，暂不多加组织（现只有工学励进会——为李和生〔笙〕罗学瓒等所组潜在进行），新民分会亦暂按住，俟机会成熟，将来自有办法。

兄留湘两年，极为重要。我意章甫于兄在湘之时，亦不必外出，可在长沙极力教小学。两年之中，会友能办到百人教书，最好没有。启民，惇元，宜久在湘，主持教育，不动。兄如不办报，于自修外，宜紧张教书。少年互助团大好，两年中能鼓舞其增至千人以上，更好。诸兄在湘，宜于此团体大加提挈，启发。叔衡似永不可离湘，去俄不如留湘之重要。如何（就他一人及会务言），犹望能将小学计划实现。此事比之出报更重要。学会办文化运动本为应有之事，我们既不为浮游于大码头的文化运动，则根本上的组织和训练，比之出报，出杂志，更重要。现少年中国学会（此会在四川本地无根据）专以办文化运动为事，我以为好，但是我们的须更进一步。湘事定后兄首先聚精会神，将小学实现为要。有暇则从事湘江评论亦好，不过两年中总不宜因出版而碍会务进行（指被封而妨学会等）。

我以为我们于文化运动，大可仿照李石曾贴邮花的办法。此时我以为新民学会宜办三种邮花，以扩其用：一种贴于男女各师范学校，其法在办好会中学术演讲会及以个人与师范生之优秀者往返。一种：贴于各县各乡的小学校，其法以上之联络师范生为根据，俟他们返乡办学校，即可实行。或择现任各处之小学教员通信及介绍书报启发之。一种：贴于现行之各出版物上。此三种邮花，皆可济会中经营之穷（因会没有钱）。而其作用与自办差等。兄以为如何？

现在中学以上的文化运动，要算各处都已迸发了，新民学会所宜注意的，目〔自〕小学文化运动以外，应注意劳动的文化运动。但是如何办呢？一、我以为你的小学计划成，同时应筹划劳动教育。二、应鼓吹各种合作运动（消费组合贷借组合要紧）。三、应出一些小册子（仿新生活）。四、好小学能设法多收农家子弟更好。五、聚会友中之兄弟讨论，如鼎丞之兄，你之老弟，我之兄，警余〔予〕之兄（经商能手，现在乡经商，且极可与谈），叔衡，瑾玎亲属，教新会友之亲属，都可以约聚，启发一下。我对于会中意见，大略如此。

咸熙答应入会。溆浦女校教员任培道女士，今年夏秋间来法，警余〔予〕甚称其为人（问陶女士知道），我们想介绍入会，此人道经长沙，请邀〔邀〕聚讨论女子事宜。又溆浦女校长吴家英女士（溆浦女校教员大概皆好，问陶便知）亦很好，如来省，可与谈。溆浦女校为警余〔予〕及伊等极力经营之学校，我意学会当郑重贴几分邮花于其上，请酌之。此校太僻处，当设法传递新出版物。又溆浦女生（问陶便知），在省垣女师范者很有几人，此皆百经训练，有如子升之学生，其中有警余〔予〕侄女，极好，极好，请邀同陶斯咏极力加以提携，将来必有可观。

我写至此处，发了狂热，希望陶女士和启民久顿周南，惇元久顿修业，叔衡久顿楚怡，兄与章甫于两年中将小学校办好，然后赴俄，则根深蒂固矣。

新民学会尽其可能扩大，同时尽其可能严格，这是我的总意思。

我与警余〔予〕有一种恋爱上的结合，另印有小册子，过日奉寄（现未印出）。家母甚好，惟间有旧病复发，惟不如在国内之甚，他诚挚的希望你，致意你。警予忙课，未另写信，也致意你。国内新出版物，请设法多寄（过日议）。现在我们定了的为时事新报，解放与改造，建设，新潮，新青年等，中华馆新出版之世界两种图，有钱请买寄，时事旬刊还出否？

刘清扬女士弟曾介绍入会，此人现往南洋，不知兄有机会见之否？此人很可以，弟又曾与兄言王启润女士，在京见之否？新会友之性格，请随时介绍一二。邹蕴真兄如何？宜使其来长沙，或在乡办学校。杨师遗眷，弟主张来法，兄以为何如？忙问安好。

弟彬
一九二〇，五，二十八号
摘自《新民学会资料》

向警予给彭璜毛泽东

（1920年6月2日）

彭璜、泽东先生：

到法后，联接好音，知在国内积极活动，湘事大有可望，行见东方瑞士，不一二年即将喧传于吾人之耳鼓，念之欢跃！和森意欲泽东先生于湘事定后，顿湘两年，注意小学教育，劳动教育，为积极的根本的彻底的文化运动，此意我极赞成，不知泽东先生以为何如？我现在学习法文，除忙以外，别无可告。自出溆来，觉从前种种，皆是错误，皆是罪恶，此后驾飞艇以追之，犹恐不及；而精力有限，更不足以餍予之所欲，奈何？计惟努力求之耳！数年后，或有以报同志。公暇，幸时赐教言，并祈为人群社会珍重！

此间同学属致意。

向警予

九年六月二日晨

摘自《新民学会资料》

向警予给陶毅任培道

（1920年6月7日）

毅姐培道姐：

我忙急了，通信极少，谅之。我的意思大概已在公函和那篇文章上发表了，我这封信对三个机关写，实有莫大的希望！

（一）希望同志多来些，俭学极好，愿意来勤工俭学也极好，无论如何，耳目接触，总比在国内要好一点。

来时注意要有组织，要头脑清析〔晰〕的分子，随将"女子教育经费借贷银行"用全副精神促成，可结合女界三大团体，进行筹款，研究办法，根据男女教育应平等的理由，向国库省库县库学宫等提拨常年津贴。此事不但能解决目前来法没盘费的问题，并可以使一般心有余力不足者都得继续求学的机会，望努力为之，团体的力量比个人的力量要大得多啊。

（二）希望联合湘中同志，如励进会①旭旦学会以及男子中之热心研究女子问题的，组织一个研究宣传的机关，抽出条理来研究，发行一种专门而且永久的出版物，或即将女界钟扩充亦可。

湘中女界同志都是有思想有抱负的，可惜受了蒙蔽，甚望毅姐将精粹分子联络拢来，大家分工合作，第一步注意于本身问题，即女子的解放改造，提倡看书报杂志，这是改造思想、滋养思想的惟一妙法。溆浦女生更望你加以启发。毅姐！我要说的话很多，可惜倦极了，下次再说罢。

毅姐！你的身体千万要注意，我对于身体已下了决心，详许先生信中，望你也如此。我们寿命长点，贡献自然要多一点呵。

培道姊，你来的时候记得带刘千昂，还有罗学瓒君的夫人，也想同吾姊来。罗已在法，为新民学会会员，是蔡和森君的朋友，刘千昂为蔡侄，其姊在衡粹学刺绣，

---

① 励进会为除周南以外长沙各女校组织的女学生团体，其宗旨为"增进女界的幸福，提倡女子服务社会的能力"。

单名曰"竦"。

姊赴衡粹时，可以问及黄振坤先生，他能来法大好，但伊顾虑太过，恐无远见，望二姊从旁怂恿之，人才殊不易得也。妹与蔡君已有恋爱结合，另有文一篇在印刷中，容后奉寄。妹日来心潮起落，不只百丈，兼之煎伤太过，故目前颇不能支持，今日致书吾姊等，已惫极若大病。此函未终而拥被就卧，开灯后半点钟，始重起竣事，而头痛特甚。因念吾二姊体亦积劳，现在到底如何？万宜宝重，为久远计，作事不可令精神无余，我现一念及此，对于种种义务责任，不能权时放松，甚愿吾二姊有以注意也。倦矣，不能复言矣。

敬祝

健康。

妹警予上
九年六月七日

溆浦女校诸姊，如复中，振翼，明辉，焕秋，光远①等，请把这些信给他们看，并为我致意道嫌〔歉〕，我甚望注意最近之思潮。

溆浦方面，祈设法灌输新思潮（此事全靠毅姐，以介绍新书及通讯为最妙）。毛君泽东于湘事定后，必将归湘实现其计划，和森君已致书伊，言新民学会宜注重根本的文化运动，且以培道姊及家瑛姊溆浦女校教员及学生之一部分介绍于彼。新民会详情及泽东和森等之为人，毅姐具知之。

妹再上
摘自《新民学会资料》

---

① 振翼，可能即黄仲异，溆浦女校教员。明辉，即缪明辉，溆浦女校教员。焕秋，即易焕秋，溆浦女校教员，一直从事教育工作，解放后在北京病故。光远，即贺光远，溆浦女校教员，当过教务主任。

萧子暲给毛泽东彭璜

（1920年6月22日）

润之、殷柏两兄：

沿途寄信，不知均到否？我们已于六月十六晚十二时到了巴黎。子升以为我们即由马赛分配于各地学校，知我们将到了，即去蒙达尼与和森详谈一切。待我寄信和森，他两人才同返巴黎相见，已是十八日了。赞周已赴蒙达尼学校，我与焜甫玉生本定赴芬登不鲁，因在巴黎候子升，多有两日，至二十日，才偕子升、和森、焜甫、玉生来芬登不鲁（Fontainebleau）之 College Carnot 学校。子升仍返巴黎，和森仍返蒙达尼。我们有十九人在此，十三人在蒙达尼，均京保旧友。其余都已分配于各地学校，留巴黎的很少了。

李和笙、贺果（二人同厂）、罗荣熙、张芝圃，均在工厂作工。拟两星期后约会友在蒙达尼大会一次，详谈一切，并决议共同及分工读书作事之方针。我与焜玉，在此非长久计。

子升在法，受气不少，而进步殊多。和森在校，完全自修，法文可看报，生字不多了。李和笙听说法文也很好了。向蔡①并非"定婚"，乃完全自由恋爱，有听谓"向蔡同盟"云。

余续述。望来信。文亮②理怡两位同此。

萧子暲

九，六，二二

摘自《新民学会资料》

---

① 向蔡，向指向警予，蔡指蔡和森。
② 文亮，即张文亮。

毛泽东致彭璜

（1921年1月28日）

荫柏兄：

示奉悉，出入证收到，感甚！日前论及待人态度，意犹未尽。弟为不愿与恶人共事之人，谅兄所深知，但疾恶如仇，弟亦不为。恶人自己不认为恶，一也；吾人恶之，未必无蔽，二也；恶在究竟，仍不为恶，三也；一个人，才有长有短，性情习惯有恶点亦有善点，不可执一而弃其一，四也。第三第四两点，兄亦时作此言。第一点属客观，第二点属主观，为观人所不可忽。弟两年半以来，几尽将修养工夫破坏，论理执极端，论人喜苛评，而深刻的自省工夫几乎全废，今欲悔而返乎两年半以前，有此志，病未能也。于吾兄久欲陈其拙愚，而未得机会，今愿一言，倘获垂听，有荣幸焉。吾兄高志有勇，体力坚强，朋辈中所少。而有数缺点：一、言语欠爽快，态度欠明决，谦恭过多而真面过少。二、感情及意气用事而理智无权。三、时起猜疑，又不愿明释。四、观察批判，一以主观的而少客观的。五、略有不服善之处。六、略有虚荣心。七、略有骄气。八、少自省，明于责人而暗于责己。九、少条理而多大言。十、自视过高，看事过易。弟常觉得一个人总有缺点，君子只是能改过，断无生而无过。兄之缺点，弟观察未必得当。然除一、三两条及第五条弟自信所犯不多外，其余弟一概都有。吾人有心救世，而于自己修治未到，根本未立，枝叶安茂？工具未善，工作奚当？弟有一最大缺点而不好意思向人公开者，即意弱是也。兄常谓我意志强，实则我有自知之明：最弱莫如我之意志！我平日态度不对，向人总是断断，讨人嫌恶，兄或谓为意强，实则正是我弱的表现。天下惟至柔者至刚，久知此理，而自己没有这等本领，故明知故犯，不惜反其道而行之，思之悚栗！略可自慰者，立志真实（有此志而已），自己说的话自己负责，自己做的事自己负责，不愿牺牲真我，不愿自己以自己做傀儡。待朋友：做事以事论，私交以私交论，做事论理论法，私交论情。兄于礼容，我觉未免过当，立意不十分诚，泄忿之意多，而与人为善之意少，兄说待我要反抗，兄看我为何如人？如以同某人款待我，则尽可"不答应",何"反抗"是云。至说对某某及礼容要"征服",则过矣过矣!人哪能有可以征服者,征服必用"力",力只可用于法,用于法则有效;力不可用于私人之交谊,用于私人之交谊则绝对无效。岂惟无效,反动随之矣。我觉得吾人惟有主义之争,而无私人之争,主义之争,出于不得不争,所争者主义,非私人也。私人之争,世亦多有,则大概是可以相让的。其原多出于"占据的冲动"与"意力之受拂"。兄与礼容之争,吾谓乃属于后者。(此情形弟亦常经过,并常以此施诸他人。)意力受拂,最不好过,修养未纯如吾人,一遇此情形,鲜有不勃然奋起者,此则惟有所谓"眼界宽"与"肚量大"者能受之,兄以为何如?今晚从城里归,已十二点钟,又与孩子们谈坐一小时,再写此信,有想就写,文句不贯,意思不贯,原宥是幸!

  此颂
大安。

弟泽东
一月二十八日夜
摘自《毛泽东书信选集》

《新民学会会员通信集》发刊①的意思及条例

（1920年11月）

第一集所收多前一二年旧信，然于学会颇关重要，因多属于团体事业之进行与发展的。留法运动②一事，此集只能载蔡君③给各会友的信，各会友给蔡君的信，其重要者尚望蔡君付来选印。通信集之发刊，所以联聚同人精神，商榷修学，立身，与改造世界诸方法。发刊不定期，大约每两月可有一本。同人个人人格及会务固宜取绝对公开态度，但不宜标榜，故通信集以会友人得一本为主，此外多印了几十本，以便会外同志之爱看者取去。因学会极穷，不论会友非会友，都要纳一点印刷费。集内凡关讨论问题的信，每集出后，总望各会友对之再有批评及讨论，使通信集成为一个会友的论坛，一集比一集丰富，深刻，进步，就好极了。

摘自《毛泽东早期文稿（一九一二年六月——一九二〇年十一月）》

---

① 据罗章龙1978年6月19日回忆，新民学会出版物《新民学会会员通信集》和《新民学会会务报告》都是毛泽东编的。《新民学会会员通信集》中未署名的启事、序和发刊的意思及条例等，是编者写的。本篇未署写作时间，"通信集"第1集也未署出版时间。据所收书信时间最晚的是1920年11月26日毛泽东给罗学瓒的复信，因此第1集编成时间不可能早于11月。另据"通信集"第2集序后所署时间为1920年11月30日，第1集编成时间又不可能晚于11月底，因此本文写作时间定为11月。

② 留法运动，即留法勤工俭学运动。

③ 蔡君，指蔡和森。

学生之工作

（1919 年 12 月 1 日）

我数年来梦想新社会生活，而没有办法。七年春季，想邀数朋友在省城对岸岳麓山设工读同志会，从事半耕半读，因他们多不能久在湖南，我亦有北京之游，事无成议。今春回湘①，再发生这种想像，乃有在岳麓山建设新村的计议，而先从办一实行社会说本位教育说的学校入手。此新村以新家庭新学校及旁的新社会连成一块为根本理想，对于学校的办法，曾草就一计划书，今抄出计划书中"学生之工作"一章于此，以求同志的教诲。我觉得在岳麓山建设新村，似可成为一问题，倘有同志，对于此问题有详细规划，或有何种实际的进行，实在欢迎希望的很。

（一）

学校教授之时间，宜力求减少，使学生多自动研究及工作。应划分每日之时间为六分。其分配如左：

睡眠二分。

游息一分。

读书二分。

工作一分。

读书二分之中，自习占一分，教授占一分。以时间实数分配，即：

睡眠八小时。

游息四小时。

自习四小时。

教授四小时。

---

① 今春回湘，指 1919 年 3 月 12 日离京赴沪，4 月 6 日从上海回到长沙。

工作四小时。

上列之工作四小时，乃实行工读主义所必具之一个要素。

（二）

工作之事项，全然农村的。列举如左：

（甲）种园。（一）花木。（二）菜蔬。

（乙）种田。（一）棉。（二）稻及他种。

（丙）种林。

（丁）畜牧。

（戊）种桑。

（己）鸡鱼。

（三）

工作须为生产的，与实际生活的。现时各学校之手工，其功用在练习手眼敏活，陶冶心思精细，启发守秩序之心，及审美之情，此为手工课之优点。然多非生产的（如纸，豆泥，石膏，各细工），作成之物，可玩而不可用，又非实际生活的，学生在学校所习，与社会之实际不相一致，结果则学生不熟谙社会内情，社会亦嫌恶学生。

在吾国现时，又有一弊，即学生毕业之后，多鹜都市而不乐田园。农村的生活非其所习，从而不为所乐（不乐农村生活，尚有其他原因，今不具论）。此于地方自治之举行有关系。学生多散布于农村之中，则或为发议之人，或为执行之人，即地方自治得学生为之中竖〔坚〕而得举行。农村无学生，则地方自治缺乏中坚之人，有不能美满推行之患。又于政治亦有关系，现代政治，为代议政治，而代议政治之基础筑于选举之上。民国成立以来，两次选举，殊非真正民意。而地方初选，劣绅恶棍武举投票，乡民之多数，竟不知选举是甚么一回事，尤无民意可言。推其原因，则在缺乏有政治常识之人参与之故。有学生指导监督，则放弃选举权一事，可逐渐减少矣。

欲除去上文所说之弊（非生产的，非实际生活的，鹜于都市而不乐农村），第一，须有一种经济的工作，可使之直接生产，其能力之使用，不论大小多寡，皆有成效可观。第二，此种工作之成品，必为现今社会普通之要需。第三，此种工作之场所，必在农村之中；此种之工作，必为农村之工作。

上述之第一，所以使之直接生产。第二，所以使之合于实际生活。第三，所以养成乐于农村生活之习惯。

（四）

于上文所举以外，尚有一要项，今述之于下。言世界改良进步者，皆知须自教育普及使人民咸有知识始。欲教育普及，又自兴办学校始。其言固为不错。然兴办学校，不过施行教育之一端。而教育之全体，不仅学校而止，其一端则有家庭，一端则有社会。家庭之人无知识（家庭之组织不善习惯不善等从之），则学生在学校所得之知识与之柄〔枘〕凿，其结果只有二途：一则被融化于家庭，造成一种孝子顺孙新旧杂粹〔糅〕之乡愿。一则与家庭分张，近来"家庭革命""父子冲突"之声，所由不绝于耳也。社会亦然。学生出学校入社会，若社会之分子无知识（社会之组织不善习惯不善等从之），则学生在学校所得之知识与之柄〔枘〕凿，其结果亦只有两途：或为所融化，或与之分张。从来之柔懦奸邪，皆前一种之结果。从来之隐士，皆后一种之结果（隐士之隐，多为社会与其理想柄〔枘〕凿而然）。故但言改良学校教育，而不同时改良家庭与社会，所谓举中而遗其上下，得其一而失其二也。

虽然，欲依现在之情形，由学校之力，改良家庭与社会，由办学校之人，同时为改良家庭与改良社会之人，其事果得为乎？此吾可径答之曰不可得为也。盖依现今之情势，家庭，学校，社会，三者其关系，非为有机的而为无机的，非为精神的而为形式的。形式尽相结合，而精神上则常相冲突。今以学校对于学生之目的言之，为"养成有独立健全之人格之人"。而家庭对于子弟之目的，则为"养成可供家庭使命之人"（例如父兄只责子弟赚钱养家，却不问其来历）。社会对于个人之目的，亦非以社会为个人之发展地，而以个人为社会之牺牲品（例如工厂奴使工徒，又各种机关下级人员之生活，多感痛苦而不觉愉快）。此岂非精神上相冲突之明证乎？由今之道，无变今之俗，家庭，学校，社会，将相违日远，焉有改良之望哉！

今请申言吾人之意，真欲使家庭社会进步者，不可徒言"改良其旧"，必以

"创造其新"为志而后有济也。盖所谓改良家庭，改良社会云者，无非改良"生活"，而旧的家庭生活，与旧的社会生活，终不可以改良。此等之旧生活，只适用于旧时代。时代已更，则须别有适应此时代之新生活。且伊古以来，几曾真见有改良其旧之事？有之，皆创造其新者耳。近人知旧剧之不可改良为新剧，而岂知各种旧生活亦皆不可改良为新生活也。今试征之家庭与社会之事实，与现今之家长言子弟人格独立，与现今之工厂主谋与工徒分配平均，尽人而知其不可能也。故劳动者欲求完全之平均分配，非在社会制度改革之后，不能得到。子弟欲求完全之人格独立，非在家庭制度改革之后，不能得到。社会制度之大端为经济制度。家庭制度之大端为婚姻制度。如此造端宏大之制度改革，岂区区"改良其旧"云云所能奏效乎？

创造新学校，施行新教育，必与创造新家庭新社会相联。新教育中，以创造新生活为主体。前节所云"生产的工作""实际的工作""农村的工作"，即新生活之大端也。

新学校中学生之各个，为创造新家庭之各员。新学校之学生渐多，新家庭之创造亦渐多。

合若干之新家庭，即可创造一种新社会。新社会之种类不可尽举，举其著者：公共育儿院，公共蒙养院，公共学校，公共图书馆，公共银行，公共农场，公共工作厂，公共消费社，公共剧院，公共病院，公园，博物馆，自治会。

合此等之新学校，新社会，而为一"新村"。吾以为岳麓山一带，乃湘城附近最适宜建设新村之地也。

夫论政治革命之著明者，称法兰西；论社会革命之著明者，称俄罗斯，所谓"模范国"是也。论街衢之修洁者，称柏林；论商市之华丽者，称巴黎，所谓"模范都"是也。吾人于南通县之自治教育，亦艳称之，则又所谓"模范地方"也。所以然者，效验既呈，风树乃树，世人耳目，咸集注之。诚欲转移风化，自宜养成一种势力，而此种势力，宜抟控而切忌涣散。旗帜务取鲜明，而着步尽宜按实。今不敢言"模范国""模范都""模范地方"，若"模范村"，则诚陈义不高，简而易行者矣。

俄罗斯之青年，为传播其社会主义，多入农村与农民杂处。日本之青年，近来盛行所谓"新村运动"①。美国及其属地斐律宾，亦有"工读主义"之流行。吾国留学生效之，在美则有"工读会"②，在法则有"勤工俭学会"③。故吾人而真有志于新生活之创造也，实不患无大表同情于吾人者。

（五）

第二节所举田园树畜各项，皆旧日农圃所为，不为新生活，以新精神经营之，则为新生活矣。旧日读书人不预农圃事，今一边读书，一边工作，以神圣视工作焉，则为新生活矣。号称士大夫有知识一流，多营逐于市场与官场，而农村新鲜之空气不之吸，优美之景色不之赏，吾人改而吸赏此新鲜之空气与优美之景色，则为新生活矣。

种园有二，一种花木，为花园，一种蔬菜，为菜园，二者相当于今人所称之学校园。再扩充之，则为植物园。种田以棉与稻为主，大小麦，高粱，（玉）蜀黍等亦可间种。粗工学生所难为者，雇工助之。

种林须得山地，学生一朝手植，虽出校而仍留所造之材，可增其回念旧游爱重母校之心。

畜牧如牛，羊，猪等，在可能畜养之范围内，皆可分别畜养。

育蚕须先种桑，桑成饲蚕，男女生皆可为。

养鸡鱼，亦生产之一项，学生所喜为者也。

（六）

各项工作非欲一人做遍，乃使众人分工，一人只做一项，或一项以上。

---

① 日本作家武者小路实笃（1885—1976），年轻时受托尔斯泰的影响，在东京创办《白桦》杂志，提倡人道主义。1918年，创办《新村》杂志，宣扬乌托邦思想，主张建立新村，人人平等，互助友爱，共同劳动，共同生活。他还买地建立了第一个新村，从事半工半读。在当时的日本和中国部分青年知识分子中，产生了一定的影响。

② 工读会，指留美中国学生工读会。成立于1914年，初名勤学会。1916年改为此名。其宗旨是"以半工半读为助成学业之方法，以节省费用为推广留学之方法。"

③ 勤工俭学会，指留法勤工俭学会。第一次世界大战爆发后，法国曾向中国大量招募华工。1915年，蔡元培、吴玉章、李石曾等在法国组织勤工俭学会，以"勤于作工，俭以求学，以增进劳动者之智识"为目的，号召中国青年去法国半工半读，并成立华法教育会主持其事。

学生认学校如其家庭，认所作田园林木等如其私物，由学生各个所有私物之联合，为一公共团体，此团体可名之曰"工读同志会"。会设生产，消费，储蓄诸部。学生出学校，在某期间内不取出会中所存之利益，在某期间外，可取去其利益之一部而留存其一部，用此方法可使学生长久与学校有关系。

（七）

　　依第三节所述，现时各学校之手工科，为不生产的，所施之能力，掷诸虚牝，是谓"能力不经济"。手工科以外，又有体操科亦然，各种之体操，大抵皆属于"能力不经济"二〔之〕类。今有各项工作，此两科目可废弃之。两科目之利，各项工作之中，亦可获得。

　　　　摘自《毛泽东早期文稿（一九一二年六月——一九二〇年十一月）》

萧三日记

（1918年3月至4月）

一九一八年三月三十一号（日）晴（阴历二月十九日）

（前略）二兄①来坐已久，交阅润之所草新学会简章。二兄意名为新民会云。又述润之等赴日本求学之计划。

四月八号（一）雨　（阴历二月二十七日）

（前略）接二兄手书，力主予出洋。付来润之所重草新学会简章。

四月十三号（六）晴　（阴历三月初三日）

（前略）夜润之来。明日新民学会开成立会。（下略）

四月十四号（日）晴　（阴历三月初四日）

（前略）新民学会今日成立，开成立会于对河漾湾寺侧〔侧〕刘家台子蔡君林彬寓。到会者：二兄及余、何叔衡、陈赞周、毛润之、邹彝鼎、张昆弟、蔡林彬、邹蕴真、陈书农、周明谛（名弟）、叶兆桢（以上皆第一师范同学）、罗璈阶（长郡中学毕业）诸君。未及到者：陈章甫、熊焜甫、周世钊、罗学瓒、李和笙、曾以鲁、傅昌钰（现在日本东京高工）、彭道良诸君。以上皆基本会员。是日议决简章，选举职员，写会友录等事。关于本会之规律，所定者为：一不虚伪；二不懒惰（此项余所主张加入者）；三不浪费；四不赌博；五不狎妓。会章俟后录。职员：二兄被举为总干事；毛泽东、陈书农为干事。蔡君家备午饭。自上午十一时到齐，议事至下午五时后始闭会。一同渡河归校，惟罗君他去。二兄及蔡君晚饭于此。二兄亦去。蔡君宿此。

摘自《新民学会资料》

---

① 萧三（子暲）之二兄，名子升，号旭东。

三

学会重要革命活动和传播马克思主义相关史料

★

欧阳泽给毛泽东彭璜等

（1920年5月22日）

润之殷柏转在沪各同志：

　　由香港寄上一片，谅收到。

　　我们十二日由香港开，十六日到西贡，停两日开，经两日到新加坡，停一日。到华侨中学，与涂开舆、张国基、姜心培诸君，相晤甚欢。和张君谈话独多，关于本会在沪所议定的和所要进行的稍为报告他一下，并希望他在此地为本会物色些人物。

　　讲到新民学会，我有一个意见要提出来，这个也许曾在会章上说过的，或是在半淞园讨论过的，今都不问，把他写在下面吧。

　　（一）共同的精神。这是本会会员所应该注意的，共同的精神是什么？

1. 对于本会要尽心尽力的栽培他，灌溉他，爱惜他，务使他充量的发展。却不要一心一意的专事服从他，倚靠他，更不要挟甚么野心来利用他，把他当个偶像或傀儡玩。

2. 本会对于个人，和个人对于本会，须都要负完全的责任；本会的失败，即是个人的失败；个人的失败，也就是本会的失败。

3. 会员对于会员，在学术上有互助的责任，在行为上有互相劝勉的责任。

4. 会员对于会员，须要有理性的爱，感情的爱是靠不住的。感情的爱是暂时的，部分的。理性的爱，方是普遍的，永久的，方能维持一个团体，不至于忽尔涣散。

以上几点，因途中困顿，未暇把他详细说明出来，想也可以不必详说就可明白了。

（二）会员的加入。今所特地提出来讲的，是暂时加入会员应不应该分省界？这问题，当我和光楚泽东在北京时，曾作非正式的讨论，不过那时候以为非正式，便涵〔含〕糊过了。到上海，在半淞园那次，也忘记了提出来。我今觉得这点也有讨论的价值，便提出来和各同志商量商量。

毛君曾说，暂时不必加入外省的会员，他的理由大概是：外省的会员，恐怕对于本会底〔的〕内容和精神，不能明晰的彻底的了解，因此对于本会没有许多益处。这话是错了。为什么呢？无论本省或外省的人，至于与本会生了关系，甚而至于要加入本会，必定是本会会员和他有长期间的周旋，对于他有精密的考察，实在见得他对于本会已经了解，并有很诚恳的表示，而后有加入为会员底〔的〕结果。况经在半淞园会议底〔的〕结果，关于加入会员底〔的〕手续是：经长时间的考察，五人的介绍，评议部的通过，并通告全体会员，已经是很严格的了。如果这人对于本会素不了解，已是根本的不成为会员，便不必虑及有益无益了。（下略）

欧阳泽

九年五月二十二日于孟加拉海舟中

摘自《新民学会资料》

罗学瓒给毛泽东周世钊陈书农蒋竹如

(1920年5月25日)

润之、惇元、启民、竹如诸兄鉴：

近几个月，没有常通信；因自入工厂以来，每日既要作八小时的工，工后又要上一小时至一小时半的法文课，又要回友朋的信，要看阅书报（此处各同学定阅书报甚多），几乎有日不暇给之势，故总觉无时日写信。我想诸兄或忙于功课，或忙于教授，或忙于奔走，亦皆同于我也。但我甚想抽闲常写信，报告诸兄，亦望诸兄时时有以告我也。前日润之兄寄来平民通信社稿及附信，都已看过，我当时生了许多的感慨。我在法国，近一年，绝不见官场的势力，也不听得人民说官场势力的话。他们国内的官，都是服役的性质，决不敢对人民为恶；就是为恶的，人民也决不能容忍他。譬如克列蒙梭，他对于法国的功劳，要算是大得很，应当为人民崇拜信仰；故当去年总统改选的时候，据各国人士的推测，以为舍克氏以外再没有人可以当选做总统了，那晓得选举结果，总统为戴香纳氏得去，克氏反不能在法国容身，要跑向埃及去。这是什么原故呢？因为法国工人，屡次罢工，克氏要用兵力去压服他们，常有派兵去弹压的事，讨了国民的厌，于是就把他推翻了。由此可晓得法国国民对于政府的观念，及官僚不能为恶的一个证据。又常看见工人罢工要求政府的事，总是政府屈服，工人得胜，现在工党与政府已成对立之势，工党决不知怕政府。此刻法国正是大罢工之时，就是工党要求政府将全国煤矿铁道及其他重要实业收归国有，政府不愿，遂号召罢工。现法工会已五六次发出罢工通告，并派人到各处分会集工人大开演说会，大有旗鼓相当不达到目的不止之势。观两方面各自通告工人，各自劝戒工人，只如兄弟相争，亦甚属有趣。又看法国的兵，也不象中国专做官僚武人的死奴隶，他们有时虽被强迫派到各地去弹压罢工之事，但他们不干涉工人，并向工人说好话，我是来凑热闹的，不是来干涉你们的，不要误会。咳！可怜中国这些官僚武人，到一处就为一处的害，就霸占一处，杀人放火，由他横闹，骂是骂不死的，赶是赶不走的，这种厚面孔、居心狠毒的人，真是中国的特产。我虽在此文明灿烂之地，和平乐易之国，没有困苦之事；然居常念及国事，好象中国是一个深山穷谷豺狼虎豹横行的世界，又是一个凄风凄雨黑暗沉沉的景况，真令人痛恨者也，愿相与努力。又润之兄要介绍我通信，我很是抱歉的；因我不知看法文报，又不善法语，近来作工，又无时间，不能分心做别事；就是通信，也是几句空泛话，没有好多效益。我本想不要取此形式，但我想找一分长沙报来看，近与李和笙，张芝圃，李富春诸君商议，想组织一合同通信社。原张李诸君，初到此地，即组织勤工俭学励进会，即以新民学会诸友及新来之同志所组合者；将来即以会内诸人为通信员。每人担任一月通信一次。在此地公举一人为总经理，在长沙即以文化书社为总收集处。初时仅就（一）法国社会情况；（二）工人性情习惯；（三）工厂组织及工人生活；（四）华工情况；（五）勤工俭学情况；（六）旅法感想……等类的事，就各人所在地所闻所见详细记载出来。渐渐法文好了，就可从事文艺运动。我想这事若能成功，一定是好。现在此地，也有在此筹画发工学月刊的，或工学周刊的，又有编修旅法华工史的，这些事都是应该做，只可惜同志太少，时间太促，学识太浅，不能即刻成功也。我在此地作工，每日十四弗郎二十生丁。学装修电机电灯等事技能可学得，生活也是很好的，觉得近数年来的生活，以在此地为最好。托尔斯泰说，人由劳动所得的生活，为最快乐，信不诬也！我将来有详细的报告，此刻不说了。付上"法国北部改造问题"稿，这是我听李乃尧君所说及华工新自北方来者所说合撰的，可以送去登报。近来诸兄人都好吗？

罗学瓒白

九年五月二十五日

摘自《新民学会资料》

周世钊给毛泽东

(1920年6月28日)

润之兄鉴：

前信想已收到。此时湘局略定，可赞！惟应建设的事，千头万绪，急待进行。吾兄平时，素抱宏愿，此时有了机会，何不竭其口舌笔墨之劳，以求实现素志之十一？相知诸人，多盼兄回湘有所建白，弟亦主张兄回省，其理由如下（1）自修学社本有移湘之议，前因时局问题未能即行，此时当可达到初意。(2) 生活问题，在湘比较容易解决。(3) 湘中无健全的言论机关，如大公报、湖南日报……都不见有特色；兄如回湘，于言论尽一番力，当有很大的影响（现时我以为要有专门讨论湘省以后建设事业的报纸，造成舆论，一面促进人民自觉，一面指导政府。然而未见其报，未闻其言也）。(4) 麓山自修社，现今大有可为，即兄前曾建议之新民学校，此时似亦可着手：因为易先生现已回湘也。有此四层，兄可回湘矣。闻叔衡已筹钱汇兄处作川资，不知已到否？

敬祝

健康！

世钊

九年六月二十八日

摘自《新民学会资料》

易礼容给毛泽东彭璜

（1920年6月30日）

主张做事要有准备

泽东、殷柏：

今天在报上看见你们答曾毅的信，很满意。但刚同恽代英君谈，他批评湖南人的缺点，我也觉得很对，特就感想所及，写给你们这封信。几早〔早几〕天读你们所发表的改造促成会宣言，后面添了一段，说"实行政治运动，还要靠热心的政治家……"是去年稿子上所没有的。我看了之后，就同廖焕星君说，这是他们受了刺激斛转柁了，觉得要预备充分的能力，这两年的运动，效力还不十分大。今日所提出的"主张"，似乎又较前坚强，有跃跃欲动之势。我是一个懦弱的学生，不但不能直接运动，并且说都不晓得说；但是我觉得你们这次的主张，若是不能实现，则并非理想之罪，只怪得先无充分预备。甚么是我之所谓充分预备呢？曰，你们的"同志"太少，湖南的少年界，绅士界，都很少有能力的人；有亦未必尽与你们连络，你们的意见书上所说的一些事，你们到底叫谁去做？我恐怕不是时髦人物学了你们的去讨饭碗，就是给人家作茶余酒后的谈话资料。你们若是自己起来做，则谁可助力？建设的条件这们〔么〕多，湖南有七十五县，一时如何布置得来叫唤得醒？若说这番鼓吹，自有相当的效力，我也承认，不过较先有预备，取"分工作用"，能实行贯彻你们的主张，那好处就更多了。

我们到底要如何预备起来的问题，我晓得我现在所写的，一定是你们时常所想的，不过还未进行就是了。或者，已经进行了，我不晓得。我觉得你们急急要回到湖南去，采一种最和平、最永久的法子，造成一个好环境，锻炼一班好同志。（中略）我是一个没有十分觉悟的人，上面的话，不过就我的直觉，推论几句，你们若以为不中肯，请将你们的计划，尽情告我，使我放心。若以为尚有可采之处，则请

再进一步讨论如何实行。(下略)

易礼容

六月三十晚二点四十二分在武昌①

摘自《新民学会资料》

---

① 一九二〇年。

罗学瓒给毛泽东

（1920 年 7 月 14 日）

润之兄：

我于七月到蒙达尔〔尼〕。至十一日才回"克鲁作〔邹〕"工厂。我们这次会议，至七日之久，会员到的也有十三个之多，要算是新民学会成立后的一个盛会。关于会议的事，子升必有详细报告，我不必重说。那几日关于讨论人生问题，最难解决，关于家庭问题，最为麻烦，似乎是两件重要的事了。但我私心觉得人生问题和家庭问题，固然要求解决；但还有一个最重大的问题没有讨论，就是各人的身体问题。我们此次会议也有十三人，除女会员有两个较好的身体以外，其余说要算我和芝圃的身体较好。但我的身体，确实是不好，譬如我自到法后即发泄，间几日即发，到于今还没有好，又有痔病，间时漏血。芝圃亦说近来身体亦不舒畅。余如子升兄弟之软弱，蔡李之宿疾，赞周，焜甫，玉生，警予诸人，都不甚强健，且多有肺痨或有呕血者，想这真是我们可虑的事。近见李和笙之身体颜面，比前日见瘦削，已劝其出工厂，留巴黎休养，此真是我们一个重大的问题也。你前说国内各熟人，死得可惜，要我们珍重，很是不错的。中国读书人，一味注意读书，每每以身殉学，这种毛病，真可叹息（也可说是家庭社会和学校的环境太坏造成的）。

又我近与各处友人交接，常觉得中国人求学的头脑，太不明了。第一宗错误，是感情用事。无论处事接物，都拿感情的好恶，来断定事物之是非，譬如有人崇拜日本德国军国主义的，就说法国人爱和平不振，作为不正当。又如见中国的小事小物或有一点比外国略好，就说中国人胜于外国。又譬如勤工俭学同志，自己想做的工不能找得，遂说勤工俭学不行。这可叫做"感情迷"。第二宗错误，就是无普遍的观察，总是挪一部分推断全体。譬如见一个法国人龌龊，就一口说定法国人不爱清洁。会一个怠惰的法国人，就说法国人都懒惰。这种推理，在思想界很是危险。我看连托尔斯太之反对工业，无政府党之倡废金钱、废商贾说，都是这种观察之误。这可叫做"部分迷"。第三宗错误，就是无因果的观察，总是拿一时现象，推断结局。譬如勤工俭学的人，当一时法华教育会找不到工，遂说勤工俭学做不到并不能发展。又如见工人罢工，一时混乱，没有结果，就说工人罢工无效力。这正如康有为说中国贫弱和有战争是不能行共和之证一样。象这类的观察，可叫做"一时迷"，第四宗错误，是不观察对象的事实，每以主观所有去笼罩一切。譬如在国内听了法国人好酒好淫，到了法国，也不去考察是不是好酒好淫，偶然见了有吃酒的有淫的，就信而不疑了。并且有些不必见有吃酒好淫的，也信口说法国人好酒好淫。又如主张礼教好的，见法国人活泼，好自由，遂说法国人不如中国人的文明。又如从前有人说，欧洲的机械比中国好，中国的道德比欧洲强，也不从各方面去比较是不是真的，于是开口就说西人无道德（其实西人的道德，比中国人强多了）。象这类的考察，可叫做"主观迷"，也可说是"信仰迷"。这四种迷惑，无论何人，总有舍不掉的。连我自己，也免不掉的。这真是思想界混乱的原因。总而言之，中国人大多数还是没有科学的头脑。我从前不信学哲学要从数学入手，到于今才懂到这句话是不错的，才知道论理学为一切科学之科学的道理。象这种头脑的人，我敢说一句，还不配乎求学，就是还没有求学的资格。这是我一人近来交接朋友所感想的，你以为何如呢。

我们在法组织一工学励进会，先本定有章程，现在人数日多，章程不够用，拟到年底去修改，故现在不能作具体的报告。大概来法的同学，有略有志气和见解的，或有能力和品行纯正的，都想联络入会，在积极方面，想联络一班人共同做事，如储金，定书报，互相勉励，疾病救助，工学交互，及为将来别种建画之预备。在消极方面，可以免除孤独生涯之烦苦，及环境诱惑之堕落，及懒惰之预防等事。组织以新民学会的人为多。

昨在蒙达尼所议之事，有组织通信社一项，即由会内推一人主持信稿，各会员每月担任写信一封，或寄稿一篇。材料由各人自择，大概不外（一）工厂情形；（二）工人生活；（三）华工情况；（四）勤工俭学情状；（五）法国社会各种状况；（六）旅法感想。以外还有译书报所载的，渐次谋扩张，待各人法语通了，那时取材容易，不患不能发展了。现在法信稿，由我征集，我拟一概寄至长沙，由你处置，或投长沙报，或投上海报，或附登会务报告，都可以，不过要寄一份或两份报来。又会员如欲零寄一份回家或友朋者（登他自己的稿子的报），亦请照办（大概不多）。此事并不烦难，并且在此地各社员，因欲尽调查留心的责任，也可得考察求学的利益。拟八月起，每月分三期寄来，拟用留法工学励进通信社名义，并请你们派人选择，或校正，因我在此太无时日，不能做这种事的原故。

又你前回写给子升和我的信，都收到了，你说要在长沙预备两年，要把古今中外学术弄个大纲出来，做出洋求学的准备，我很赞成。我现在觉得太无科学基础的人出洋，没有好多益处，求不到学术，常自觉抱愧，你可努力做去。

又说你的婚姻的事，也是很正当。我近见法国家庭之和乐，与组织之良善（比较中国的），常常骂中国家庭万恶。要改革社会，非先改革家庭不可，欲改革家庭，非先改革婚姻制不可。近又见留法各同学，常觉自己的家庭不好，大有悔婚出妻之意，我想勤工俭学诸人，将来必不免许多纠葛发生。我本是薄于情感不知顾忌的人，近来为家庭的原故，每日也要萦环我脑中几次，恨不得抽刀斩乱丝，一声解决，可惜人道主义为祟，使我不能决心耳。前日在蒙达尼会议，一言及家庭，即有无限的悲感，家庭！家庭！真是杀尽中国〈人〉的牢狱！我等不能不设法赶急求解决者也，你现算无家庭之累，你婚事万分慎重。我将来也想到俄国去游一游，我们就相期在俄国会面好了。

我在"克鲁作〔邹〕"工厂，情形甚好，心志亦大快活，要算从前没有度过这种快乐日子了（工作亦略纯熟，法语亦颇有进步，工资也加到十五六佛郎一天了，除衣食用费外，每月可余二百佛郎）。近子升因湘款事（即章行严汇来之一万元），颇受湘同学诽谤，谓章汇来二万元，子升私吞了一半（其实只一万元，因在法久已宣传为二万元），种种诽谤，到处宣传，我虽闻之好笑，但勤工俭学同志头脑这样不明了，亦可为叹。

现在法国各报上喧〔宣〕传皖系与直系发生冲突，在北京一带交战，不知情形究竟如何也？湘省自张、吴退去后，局势有无变更？以后用何方法整理，祈有暇时，详为说及。

此请

近安。

在省垣各同志，如周东园、陈启民、何叔衡、蒋竹如诸兄，请代为致意。

罗学瓒

九年七月十四日

摘自《新民学会资料》

萧旭东给毛泽东

（1920年7月至8月）

润之兄：

多久想写信与你，因想写一极详之信，而又屡不得充分之时间，至今始行动笔，还不能十分详细，以后还是短写密写为好。

这信所要写的，大概分下列几条：

（一）复你来信。

（二）报告在法会友情形——即在法会务大概。

（三）述我个人对于会务意见。

（四）略述个人近况及将来求学计划。

现在分为四段写来。

（一）复你来信。

你四月一夜及四月四日北京来信均到。又平民社稿，及湖南建设宣言等印刷物均到，非常之好，非常之可喜。

不结婚，主张恋爱自由，最为正当。但我对于恋爱也有点意见，以后有机会再说。

"人才要讲经济，学问游历要讲究多方面"，这两句话，极得我心，我对于你也早有意不扯你来法了。你读书的新研究方法，暇时请告我。"结伴游俄"最赞成。顿湘两年，必要。看势说话，或多顿住一下，亦无不可。我们的事，不在目前，据我看，也不在十年之内。十年之内，东方恐无大事可办。但对于俄文要赶早预备才好，因小孩子工夫，越做得迟，就越费力。湖南事必在一两月间可定，你归湘想亦在两月以外。归湘后大约有几事是要你做的：

1.你自己读书（与好友同行）。2.整理会务（确定规模，立稳基础）。3.仍一面教学生——不必限定教小学生。4.仍分一小部分精力，从事社会运动——以立于舆论的地位为宜。

"叔翁做事可当大局，非学问之人，乃做事之人。"此语极当。我甚希望叔翁迟点出外游历，暂顿湘教学，联络教育界中之同志，并执行会务。因为我们三五十年内都是要外出奔走求学储能，无人来经理此事，只望叔翁尽分工之责，收互助之益。如能即时外出，最好随兄游俄，不必来法。法国方面，同志已多，再来一些，也不过添增壅〔臃〕肿，太不经济。我意陈章甫兄也不要打留法主意了，同你游俄去也好。

"各方面——即如某学会——人物，都不免有点虚浮，少深沉远大之计，少恳挚之意。"这话说得非常痛快，非常动人。但我想这是"他们"活动的背影的流弊。据我看，我们这几个老朋友，的确深沉些，恳挚些。但不免缺少"活力"，有点腐儒气，陋儒气。我常与此间同志说，我们要救我们性质的弱点，要注意"动"，只是要"动而不浮"。"动而不浮"四字的精神，五六年来，兄即有之。我自到法后，亦颇用力，所以我现在也豁达些了，大方些了，不如前此之小气之狭隘。

向女士真好！已与深谈数次。薛君现颇有韬光养晦意，已谈而不深。"学会进行注意潜在，不出风头，不浮游大码头。"极好。法国方面，已有最真挚亲切的联络，见后会务段。

（二）法国会友概况。

先述第一次会议如下：

1. 发起 升、熙到法既久，十二月和笙芝圃到，四人即日有谈论。今年一月蔡向诸友到，是时会谈亦易。迄六月十五暲、焜、赞、玉诸君大批全到，升，熙，笙，森，芝等又各分处，急想见面畅谈，遂约定大会一次。

2. 地址 在蒙达尼，因此地蔡氏三人，向警予，熊氏姊妹，赞周（新到，分配在此），有七人在此，以不动为便。故开会之日，和笙自法国西北工厂到升寓（巴黎），芝圃自极北工厂到升寓，升，笙，芝三人同去芳〔枫〕丹白露学校邀焜，暲，玉，于是六人同车到蒙，荣熙独自法国南境工厂到蒙。

3. 会期 到蒙略有先后，从全数到蒙起为七月五日，至七月十日散会。

4. 谈话

第一日 七月六日 个人感想（最近新知）。

第二日 七月七日 会务进行。

第三日 七月八日 会务进行（上午）。求学方法（下午）。

第四日 七月九日 求学方法（上午）。个性批评（下午）。

第五日　七月十日　个性批评并对于未到会之会员之个性介绍。是日合案午餐，连会外朋友共二十余人，饭后游公园照相。

个人感想

各人所述甚为繁杂，记其大者如次：

焜甫君提出"说宇宙观与人生观"。焜甫君自述人生观必产生于宇宙观，孔墨老佛之人生观不同，乃以其宇宙观不同之故，阐发甚多。

升谓：既曰人生观，便不是人死观，人生是不可免的现象。我近来并觉得"人生便是一件美术品"非常有味。我们都不是情愿去死的，即令我们现在没有明确的宇宙观，然不可一日不生活，不负责任。

和森谓人生观不必产生于宇宙观，即现在可置宇宙问题于不顾，先行解决人生问题。

赞周谓吾人之人生观，必发生于宇宙观之先。

以外各人多所辩论无极大的结果。

升在此时述一段意见如下：

我们有一弱点，即不喜充分的说话，即无共学的精神，以后总须做到"矜平躁释尽情尽性的讨论"，希望国内同志，于此亦能注意。

会务进行

（1）大家决定会务进行之方针，在"改造中国与世界"，故于中国与世界之改造方法，极力讨论。先说主张：和森主张组织共产党，使无产阶级专政，其主旨与方法多倾向于现在之俄。子升谓世界进化是无穷期的，革命也是无穷期的，我们不认可以一部分的牺牲，换多数人的福利，主张温和的革命——以教育为工具的革命，为人民谋全体福利的革命——以工会合〈作〉社为实行改革之方法，其意颇不认俄式——马克斯式——革命为正当，而倾向于无政府——无强权——蒲鲁东式之新式革命，此较和而缓，虽缓然和。和森复详述现今世界大势，以阐发其急烈革命之必要。赞周谓现在中国组织共产党较难。外和笙，子暲诸人亦多讨论。

（2）会务进行，注意潜在，不出风头。如有同志活动之必要时，可新组一会，以新民会员全数加入亦可。不可以学会为牺牲，一时东扯西拉，凑集一些目的不相同之人。

（3）会章修改，本为必要，但此系具文，可从缓计议。

（4）出印刷物，尽力所及，切实作出报告亦可。若月出一册，现在力量——人才，经济——或者不够。

（5）在法同志，亟谋合居共学，预备译书译报，尽可立即直阅法文书报，一面练习文字，一面获取新知。

和森到法，即卤莽看报，现有进步。升于巴黎各党派书局，已知大概，搜得各党派书报小册等可数百种。暂时同志可分作三部分同居，①蒙达尼，二蔡，一向，二熊，共五人。②哥伦布（升寓所在地），赞，焜，暲，玉，即日搬来。和笙欲出厂养病，亦即日搬来。房屋概由升先行佃定。③芝，熙，暂时仍各居工厂作工。（①②③）拟合住一处，长久作工。

至合居后，分工所阅之书报略于下：

和森，人道报，共产党月刊，俄事评论，以及其他有关系之小册。

赞周，和笙，分担合社（协社）主义，和笙看合社原理论已久，如不病，即可直译。现又新定合社大会所出版之"合社事业进行"一种周刊，赞周于此事，甚有趣味，即看此报。以外从"合社书局"搜得关于合社之小册约百种，大足参考之用。

子暲，看日报，担任新闻，及他种小册。

玉山，看第二第三万国社会党出版物，并留心其事。

焜甫，看社会伦理，社会哲学。

向熊二女士，看妇女声，女权报，及他项小册。

（说明）以上诸人除和森外，余均以三分之二之时间直看书报，仍以三分之一研究法文，为基础的研究。子暲练习语言较易。诸女同志法文进步极快。和笙法文根底较深。合居后每日定时学术谈话一次。

（外贺果颜昌颐等同志，亦有共学性质，分任看书，将来自可合并。）

求学方法

大体方法，略见上段。其他细则，他日有暇再述。

个性批评与介绍

（和森）坚强防僻。（焜甫）须去寒士气。（赞周）分析力强，须防无条理。（子暲）活泼有孩气。（芝圃）严正防简单。（和笙）精细。（荣熙）宽厚而官能欠灵动。（子升）周到有条理，防狭隘。（警予）温良防躁急。（季光）从容不迫。（叔彬）自信力强，欠灵动。（咸熙）颇强固。（玉山）温和但有女性。

总结，我们个性都有极弱处，也都有极强处，充分发展各人的极强处，就是补救弱处的一方法。

以外如润之，叔衡，书农，敦元，章甫，殷柏，李思安，瑾玎诸君个性，亦由相知者提出向新会员介绍。

此最要，最有味。但以上所述不能完全。所评，亦未必尽当。

会谈时亦有非会友而到会共谈者。

此次本为熟友聚会，非正式会友开会，故尚有会友未邀入。

随此信付回小照片多张（蒙城会谈后所摄），请照样张填好姓名，分赠在湘会友。又一大张，请存会中。

（三）我个人对于会务之意见

（先作一简表[①]再说明之）

1. 以前学会状态，不过少数读书人一种读书团体，虽有远大计划，然不甚明了，以后须定具体的计划。所谓具体的计划者，概别之有二：（1）力学。（2）力行。力行之事，最宜注意者两义：①改造世界与改造中国是一件事，宜同时并进。②因此改造中国，不可忘却世界，要戴改造世界的眼镜去改造中国。力学之必要：①我们常识尚不充足。②我们同志中尚无专门研究学术者。③中国现在尚无可数的学者。

2. 我们学会现在的优点：（1）切实，亲挚，无浮夸气。（2）多小学教师，与教育界有很深的渊源。（3）多女同志，且极优良（此为他会所不及）。以上三者宜极力发展。（女同志之优良者尤为可靠，极宜注意。）

3. 我们学会现在的弱点：（1）幼稚，会之组织与会员之力量均如此。（2）会员性质诚挚谨严之分量较多，发皇活跃（不是浮动）之分量较少。

以上二者，宜极力猛省，觉悟，进步。

培养少数条件极适者为大学问家，亦极重要。其故：

（1）中国现在无一可数的学问家；（2）我们年龄太大，境遇太苦，虽不自馁，然毕竟难有多量贡献于学术界；（3）一个忠实有用的大学者，其有利于社会远非多数寡学者之堆积量所及。至于适当之条件：①年龄，②志远，③资颖，④家富。

（四）述我个人求学计划

详述请待他日，略言之如下：

[①] 见本书第203页。

学会我见
- 根本计划
  1. 从事实上确定会务进行方针。
  2. 准备人才
     - 通洋文者千人，至少五百。任学校教师者，至少千人，小学尤要。作工厂之工，与作农工者，至少千人，注意分布。商界若干人。
  3. 准备经济
     - 此事较难，至少欲筹储十万元为印刷费，编译费，及文字鼓吹时之邮费。
     - 又小学校一所——即会址——基金。

  民国二十年（或二十五年）前为纯粹的预备时期。

- 长沙方面
  4. 综挈会务大纲——在湘稳立基础。
  5. 筹办小学，开办时可由在湘同志义务担任。
  6. 代为推广少年互助学会及某某会等，此系预备会员。
  7. 联络教育界，会友仍继续教书。
  8. 试办合家（理由与办法候告）。
  9. 物色基本会员，老人物亦甚要紧。

- 上海方面
  10. 帮助现在沪预备留法女子之进行。
  11. 注意西南大学。
  12. 此处学界或新闻界必有同志。

- 海外部
  13. 日本部——请傅、周，注意同志。
  14. 德国部——促章龙设法留德，先行力攻德文，并留心德事，看德报，至少一份。
  15. 英美部——促启民君前往留学，何如？
  16. 法国部——细目甚多，注意里昂大学。推广工学世界社。
  17. 俄国部——毛、何，预备前去，章甫能去亦好。
  18. 南洋部——宜去重要之人。

我到法后境遇最苦，最不快活。说到读书，正式上课读法文，没有达到二十小时，现在稍为懂得几句法语，看得几句书报，都是东抢西扒得来的。

我从前有为大学问家的意思，近来过细计算，1. 年龄太大；2. 境遇太苦；3. 根底太浅。有此三因，恐是梦想。然此是自觉，不是自馁。但我虽不做大学问家，却愿做个大常识家。等到成了大常识家．或还有做学问家的机会，不能呆定。并且我近来颇有具体做事的热愿，我最主张与世界各地同志联络进行，互助互益——如今之万国某某党——我便喜欢去做此事。依我现在的情形，若再专读两年法文，一年英文（法文可通法，意，比，瑞，西诸国，英文可通英，美，日，德诸国）。三年之间，并研究社会学，三年之后，即可实行（但无此机会）。至于我所喜欢的学问，如淑种学，人学，社会心理学，社会娱乐学等都极愿意，仍以教育事业为中枢。现在既无三年机会，便延长时间至于六年十年再说，这是无可如何的。但我不是为我要求学的，一时做不到，我也不十分着急，不至于想起就要自杀，归根一句话，只好说是"以久制胜"（这是达化斋的法门）。话说完了，问你人健。叔衡，瑾玎，启民，敬〔东〕园，章甫，殷柏，及在湘诸好友均此。

弟旭东书于巴黎西郊

此信自七月中旬写起，至八月初才完

摘自《新民学会资料》

李维汉给毛泽东

（1920 年 8 月 28 日）

润之兄：

　　别后未写信与你，然从诸友处多见你问我的话，感激。我来法抱有宏愿，但身体颇有病，不能如意进行。然我自信力和意志极强（绝不厌世，绝不自馁，请告诸友放心），若身体好，自是一个能工愿读者。现在在法同人状况，升信已详，不赘。工学世界社（由工学励进会改名），定有人告你详情。你的行止，我很赞成。我现对于同学极主张各自充量发展个性，所以我自己的人格固要紧，同时尤尊重人家的人格。社会改造，我不敢赞成拢〔笼〕统的改造，用分工协助的方法，从社会内面改造出来，我觉得很好。一个社会的病，自有他的特别的背景，一剂单方可医天下人的病，我很怀疑。团体的组织，我觉得要建筑于多方面的同情，换言之，就是要先都有了某种要求，然后借组织的力量去产生之。若是专靠组织去鼓荡出共同的要求，还嫌勉强，怕不彻底。俄国式的革命，我根本上有未敢赞同之处，但也不反对人家赞成他，或竟取法他，说来很长，且待研究。到法后虽在病中，觉悟不少。但嫌无根据，要多读书，多考察，多与友人研究后，再说。此间多人同住，每日有定时谈话，很有生气。"工学世界社"法国通信已成，你闻之必喜，但我决不做论文，事实文做一点，身体稍愈，能长期担任译稿，这是纯出于我的介绍的诚意，他都不敢自信。多友在长沙方面担任教育，此事我极赞同，请诸兄努力为之。但启民兄我极愿他出来，或西南大学，或往英美，都好。学会中诸女友，都比我们强，我喜极。会友都注重潜在的猛进，我尤喜极。话完了，祝你好，并请你把此信于方便时转诸友一阅，对不起，没有另写信。并请代问陈启民一句，我曾写过两信给他，收到没有？

维汉

九年八月二十八日

摘自《新民学会资料》

张国基给毛泽东

（1920年9月19日）

润之老兄：

好久没有给你的信，对不起。驱张的运动，达了目的，湘民尚存有一线生机，这是你们的功德，我不歌颂。我只羡慕你们的精神战胜了武力。（中略）

南洋通信社事，长沙有什么办法没有？此间因涂九衢君不愿湘人南来，所以通信社事，没人过问。今年南来湘人，将近三十（另有名单），已引起江浙人注意。最近发生一件可怪的事，就是梦想不到的吉隆坡《群益报》上，载湘人谋活动于南洋学界（另有报剪下呈阅），事实很详。我现在想邀合几个同志，把这通信社即行成立，以便后来的人，有所接洽。

李思安、萧道五二君。本月一号抵埠，李在南洋女校任事，萧亦在南洋女校代课。曾与李君说及会务，知已增加会友，甚喜。但不知此间如有相当之人，亦可以加入不可，来信希言及之。

此祝

康健。

有价值的新闻纸和新学说的书籍请寄两份。

弟国基
九，九，十九

附湘人在南洋者一览表

姓　名	别字	籍贯	毕业学校	现在服务学校	来时年月
曾劲刚	雄森	衡山	第三师范	马六甲培风学校	九年六月
廖一之	—	同上	第三中学	同上	八年十月
萧家玉	泽霖	宁乡	宁乡中学	同上代课	九年六月
黎烜圭	绥荣	同上	（曾做过书记官）	麻坡中华学校	九年五月
周焕昌	—	衡山	第三师范	槟榔屿钟灵学校	九年六月
王仲达	志超	湘阴	—	槟榔屿华侨中学	八年一月
狄昂人	—	长沙	—	同上代课	九年六月
周君南	—	宁乡	北京大学	吉隆坡尊孔学校	九年三月
郭兆麟	麓岑	长沙	长沙师范	同上	九年四月
谭质夫	—	安化	长郡中校	同上	九年六月
谭先烈	超一	茶陵	第一师范	同上	九年六月
胥书昶	炳昆	湘阴	中国公学	吉隆坡侨南通俗学校	九年一月
成鸣皋	—	宁乡	兑泽中学	柔佛正修学校	九年六月
赵峻岳	—	宁乡	甲种商业	泗水中华学校	九年六月
曾汉英	建寅	益阳	甲种商业	—	九年五月
张之幹	—	长沙	—	横岛中华学校	九年五月
郭筠	虞琴	浏阳	优级师范	亚比中华学校	八年十二月
王泽湘	—	长沙	—	暹罗	九年一月
周维新	克甫	南县	第一师范	金马市尚华学校	九年六月
涂开舆	九衢	长沙	中国公学	新加坡华侨中学	八年一月
文大衡	伊鼎	同上	同上	同上	八年八月
姜心培	—	浏阳	第一师范	新加坡华侨中学	九年四月
张国基	颐生	益阳	同上	新加坡道南学校	九年四月
潘隽五	绍先	南县	同上	同上	九年六月
萧业同	道五	湘潭	同上	新加坡南洋女校	九年九月
杨潜德	顺荪	长沙	同上	（前日到埠还没有找妥事）	九年九月
陈勃	友古	同上	美国大学	新加坡聘定九月定可到校	—
以上男					
谭振权	—	安化	—	吉隆坡坤成女学校	八年

续表

姓　名	别字	籍贯	毕业学校	现在服务学校	来时年月
柳演仁	—	长沙	周南女学	同上	八年
陈　琼	—	同上	同上	同上	八年
黄　泳	—	同上	第一女师范	同上	九年九月
任培智	—	同上	同上	同上	九年九月
李思安	—	长沙	蚕业学校	新加坡南洋女学	九年九月
周芜君	—	湘阴	—	同上	四年
以上女						
上列三十四人，不过举其所知者，听说爪哇一带，尚有湘人十数名，容后查明报告，以外湘人苦工，各处都有，唯无家室耳。						
柏汉裏	—	零陵	—	—	—
刘培基	—	同上	第一师范	—	—
以上二人现在爪哇，不知任何校职务，刘培基处，曾写信去西都邦铎问探，但无来信是不解也。						

摘自《新民学会资料》

萧子暲给陶毅

（1920年11月7日）

斯咏先生：

我们六月十六日到了巴黎，六月二十来到芬登白露一个学校（离巴黎百余里），七月五日到蒙达尼，会向，蔡，熊诸位及已到法之新民学会会员，均来此集会，一谈五六天才散。大概分：1. 个人感想；2. 会务进行；3. 求学方法；4. 个性介绍并批评：精神颇凝集，意味也极深长。说不尽的你长我短，人生观，世界主义。大话小话，差不多说遍了，还说不尽尽〔各〕人心中的万一。所以决定大家要聚居在一块儿，才好研究讨论，大约过几天就会实行去作较长久的集会了（较长久的集会便是同住）。陶先生！你听着会替我们高兴不？

在个性介绍批评中，听向先生详详尽尽的介绍你一番。固然有多少没见过面的会员，由此认识你的精神；便是如我曾会过先生数面的，也由此更加钦佩。大家说到兴致浓厚时，一个有一个的模样，一个有一个的特性，不觉得都说道，总是一个真——大家都是真的，所以无一不觉得可敬可爱呢！

陶先生！我盼望在长沙的会员，多多的作这种集会（学术谈话会很要紧），大家总期有交换意见（智识）之实，而便得到讨论明确的效益。我很盼望你和启民惇元……诸兄，常有这种愉快有意义的生活。我尤盼望你不稍稍存个男女界限（我知道你早已没有的）或生熟界限（这个我想你或是有的，因为我亲自问过很多的女朋友，都说因为见面不多，所以不大便和他说话，我想这个很要矫正）。不过人数与会期如何规定，如何才有真意味，这是你可和启民惇元诸位详细去商定的，我们这次的谈话，不久有一个概要的记载付回国内，我现在不过预先介绍一点来作个引子。

枫丹白露（Fontainebleau）的风景很好。拿破仑故宫在此，有中国博物馆（内有一双旧式三寸金莲花鞋，看去要呕）。我与熊光楚欧阳泽二兄在此，都不久住了，或者过几天就会到别的地方和子升、和森、李和笙、张芝圃、罗荣熙诸位同住去。

向，两蔡①，两熊②诸女友均尚在蒙达尼女学（法国男女不同校，小学也不同，听说从前本同的，现在又分了，不知什么原因，还待调查。但平空说来，似乎法国一切的事大陆的风气为多，确有很多的处所不及英美德，但长处也很不少，我们决不可说那人好便一切都好，坏便一切都坏。又法国人自由平等博爱的精神，到处流露，大约多血质的人多，易喜易怒，事过即忘。对中国人无歧视意，所以比留学英美为便。向熊诸位不改装，法人见了也不十分以为奇，向熊等固也自己很坚信的，并且法人也觉得有羡中国女装之意）。

我初来，说不出很多的话告诉先生。这封信子便是一，报告我们已到了法兰西；二，略说到在法的人的来往生活状况。下次有工夫再通信。

先生现在还在周南吗？如承寄信，请由下列地址转交为好，但请并写收信人的中文姓名，

M. Siao Tzen Tchang（萧子暲）

39. Rue de la Pointe

La Garenne-Colombes

（Seine）France

向先生说你的意志很坚强，向上心非常的高，但身体有些欠强，这些我在国内时都知道的，所以我总盼望你注意身体上的修养。

萧子暲

11，7，1920

摘自《新民学会资料》

---

① 蔡畅，蔡㥑。
② 熊季光，熊叔彬。

毛泽东致向警予[①]信

（1920年11月25日）

警予姊：

　　来信久到，未能即复，幸谅！湘事去冬在沪，姊曾慷慨论之。一年以来，弟和荫柏等也曾间接为力，但无大效者，教育未行，民智未启，多数之湘人，犹在睡梦。号称有知识之人，又绝无理想计划。弟和荫柏等主张湖南自立为国[②]，务与不进化之北方各省及情势不同之南方各省离异，打破空洞无组织的大中国，直接与世界有觉悟之民族携手，而知者绝少。自治问题发生，空气至为黯淡。自"由湖南革命政府召集湖南人民宪法会议制定湖南宪法以建设新湖南"之说出，声势稍振。而多数人莫名其妙，甚或大惊小怪，诧为奇离。湖南人脑筋不清晰，无理想，无远计，几个月来，已〔已〕看透了。政治界暮气已〔已〕深，腐败已甚，政治改良一途，可谓绝无希望。吾人惟有不理一切，另辟道路，另造环境一法。教育系我职业，顿湘两年，业已〔已〕决计。惟办事则不能求学，于自身牺牲太大耳。湘省女子教育绝少进步（男子教育亦然），希望你能引大批女同志出外，多引一人，即多救一人。

　　此颂

进步！

[①] 向警予（1895—1928），女，又名向俊贤，湖南溆浦人。新民学会会员。1919年底赴法勤工俭学，1921年回国，1922年加入中国共产党。出席过中共第二、三、四次代表大会，历任中共中央妇女部部长、妇女运动委员会书记等职。1928年春被捕。在狱中，与敌人进行了顽强斗争。同年5月1日英勇就义。

[②] 荫柏，即彭璜。当时他与毛泽东等在湖南长沙创办文化书社并组织俄罗斯研究会。曾主张湖南自立为国，写有《湖南共和国建设问题的根本问题——非中国式非美国式的共和国》《怎么要立湖南"国"》《对于湖南建"国"的解释》等文。

健豪①伯母及咸熙②姊同此问好。

                弟泽东
             九年十一月二十五日
      摘自《毛泽东早期文稿（一九一二年六月——一九二〇年十一月）》

---

 ① 健豪，即葛健豪（1865—1943），女，原名兰英，湖南湘乡荷叶人。蔡和森和蔡畅的母亲。49岁时就读于湖南女子教员养成所。后在家乡创办湘乡县立第一女子简易职业学校。1919年随蔡和森、向警予、蔡畅同赴法国勤工俭学。1924年回国后在长沙湖南平民女子职业学校任校长。
 ② 咸熙，即蔡畅，女，1900年生，湖南湘乡永丰镇人。蔡和森的妹妹。新民学会会员。1919年底，赴法国勤工俭学。1923年加入中国共产党。历任中共中央妇女运动委员会书记、全国妇联主席、全国人民代表大会常务委员会副委员长等职。

毛泽东致欧阳泽信

（1920 年 11 月 25 日）

玉生①兄：

共同的精神四项②，弟样样赞成。会员加入不限省界，也是极端赞成的。岂但省界，国界也不要限。弟在京所以有那么一说③，是因为新民学会现在尚没有深固的基础，在这个时候，宜注意于固有同志之联络砥砺，以道义为中心，互相劝勉谅解。使人人如亲生的兄弟姊妹一样。然后进而联络全中国的同志，进而联络全世界的同志，以共谋解决人类各种问题。弟意凡事不可不注重基础，弟见好些团体，像没有经验的商店，货还没有办好，招牌早巳〔已〕高挂了，广告早巳〔已〕四出了，结果离不开失败，离不开一个"倒"。半淞园会议，都主张本会进行应取"潜在的态度"，弟是十二分赞成，兄也是赞成的一个，长沙同人，亦同此意。弟以为这是新民学会一个好现象，可大可久的事业，其基础即筑在这种"潜在的态度"之上。

你的信我在上海接到，彭，周，劳，魏④，都转给他们看了。我七月回湘，一向多忙，未能作答，幸谅！你现状谅好，我忘记你在芬〔枫〕丹白露，抑在蒙达尔尼？来信幸告。近因积倦，游览到萍，旅中作书，言不尽意。

弟泽东
九年十一月二十五日萍乡旅中

摘自《毛泽东早期文稿（一九一二年六月——一九二〇年十一月）》

---

① 欧阳泽（1897—1924），号玉生，湖南益阳人。新民学会会员。当时在法国勤工俭学。
② 指 1920 年 5 月 22 日欧阳泽致毛泽东、彭璜等人信中所说的新民学会会员应注意的四个问题。
③ 毛泽东于 1920 年初在北京时曾说新民学会暂不必吸收外省人为会员。
④ 彭、周、劳、魏，指彭璜、周敦祥、劳君展、魏璧，他们均为新民学会会员。

毛泽东致罗璈阶①信

（1920年11月25日）

章龙兄：

　　昨信谅到。重翻你七月二十五日的信②，我昨信竟没有一句复答你信内的话，真对不住。今再奉复大意如下。我虽然不反对零碎解决，但我不赞成没有主义头痛医头脚痛医脚的解决。我主张湖南人不与闻外事，专把湖南一省弄好，有两个意思：一是中国太大了，各省的感情利害和民智程度又至不齐，要弄好他也无从着手。从康梁维新至孙黄革命③（两者亦自有他们相当的价值当别论），都只在这大织〔组〕织上用功，结果均归失败。急应改涂易辙，从各省小组织下手。湖南人便应以湖南一省为全国倡。各省小组织好了，全国总组织不怕他不好。一是湖南的地理民性，均极有为，杂在全国的总组织中，既消磨特长，复阻碍进步。独立自治，可以定出一种较进步的办法（湖南宪法），内之自庄严璀璨其河山，外之与世界有觉悟的民族直接携手，共为世界的大改造。全国各省也可因此而激厉进化。所以弟直主张湖南应自立为国，湖南完全自治，丝毫不受外力干涉，不要〔要〕再为不中用的"中国"所累。这实是进于总解决的一个紧要手段，而非和有些人所谓零碎解决实则是不痛不痒的解决相同，此意前函未尽，今再补陈于此。

　　兄所谓善良的有势力的士气，确是要紧。中国坏空气太深太厚，吾们诚哉要造成一种有势力的新空气，才可以将他斟换过来。我想这种空气，固然要有一班刻苦励志的"人"，尤其要有一种为大家共同信守的"主义"，没有主义，是造不成空气的。我想我们学会，不可徒然做人的聚集，感情的结合，要变为主义的结合才好。主义譬如一面旗子，旗子立起了，大家才有所指望，才知所趋赴，兄以为何如？

---

　　① 罗璈阶，即罗章龙（1896—1995），湖南浏阳人。新民学会会员，当时在北京大学读书。
　　② 1920年7月25日罗章龙致毛泽东信提出关于"湖南建国"及对新民学会的意见。
　　③ 康梁维新，指康有为、梁启超等人发动的1898年维新变法运动。孙黄革命，指孙中山、黄兴领导的1911年资产阶级旧民主主义革命。

"会务报告"① 专纪会务，不载论述文字，尚未着手编辑，大略每季一册尽够了。此外会友通信，发刊通信专集②，为会友相互辩论商讨的场所，兄处有与会友间往还信稿，不论新旧，请检出寄弟。

"湘江"③ 尚未出版，固因事忙，亦怕出而不好，到底出否，尚待斟酌。

弟本期在城南附小④办一点事，杂以他务，自修时间狠少，读"岁月易逝无法挽回""思想学术节节僵化"⑤诸语，使我不寒而栗。我回湘时，原想无论如何每天要有一点钟看报，两点钟看书，竟不能实践。我想忙过今冬，从明年起，一定要实践这个条件才好。求学程序预计，略有一点，迟后当可奉告。

讲到湖南教育，真是欲哭无泪。我于湖南教育只有两个希望：一个是希望至今还存在的一班造孽的教育家死尽，这个希望是做不到的。一个是希望学生自决，我唯一的希望在此。怪不得人家说"湖南学生的思想幼稚"（沈仲九⑥的话），从来没有人供给过他们以思想，也没有自决的想将自己的思想开发过，思想怎么会不幼稚呢？望时赐信为感！

弟泽东
九年十一月二十五日

摘自《毛泽东早期文稿（一九一二年六月——一九二〇年十一月）》

---

① 会务报告，指《新民学会会务报告》，由毛泽东编辑，现发现有第一号和第二号，均系16开直排铅印本。第一号编印于1920年冬，主要记载新民学会从发起至1920年冬的会务及会员生活等情况；第二号编印于1921年春，主要记载1921年的"新年大会"和一月常会的情况。

② 通信专集，指《新民学会会员通信集》。

③ "湘江"，指当时计拟复刊的《湘江评论》。

④ 城南附小，指湖南省立第一师范附属小学，当时毛泽东在该校任主事，并兼任师范部国文教员。同时在附小举办平民夜校。

⑤ 1920年7月25日罗章龙致毛泽东的信中有"耀灵急节，岁月易逝，无法可以挽回。况思想学术，节节僵化，更不可不注意"句。

⑥ 沈仲九，当时是湖南省立第一师范教员。

毛泽东致张国基信

（1920年11月25日）

颐生兄：

两信①先后奉悉，久未作复，甚歉！所言会务六项②，弟大体均赞成。第一项发行会报，现已〔已〕决发刊会员通信集和会务报告两种。第二项会友加入宜郑重。第三项会友加入不要有男女老幼等区别。弟忆夏间在上海与焜甫，赞周，子暲，荫柏，望成，韫庵，敦祥，冀儒，玉生等在半淞园会商③，及回长沙再和长沙会友商酌，多主会友加入，要备下列三个条件，（一）纯洁，（二）诚恳，（三）向上，并须有五人介绍，经评议部通过，然后再郑重通告全体会员，正与你的主张相合。（南洋方面同志，当然应该连络）。第四项，会所的确定，也是要事，不久总要在长沙觅到一个相当的会所。书报的设置与会友研究有关，长沙巴黎南洋应"分别"设备，其经费可由各地会员"分"任。第五项，经费的筹措，我意只要会员常年费交齐，普通用费已〔已〕够。此外只有印通信集和会务报告须款，但也不多，可由会员临时分任。会友录即印在会务报告之内，本年总可以印出一本。南洋通信社组织极要。惟弟对于湘人往南洋有一意见，即湘人往南洋应学李石曾④先生等介绍学生往法国的用意，取世界主义，而不采殖民政策。世界主义，愿自己好，也愿别人好，

---

① 指张国基1920年5月23日关于新民学会会务及9月19日关于南洋通信社组织给毛泽东的两封信。

② 见1920年5月23日张国基给毛泽东的信。

③ 焜甫，即熊光楚。赞周、即陈绍休。子暲，即萧三。荫柏，即彭璜。望成，即刘明俨（1899—1977），又名若云，湖南安化人，毛泽东在湖南省立第一师范时的同学，1920年赴法国勤工俭学，1921年回国，曾任中共满洲省委秘书长；新中国成立后，任湖南文史研究馆副馆长、《湖南省志》编纂委员会办公室主任等职。韫庵，即魏璧。敦祥，即周敦祥。冀儒，即劳君展。玉生，即欧阳泽。

④ 李石曾，即李煜瀛，河北高阳人。清末留学法国，在巴黎加入同盟会。后与蔡元培等人发起留法俭学会。1916年联络部分法国人士成立华法教育会，任书记，倡导留法勤工俭学。北伐战争时当选为国民党中央委员，后支持蒋介石反共清党。1956年定居台北，后病死。

质言之，即愿大家好的主义。殖民政策，只愿自己好，不愿别人好，质言之，即损人利己的政策。苟是世界主义，无地不可自容，李石曾等便是一个例。苟是殖民政策，则无地可以自容，日本人便是一个例。南洋文化闭塞，湘人往南洋者，宜以发达文化为己任。兄等苟能在南洋为新文化运动，使国内发生的新文化，汇往南洋，南洋人（不必单言华侨）将受赐不浅。又南洋建国运动，亟须发起，苟有志士从事于此种运动，拯数千万无告之人民出水火而登衽席，其为大业，何以加兹。弟意我们会员宜有多人往南〔洋〕做教育运动，和文化运动，俟有成效。即进而联络华侨土著各地各界，鼓吹建国。世界大同，必以各地民族自决为基，南洋民族而能自决，即是促进大同的一个条件，有暇望时通信。

弟泽东

九年十一月二十五日

摘自《毛泽东早期文稿（一九一二年六月——一九二〇年十一月）》

毛泽东致罗学瓒信

（1920年11月26日）

秉熙兄：

兄七月十四日的信，所论各节，透澈之至。身体诚哉是一个大问题。你谓中国读书人，以身殉学，是由于家庭，社会，和学校的环境太坏造成的，这是客观方面的原因，诚哉不错。尚有主观方面的原因，就是心理上的惰性。如读书成了习惯，便一直读下去不知休息。照卫生的法则，用脑一点钟，应休息十五分钟，弟则常常接连三四点钟不休息，甚或夜以继日，并非乐此不疲，实是疲而不舍。我看中国下力人身体并不弱，身体弱就只有读书人。要矫正这弊病，社会方面，须设法造成好的环境。个人方面，须养成工读并行的习惯，至少也要养成读书和游戏并行的习惯。我的生活实在太劳了，怀中先生在时，曾屡劝我要节势〔劳〕，要多休息，但我总不能信他的话。现在我决定在城市住两个月，必要到乡村住一个星期，这次便是因休息到萍乡，以后拟每两个月要出游一次。

四种迷①，说得最透澈，安得将你的话印刷四万万张，遍中国人每人给一张就好。感情的生活，在人生原是很要紧，但不可拿感情来论事。以部分概全体，是空间的误认。以一时概永久，是时间的误认。以主观概客观，是感情和空间的合同误认。四者通是犯了论理的错误。我近来常和朋友发生激然〔烈〕的争辩，均不出四者范围。我自信我于后三者的错误尚少，惟感情一项，颇不能免。惟我的感情不是

---

① 四种迷，指罗学瓒1920年7月14日致毛泽东信中所说的四种错误。第一是感情用事，无论处事接物，都拿感情的好恶来断定事物之是非，这叫做"感情迷"。第二是无普遍的观察，总是拿一部分推断全体，这叫做"部分迷"。第三是无因果的观察，总是拿一时现象推断结局，这叫做"一时迷"。第四是不观察对象的事实，每以主观所有去笼罩一切，这叫做"主观迷"，也可说是"信仰迷"。

你所指的那些例①，乃是对人的问题，我常觉得有站在言论界上的人我不佩服他，或发见他人格上有缺点，他发出来的议论，我便有些不大信用。以人废言，我自知这是我一个短处，日后务要矫正。我于后三者，于说话高兴时或激烈时也常时错误，不过自己却知道是错误，所谓明知故犯罢了（作文时也有）。

"工学励志会"，听说改成了"工学世界社"②，详情我不知，请你将组织、进行，事务等，告我一信。通信尚未到。交换报一节弟可办到。请陆续将稿寄来（寄长沙文化书社交弟）。

以资本主义做基础的婚姻制度，是一件绝对要不得的事。在理论上，是以法律保获〔护〕最不合理的强奸，而禁止最合理的自由恋爱；在事实上，天下无数男女的怨声，乃均发现于这种婚姻制度的下面。我想现在反对婚姻制度巳〔已〕经有好多人说了，就只没有人实行。所以不实行，就只是"怕"。我听得"向蔡同盟"的事，为之一喜，向蔡巳〔已〕经打破了"怕"，实行不要婚姻，我想我们正好奉向蔡做首领，组成一个"拒婚同盟"。巳〔已〕有婚约的，解除婚约（我反对人道主义）。没有婚约的，实行不要婚约。

同盟组成了，同盟的各员立刻组成同盟军。开初只取消极的态度，对外"防御"反对我们的敌人，对内好生整理内部的秩序，务使同盟内的各员，都践实"废婚姻"这条盟约。稍后，就可取积极的态度，开始向世界"宣传"，开始"攻击"反对我们的敌人，务使全人类对于婚姻制度都得解放，都纳入同盟做同盟的一员。我这些话好像是笑话，实则兄所痛憾的那些"家庭之苦"，非用这种好笑的办法，无可避免。假如没有人赞成我的办法，我"一个人的同盟"是已经结起了的。我觉得凡在婚姻制度底下的男女，只是一个"强奸团"，我是早巳〔已〕宣

---

① 罗学瓒在 1920 年 7 月 14 日的信中说："我近与各处友人交接，常觉得中国人求学的头脑，太不明了。第一宗错误，是感情用事。无论处事接物，都拿感情的好恶，来断定事物之是非。譬如有人崇拜日本德国军国主义的，就说法国人爱和平不振，作为不正当。又如见中国的小事小物或有一点比外国略好，就说中国人胜于外国。又譬如勤工俭学同志，自己想做的工不能找得，遂说勤工俭学不行。"

② 工学世界社，中国留法勤工俭学学生团体。1920 年 2 月，李富春、李维汉等在法国巴黎发起组织勤工俭学励进会，其成员大部分为湖南旅法的新民学会会员。8 月，勤工俭学励进会改名为工学世界社。1922 年 6 月旅欧中国少年共产党成立后停止活动。

言不愿加入这个强奸团的。你如不赞成我的意见，便请你将反对的意见写出。

  此祝

进步！

弟泽东

九年十一月二十六日

摘自《毛泽东早期文稿（一九一二年六月——一九二〇年十一月）》

向警予给陶毅

（1920年12月20日）

毅姐：

我前天写把你的信，不久会要到了。今夜因同和森谈话，对于你忽发生两种最大的希望：

第一，希望你加入要求北京大学公开的团体。

第二，希望你促起我省高小毕业生或师范生中学生，从事要求北大特设男女同学的中学班。

毅姐呀！自今年以来，我国少数人的思潮，为之大变，大家都以为非求社会的均齐发展，不能达到人生的共同幸福；所以对于全国二分之一的黑暗女子，也想把他从十八重地狱里提拔出来，于是乎"女子解放""女子解放"的声浪，一天高似一天。但仔细研究，全然是学识能力的关系。大家也都看到了这一点；所以归根结底的希望，仍离不脱教育。而男女同学的教育，尤为提高女子学识能力，催促社会文化进步的惟一妙法。这中间的缘故，你最明白的，不待我说。此次居然有卅余位女同志旅居天津，要求北大公开为男女同学的实际运动，真是破天荒的事了！当这筚路蓝缕以启山林的时代，非尽是那艰苦卓绝精粹人才不可；艰苦卓绝的精粹人才愈多，则成绩愈好。毅姐呀！你既因老伯母的关系，不能出国求学，何不趁这机会，跳将出来，为远大的计划呢？你出到北大求学，好处多得很；可以深造自己的学识能力，固不待言。毅姐呀！我们常常不有一种根本改造的思想吗？北京大学正是我国里改造思想的中枢。改造思想的中枢里有了你，也算是增加了一个健全分子，改造力当然增大，这是第一桩好处。但是我国内女子，大多数懵懵懂懂，不知道什么，大学中间有一部分的健全分子，做全国的指导，言论实际，双方并进，自然可以感化国内的女同志。这是第二桩好处。我们学识能力，虽然不足；但是我们自信我们的脑筋是纯洁的，我们的思想是彻底的，将来根本改造的大任，我们应当担负的。作大事业，须大准备；我们这时候要准备起。最要的是散播种子，凡重要的机关地点，我们同志应该到处分布；北京方面，我已是鞭长莫及了，所以很希望你去，以促起我们女子的觉悟；以你的热忱；那件事做不好！这是第三桩好处。有这种种的好处，所以我很希望你去，程度咧？只要是师范或中学毕业，都可以暂时进他们的高等补修班，努力准备，明年可以考进本科。经济咧？万一困难，可以结合团体组织一个工读社；或请成美学会借助，都行的，国内国外勤工俭学，概是一样，只看自己的奋斗力何如。我望你接我的信的时候，早定主意，从速加入要求北大公开的运动。这事各方面都有动机，一定可望成功的。

第二个希望，比第一个希望更大。因为第一个希望，是加入的，而此为创造的，所以较难，且较大一点。我认此为求男女教育平等之最要点。胡适之先生论大学开女禁的一篇文章内面说："就是大学公开，也没有女子可以进去（本科），实在程度太低了。甚么缘故呢？假使中学男女能够同校，还有这种毛病吗？所以要要求大学男女同学，便当要求中学男女同校。"这种道理，我们已经二十四分相信了。只可惜公私立学校，没有这种有胆有识的教育家，毅然实行。所以我极希望大学里设这样一个男女共学的中学班，做全国中学的模范，从事实际的文化运动，打破家庭社会的陈腐观念，是最精彩、最光明、最有希望的。所以我很想你做一个原始发动的人，促起高小毕业或现中学师范一二年级的学生大家结成一个团体（男女共三四十人），到北京教育部和大学校去要求这事。只要人做，一定有效。何以故呢？

（一）男女共学案，正在山西教育联合会请通过。

（二）北京大学本有添设中学的计划。

（三）北大校长职教员都富于新思想，只有帮助，没有阻难的。

（四）大学已允公开。

（五）湖南教育受张氏摧残无读书地。

以上五种理由，极光明正大，为真正可靠可信的事实。只要我湘有男女学生去，结果不徒自己得好读书地点，真是把女界造光明路，替人类修万福桥。但他们可怜，从没受过精神的教育，奋斗的精神，也是极缺乏的；要他们有动机，定要存得力的从旁启发。我的溆浦学生，很想他们自己发挥真力量到北京去运动。余如稻田的预科生，师范本科二年生，周南中学一二年生，都可以把这件事去鼓动他们，使他们自己结了一个团体去北京要求。至男生一方面，和森先生说陈启民、何叔衡两先生都可以从事鼓吹。萧子升先生所教的楚怡高小学生，是极有担负极有训练的，这次很可以同去发动中学男女共学的要求。大约有三十人便已够了，愈多愈好。我以为这是一件顶要办的事情，又有这种最好的机会，尤其不可以不办。就是学生稍微有点牺牲，但是在长沙又有甚么书读！就有书读，这种敷敷衍衍的，又有甚么益处！并且我们天天提倡人类要共同生活，女子要解放，到底从那里做起？到底要做不要做？做的时候，上紧点好些，还是随便点好些？毅姐呀！我很希望你努力鼓吹一般女子的自动力；就是魏劳周三君，也要写信要他们上北京，千万不可深闭固拒，浪掷光阴。如要履行游美的志愿，今年里也可先往大学去预备预备。毅姐呀！任如何忙，要写信把他们，劝他们出来，同这般要求大学特设男女共学的中学生一同前去，这到是最有希望，最有兴致，最可纪念的事。毅姐！你有这种决心吗？我本打算自己回湖南的，实在是时间促了（二十五日放洋），不能分身；你可以把这件事同启民叔衡先生等商量商量。毅姐！我希望你照我的意思猛力的进行！我今夜写这信，睡得极晏，也是因这事有大关系。我溆浦女校高小科，我欲建议收男学生，大约可以做得到。但是我对于你的两种希望，如能成功。以后继起的自然而然的快，并且容易得多了。至于路费一节，我的意思，可借则借，否则鬻衣物亦可不恤。只要到了北京，穷困的时候，想方做工来度日，不达到要求的目的不止，一定可望成功的。我们生长这个时候，假如毫没牺牲，毫不能奋斗，简直不能立足了！我溆浦在省求学的诸生，看他们对这事有无魄力，象劲秋他们更处绝地，更要自己上前去作。夜深了！手倦了！

  即问

近好！

  叔衡启民楚生诸先生前均此致意。

警予上言

十二月二十日

摘自《新民学会资料》

《蒸阳请愿录》序

张敬尧踞湘两年，痈毒四境。操盗贼戈矛之术，为封豕吮血之用。其始被其祸者不过商人，后渐及于缙绅，及于学校。于是士夫愤慨，群起而谋逐之，始有请愿之举；赴宛平者若干人，赴广州者若干人。北廷则纵恶逞私，罔恤民困；南粤则牵拘和议，莫可谁何，而敬尧益恣恶无禁。不佞以匹夫之责，亦于役诸君子后。乃思今日形胜，在南而不在北；逐贼图存之道，在己而不在人。其时茶陵谭公，督师郴邑，崎岖阻险，尝胆席薪。赵总司令亦治兵永兴，义不反顾。惟吴子玉以直师四万之众，亘梗于衡祁大道之间。吴不撤防，道途沮僁，投鼠忌器，进取难期。陈君夙荒时由京寓书，亦以请愿蒸阳为急务，挽金输粟，缄电促行。于是在省教职员与学生等集议于楚怡学校，推出教职员代表及学生代表共二十余人，星夜赴吴军次请愿。吴亦感动，联电劾张，是为张吴交恶之始。当学潮未起之前，不佞与谭公往返书论其事。于京于沪，亦时有论言。谍者以告张，张怒，遽以兵围捕，幸先一时得警走出始免，乃驰赴衡阳游说吴师。于时谭督已派仇君亦山、肖君理衡、吕君问鸥诸人，预谋其事，葛旅长耀廷周旋尤力。经时数月，历尽艰辛，直师始撤防东下；而我自决自救之湘军，一鼓而逐渠凶，复神器，洞庭以南，毡腥尽祛，懿欤盛哉！是役也，军主庙算之功，士卒战斗之力，昭之日月，何可泯没！然微此诸代表，拥护乡国，口诛笔伐（代表在衡，除随时函电外，并办有周刊一种，而接洽京沪报馆允登稿者，至四十余处。故张之恶不一月而扬溢中外矣），则敌忾不稔，舆论不张，贼罪不著，援兵不忌（时段派兵援张，皆曰张败坏北洋名誉，赴救无耻），贼势不衰，则此十万朔方健儿，安见摧枯裂朽，如此其易也！回思诸代表之出发也，饥寒出门，雨雪载道。其谒吴师也，慷慨陈义，号泣表哀。其服职蒸阳也，威既不屈，贿亦罔顾。其用志不芬也，九死不悔，百折不回。两载以来，束脩之牺牲，学业之坐废，揆之申胥秦廷之哭，黎州海外之痛（黄黎州海外痛哭记，即乞师日本时所作），何多让哉！今者湘局奠定，谭公高蹈海上，余亦闭门不出。诸代表艰辛既过，口不言功，甚或失志坎坷，因时辍业，无力拯致，徒用疚心，而其时诋其湘军为贼傅翼者，且致身青云之上焉。语曰，劳不冀酬，功不冀报，诸君子何冀于今之世耶？兹者驻衡诸代表汇印当时交涉文电，曰蒸阳请愿录，以余与闻斯役，属为序简端。故聊志数语，不忘河上之意云尔。

易培基序
辛酉孟夏
摘自《蒸阳请愿录》

湖南改造促成会发起宣言①

（1920年6月14日）

　　自张敬尧到湘，极铲括淫杀之能事，湘民冤痛惨怛，无可告语。此次驱张运动，竭各方之力，尽多日之功，得南北主张正义人道者之同情，至于今日，始有将就驱除之望。然吾人尚未可遽作乐观也。何则？一张敬尧去，百张敬尧方环伺欲来。至其时，无论吾人方不胜其驱除之苦，而"朝三暮四""虎头蛇尾""换汤不换药"，亦何如是之智短耶！湖南自入民国，三被兵灾②，遭难最多，牺牲特大，推原事始，无非"督军"恶制，为之祸根。督军一日不除，湖南乱象一日不止。无论当局者属南属北，抑其人为恶为良，由今之道，无变今之俗，湘局之无望治安，早已成不移之铁案。夫以如此绝大牺牲，尚不足稍引起其自身觉悟，则湘人脑筋，直成死寂。以如此暮气，欲适其生存于此新潮澎湃之世，戛乎其难！抑又观之现今国内问题，为种种特殊势力所牵掣，有不能遽为全盘解决之势。求之实际可循途径，还在有一个地方之群众为之先倡。同人之愚，以为欲建设一理想的湖南，唯有从"根本改

---

① 本文未署作者姓名。1920年6月23日，毛泽东以湖南改造促成会名义答曾毅的信中，曾说到"湘事改造，具见所刊宣言及改造条件之中"。同月30日，易礼容在给毛泽东、彭璜的信中也说道："今天在报上看见你们答曾毅的信。……早几天读你们所发表的改造促成会宣言"。据此可知《湖南改造促成会发起宣言》是由毛泽东、彭璜等人共同拟定的。《湖南改造促成会发起宣言》有一个成稿过程。1920年3月26日，曾以《上海湖南改造促成会通启》（附有《湖南建设问题条件商榷》）的形式发出征求意见。"通启"的内容同后来发表的"宣言"的精神是一致的，有几段话也是一样的。"通启"说，上述内容"倘荷赞同，希赐斟酌修正，迅予函复"，"俟各处复齐即行联衔拍电作一种有力的共同表示"。1920年4月1日，在"通启"稿的基础上，写成《湖南改造促成会发起宣言》并附"条件商榷"，当即排印发给湖南有关方面人士。黎锦熙当时曾得到这个"宣言"稿。1920年6月14日，《湖南改造促成会发起宣言》连同附件在上海《申报》公开发表。次日，上海《民国日报》也予刊载，两报所载文字略有出入。公开发表的"宣言"稿和4月1日的文稿相同。因此，"宣言"的成稿时间是1920年4月1日。"宣言"所附《湖南建设问题条件商榷》同毛泽东1920年3月12日《致黎锦熙信》所附"条件商榷"，内容大体相同，仅有几处作了一些文字改动。本文标点为本书编者所加。

② 1913年至1920年间，湖南先后被北洋军阀汤芗铭、傅良佐、张敬尧统治，南北军阀在湖南长期进行战争，给湖南人民带来了巨大的灾难。

造"下手,而先提出一最低限度且应乎时势要求之条件,合省内外湘人之公意,铲除一切私见私利。持此宗旨,为一种合理的继续的群众运动,不达不止。论者谓湖南为东方之瑞士。吾人果能以瑞士为吾侪"理想湖南"之影相,从今日起,三千万人涤虑洗心,向前奋进,未始无实现之一日。时势明告吾侪,荒野之西伯利亚,已起风潮;己〔已〕亡之朝鲜,亦求自决①,大势所趋,莫之能遏。返观大湖以南,苍梧以北②,三湘七泽,风土雄厚,正吾人自治自决之舞台,亦举世括〔刮〕目相看之骄子,譬之青春年少,身手不差,要在其好自为之耳。吾人对于湘事,以"去张"为第一步,以"张去如此〔何〕建设"为第二步。今特将军务、财政、教育、自治、人民自由权利、交通各大端,列成条件,征求各地湘人公意。此种条件之精神,以"推倒武力"及"实行民治"为两大纲领;以废督、裁兵,达到"推倒武力"之目的;以银行民办、教育独立、自治建设及保障人民权利、便利交通,达到"实行民治"之目的。吾人宜不顾一切阻碍,持其所信,向前奋斗。盖历史上世界各国民权、人权之取得,未有不从积极之奋斗与运动而来者也。同人更有进者,湖南为全国之一部,湖南之改造即全国改造之一部,直接间接影响实多。加之援助,与以同情,掬成美之心,作桴鼓之应,此又同人等所热望于全国人士者也。敝会为同志所组合,专以促成湖南改造为宗旨。促成之办法,在于发表意见,从众人之后,加以提倡。至于实际政治的活动,希望有一班明达之人,努力为之,同人不愿加入。今当发起之始,特此宣言。会设上海民厚南里二十九号。

湖南建设问题条件商榷

一、军政

(一) 废督军。

(二) 军队以一师为最高额,分驻岳阳、常德、衡阳、宝庆、洪江。

省城治安,以隶属省长之警察维持之,绝对不驻兵。

各县治安,以隶属县知事之警察维持之,废除警备队及镇守使名目。

(三) 军费支出总额,至多不得超过省收入总额十二分之一。

二、财政

---

① 1910年被日本帝国主义吞并的朝鲜,开展了为争取祖国独立的人民抗日斗争。

② 苍梧,指苍梧山,又名九嶷山,在今湖南省宁远县境内。相传舜葬于此地。

（一）湖南银行民办。银行发行纸币之准备金，由省议会监督存储。准备金额与纸币发行额之比例，由省议会议定。省议会有随时至银行查账之权。

（二）举办遗产税、所得税，减轻盐税，废除三年来新加各苛税。

（三）民办湖南第一纺纱厂。

三、教育

（一）教育经费独立，其数定为一百万元，以后应时增加。教育经费之来源应确定。教育经费保管权，属之由省立各学校组织而成之"教育经费保管处"。

（二）采普及义务教育方针，至迟于十五年内，完成七十五县之义务教育。

四、自治

（一）筹备建设各县最小区域之真正人民自治机关。

（二）成立并公认县、镇、乡工会。

（三）成立并公认县、镇、乡农会。

五、交通

（一）在最短期内，促进修竣粤汉铁路之湖南线。

（二）建筑全省各重要市镇与乡村间之汽车路。

六、完全保障人民集会、结社、言论、出版之自由。

提出者湖南改造促成会

根据 1920 年 6 月 14 日上海《申报》刊印

摘自《毛泽东早期文稿（一九一二年六月——一九二〇年十一月）》

湖南改造促成会复曾毅书[①]

（1920年6月23日）

曾毅先生阁下：

惠书诵悉。名言谠论，钦感莫名。湘事糟透，皆由于人民之多数不能自觉，不能奋起主张，有话不说，有意不伸，南北武人[②]，乃得乘隙陵侮，据湖南为地盘，括民财归巳〔已〕橐。往事我们不说，今后要义，消极方面，莫如废督裁兵；积极方面，莫如建设民治。以现状观察，中国二十年内无望民治之总建设。在此期内，湖南最好保境自治，划湖南为桃源，不知以外尚有他省，亦不知尚有中央政府，自处如一百年前北美诸州中之一州，自办教育，自兴产业，自筑铁路、汽车路，充分发挥湖南人之精神，造一种湖南文明于湖南领域以内。非欲自处于小部落也，吾人舍此无致力之所。中国四千年来之政治，皆空架子，大规模，大办法，结果外强中干，上实下虚，上冠冕堂皇，下无聊腐败。民国成立以来，名士伟人，大闹其宪法、国会、总统制、内阁制，结果只有愈闹愈糟。何者？建层楼于沙渚，不待建成而楼已倒矣。吾侪缩小范围，讲湖南自决自治。吾侪大胆昌言，湖南者湖南人之湖南也。

[①] 湖南改造促成会，是为筹划驱除湖南督军兼省长张敬尧后改造湖南大计的群众性政治团体，由彭璜、毛泽东等新民学会会员发起。本文是以"湖南改造促成会"名义写给老同盟会员、上海报人曾毅的一封回信。此信于1920年6月28日分别在上海《申报》和《民国日报》发表，同年7月6、7两日，湖南《大公报》以《湖南改造促成会对于"湖南改造"之主张》为题再次发表。毛泽东在《打破没有基础的大中国建设许多的中国从湖南做起》一文中，有"我在湖南改造促成会答曾毅书中说"等语，据此，本文当为毛泽东所写。此文在上海《申报》刊登时，文前加有"对于'湖南改造'之主张"内容提要。在上海《民国日报》刊登时，文前亦加有"复曾毅书""主张湖南们罗主义"的内容提要。本文标点为本书编者所加。曾毅（1879—1953），原名曾纬，字松乔，别号松父、松翘，湖南汉寿县人。早年留学日本，1906年经宋教仁介绍加入同盟会。1913年在汉口主办《民国日报》，不久，该报被查封，曾等被捕入狱。被保释出狱后，1914年再次留学日本。次年回国，在上海主办《中华新报》。1919年底，到南京河海工程学院任国文教授。第二年又经广州到了长沙。

[②] 南北武人，指北洋军阀和西南各省地方军阀。

陆荣廷也罢，唐继尧①也罢，段祺瑞也罢，非湖南人，在湖南地域无正当职业之人，不得与闻湖南事。要说天经地义，这才是天经地义也。湖南大国也，南阻五岭，北极洞庭，三湘七泽，惟楚有材。自营食，自营衣，自营住，斥其羡馀之茶米矿，换得大洋及生活必须品。人间天上，大风泱泱，西方瑞士，东方日本，虽曰夸言乎？得吾三千万人之一齐努力，固不难致之也。舍基础而筑层楼，四千年中国人之过也。舍己之田而耘人之田，近年来湖南人之过也。吾人主张"湘人自决主义"，其意义并非部落主义，又非割据主义，乃以在湖南一块地域之文明，湖南人应自负其创造之责任，不敢辞亦不能辞。与湖南文明之创造为对敌者，军阀也，湘粤桂巡阅使也②，湘鄂巡阅使也③，护国军、靖国军、征南军④也。是等之敌对者，一律退出于湖南境地以外，永无再入湖南境内与湖南人对敌。湖南人得从容发展其本性，创造其文明，此吾人所谓湘人自决主义也。

　　来书大意："湘人自治，废督废兵，超出南北党争，建湖南为缓冲地带。"名言至论，大赞成而特赞成。至谓"不设一兵"，陈义甚高，无可反对之余地。惟敝会主张废除一切守备队、镇守使，暂保存正式有纪律之陆军一师。尊意乃欲不设陆军，而以警备队维持地方秩序，名实未亏而作用大异。警备队者，土匪之友。土匪无警备队不得枪，警备队无土匪不得开差机会，不得多量之开差费与乡村附带掠夺。正式编制之陆军，纪律较严，土匪有些畏惧，一也。陆军至多设一师，遍湖南地面设警备队，则至少七八个司令，三四个镇守使，兵额大增，二也。虽然，犹有进者，湘人自决主义，固不是无抵抗主义，强暴复来，可以任其宰割。强暴复来乎，正式

---

　　① 唐继尧（1883—1927），字蓂赓，云南会泽人，曾任贵州、云南都督及护国军第三军总司令和广州护法军政府元帅（未就）。1920年6月1日通电废督，解除云南督军一职，而以川、滇、黔三省联军总司令名义扩大统治地盘。
　　② 1917年11月，湘粤桂巡阅使为陆荣廷。以陆为首的桂系军阀当时占有湖南、广东、广西三省地盘。
　　③ 北京政府曾授予湖北督军王占元湘鄂巡阅使职，以图控制湖北、湖南两省。
　　④ 护国军，指袁世凯筹备复辟帝制时，蔡锷、李烈钧、唐继尧等于1915年12月25日在云南所组织的讨袁军队。靖国军，指1917年滇、陕等省组织的军队。是年9月，孙中山等在广州组织护法军政府时，云南督军唐继尧曾通电赞成护法，但又独树一帜，以维护《中华民国临时约法》、"奠国家之基础"为名，将部队编为靖国军，自称滇川黔靖国军总司令。后陕西等省亦相继成立靖国军。1921年唐取消靖国军名义。陕西等省靖国军也先后解散。征南军，指北京政府冯国璋、段祺瑞于1918年征战南方各省、以实现"武力统一"中国时，所组织的北洋军队。

之抵抗，仍不可少也。湘人自决主义者，们罗主义也。湖南者湖南人之湖南。湖南人不干涉外省事，外省人亦切不可干涉湖南事，有干涉者仍抵抗之。正式陆军一师之设，顾到民力，顾到土匪，复顾到至不得已时抵抗强暴，此则第三之理由也。呜呼湖南！鬻熊开国①，稍启其封。曾、左②吾之先民，黄、蔡③邦之模范。一蹶不振，至于桂、粤窥其南，滇、黔窥其西，北洋派窥其北，岳阳沦为北派驻防者六年，长沙则屡践汤、傅、张④之马蹄。谁实为之，可不哀乎！然湖南人虽死，而未尽死。至于压之既甚之时，起为一瞑不视之举。驱汤芗铭，驱傅良佐，驱张敬尧，消极的破坏冲决之力，仍存在于其本性之中。此后应注意者，则积极的建设之进行，世界大势之观察，民治之敷施，文化之宣传，教育之改造，刻不容缓也。三千万人，则等于明治改革⑤时日本之人口也。地理则较之瑞士而强也。多而无当，大而无当，无日本人瑞士人之知识能力与训练，空鼓其勇气，消极的少意识的破坏则能之，瑞士光华之国，日本充实之邦，终未能见于大江流域之湖南也。阁下湖南人，来书所云，对于湘事，同此感怀。同人皆平民，湘事改造，具见所刊宣言及改造条件之中。第一义则自决主义，第二义则民治主义。谭组庵、赵炎午⑥诸驱张将士，劳苦功高，乡邦英俊。此后希望其注意者，第一能遵守自决主义，不引虎入室，已入室将入室之虎又能正式拒而去之。第二能遵守民治主义，自认为平民之一，干净洗脱其丘八气、官僚气、绅士气，往后举措，一以三千万平民之公意为从违。最重要者，废督裁兵，钱不浪用，教育力图普及，三千万人都有言论、出版、集会、结社之自由，此同人最大之希望也。来函已付沪报发表。大乱初勘〔戡〕，三千万人，人人要发

---

① 鬻熊开国，湖南省在春秋、战国时为楚国地域，鬻熊为楚之先祖。
② 曾、左，指曾国藩、左宗棠。曾国藩1853年初为镇压太平天国革命，以吏部侍郎身份在湖南办团练，后扩编为湘军。1865年调任钦差大臣，对捻军作战，战败去职。与李鸿章、左宗棠创办江南制造局等军事工业。有《曾文正公全集》，文中提到的"曾文正家书"，俱收录其中。左宗棠（1812—1885），字季高，湖南湘阴人。清末湘军军阀、洋务派代表人物。1875年被任命为钦差大臣，督办新疆军务。1876年统大军入疆，收复失地，阻遏英、俄侵略有功。中法战争时，督办福建军务，力主出兵抗法。
③ 黄、蔡，指黄兴、蔡锷。
④ 汤、傅、张，指汤芗铭、傅良佐、张敬尧。
⑤ 明治改革，即明治维新，日本近代史上的资产阶级改革运动。时值明治天皇在位，故名。
⑥ 谭组庵，即谭延闿。赵炎午，即赵恒惕（1880—1971），字彝五，也作炎午，湖南衡山人。早年留学日本学习军事。回国后历任广西常备军协统、广西督练公所会办。1913年"二次革命"失败后，遭袁世凯逮捕，经谭延闿调解获释，返湘后任师长。时任湘军总司令。

言，各出独到之主张，共负改造之责任。先生更有赐教，无任欢迎之至。

湖南改造促成会

六月二十三日

上海哈同路民厚南里二十九号

根据 1920 年 6 月 28 日上海《申报》刊印

摘自《毛泽东早期文稿（一九一二年六月——一九二〇年十一月）》

发起文化书社[①]

（1920年7月31日）

湖南人在湖南省内闹新文化，外省人见了，颇觉得希奇。有些没有眼睛的人，竟把"了不得"三字连在"湖南人"三字之下。其实湖南人和新文化，相去何止十万八千里！新文化，严格说来，全体湖南人都不和他相干。若说这话没有根据，试问三千万人有多少人入过学堂？入过学堂的人有多少人认得清字，懂得清道理？认得清字、懂得清道理的人有多少人明白新文化是什么？我们要知道，眼里、耳里随便见闻过几个新鲜名词，不能说即是一种学问，更不能说我懂得新文化，尤其不能说湖南已有了新文化。澈底些说吧，不但湖南，全中国一样尚没有新文化。全世界一样尚没有新文化。一枝新文化小花，发现在北冰洋岸的俄罗斯。几年来风驰雨骤，成长得好，与成长得不好，还依然在未知之数。诸君，我们如果晓得全世界尚没有真正的新文化，这到是我们一种责任呵！什么责任呢？"如何可使世界发生一种新文化，而从我们住居的附近没有新文化的湖南做起。"这不是我们全体湖南人大家公负的一种责任吗？文化书社的同人，愿于大家公负的责任中划出力所能胜的一个小部分，因此设立这个文化书社（此外研究社、编译社、印刷社亦急待筹设）。我们认定，没有新文化由于没有新思想，没有新思想由于没有新研究，没有新研究由于没有新材料。湖南人现在脑子饥荒实在过于肚子饥荒，青年人尤其嗷嗷待哺。文化书社愿以最迅速、最简便的方法，介绍中外各种最新书报杂志，以充青年及全体湖南人新研究的材料。也许因此而有新思想、新文化的产生，那真是我们馨香祷祝、希望不尽的！

[①] 本文在湖南《大公报》第二版"来件"栏首刊时，前面加了以下按语："省城教育界新闻界同志，近日发起文化书社，为传播新出版物之总机关，实为现在新文化运动中不可少之一事。亟录其缘起如下。"同年8月24日，该报又以《文化书社缘起》为题，在第七版"新文化运动"栏全文刊载，文字略有不同。文化书社经理易礼容1978年6月10日回忆："《文化书社缘起》《文化书社组织大纲》《文化书社社务报告（第二号）》，都是毛主席写的，有些材料是我提供给毛主席的。"本文标点为本书编者所加。

文化书社由我们一些互相了解完全信得心过的人发起。不论谁投的本永远不得收回，亦永远不要利息。此书社但永远为投本的人所共有。书社发达了，本钱到了几万万元，彼此不因以为利；失败至于不剩一元，彼此无怨，大家共认地球之上，长沙城之中，有此"共有"的一个书社罢了呵！

根据1920年7月31日湖南《大公报》刊印
摘自《毛泽东早期文稿（一九一二年六月——一九二〇年十一月）》

发起留俄勤工俭学

（1920年8月22日）

　　吾湘青年，于二年前发起留法勤工俭学，一时风起云涌，不上两年，去者近千。有名之教育家如徐特立君汤松君，亦先后赴法，可谓盛矣。迩来俄难渐平，俄国劳农政府确立于世，世界大国如英如法如美，求与通商亲善，惟恐或后。吾国地接俄疆，势不能坐失机会。是以北政府有派员赴俄联络之举，南方军政府前亦派人至海参崴接洽俄人。吾国青年学生，鉴于俄国精神学术之不可不研究，现在北京业有"赴俄团"之组织。至吾湘青年，正值力图向外发展广求知识于世界的时候，前学生联合会会长彭璜君等，乃有"留俄勤工俭学团"之发起。记者昨访彭君于商业学校，叩以赴俄利益及准备情形。彭君云：此次得京信，内载数端。（一）赴俄时每人只带路费二百元，衣服费五十元，伙食费五十元，合共三百元。（二）到俄后，俄政府可优待，不致冻馁。（三）通俄语者入俄国大学，铁道工程六年，医科五年，文科四年。不通俄语者，先习俄语，后入大学。审此则比赴法俭学，尤为容易。俄国地寒，足以锻炼身体。俄人之深沉的文学及平等思想的哲学，为欧洲各国所不及。现各国新闻记者、学子、商人纷纷入俄，作考察调查之计。吾国诚有大批学生前去，即使俭学不足，继以勤工，终不难达到求学目的。且赴法要四十天，赴俄只要半个月，乃至二十天，旅途难易，又可概见。记者询以动身日期，彭君谓在九月，并谓甚愿得到同志十人以上，作吾湘留俄运动之先锋队云。

根据1920年8月22日湖南《大公报》刊印
摘自《新民学会资料》

文化书社组织大纲①

（1920年8月25日）

（一）本社以运销中外各种有价值之书报杂志为主旨。书报杂志发售，务期便宜、迅速，庶使各种有价值之新出版物，广布全省，人人有阅读之机会。关于在外埠出版之书籍，本社与各书店及各丛书社订定专约，每出一种，即尽速寄湘，以资快览。关于各有价值之日报，本社视阅者较多，即与订约，代办分馆。关于各有价值之杂志，本社与各杂志社订约，代办分发行所。

（二）本社资本全额无限。先由发起人认定开办费，从小规模起，以次扩大。以后本社全部财产为各投资人所公有。无论何人，与本社旨趣相合，自一元以上均可随时投入。但各人投入之资本，均须自认为全社公产，投入后不复再为投资人个人所有，无论何时不能取出，亦永远不要利息。

（三）本社由投资人组织议事会，推举经理一人，付与全权，经营本社一切业务。为经营业务起见，经理得雇请必要之助理人。经理及助理人应支取相当之生活费及办事费，其数由议事会决定。

（四）经理每日、每月均须分别清结账目一次，每半年总清结一次，报告于议事会。议事会每半年开会一次（三月、九月），审查由经理所报告之营〈业〉状况，并商榷进行。

（五）本社设总社于省城。设分社于各县。分社俟经费充足时举办。

（六）本社在社内设立书报阅览所，陈列书报，供众阅览。此项阅〔阅〕览所，俟经费充足，更须分设。

（七）本社营业公开。每月将营业情形宣告一次。平时有欲知悉本社情形者，可随时来社或投函询问，当详举奉告。

---

① 此大纲据易礼容回忆系毛泽东所撰。

（八）本社议事会细则及营业细则另行规定。

根据 1920 年 8 月 25 日湖南《大公报》刊印

摘自《毛泽东早期文稿（一九一二年六月——一九二〇年十一月）》

对于发起俄罗斯研究会的感言

（1920年8月）

　　前几天因有一个留学俄国机会的好消息，连带又产生一个俄罗斯研究会的好团体，也足见得湖南的教育众不拘成见提倡新文化的一班，也足见得湖南的政府，正欲革故鼎新、与民更始，虚怀远虑，无不能容纳现世的潮流；也足见得湖南的人民，精神活泼，勇于进取，大有要与世界文明族类并驾齐驱的气概，或正是"近水楼台先得月，向阳花木早逢春"，东方的瑞士，看看起于有俄罗斯研究会的湖南。我要替有俄罗斯研究会的新湖南预贺。

　　但是有些人要说说你们随便邀集些人开了一次会，随便加上个俄罗斯研究会的名义，也有这些个希望、感慨，不真教人家好笑吗？其实这次集会员虽说是一时邀集而成，究竟也有前因后果。不是在今日，不是在今日的湖南，好容易组织这样的团体。有了今日，有了今日的湖南，我只希望各教育家，各有志的青年，更发勇往直前，打破一切偶像，服从真理。或者东方的瑞士，真要在研究俄罗斯做起。研究俄罗斯的人，莫要忘记了任重道远的责任啊！

　　我们固然不能说，俄罗斯一定是好的，非俄罗斯一定是坏的；然也再莫想非俄罗斯一定是好的，俄罗斯一定是坏的。顶好是用批评的态度，研究的方法，来对付这个世界的俄罗斯问题。如我是个毫无研究的人，也不知新文化究竟是甚么，也不知新俄罗斯究竟是甚么，然而俄罗斯自一九一七年十月革命以来，对付内部的反对党，对付强权主义的协约国，风驰电击根本改造北冰洋岸的一大块土。到今日内部的现象，日趋和平，劳农的政府，日趋稳固。什么世界的五大强国，力能催〔推〕翻"如夏日可畏"的德意志，不能屈服"如冬日可爱"的俄罗斯。我因想俄人的群众心里，都保存有不可抵抗的潜势力。

　　听说俄国的革命，并非世界上偶然发生的一件事。俄人历来宽洪大度，虚心聆教。凡百年前法兰西有种什么启蒙哲学，德意志有种什么罗曼哲学，先后输入俄国。俄人总是欢迎接待。近来有了马克斯的经济学出世，俄国人见了毫不惊奇，大家研究起来，尽吸收其精华。至今俄国的革命，还是马克斯经济学的产物。"他山之石，可以攻玉"，这是中国人的古训。可爱的俄人，早有了这种谦虚的态度。现在中国人，不也应该有这种态度来研究俄罗斯吗？

俄罗斯国内的政治、经济、社会的状态，其详细的组织方法如何，局外人实在难明真相。但有几个显而易见特点如：（一）废除土地私有制；（二）各种大企业收归国有；（三）公布劳动义务。即此数端，已足见俄国人权利义务的分配均匀。既无阶级产业上的区别，大有"贵则皆贵""富则皆富"的表征。诚使全人类都能秉"创造"与"互助"的本能，努力向物质与精神两方面的文明上去发展。行见新世界上的人，个个有"贵为天子，富有四海"的尊荣与快乐，难道又不是新开辟得来的一个"黄金时代"吗？

努力去开辟这个"黄金时代"的责任，固然不应当盛〔尽〕卸屑〔肩〕在占世界一部分的俄国人身上，然在俄国人自身的眼光看来，好象大多视世界为"大我""以天下为己任"。俄国人硬欲争回自己的平等、自由，同时又很尊敬并希望各国人民均能平等、自由，所以劳农政府对外的方针：（一）排斥秘密外交力与各国人民谋亲善；（二）废弃殖民政策，民族有同等的待遇。他们又并非是能说不能行，何以见得这样呢？不是劳农政府赞成芬兰独立，不是赞成波斯撤兵，不是赞成亚尔美尼亚的自治？最近一个好证例，就是波俄战争。现在俄人居然完全战胜波兰了，俄人提出与波兰讲和的条件是如何？一面是声明不侵犯波兰的独立、自由与主权；一面是希望波兰民军组织新政府。我们以冷静的态度来观察，诚不见得俄人对于波兰有什么恶意咧。但这在我们中国人的眼中看来，这都还是些远而且大的事实，到〔倒〕不能于脑海中发生深刻的印象，使我们留了深刻的印象，怀想而且感激。俄国人的一宗事体，就是劳农政府致中国的通牒中，声明退还旧政府所接夺中国的一切权利，凡俄旧政府在满洲蒙古及其他省内的一切权利，如森林矿山租借地赔款，以及中东铁路等，一并无代价无条件的退还于中国。难道这也是对于中国有恶意吗？有些人说：劳农政府的通牒，带有传播主义的性质。不错，我们在他们的通牒中的确看出他的主义是反对强权，提倡人道，主张民族自治，不惜牺牲最少数人，以来收回最大多数固有的幸福。要创造一个大同世界，创造一个永远和平的世界。这就是他们的通牒中传播给我们中国人的一个主义，使我们永远不会忘记的。

无论如何，俄罗斯总是有研究的价值——研究他的好处，也更要研究他的坏处。我记得前次上海会见一位吴先生，他是很提倡国际主义的。他是很希望用了十分和平十分圆满的手段来达到国际主义的目的，所以他说俄国的革命，不幸在这过渡时代，近于多数专制——就是劳农专制。但人民的知识与道德，不能站在一水平线上的时候，社会的改造，只有比较的圆满与和平的方法。"无为之治"恐怕是不可能的。所以和平的世界，是俄人革命的目的。劳农的政府，是俄人革命不能避免的手段，也恐怕是全世界革命必经过的阶级〔段〕。

世人要想用一种比较俄人革命更发和平的手段来改造社会，改造国家，顶好也是将俄国的事情加一番确切的考察、研究，以资照鉴。我们中国普通一班的官僚武人，总喜欢用"掩耳不闻""老吏断狱"的办法，对于"时兴"的学说，概斥为邪说，不特自己不肯去研究，还要禁止人家研究他。不知"时兴"的学说，就是当时群众心理的产物，是不假外求的。譬如饥思食、渴思饮，是"人心"通有的作用。一般使用强权的人，不明此理。饥禁觅食，渴禁觅饮，卒至群起反抗。如塞川而水横流，酿为大患。这正是两年来俄罗斯所以经过如许痛苦的原因！

我们中国要想不蹈俄国的覆辙，绝对的不是能用一种比俄旧时政府更有力量的强权来压制预防社会的革命，所可做得到的。是要中国的官僚武人，一反俄旧时政府之所为，调查俄国革命的原因与结果，细察群众心理的趋向，不加压制，反加提倡，不来预防，反加培养，移言之，就是要掠夺阶级的平民化。所以无论俄国的革命有好有歹，总是适应二十世纪的潮流才发生的，是不可根本避免的，是应当研究调查的。我们要记得清楚的，就是二十世纪的"新潮"，首先产生了一个"新俄罗斯"，不是"新俄罗斯"产生二十世纪的"新潮"，不要以俄罗斯的革命为偶然发生的一件事。

呀！我们中国的百姓，无论老的少的，男的女的，几个不受经济的压迫？几个不受社会的压迫？几个不受政治上特殊势力的压迫？压迫我们来过奴隶的生活，压迫我们来过禽兽的生活，压迫我们来过罪恶的生活。我们是老年人的，不能正当的休养；我们是小孩子的，不能得正当的保育；我们年轻的，不能用我们的脑力，自由去求些学问；我们年壮的，不能用我们的体力，去造就一个真善美的世界，尽枉费在罪恶的生活上面。"谁实为之，敦〔孰〕令听之。"你要觉到现在的政治经济社会的万恶，方才知道俄罗斯怎么起了革命，方才知道怎么应当研究俄罗斯，方才会研究俄罗斯到精微处。

根据 1920 年 8 月 27、28、29、30 日湖南《大公报》刊印

摘自《新民学会资料》

"驱张"和"自治"不是我们的根本主张[①]

（1920年11月）

礼容这一封信，讨论吾人进行办法，主张要有预备，极忠极切。我的意见，于致陶斯咏姊及周惇元兄函中己〈已〉具体表现，于归湘途中和礼容也当面说过几次[②]。我觉得去年的驱张运动和今年的自治运动，在我们一班人看来，实在不是由我们去实行做一种政治运动。我们做这两种运动的意义，驱张运动只是简单的反抗张敬尧这个太令人过意不下去的强权者。自治运动只是简单的希望在湖南能够特别定出一个办法（湖南宪法），将湖南造成一个较好的环境，我们好于这种环境之内，实现我们具体的准备工夫。澈底言之，这两种运动，都只是应付目前环境的一种权宜之计，决不是我们的根本主张，我们的主张远在这些运动之外。说到这里，诚哉如礼容所言，"准备"要紧，不过准备的"方法"怎样，又待研究。去年在京，陈赞周即对于"驱张"怀疑，他说我们既相信世界主义和根本改造，就不要顾及目前的小问题小事实，就不要"驱张"。他的话当然也有理，但我意稍有不同，"驱张"运动和自治运动等，也是达到根本改造的一种手段，是对付"目前环境"最经济最有效的一种手段。但有一条件，即我们自始至终（从这种运动之发起至结局），只宜立于"促进"的地位。明言之，即我们决不跳上政治舞台去做当局。我意我们新民学会会友，于以后进行方法，应分几种：一种是已〈已〉出国的，可分为二，一是专门从事学术研究，多造成有根柢的学者，如罗荣熙萧子升之主张。一是从事于根本改造之计划和组织，确立一个改造的基础，如蔡和森所主张的共产党。一种是未出国的，亦分为二，一是在省内及国内学校求学的，当然以求学储能做本位。一是从事社会运动的，可从各方面发起并实行各种有价值之社会运动及社会事业。其

[①] 本文是毛泽东编辑《新民学会会员通信集》第2集时，在易礼容1920年6月30日给毛泽东、彭璜的信后所加的一段文字，无写作时间。通信集第2集于1920年11月编定，12月出版，据此当写于1920年11月。标题为本书编者所加。易礼容当时为长沙文化书社经理。

[②] 1920年7月初，毛泽东由上海经武汉邀易礼容一同回湖南，途中与易礼容说过关于做事要有准备的问题。

政治运动之认为最经济最有效者,如"自治运动""普选运动"等,亦可从旁尽一点促进之力,惟千万不要沾染旧社习气,尤其不要忘记我们根本的共同的理想和计划。至于礼容所说的结合同志,自然十分要紧。惟我们的结合,是一种互助的结合,人格要公开,目的要共同,我们总不要使我们意识中有一个不得其所的真同志就好。

泽东

根据1920年12月出版的《新民学会会员通信集》原件第2集刊印

摘自《毛泽东早期文稿(一九一二年六月——一九二〇年十一月)》

湘潭教育促进会宣言①

（1920年7月31日）

　　湘潭教育促进会同人，欲以协同之主张，对于吾邑教育有所促进。特公同议决，发表如次之宣言。

　　吾邑兴办学校，将及廿年。光宣之际②，成绩颇佳。民国初元，进步尤速。虽内容未臻美备，要亦粗具规模。近年欧潮东渐，学说日新。全国学界人士，靡不振臂奋起，顺应潮流，从事改革。独吾邑教育，既不能应时势之需要，力谋刷新，复不能本固有之精神，维持原状。校所停闭及半，青年皆向学无门。学款年有增加，黄金尽掷诸虚牝。推原根本，皆由主持教育者，不察世界潮流，不如〔知〕自身缺陷，无责任之观念，与振奋之精神，有以致之也。教育为促使社会进化之工具，教育者为运用此种工具之人。故教育学理及教育方法必日有进化，乃能促社会使之进化；教育者之思想必日有进化，乃能吸收运用此种进化之学理及方法而促社会使之进化。自世界思潮日趋转变，吾国新文化运动，随之而起。文学革新，思想解放，

---

　　① 湘潭教育促进会，在毛泽东等发起下，于1920年7月27日正式成立，以促进湘潭教育、宣传新思潮、倡导革新教育为宗旨。毛泽东被选举为该会文牍干事。据《湘潭教育促进会会务报告》记载，1920年7月30日，该会举行第一次干事会，决议"宣言书推毛泽东主稿"，"次日，毛泽东草出宣言书"。同年8月3日、4日在湖南《大公报》公开发表。1921年5月1日《湘潭教育促进会会报》第1期，将此宣言收录。本文标点为本书编者所加。另外，"会报"的《发刊词》，从文风上看，颇似出自毛泽东手笔，又因毛泽东是"会报"的两个编辑主任之一（另一人为吴毓珍），故亦收于此。全文如下："湘潭教育腐败！"凡是湘潭人，或是曾经到过湘潭稍为了解湘潭情形的人，乃至身在湘潭教育界自己摸粉条擦黑板的人，几乎都有这样一句评语。但腐败原不要紧，寻出他所以腐败的原由，想方法把他去掉，腐败的东西，就不腐败了。"腐败"既附着于"湘潭教育"，他俩已发生了亲密的关系，那么，"怎样使他俩离开"，就成了湘潭人士亟待解决的一个问题。湘潭教育促进会为解决这个问题而组织，会报也当然为解决这个问题而发刊。会报不是和各方面捣乱的，但也不是和各方面调和的。真理只有一个，不容谁捣乱，也不容谁调和。教育的真理就是"新教育"。新教育的条件狠多，概括一句，就是"适合人性的教育"。会报本这种宗旨，借文字之便，和各方面商榷，以期共同解决这个湘潭教育问题。换一句话，就是共同促进湘潭教育。

　　② 光宣之际，指清朝光绪（1875—1908）、宣统（1909—1911）年间。

全国风传，进行甚速。美博士杜威东来①，其新出之教育学说，颇有研究之价值。而吾县深闭固拒，对于外间情势，若罔闻知。主持督促之人，既固陋而寡通，尤昏愦而无识。思潮不能顺应，教育因而失效。瞻念前途，隐忧无极！至吾邑教育实在腐败情形，久已道路喧传，怪状百来，事实具在，无可讳言。主持教育者，无一定方针，无具体计画，复无任事之毅力与改善之决心，遂使教育界缺乏振作奋发之精神，而人民渐起不信任学校之心理。若不急起直追，共谋补救，愈趋愈下，势非陷全邑教育于破产状况不止。敝会同人，本敬恭桑梓之心，为促进教育之计，愿与全县教育界人士交相勉励，外观世界之潮流，内审自身之缺陷，勉负职责，振起朝气。对于全县教育，如何规画，如何进行，如何涤除旧污，如何输入新识，如何使经费支配得当，如何使人可免失宜，如何使不成问题之新旧界限疏通打破，如何使从前种种意气之争消除变化，一循真理，协谋进行。凡此均极重要问题，非大众一心，勇猛精进，不能解决。同人力量虽微，一诚自矢。凡所主张，尽为全局公益设想，绝非个人好恶，亦无偏激感情。各方意见，总期虚心采纳，相见以诚。但求旨趣相谐，均当引为同志。今当发起之始，特此宣言。

根据1920年8月3日、4日湖南《大公报》刊印
摘自《毛泽东早期文稿（一九一二年六月——一九二〇年十一月）》

---

① 1919—1921年间，杜威在中国讲学。1920年10月曾来长沙，同来讲演的还有蔡元培、章太炎、吴稚晖等。毛泽东被湖南《大公报》特邀为此次讲演的记录员。

张文亮日记[①]（节选）

（1920年）

九月九日

我在预科和本科一二年内决不从事其他的会务活动，专心从事科学的研究，除研究科学以外，不知有旁的什么。看杂志以《新青年》一种为主，其余的只择要借阅。看报以《晨报》为主。本省的报纸看本省的新闻以及其他发生的特别问题。在此五年中，无论何时，一有留俄机会，即时留俄。

九月十日

至通俗教育馆，通俗报明无出版。何先生[②]要我投稿，我已当面允诺。

回师范，晚与毛泽东谈事颇多。

九月十一日

发陈独秀一信，一意是要他告诉俄国的情形，并请他寄书给我。

九月十五日

做了一篇《天经地义的湖南国》，大意是赞成湖南立国。

九月二十五日

昨日泽东哥来邀我，今天下午赴游江之约。抵文化书社，会见陶斯咏、杨开慧君。

十月三日

寄给萧子暲的信，到今天才把它写完。致蔡林彬一信，〈信〉中大意：现在青年有三条路可走，A. 纯粹的学者；B. 学者兼实行家；C. 纯粹的实行家。我所取的必做的是第二种人。

十月十四日

致仲甫一信，讨论的约有三点：1. 彻底与不彻底的观念是否绝对的应该打消，

[①] 张文亮，湖南省立第一师范学生，后因精神失常，病逝。

[②] 指何叔衡，当时任湖南通俗教育馆馆长。

彻底是不是和真理一般的，就比较上说。2. 湘鄂学生踊跃参军，是不是一种好现象，与新思潮有无冲突。3. 对于自治团体里少数不自治的人怎样办理？

仲甫主张各省组织社会主义青年团，我以为此举颇为正当。在这种黑暗阴沉的社会里，不有一般勇往直前，……奋斗的真的青年出来撞警钟，挑重担，光明的世界，是永久不会实现的。将来的湖南能够成立这种团体，我也应该加入一个。

十一月五日

接和森信，录要如下："我以为吾辈青年不要油锅煎豆腐，及做那做不成的等生活，如新村、工读等等，以浪费其精神及日力。现在惟一的办法，惟有各人准备一点劳动的技能，及具一份改造社会的知识，然后大家努力创造一个三位一体的新世界。什么叫做三位一体的新世界呢？就是个人的基础，社会的基础，世界的基础都把它建筑于劳动上。……九月十六日"

十一月十七日

接泽东一信，送来青年团章程十份，宗旨在研究并实行社会改造，约我在星期日上午去会他，并托我代觅同志。

十一月二十一日

由"文化书社"社员易礼容邀了"日新社"和"博爱社"的青年好友同游岳麓，杨囗说是"三社同盟游岳麓"。这话很是。

会见泽东（在通俗馆），云不日将赴醴陵考察教育，并嘱青年团此时宜注重找真同志，只宜从缓，不可急进。

十一月二十三日

读《俄罗斯之新建设》一文，其宏谋伟画，真是令人惊异者。列宁和杜汝次基等不全然是理想家、空想家。他们以前的生活，都是急激的革命家，饱经世变，深悉民情的实行家。我读此文，便感到"实行"二字来。我看国内现在的一般名人，胡适、刘半农这般人连不是实行家，吴稚辉、陈独秀方才可以谈到"实行"二字。我以为做人单做那孤决的理想家的地位，仍是没有多大的意思，仍不是个人。因为他只有精神的发展，简直说得爽快点，就是只有一把口，手足都成了废物。自我主张、自我实现，有怎么样的主张，就要有怎样的事务，是这么样的主张，就要作这么样的努力，我觉得一个人固贵有高贵的理想，但尤贵有猛勇的实行。我以后应该从实行方面努力，就应先作实行家的预备功夫——须有丰富的经验和坚决的责任心。

晚会丏尊、仲九①。丏尊允为介绍在浙的同志。他们两人都以为青年团有组织之必要。不过仲九以为首先可以组织个研究团体，使各团员对于此主义有彻底的了解和坚决的信仰时，再可以组织一个实行改造的团体，从事实际的活动。

十二月二日

泽东来此。他说，青年团等仲甫来再开成立会。可分两步进行，注意研究与实行，并嘱我多找同志。

十二月七日

本校今日驻炮兵一连。到文化书社会见泽东、荫柏。晚归，与竹如、卢斌等商酌炮兵驻本校的事件。结果，定名为爱克斯社（即X），进行之事：1. 出报以唤醒同学；2. 分途组织同乡会，以促进同学的团结力；3. 放假时发一宣言，以表明我们维持学校的决心，并于放假后留一部分同学继续以抵抗外界的瘋力。

十二月十四日

复泽东一信，信中大意：1. 要他进行青年团；2. 要他指导振姑，□□找人；3. 对我婚事的态度……

十二月十五日

接泽东复信。1. 你婚事在现时尽可全不议及，你的主意我最赞成；2. 振姑可敬可爱，自应力与扶助；3. 师范素无校风，你应努力结一些同志作中坚分子，造成一种很好的校风；4. 青年团你可努力在校制造团员，尽可能于本学期开一次会；5. 学校前途决于校长去留问题，但□有志者努力维持，当然是第一要事。

十二月十六日

泽东来此。青年团将于下周开成立会。

十二月二十七日

泽东送来《共产党》九本。

来源于张文亮日记手稿，原件存湖南博物馆（今湖南省博物馆）

---

① 即夏丏尊、沈仲九，都是浙江省人，湖南省立第一师范教员。

四

学会自然解散和部分会员情况

新民学会会务报告[①]

（第一号）

民国九年冬刊

（一）

　　新民学会会务报告，乃新民学会的一种生活史。新民学会是一个生活体，新民学会的会员乃这个生活体的各细胞。新民学会有性命已三年了，会员由十几人加到五十几人，会员的足迹由一地及于国内国外各地，所做的事也由一件加到若干件。

　　[①]《新民学会会务报告》第一、二号，系会员钟国陶保存。原件中个别地方用墨笔作了更改和添加，似为当时发行时修改的，此次按修改的排印。

会员虽然现在大都在修学储能时代，但这个时代已很可贵。这三个年中的经历，在会是一种新环境，在会员是一种新生活，我们几十个人，在这种新环境里共同或单独营一种比前不同的新生活，是我们最有意义的事。第一期会务报告的职务，是将这三年中会及会员的生活择要叙述出来，做我们会及会员生活全史的头一段。

（二）

新民学会的发起，在民国六年之冬。发起的地点在长沙，发起人都是在长沙学校毕业或肄业的学生。这时候这些人大概有一种共同的感想：就是"个人及全人类的生活向上"。"如何使个人及全人类的生活向上"？乃成为一个迫待讨论的问题。这时候尤其感到的是"个人生活向上"的问题。尤其感到的是"自己生活向上"的问题。相与讨论这类问题的人，大概有十五人内外。有遇必讨论，有讨论必及这类问题。讨论的情形至款密，讨论的次数大概在百次以上。至溯其源，这类问题的讨论，远在民国四五两年，至民国六年之冬，乃得到一种结论，就是"集合同志，创造新环境，为共同的活动"。于是乃有组织学会的提议，一提议就得到大家的赞同了。这时候发起诸人的意思至简单，只觉得自己品性要改造，学问要进步，因此求友互助之心热切到十分。——这实在是学会发起的第一个根本原因。又这时候国内的新思想和新文学已经发起了，旧思想、旧伦理和旧文学，在诸人眼中，已一扫而空，顿觉静的生活与孤独的生活之非，一个翻转而为动的生活与团体的生活之追求——这也是学会发起的一个原因。还有一个原因，则诸人大都系杨怀中先生的学生。与闻杨怀中先生的绪论，作成一种奋斗的和向上的人生观，新民学会乃从此产生了。

（三）

现在述新民学会的第一次会——就是新民学会的成立会。民国七年四月十四日新民学会成立，在湖南省城对河岳麓山刘家台子蔡和森家开会。到会的人如下：蔡和森、萧子升、萧子暲、陈赞周、罗章龙、毛润之、邹鼎丞、张芝圃、周晓三、陈启民、叶兆桢、罗云熙。通过会章。会章系鼎丞、润之起草，条文颇详；子升不赞成将现在不见诸行事的条文加入，颇加删削；讨论结果，多数赞成子升。于是表决会章的条文如次：

第一条　本会定名为新民学会。

第二条　本会以革新学术，砥砺品行，改良人心风俗为宗旨。

第三条　凡经本会会员五人以上之介绍及过半数之承认者，得为本会会员。

第四条　本会会员须守左之各规律：

一、不虚伪；

二、不懒惰；

三、不浪费；

四、不赌博；

五、不狎妓。

第五条　会员对于本会每年负一次以上通函之义务，报告己身及所在地状况与研究心得，以资互益。

第六条　本会设总干事一人，综理会务；干事若干人，协助总干事分理会务；任期三年；由会员投票选充之。

第七条　本会每年于秋季开常年会一次；遇必要时，并得召集临时会。

第八条　会员每人于入会时纳入会费银一元，每年纳常年费银一元；遇有特别支出，并得由公决征集临时费。

第九条　本会设于长沙。

第十条　会员有不正行为，及故违本简章者，经多数会员之决议，令其出会。

第十一条　本简章有不适用时，经多数会员决议，得修改之。

会章表决，推举子升任总干事。是日叙〔聚〕餐。餐毕，讨论会友出省出国诸进行问题，至下午散会。天气晴明，微风掀拂江间的绿波和江岸的碧草，送给到会诸人的脑里一种经久不磨的印象。

（四）

自民国七年四月十七日学会成立至这年八月，四个月中，有两件可记的事：一、加入新会友。学会自开过成立会后，随即加入的会友，为下列九人：周惇元，何叔衡，李和笙，邹泮耕，熊瑾玎，熊焜甫，陈章甫，傅昌钰，曾星煌。二、发起留法运动。此事以前尚有人发起，没有成。至是长沙方面之最初发起者，为蔡和森与萧子升。时子升在楚怡任课，和森就居楚怡，日夕筹议。何叔衡、毛润之、陈赞周等时复加入讨论。是时其他会友亦有几人行将外出，遂于六月尽间，在第一师范附属小学陈赞周、萧子暲处（陈、萧在此任课）开一会议。计到会者：何叔衡、萧子升、萧子暲、陈赞周、周惇元、蔡和森、毛润之、邹鼎丞、张芝圃、陈启民、李和笙等。因事未到者几人。这次讨论，集中"会友向外发展"一点，对于留法运动认为必要，应尽力进行。是日叙〔聚〕餐。自此，留法一事，和森和子升专负进行之责。不久，和森赴京。

此时湖南政局乱极，汤芗铭、刘人熙、谭延闿、傅良佐、谭浩明、张敬尧①，互相更叠，教育摧残殆尽。几至无学可求。和森至京，与李石曾、蔡子民二先生接洽结果，知留法俭学及留法勤工俭学颇可为。乃函告子升、润之、赞周、鼎丞等，从事邀集志愿留法之同志。起初愿往极少。至八月十九，始有二十五人由湘到京。自此往者渐众。此时会友往北者：和森、子升、子暲、赞周、焜甫、芝圃、星煌、鼎丞、和笙、云熙、润之、章龙十二人。除章龙在北大文科，润之在北大图书馆外，余均在留法预备班（芝圃、和笙、星煌在保定班；和森在布里村班；子升、子暲、赞周、焜甫、鼎丞、云熙在北京班）。此事在发起并未料到后来的种种困难，大家都望着前头的乐国，本着冲动与环境的压迫，勇往前进。此事的结果，无论如何，总有一些好的影响。但在中间，会友所受意外的攻击和困难实在不少，但到底没有一个人灰心的。

会友在京，曾请蔡子民、陶孟和②、胡适之三先生各谈话一次，均在北大文科大楼。谈话形式，为会友提出问题请其答复。所谈多学术及人生观各问题。

会友在京，初系散居。后来集居一处，地点在后门内三眼井胡同七号。同居的人如下：子升、云熙、赞周、润之、焜甫、章龙、玉山（欧阳玉山于此后一年入会），和森亦由布里村搬来加入。八个人聚居三间很小的房子里，隆然高炕，大被同眠。子暲与望成（刘望成于此后一年入会）则住于胡同之第八号。到八年一月，子升赴法。二月润之回湘，萧子暲赴沪。赞周诸人因法文班课堂由马神庙北大理科

---

① 汤芗铭，1913年被袁世凯派为湖南查办使，袁世凯称帝后，被册封为"靖武将军"，1916年改称都督，同年7月，在湘桂联军进攻下败走。刘人熙，1916年7月至8月任湖南临时都督。谭延闿，1916年8月至1917年8月任湖南省省长兼督军。傅良佐，皖系军阀，曾任北洋军阀政府陆军次长，1917年9月至11月，任湖南督军。谭浩明，湘粤桂联军总司令，1917年11月至1918年3月，任湖南督军。张敬尧，皖系军阀，1918年3月至1920年6月，任湖南督军兼省长。

② 陶孟和，社会学家，曾任北京大学教授、国民党政府中央研究院社会科学研究所所长。

迁入西城翼教寺法文馆，居所事势上不得不变易，章龙亦改寓他处，三眼井胡同的同居生活，遂散。赞周等既至西城上课，乃改寓北长街九十九号福佑寺后院，又是一个新的同居生活。此时子暲已由沪归，比在三眼井，便只缺了润之，章龙与子升，同居还有八个人。同时在保定的芝圃、和笙、星煌三人与其余预备留法诸君四十余人，则同居于育德中学。预备期满，京、保诸会友，便陆续赴法去了。

（五）

这里要述两件极不幸的事：即民国七年七月会友叶瑞龄之去世，及民国八年四月会友邹鼎丞之去世。

叶君名兆桢，益阳人，湖南省立第一师范毕业，为人和平中正，有志向学。于毕业归家的途次〔中〕遇热，抵家即故。

邹君名彝鼎，湘阴人，与叶君同学同班。好学有远志，持身谨严而意志坚毅。七年十月赴北京留法预备班。因历年积劳得病，至此迸发。八年一月回湘，四月竟死。所作日记及论文数十本，朋友们想替他刊出其警要，但现在还没有刊。凡与他接近过的人，大概没有不觉得他是一个可敬可爱的人。他有一个极爱念的未婚妻，临死寄给他一封信，可惜没有第三人看见不能将他的遗墨存留。他是发起学会的一个重要人。他于学会之发起，既认为必要，便毫不游移。他于学会抱有极大的希望。他丝毫不料他自己之不幸短命。他之从善如流，他之改过不吝，他之胸怀坦白、毫无城府，他之爱人如己，他之爽快，他之勇敢，他之真诚，他之好学，他之对于道义之热情——这些都是曾经和他见过面，或曾经和他相处较久的人所知道的。

（六）

民国八年一个年头里学会及会友在长沙方面的事，大要如下：

上半年无甚要事，只惇元在修业教课，叔衡在楚怡教课，润之在学生联合会办《湘江评论》周刊，颇有一点成绩。下半年乃有下列诸人入会：罗耻迁（宗翰）、张颐生（国基）、夏蔓伯（曦）、蒋集虚（竹如）、易阅灰（克穟）、向警予、陶斯咏（毅）、彭殷柏（璜）、李承德（振翩）、张伯龄（怀）、唐文甫（耀章）、沈均一

（均）、李钦文（思安）、周敦祥、魏韫厂（璧）、劳君展（启荣）、谢维新（南岭）、徐瑛、刘继庄（修秩）、钟楚生（国陶）、张泉山（超）、姜竹林（慧宇）。在周南女校开过一次会。其始长沙会友对于会章条文，觉太简略，于是提议修改，设"评议""执行"二部，执行部下又设"学校""编辑""女子""留学"各部。

至是，长沙会友，适用新会章，选举叔衡、钦文，为正副执行委员长；斯咏、惇元、润之、敦祥、韫厂、启民、文甫、集虚为评议员。然自开会后，即进行驱张，会友多数外出，会务停顿至一年之久，会章虽更，职员虽举，等于虚设。巴黎会友，对于长沙举动，颇有违言。这时润之、耻迂、赞周、百龄等在北京组织一平民通讯社，专为驱张之用。这年夏天，蔡和森于去国之先，在长沙发起"湘绣美术公司"，但一时不易成立，迄今还没有具体的进行。刘望成（明俨），欧阳玉生（泽），杨润余三人，于此时入会。

（七）

九年的春夏，毛润之、李钦文等，因湘事由京到沪，赞周、焜甫、子暲、望成、玉生、百龄，分由北京、天津、长沙到沪，候船赴法。韫厂、君展、肫如，由湘到沪，练习法文，准备赴法。此时会友在沪计十二人。因赞周等五人赴法期近，遂于五月八日，在上海半淞园开一送别会，在沪会员均到。讨论很长，大要如下：

1. 学会态度：

潜在切实，不务虚荣，不出风头。润之主张学会的本身不多做事，但以会友各个向各方面去创造各样的事。

2. 学术研究：

都觉会友少深切的研究，主张此后凡遇会友三人以上，即组织学术谈话会，交换知识，养成好学的风气。

3. 发刊会报：

赞周、子暲都谓会友相互间应有一种联络通气的东西，则会报甚为要紧，主张急切出版，但为非卖品，除相知师友外，不送与会外之人，大众无不赞成。拟就在上海发刊，推赞周担任征集在法会友的文稿，润之担任在上海付印。后因湘事解决，会友归湘，遂缓发刊。

4. 新会友入会：

都觉介绍新会员入会，此后务宜谨慎，否则不特于同人无益，即于新会友亦无益。议决介绍新会友宜有四条件：（一）纯洁，（二）诚恳，（三）奋斗，（四）服从真理（后来长沙会友决议将奋斗与服从真理合为"向上"）。入会手续如下：（一）旧会友五人介绍；（二）评议部审查认可；（三）公函通告全体会员，以昭审慎。

5. 会友态度：

大概谓会友间宜有真意；宜恳切；宜互相规过；勿漠视会友之过失与苦痛而不顾；宜虚心容纳别人的劝戒；宜努力求学。

6. 不设分会：

学会前有在会友较多的地方设立分会之议，是日讨论，觉无设立的必要，设分会反有分散会友团结力之嫌。如巴黎等会友较多之处，可组织学术谈话会，定期会集。

这日的送别会，完全变成一个讨论会了。天晚，继之以灯。但各人还觉得有许多话没有说完。中午在雨中拍照。近览淞江半水，绿草碧波，望之不尽。

（八）

赞周，子暲，焜甫，望成，百龄，玉生六人，以九年五月十一日由沪起身赴法，在沪会友，握手挥巾，送之于黄浦江岸。

这时张敬尧尚据湖南，会友于是有两种团体之发起，一为驱张后谋所以改造湖南者：为"湖南改造促成会"；一为与同志共同修学者：为"自修学社"；均在上海民厚里。六月，张敬尧给湘军赶去。会友之奔走京、沪及衡、永者，陆续回湘，一直到是年冬尽，长沙各会友的情形，略如下列：

陈启民　　在周南任课，

陶斯咏　　在周南任事，

钟楚生　　在周南任课，

何叔衡　　在通俗书报编辑所任事，

周惇元　　在通俗报馆任编辑，

熊瑾玎　　在通俗书报编辑所任事，

毛润之　　在第一师范附小任事，

张泉山　在第一师范附小任课，

刘继庄　在第一师范附小任课，

蒋集虚　在第一师范修学，

易阅灰　同上，

夏蔓伯　同上，

姜竹林　同上，

谢维新　同上，

李承德　在湘雅医学专门修学，

唐文甫　在明德中学修学，

邹泮耕　在修业任课，

彭荫柏　在文化书社自修，

易礼容　在文化书社任事，

任培道　在文化书社任事。

此时长沙会友所做的事，其具体可见的：蒋集虚，易粤徽，夏蔓伯等，尽力于第一师范之革新；何叔衡，周惇元，熊瑾玎等，尽力于通俗教育，办一种内容完好的通俗报；陈启民，陶斯咏，钟楚生等，尽力于周南女校之革新。

此时在长沙之会友尚有两种努力：一为创办文化书社，一为发起自治运动，均很得各方面同志的同情。此时蔡咸熙（畅）、熊作莹（季光）、熊作璘（叔彬）、任振予（培道）、吴德庄（家瑛）五人入会。

（九）

会友在北京上海及长沙方面的情形略如上述。现述会友在法国方面的情形。

会友赴法者，自八年春萧子升到法后，至八年秋罗荣熙，张芝圃，李和笙，曾星煌到法；九年春蔡和森，蔡咸熙，向警予，熊作莹，熊作璘到法；九年秋萧子璋，陈赞周，熊焜甫，张百龄，刘望成，欧阳玉生到法；九年冬劳君展，魏韫厂到法：于是会友到法国的共有十八人，除子升于九年十月内回国外，余十七人截至九年底止，其情形大略如左：

罗荣熙　在法国中部克鲁邹地方一工厂内作电气工。

张芝圃　在法国北部香拜尼地方一工厂内作工。

李和笙　由巴黎西郊搬至张芝圃处同住养病。
曾星煌　在法国西南部一工厂作工。
蔡和森　在法国蒙达尼公学学习法文。
蔡咸熙　在法国蒙达尼女学学习法文。
向警予　同右。
熊季光　同右。
熊叔彬　同右。
萧子暲　住巴黎西郊哥伦布，复搬至克鲁邹，与罗荣熙同住。
陈赞周　在法国非未里地方一工厂作散工。
熊焜甫　在法国西北部圣梅桑学校学习法文。
张百龄　在法国独尔学校学习法文。
刘望成　在法国芳〔枫〕丹白露学校学习法文。
欧阳玉生　在法国西北部圣梅桑学校学习法文。
劳君展　初到法国入南方一女学校学习法文。
魏韫厂　同右。

（十）

会友之分在南洋、日本及国内各地的其情形如左：
在北京：
罗章龙　在北大文科，七年九月入学，至此两年半了。
罗耻迁　九年四月后，独任平民通信社，年底将通信社收束，取道南京回湘。
在汉口：
沈均一　在明德大学，九年九月入学。
在南京：
周肫如　在南高补习班，南高创行男女共学，周君由上海女青年会入学。
在上海：
杨润余　在崑小〔山〕路女青年会习英文，九年七月由长沙到上海就学。
在日本：
傅昌钰　在东京高工，六年由长沙赴日，七年入学。

周晓三　在东京高师，七年由长沙赴日，八年入学。

在南洋：

张颐生　在星〔新〕加坡道南学校及华侨中学任课，九年二月由长沙赴星〔新〕。

李钦文　在星〔新〕加坡坤成女校任课，九年八月由长沙赴星〔新〕。

（十一）

学会自七年创立至九年底，三个年内"具体"的情形，大略说完了。还有些"抽象"情形，也述如此。

我们学会很有些优点，然也有些缺点。优点是哪些呢？我们学会无形中有几种信条：象"不标榜""不张扬""不求急效"和"不依赖旧势力"皆是。

这些信条，都在无形中，只存在彼此的观摩和讨论中，没有明白的标举过。因"不标榜"，多数会友彼此间从少面誉，"言必及义"，自歉和勉励的话，总较多于高兴和得意的话。因"不张扬"，学会虽则成立了三年了，社会上除开最少数相知的人朋友以外，至今还不知有我们学会的名字。因"不求急效"，会友无论求学做事，只觉现在是"打基础"，结果都在将来；要将来结果好和结果大，就应该将基础打得好，打得大。因"不依赖旧势力"，会友便都觉得我们的学会是创造的，不是因袭的；属于这个学会的各员，现在或将来向种种方面所做出来的种种的事，也是创造的，不是因袭的。因此：我们学会从来没有和旧势力发生过关系，也没有邀过旧势力的人入会。——此外，我们学会会友还有几种好处：第一是头脑清新，多数会友没有陈腐气，能容纳新的思想。第二是富奋斗精神。多数会友大概都有一点奋斗力，积极方面，联合好人，做成好事；消极方面，排斥恶人，消减恶事。于改革生活，进修学问，向外进取各点，均能看出会友的奋斗精神。第三是互助及牺牲的精神。会友间大概是能够互助，并且有一种牺牲精神的。

学会虽有以上各种优点，但也有好多缺点：第一，学术根浅柢薄。会友大概多是中等学校毕业或肄业的学生，升学或毕业在专门以上学校的，还只有最少数，其学术的根柢自然是十分浅薄。第二，思想及行为幼稚。会友的思想，大概均不免幼稚。有一部分会友，于事不免率尔发起，率尔赞成，其行为陷于幼稚。第三，一部分会友做事多于求学。会友在现时本不是全力做事时代，因计划上及事势上之必要，不能不在此时做出相当的基础事。然如现在情形，则有一部分会友大概已在专门做事，牺牲未免太大了。第四，一部分会友间，尚无亲切之联络与了解。此点颇失学会精神，以后宜设法由不相认识和不甚了解的会友，互相认识而且了解起来才好。

摘自《新民学会资料》

新民学会会务报告

（第二号）

民国十年夏刊

　　这一本会务报告乃专记十年一、二月长沙会友三次会议情形。这三次会议，头一次是新年大会，在一月一、二、三号。第二次是本年一月常会，在一月十六号。第三次是本年二月常会，在二月二十号。这三次讨论，极为详尽，分记于次：

　　新民学会长沙会友因湖南政局影响，好久没有开会。九年年尽，长沙政局略定，会友在此者亦达二十余人，遂谋聚会一次。此时评议员任期（一年）已满，不能开会。遂由职员何叔衡、周惇元、毛润之、熊瑾玎、陶斯咏等，先期商定开会手续，发出一张通告：

　　我们学会久应开会，因种种原因没有开成，今定从十年一月一号起接连开会三天，为较长期的聚会，讨论下列各种问题：

1. 新民学会应以甚么作共同目的；
2. 达到目的须采用甚么方法；
3. 方法进行即刻如何着手；
4. 会友个人的进行计划（自述）；
5. 会友个人的生活方法（自述）；
6. 学会本体及会友个人应取甚么态度；
7. 会友如何研究学术；
8. 会章之修正及会费之添筹；
9. 新会友入会的条件及手续（附出会问题）；
10. 会友室家问题；
11. 个性之介绍及批评；
12. 会友健康及娱乐问题；

13. 学会成立纪念问题；

14. 临时提议。

上列各项问题，或为巴黎会友所提议，或为此间同人所急待解决，请各人先时研究准备，以便于开会时发表意见，而期得到一种适当的解决。开会地点：潮宗街文化书社。开会时间：第一日，上午九时半至十一时半；第二日，上午九时至下午二时（各带餐费二角）；第三日，上午九时半至十一时半。务希拨冗到会，风雨无阻，并请严守时刻。

新民学会启

十年一月一日，在文化书社开会，到会者十余人，是日大雪满城，寒光绚烂，景象簇新。十时开会，何君叔衡主席，主席请毛润之报告开会理由及学会经过。毛君说：我们学会久应开会，去年以前，因种种变故，致未开成，现在算是不能再缓了，趁在新年，各处都放了假，特为较长期的集会，讨论同人认为最急切的各种问题。至于本学会经过情形，可大略报告：遂将两年来学会会友在国内国外各方面做事求学情形，大略报告一遍。毛君报告毕，主席将要讨论的各问题提出。陈启民以开始三问题内容重大，主张压下到明日讨论，圈出其余问题之几个，在今日讨论。毛润之谓因其重大，今日宜略加讨论，但不表决。众赞成，于是开始讨论下面三个问题：

"新民学会应以甚么作共同目的？"

"达到目的须用甚么方法？"

"方法进行即刻如何着手？"

三问题有连带关系，故连带讨论。

毛润之云：我可将巴黎会友对于上列问题讨论的结果，报告大众。巴黎会友讨论的结果，对于（一），主张以"改造中国与世界"为共同目的；对于（二），一部分会友主张用急进方法，一部分则主〈张〉用缓进方法；对于（三），一部分会友主张组织共产党，一部分会友主张实行工学主义及教育改造，均见巴黎来信。

熊瑾玎言：目的之为改造中国与世界，新民学会素来即抱这种主张，已不必多讨论了。

毛润之不以为然，谓第一问题还有讨论的必要，因为现在国中对于社会问题的解决，显然有两派主张：一派主张改造，一派则主张改良。前者如陈独秀诸人，后者如梁启超张东荪诸人。

彭荫柏云：改造世界太宽泛，我们说改造，无论怎样的力量大，总只能及于一部分，中国又嫌范围小了，故我主张改造东亚。物质方面造成机器世界，精神方面尽能力所及使大多数得到幸福。

陈启民赞成改造东亚。谓欧洲有欧洲的改造法，我们不能为他们代庖。惟澳洲宜包括在东亚里，非洲我们也应负责。至于"改造""改良"，我主张前者。因资本主义，积重难返，非根本推翻，不能建设，所以我主张劳农专政。太自由不能讲改造，为的是讲自由结果反不得自由。谈到方法则此目的非二十年内所能实现。现在要用力的，不在即时建一个非驴非马的劳农政府，而在宣传。东亚一方面，尤重在促成工业革命。

毛润之云：改良是补缀办法，应主张大规模改造。至用"改造东亚"，不如用"改造中国与世界"，提出"世界"所以用吾侪的主张是国际的；提出"中国"所以明吾侪的下手处；"东亚"无所取义。中国问题本来是世界的问题；然从事中国改造不着眼及于世界改造，则所改造必为狭义，必妨碍世界。至于方法，启民主用俄式，我极赞成，因俄式系诸路皆走不通了新发明的一条路，只此方法较之别的改造方法所含可能的性质为多。

讨论良久，主席宣告本日对此三问题（目的，方法，进行）暂停讨论。

主席请众讨论下面的问题：

"学会本体及会友个人应取甚么态度？"

毛润之报告会友在上海半淞园讨论的结果，主张学会取潜在进行态度。所谓"潜在"，并不是"不活动"（巴黎来信言我们学会好处在稳健，不好处在不活动），只是妨〔防〕止声闻过情。至于会友个人相互间的态度，主张"互助""互勉"。众赞成上海的决议（态度问题解决）。

主席提出"会友如何研究学术"的问题：

毛润之报告巴黎会友对于共同或分别研究学术的进行（见萧子升来信），并主张规定研究的对象，宜提出几种主义（如共产主义、无政府主义、实验主义等）定期逐一加以研究，较之随便泛泛看书，有益得多。

陈启民云：我觉得环境每把人扯之向下，所以会友集合一处，同居共学，是必要的。集合多人力量去改造环境，要容易些。

熊瑾玎谓：同居，开会，两个办法，都是必要。

何叔衡主张开办平民饭店。

易礼容云：只要能住在一起，即职业不同，亦可以常相聚合。

毛润之云：须组织一种公共职业才能同居，现在且讨论怎样研究学术的问题。

李承德云：我们不但要研究社会主义，哲学、科学、文学、美学……都要研究。朱子有言：从大处着想，从小处着手。会友也要采这种态度，我们不妨用种种的手段，去达到目的。

毛润之云：各种普通或专门学术，当让会友去自由研究。现会中所特要研究者，必为会友所共同注意且觉为现在急须的。主张单研究主义，如社会主义，实验主义等。

陈启民主张规定一个计划，在本年内研究几个主义，完期得到结果。

毛润之主张暂作半年预算，研究五六个主义。

何叔衡君主张每月聚会一次，研究有得的可来谈，其余的可来听。

彭荫柏谓社会主义、哲学、文学、政治、经济，皆有研究的必要，不赞成专研究主义。

毛润之申明云：所谓研究主义是研究哲学上文学上政治上经济上以及各种学术的主义，当然没有另外的主义。

以下又讨论如何看书：有主张单独看书以其心得来讲演者，有主张共同看一种书开会时各述所见者，尚未完全决定。惟每月开会一回专讨论学术，则已决定。未决定者，主张俟下次开会再决，新年大会不议（研究学术问题大体解决）。

于是进行讨论"会章之修正及会费之添筹"。

本来学会会章，久应修正了，前此多人主张把会章改成简略些，巴黎来信亦主此说。但是日忙于讨论各种问题，要将会章即行修正，实做不到。毛润之主张推定起草员，草定后由长沙方面会友开会表决，再征求巴黎及各地会友的同意。众主张即委职员起草。至于会费的添筹，为刷制会务报告和通信集，主张每年加收一元（会章及会费问题解决）。

对于"新会友入会条件及手续并出会"的问题，是日讨论决定如左：

新会友入会的条件（即为会友的信条）：（一）纯洁，（二）诚恳，（三）向上。

新会友入会的手续：五人介绍；通告全体会员（省去由评议部通过，因是日主张不设评议部之故）。

会员出会问题，因有些名义上是会员实质上非会员的，决定：（一）在会务报

告内登一启事（见下）；（二）会友录里不列名；（三）开会时不约。通过启事①（下略）

以上会员入会出会问题解决。

一月二号为聚会的第二日，大雪越深，到会者十余人（昨日到会者今日均到），因有昨天未到今天到会的人，主席（何叔衡）将昨天讨论及议决过的问题大略报告一番。继续讨论昨天未完的第一个问题：

"学会应以什么作共同目的？"

用循环发言法，从主席起，列席诸人自左至右以〔依〕次发言：

何叔衡：学会共同目的应为"改造世界"。

毛润之：应为"改造中国与世界"。

任培道：同上。

陶斯咏：同上。

易阅灰：同上。

易礼容：同上。

邹泮清：我对于"改造"两字极为怀疑，一般人都以为我们要根本改造，要根本推翻从前一切来重新建设，其实是做不到的。世界无论什么事，不可一跃而几，是渐渐进化的。新民学会不宜取改造的态度，宜取研究的态度，将各种主义方法彻底研究，看那一种主义方法适宜。东西民族不同，人类病痛极杂，决非一剂单方可以诊好。（邹君发言极长）

陈章甫：言改造世界，范围较大，可以世界为家，心意愉快的多，故我赞成用"改造中国及世界"。

张泉山：我另有一个主张今可不提；单就方才所说讨论，不宜以中国与世界并举，宜用"改造中国并推及世界"。

陈子博：现社会为万恶的，改良两字和缓不能收效，宜取急进态度，所以我主张改造。但中国是世界的一部分，故我主张删去"中国"二字用"改造世界"。

钟楚生：我们目的不妨大点，主〈张〉用"改造世界"。

贺延祜：同钟。

---

① 启事详见本书第293页。

彭荫柏：主张用"改造中国与世界"，自愿抛弃昨日"改造东亚"的话。

熊瑾玎：主张用"改造世界"。

刘继庄：同熊。

李承德：主张用"促使社会进化"。

周惇元：同李。

都发言毕，相互略有批评。

主席云：昨日曾言不取表决形式，但事实上无表决则不能明白分别某种主张的多数少数。众赞成表决。主席说：主张用"改造中国及世界"为共同目的的起立！起立的如下：陶斯咏，易礼容，毛润之，钟楚生，周惇元，任培道，陈启民，易阅灰，陈章甫，彭荫柏（十人）。主席说：主张用"改造世界"为共同目的的起立！起立的如下：熊瑾玎，刘继庄，陈子博，何叔衡，贺延祜（五人）。以上二种主张文字上虽稍异，实质实是一致。于是主席又说：主张用"促社会进化"的起立！起立的如下：李承德，周惇元（二人）。周惇元声明云：我于"改造中国与世界"与"促社会进化"两都赞成。此外声明不作表决者邹泮清、张泉山二人（目的问题解决）。

讨论方法问题：

"达到目的须采用甚么方法？"

首由毛润之报告巴黎方面蔡和森君的提议，并云：世界解决社会问题的方法大概有下列几种：

1. 社会政策；

2. 社会民主主义；

3. 激烈方法的共产主义（列宁的主义）；

4. 温和方法的共产主义（罗素的主义）；

5. 无政府主义。

我们可以拿来参考，以决定自己的方法。

于是依次发言（此时陈启民到会）：

何叔衡：主张过激主义。一次的扰乱，抵得二十年的教育，我深信这些话。

毛润之：我的意见与何君大体相同。社会政策，是补苴罅漏的政策，不成办法。社会民主主义，借议会为改造工具，但事实上议会的立法总是保护有产阶级的。无政府主义否认权力，这种主义，恐怕永世都做不到。温和方法的共产主义，如罗素所主张极端的自由，放任资本家，亦是永世做不到的。急〔激〕烈方法的共产主义，即所谓劳农主义，用阶级专政的方法，是可以预计效果的。故最宜采用。

任培道：我也赞成何毛二位的主张。但根本着手处，仍在教育，如人民都受了教育，自然易于改造。

陶斯咏：从教育上下手，我从前也做过这种梦想，但中国在现在这种经济状况之下，断不能将教育办好。我的意见，宜与兵士接近，宣传我们的主义，使之自起变化，实行急进改革。

陈启民：赞成俄国办法。因为现在世界上有许多人提出改造方法，只有俄国所采的办法可受试验的原故。其余如无政府主义，工团主义，行会主义等，均不能普遍的见诸施行。

易礼容：社会要改造，故非革命不可。革命之后，非有首领专政不可。但专政非普通所谓专政，要为有目的的专政。但在今日要有准备，要多研究，多商量，不可盲然命令别个。

易阅灰：声明对此无研究。

邹泮清：理论上无政府主义最好，但事实上做不到。比较可行，还是德谟克拉西。主张要对症下药。时间上积渐改进；空间上积渐改进；物质方面的救济，开发实业。精神方面的救济，普及并提高教育。惟教育如何增进速效？实业如何使资本不集中？尚是问题。

陈章甫：从前单从平民方面看，以为社会政策亦可，但后来从各方面看，知道社会政策不行，所以我现在也主张波尔塞维克主义。

张泉山：第一步采过激主义，因俄国人的自由因平等而牺牲，所以第二步要采用罗素、基尔特社会主义。

陈子博：第一步激烈革命，第二步劳农专政。

钟楚生：主张过激主义，中国社会麻木，人性堕落，故须采过激方法。中国社会无组织，无训练，须用专制。但往后宜随时变更。

贺延祜：主张推翻一切资本家及官僚。

彭荫柏：相信多数派的好，采革命的手段。吾人有讲主义之必要。讲主义不是说空话，中国现尚无民主主义，但这主义已过时不能适用。不根本反对无政府主义，但无政府主义是主观的，天下不尽是克鲁泡特金、托尔斯太也。物质文明不高，不足阻社会主义之进行。试以中国的国情与德、英、美、法各国逐一比较，知法之工团主义，英之行会主义，美之 I. W. W.①，德之社会民主主义，均不能行之于中国。中国国情，如社会组织，工业状况，人民性质，皆与俄国相近，故俄之过激主义可以行于中国。亦不必抄袭过激主义，惟须有同类的精神，即使用革命的社会主义也。学会中宜有一贯精神，共同研究，较为经济。

熊楚雄：主张现在只要破坏，不要建设，不必言主义，只做破坏工夫。

刘继庄：于主义无研究，不谈。赞成熊君破坏说，惟建设亦须预筹。

李承德：对于采用俄国劳农政府的办法非常怀疑。主张用罗素的温和办法，先从教育下手，作个性之改造。俟大多数人都了解，乃适行全体改造。

周惇元：无政府主义不能行，因人性不能皆善，中国目下情形非破坏不行。惟于过激主义不无怀疑，束缚自由，非人性所堪。宜从教育入手，逐渐进步，步步革新。吾人宜先事破坏。破坏后建设事业宜从下级及根本上着手。

陈启民：言教育，言实业，须有主义，须用劳农主义。诊病须从根本入手，一点一滴，功迟而小。

循环讨论后，相与自由讨论。

彭荫柏谓：一点一滴的改造，亦须趋向共同目的。

任培道赞成陈启民诊病须从根本入手的话，惟谓病后宜有补剂，教育其补剂也。

邹泮清仍反对改造说，引人心惟危道心惟微之言，谓人有人心道心，不能尽善，故须点滴改革。

何叔衡云：建设亦须随时着手，随时变更，意不赞成熊瑾玎单要破坏之说。又云：不必说主义，但要人人作工。

毛润之谓：人人做工，就是一种主义，所谓泛劳动主义。

周惇元不赞成泛劳动主义，谓劳农势力之下，摧残天才，主张须有从事科学艺术之自由，不必人人作工。

方法问题讨论至两点钟之久，主席付表决，赞成波尔失委克主义者十二人，何叔衡，毛润之，陶斯咏，易克穗，易礼容，陈章甫，张泉山，陈子博，钟楚生，贺延祜，彭荫柏，陈启民。赞成德谟克拉西者二人，任培道，邹泮清。赞成温和方法的共产主义者一人，李承德。未决定者三人，周惇元，刘继庄，熊瑾玎（方法问题大体解决）。

---

① 世界产业工人联盟的缩写。

以上第二日完。中午叙餐。

一月三号，为集会第三日。首先讨论"方法进行即刻如何着手"问题。仍依次发表意见：

何叔衡：一方面成就自己，多研究；一方面注重传播，从劳动者及兵士入手。将武人政客财阀之腐败专利情形，尽情宣布；鼓吹劳工神圣，促进冲突暴动。次则多与俄人联络。如陈炯明之类，亦宜接洽。

陈启民：研究宜重比较，取精用宏。宣传宜兼重智识阶级，使无弃才。遇有机会，宜促使实现，故有组党之必要，所以厚植其根基。

周惇元：从下级入手，宜渐进，重普遍，立脚宜稳，点滴做去。学校和饭店，皆吾人着手处。研究宜深。

熊瑾玎：先研究，而后从事下手之法。下手之法，宜重传播。学校以自办的为好。再则从事普遍之宣传，办报亦其一法。事实上有组党之必要。多联络，不惜大牺牲，事先宜厚筹经济。发财不是为自己而发财，只要有目的，有组织。

彭荫柏：研究，传播，组织，联络，四者都不可缺。研究宜方面多，科学，文学，哲学，经济，政治，不偏废。各以所得互相交换。传播宜兼重智识阶级。组党〔织〕劳动党有必要，因少数人做大事，终难望成。份子越多做事越易。社会主义青年团，颇有精神，可资提挈。联络，则个人，团体，宜兼顾，如少年中国学会，其可联络者。

贺延祜：研究，传播，甚要；尤宜自己投身到劳动界去。

陈子博：自己到劳动界去多发小册子，语言无妨激烈一点。组党分都市，乡村两方面，洪会可利用。

易阅灰：社会主义青年团可资取法。

姜瑞瑜：发展个人特殊能力，利用机会。教育宜着重。

张泉山：主客〈观〉两方面宜兼重，客观方面分三种方法：（1）宣传。分为三：(a) 学校；(b) 小册子；(c) 秘密演讲。(2) 组织。(3) 联络。分为三：(a) 个人；(b) 小团体；(c) 大团体，如俄国。主观方面宜增高个人能力。

陈章甫：研究宜即时着手。宣传如文化书社，最有效力。我县自浏西文化书社成立，教育人员发生极大之忏悔，即其例。须从市民运动入手，多讲演，多联络，联络可仿颜习斋医病教人办法。饭铺，茶店，最好着手。组织菜园，实行从劳动界入手。夜学要多办。联络要自己到劳动界去，并宜及于女界。

邹泮耕：世界是积渐进化的，宜点滴改造，宜温和。从现时现地做起。注重教育实业。办教育实业要资本，但借外资，仍宜反对。宣传着重劳动阶级，为长时之宣传。教育是基本事业，从学校制造同志最为坚强有力，一个真同志，抵得若干泛人。募捐办学校，由小学而中学大学，由长沙而各省各国，积渐前进，久而可靠。办报注重通俗。

蒋集虚：做事要钱，筹办要从事实业，望各人分工进行。

易礼容：过激主义本不可怕，不研究自然怕他，研究要深切。宣传以诚恳态度出之必有成效。宣传组织宜一贯，即组织，即宣传；即宣传，即组织。要造成过激派万人，从各地传布。艺术家以暗示的方法行之。

陶斯咏：我所要说者，宜云："我个人即刻如何着手？"我的答〈复〉是："我个人要即刻读书。"

任培道：从自己读书做起。

毛润之：诸君所举各种着手办法：研究，组织，宣传，联络，经费，事业，我都赞成。惟研究底下，须增"修养"。联络可称"联络同志"，因非同志，不论个人或团体，均属无益。筹措经费可先由会友组织储蓄会。我们须做几种基本事业：学校，菜园，通俗报，讲演团，印刷局，编译社，均可办。文化书社最经济有效，望大家设法推广。

依次发言毕，相互讨论，对于所举各种着手方法，多谓宜以必要而且切实可行者为主。主席遂将上面各人所述着手方法，综合序列如左：

着手方法：

1. 研究及修养：

A. 主义；

B. 各项学术。

2. 组织：

组织社会主义青年团。

3. 宣传：

A. 教育；

B. 报及小册；

C. 演说。

4. 联络同志。

5. 基本金：

组织贮蓄会。

6. 基本事业：

A. 学校（又夜学）；

B. 推广文化书社；

C. 印刷局；

D. 编辑社，

E. 通俗报；

F. 讲演团；

G. 菜园。

于是主席以赞成上面六项各节为会友进行着手方法付表决，全体起立（着手方法问题解决）。

次讨论"会友室家问题"：

陈章甫报告巴黎会友来信的内容。并谓会友多感室家的苦痛，急宜设法解决。毛润之谓这是一个极大的问题，现在青年有室家痛苦的极多，会友中亦大多数有此痛苦，此时不求解决，将来更无办法。相继自述有室家痛苦者多人。有主张组织"夫人改造学校"者，有主张组织"工厂"者，有主张组织"女子工读学校"者，结果照巴黎来信，先组织"妇女成美会"，推举陶斯咏、易礼容、陈章甫、任培道为筹备员。究用何种救济方法，请四人筹商后得有结果，再行商决（以上家室问题解决）。

次讨论"学会纪念日问题"：

一致主张以四月十七日为学会成立纪念日，各地会员是日分别集会叙〔聚〕餐。

次讨论"会友健康及娱乐问题"：

大家认此为重要问题。惟"增进健康"一项，如早起，运动，沐浴，节劳，戒烟酒等，不便表决规定，应由会友个人去斟酌力行；但表决"增进娱乐"的各种集会如下：

1. 游江会：阴历五，七，八，三月择期举行三次以上。

2. 游山会：春夏秋三季择期举行三次。

3. 踏青会：三月三日。

4. 聚餐会：每月一次，于每月例会日举行，每餐各备铜元二十枚。

5. 踏雪会：遇雪临时集会。

6. 毯会：各会员自由组合。

（以上健康及娱乐问题解决）

此外尚有"会友个人的进行计划""会友个人的生活方法"及"个性之介绍〈及〉批评"三个问题，因时促不能讨论。等本年一月常会解决。

第三日自上午十时起讨论，至下午二时方散。是日全体至草潮门外河干拍照，大雪拥封，照后不现。

一月十六日，为长沙会友十年一月常会期，仍在文化书社开会，到会者二十一人。何叔衡主席：报告今天系继续讨论新年大会未决之问题。问题凡三：（一）会友个人的进行计划；（二）会友个人的生活方法；（三）个性之介绍及批评。请大家先讨论第一问题：

"会友个人的进行计划"。

列席二十一人，依次发言：

何叔衡：我的计划狭小，将来仍当小学教员。想在我的本乡办一学校。在三年以内要往国内各地调查一次。同时不忘看书研究。从前想学外国文，但现觉年纪大了，不能学好。然还想学习日本文，以能看日本书为主。做事从最小范围起。

周惇元：目的在研究学术，想于文学及哲学上用一点功，将来事业则在教育，现在进行：想在两年学好英文。前想进学校，今觉中国学校无可进了。想在近筹一点钱赴日本，惟不易办。赴日虽不甚好，但一，可绝外缘，免去在国内时的纷扰；二，日本虽无独立文化，但感受最快，并非无学可求。筹款困难时，或要借助官费。

彭荫柏：从前本想终身站在实业界，所以进了商业学校。后知商业不适个性，便把他丢掉了。从前我有一种野心：学好数国文字；对于形而上学，也想懂得一点大概；又想于实业上有所贡献，于海外贸易有所进行。但是现在变更了：觉得要使社会改造，非于经济政治上有所改造不可。前想留美，因无钱打止；后又想到法国去；去年以来，又想赴俄；现仍想由法赴俄。在长沙，至多不过两年了。在长沙，除解决自己生活之外，还想帮助劳动组织。求学方面，还是初心，但文字只想学英俄两国了。

钟楚生：我自己觉得只能在教育界生活，并且愿意只在教育界生活。我从前本已进了中学，因故改入师范。师校毕业，因本省高等师范不好，不愿去，因此做了教员。因循至今，随便又是几年。将来仍想在教育上用功，想筹钱到日本去一次。

陈子博：俟中学毕业后再定计划。在长沙时，一面对于社会上做点事，对兵与工，宣传我们的主义；一面将自己的功课预备一番。

谢南岭：我认改造社会，应当从最下级——乡村——做起，所以乡村教育，极愿尽力。师校毕业后，决定升学，或西南大学，或高师，或高工，升学毕业后，决在乡村中做事。改变普通人做便宜事做高贵事的心理态度。

张泉山：我从前只有求学上的计划，去年以来，又有事业上的计划了。我对于学问，想从数学、物理学、化学下手。现在有闲就读英文。我于自身生活以外，担负一个老弟的学费，因此当在长沙再留一年半，仍从事教员生活。

蒋集虚：想做一个教育者，从事小学中学的教育事业。师校毕业后，教书，积钱，再入高等师范，然后往外国留学。从事教育时，拟集合同志，自办学校。

毛润之：觉得普通知识要紧，现在号称有专门学问的人，他的学问，还只算得普通或还不及。自身决定三十以内只求普通知识，因缺乏数学、物理、化学等自然的基础科学的知识，想设法补足。文学虽不能创作，但也有兴会，喜研究哲学。应用方面，研究教育学，及教育方法等。做事一层，觉得"各做各事"的办法，毫无效力，极不经济，愿于大家决定进行的事业中担负其一部分，使于若干年后与别人担负的部分合拢，即成功了一件事。去年在上海时，曾决定在长沙顿住两年，然后赴俄，现在已过了半年，再一年半，便当出省。在长沙做的事，除教育外，拟注力于文化书社之充实与推广。两年中求学方面，拟从译本及报志了解世界学术思想的大概。惟做事则不能兼读书，去年下半年，竟完全牺牲了（这是最痛苦的牺牲）。以后想办到每天看一点钟书，一点钟报。

罗耻迁：终身事业：教育。教育是为人类的，为社会的，所以对于社会学欲有所研究。研究的方法不能确定，或自修，或学校，或国内，或国外。至于目前，从阴历明年正月起，读英文。在五年以内，要使英文学到可以看书。

夏蔓伯：深信工学并行，与脑体共用之理，想一面研究教育，一面学习工艺，这是目的。方法：第一决定在师范毕业，毕业后任教员几年，教书时并兼从事研究与练习工艺。十年后，再出洋。

邹泮耕：我的计划筹想了多年，几经修正，现在似乎有一点把握了。我意一个人的事业不外研究与发表两节。我个人想研究文学及哲学（广义的），拟以一年温习曾学过的各种自然科学，再以二年习文学，再以一年习英文。这四年中附带教课（不当主任），无课则事研究。四年后往日本，至少住一年，惟不愿进学校，因我从来反对他。此后再以五年求学，详细不能悬拟，或竟赴西洋亦难定。以上是我的十年研究计划，此后再从事发表。至我不赞成学校，因学校不足成学。

易粤徽：我近来认定我自己最后要做一个教育者。预备工夫，先学外国文；至少学好英文，法文，日文，注重英文。将教育学与学外国文合为一起，看英文教育学。我又认学校无进的必要，决定在年半以内从事教育的工作。每天做四小时工，读六小时书。

陈启民：（发言很长，记其大要。）陈云：我个人计划，一是终身的，为终身读书计划。这是根据我自己的宇宙观和个性来决定的。我觉宇宙只是空间时间二者。时间是直线，空间是整块，都不是破碎的。我个性则是喜欢多方面。因此觉得宇宙间人之所欲学，皆吾之所欲学。宇宙间人之所曾论思，皆吾之所欲论思。文学，哲学，科学，皆吾之所欲学。我愿做一个学术界的托辣〔拉〕斯。学问暂时不能定系统。升学不升学，出洋不出洋，觉得皆不成问题。因学校不足以范围我，我可以利用学校，所以或者再入学校。至于出洋，世界上学问分两大支，一支属亚，一支属欧。我从前有一种见解，对亚洲想集中研究中国的学问，推及印度，日本。对欧洲，则不能说集中那一国，所以想先研究亚洲学；这是我从前的想法。后来又想用西方的方法，求东方的学问。现在则想东西并进。至将来到外国去，以一国为常驻，以各国为游行，作一个学术界的猎夫。我于升学，不定在那一年和那个学校。至读书的时间，原无穷尽，死而后已。以上说终身的计划。再说目前的计划。为经济压迫，不能外出，但这正是成全我，因为我想在这个时候研究中国学。中国学的下手注重周秦，周秦以下，无学可说。宋受佛学影响，当别论。清为复古时代，自当研究。我想以历史的方法治中国的学问而集中于哲学和文学二面。我以为冷静方面的学问当在后，人事方面如政治，经济等当在先。而西方的政治，经济，均大规模有组织，所以我对于西方学拟集中于政治、经济的方面。我从前有两年学好三国文字的计划，因事实阻碍，近又订了三年学好两国文字的计划。英文而外法文和日本文都是要学的。

贺延祜：我的计划随时变易，前学师范，无甚计划，毕业后教了几年课，想进高师，未果。现拟学医，因此想学英文、化学、生理学等。因经济不能独立，拟做两年事，集一点钱，再进医校，医系一种职业，可以救人。做事时兼学英文、化学。

吴毓珍：想到法国勤工俭学，但因无钱恐不能去，现在还是筹钱。一面筹钱，一面读点英文。

陶斯咏：陈先生想做一个学问上的托辣〔拉〕斯，我只好做一个捡煤炭的小孩子。我在师范毕业后，因经济，不能升学，就想教课数年，储金升学，不料至今还是原样。久想邀伴自读，几经设法无成。去年想入北高，未果。去夏至南高想入又未果。以后仍只在周南，一边做事，一边研究，从心理学、教育学和英文入手。同时想联络省城各处女友，我觉求友不一定要求胜〈己〉，诸凡有志，即当联络。

任培道：从前许多计划都失败了。先前本想升学，后因经费及地点的困难未能。因决计当小学教员，一求增进经验，一求储积费用。在溆浦数年，亦无成效。去年想到法国去，也因无钱未成。因力辞校事，想在长沙专门对于学问用一点功，即到长沙，也不能实现，现在仍只好一面求所以解决生活，一面学习英文，再等机会升学。

吴家瑛：在学生时代计划和希望很大，及入社会经历数年，从前计划打消好多了！现亦无具体的计划可说，惟对于学问事业两面，总是抱一种〈向〉前进行的意思罢了。

唐文甫：陈君以为宇宙是整然的，因此作成他的宇宙观而立定其计划。我的计划，也立于我的宇宙观，我觉得宇宙只是"美"。我觉得世界没有不美的。凡能引起我的美感的，我就喜欢去研究。文学是能够表美的，诗歌尤是文学上表美的要品。因此我欲于诗歌有所研究和创作。不是求名，也不是求利，也不管人人说好说歹，只求满足自己的要求就是。此外哲学也想研究。凡求学一要有识，二要有胆，而胆第一，无胆则不能成学。吾愿戳破一切，做一个学问上的"冒失鬼"。年半内不出省，一面做一点事，解决生活，一面学英文及日文。年半后或入北大，或进南高，暂不定。自揣个性近于文学，将来想专力于此。

熊瑾玎：我觉要做事，就要有钱，因此我就早有发财的念头，常常找些"十大富豪""货殖传"……看。常觉在中国这种社会底下发财有两条路：一是做官，二是经商。做官要钻营，不愿干。经商我也试验了一下，因他种原因，停了。现在想从生产事业下手，从前与萧子升等商量到东三省垦荒，因各种困难未成，现正在筹度他种方法。我觉私利可以不要，团体资本是该要的；增进我们的资本，方能发展我们的事业。苟可发财，不必择术。

以上个人的进行计划发表完。从前的朋友们，多将自己的计划看作秘密，不肯把他公开出来，因此别人不晓得他的计划，他也不晓得别人的计划，各人都打入闷葫芦里，要互助也无从互助，要结合同目的的人共做一样事也无从结合。这种"各想各""各做各"的现象之结果：一、自己的计划如果偏了或错了，因无从得到纠正，便一直偏错到老死，所志无成，徒增怨悔。这类情形，是我们常时看见的。二、自己的计划虽未偏错，而孤行无助，终归不能达到，这类也是常有的事。长沙同人鉴于此种弊失，乃有各述计划之举。各地会友均（若）能同样举行，各述自己计划，以其结果刊登会务报告，大家看了，当〔可〕得到种种益处。

上面个人计划述完，休息二十分钟，继续讨论第二个问题：

"会友个人的生活方法。"

这问题也是很重要的。大概从前的读书人，是照例不研究生活方法的；因此，竟弄成凡读书人社会就是无恶不作的坏人社会。吃饭问题，本来不容易解决。加以不研究，更不得不寻些糊涂方法去解决了。新民学会长沙会友讨论这个问题的结果，除开一二人因别种理由，不主张注重生活问题之外，其余对此问题都觉很为重要。讨论情形特记如次：

何叔衡：自身个人的生活很简单，容易解决。惟须兼筹子女的教育费。自己拟作教育上的事业，期得到低额的报酬，以资生活。至于别的不正当的发财法子，无论如何，不愿意干。

彭荫柏：常有三个问题，即求学，做事与生活，都难解决。但我觉得人只要有勇气，不应计及生活问题上去。罗素说："应当想生活问题以外的事。"我很相信。我们只要把求学做事的问题解决，生活不成问题。但我们生活，也要定一方向。许多方面的生活，如做官之类，我们不可去。只有教育界（除开别的新组织新生活）和作工，为我们所可采的方面。作工也有为难的地方，因为劳动界太无识了。所以我们做事，当有新组织才行。

唐文甫：在我们求学时，专心去解决生活问题，恐怕会要堕落，解决不了，便生烦闷。我现在在《民治日报》帮编新闻，一面不费多的时间，一面可以得到少许报酬，用以生活并买书报。将来拟从事这一类一面可资生活，一面便于研究的事。

陈子博：虽略有遗产，但父亲专制，不能容我自主；要脱离此种痛苦，非独立生活不可。现学未成，仍然困难。寒暑假中拟在文化书社服务，以所得工钱，供给学费。毕业后生活方法，要俟将来决定。

周惇元：暂任报馆事，解决生活，将来很想一切事不做，专门读书。但款须另筹。

张泉山：以教员为职业。

钟楚生：以教员为职业。

谢南岭：家寒，但能耐苦，物质上的生活很易解决。然无钱买书，将来升学，也很为难。近来想组织一个小小的工场，或印刷所，来解决生活。

夏蔓伯：我自己现在是一个寄生虫；不惟自己，身上又有了两个寄生虫——妻，女。将来个人的生活方法，想从事手工业。现在师校尚未毕业，拟于年内着手办一小印刷局，以所获供给用项。毕业后以教员维持生活。家里有一父，二妹，一妻，一女；除父外，通是不生产者：故家庭生活，甚是危险。

易阆灰：我于消费，主张适当，不太奢，亦不太啬。饭取可口，衣取章身，房子求卫生通光气。至取得生活费的方法，暂为教员月薪，支出恐怕要以买书费为多。

贺延祜：生产暂时尚无方法，计划想学医，不能之对，仍在教育上做事，半工半读。消费不主太简，食住总以能卫生为好，衣以保暖为宜。

熊楚雄：但是一个人的生活不成问题，我们生活所以难解决者就是除了自己，还有别人——子弟。生活的方法，要想法子开辟，例如"送灰面""添洋油"两件小事，从前没有人干，经人开辟了，就是很好的生活方法。我们如果没有一点事做，也可以自己开辟途径。我对于生活费的使用，不大喜欢俭啬。因为生活奢一点，欲望必定也大一点，做事必定也勇一点。

毛润之：我所愿做的工作：一教书，一新闻记者，将来多半要赖这两项工作的月薪来生活。现觉专用脑力的工作很苦，想学一宗用体力的工作，如打袜子，制面包之类，这种工作学好了，对世界任何地方跑，均可得食。至于消费，赞成简单，反对奢泰。

罗耻迁：生产方面：在教育上生活。消费方面：量入为出，不必俭。除自己解决生活外，还要解决家庭生活。

蒋集虚：物质生活，不外衣、食、住三项。现我决定家产一点不要，师校毕业后以教员为职业，与相知之数友同居生活，生活费互助，轮流升学。衣则十年内决定只穿布衣，食则每日一餐也可，住屋更可随便。至精神生活，则急要读书。我从前觉得人生无味，盖进化无已，没有底境，使人迷茫，觉得无味。近受杜威罗素的影响，将凡事之无希望的方面，黑暗的方面，坏的方面，不去着想；专想有希望的方面，光明的方面，故觉颇有生趣。

邹泮耕：因要读书，生活问题也不得不计及一番。以我家论，本可自给。但能自己给书报费则更好。至于将来完全读书时期，便为难了。

陶斯咏：现在的生活：教书，学校办事。教书和办事的生活难靠，则烹饪，裁缝，编物。物质生活不困难；但自己不善理财，有钱不能储蓄。精神生活是一难事，因为要有学问才行。精神如鱼，学问是水，有学问精神才得愉快。

陈启民：精神生活，先前所说可以见大概，不重述。物质生活非个人所能解决，所以社会主义，共产主义，都是革生活的命。生活上太枯焦，太刻苦，必影响于心理。所以我们身体上所需，必不可故意刻减。饮食衣服住居，都要达到一个相当的程度，虽不要奢，总要"备"。生活的全体，非个人所能解决，个人只能尽力之所能去做。

任培道：现时生活，可以教书解决，衣食能安淡泊。

此时吴德庄因事先去。各人依次述生活方法毕。互有讨论。

周惇元云：劝善规过，最是要紧，我常感觉到虽时常有朋友谈论，总多闲谈，少有用诚恳的态度来讨论修学立身的问题的。希望会友注意此点，会面不为闲谈，劝善规过，讨论问题。又觉得我们在此时应该注重"自己改造"，不应加入团体太多，致牵涉许多事务，妨碍自己的进修。

蒋集虚极赞周君的话，说："应该如此。"

陶斯咏云：我总加入了七八个会，以后当辞去四五个。

何叔衡云：朋友会面，宜多批评。至生活的切实方法，还须大加研究。

毛润之不赞成熊瑾玎之消费主张，谓生活奢了，不特无益，而且有害。主张依科学的指导，以适合于本体内须的养料，身上应留的温度，和相当的房屋为主，这便是"备"，多的即出于"备"之外，害就因此侵来。

此时何叔衡提议：想一个公众的生产方法，谓刚才有人提议办印刷局，我以为可以商议进行。

毛润之云：文化书社有此计划，因"书社"只是发行一部，还要组织一个印刷局，及一个编译社。

夏蔓伯谓：如有人帮助组织，愿任进行。

大家认此事甚属要紧，结果：决定另行筹议。"个性之介绍及批评"，因时间不早，未议散会。

各会友鉴：

第三号会务报告，大略要本年年底才可编印。至通信集第四集稿已齐，本年八月可出。第五集的信稿，亟盼陆续寄到；极随便的信，极短的信（如明片）均请寄来。来件请寄长沙文化书社。

摘自《新民学会资料》

蔡林彬给毛泽东

（1920年8月13日）

润之兄：

湘局定，想已归。前见改造宣言，如能照行，甚善。来法会友上月在蒙集议一次，详情子升报告。我到法后，卤奔〔莽〕看法文报，现门路大开，以世界大势律中国，对于改造计划略具规模。现搜集各种重要小册子约百种，拟编译一种传播运动的丛书：

（一）世界革命运动之大势

分四种形势：

1. 无产阶级革命成功的地方——俄。

2. 无产阶级革命已发动或小产地方——中欧及巴尔干战败诸国。

3. 阶级革命酝酿的地方——五大强战胜诸国。

4. 阶级觉悟发生后由爱国运动引导到布尔塞维克上去的地方——诸被压迫之民族，保护国，殖民地：如波斯，土耳其，印度，埃及，朝鲜，中国等。

（二）无产阶级革命运动之四种利器

1. 党（社会党或共产党）。发动者，领袖者，先锋队，作战部，为无产阶级运动的神经中枢。

2. 工团。先的作用为实力的革命军，不可破获的革命机关。后的作用为生产组织。

3. 合作社。先的作用为劳动运动革命运动的经济机关，进而打消贸易主义，为消费组织。

4. 苏维埃。无产阶级革命后的政治组织。

（三）世界革命之联络与方法

1. 万国共产党（本部在俄）之计划与方法及新旧国际党之经过。

2. 万国工会组织，作用，最近之举动。

3. 万国同盟罢工（如最近万国矿工会宣布如协约对俄再战则下令英法矿工罢工）。

4. 万国同盟结〔绝〕交（如今年六月万国工会宣布与虐杀工人及社会党之匈牙利反动政府同盟绝交，电邮路船，都不与通，结果被捕之人民委员得减死刑）。

（四）俄罗斯革命后之详情

这四种东西，现已搜集许多材料，猛看猛译，迟到年底，或能成就。我近对各种主义综合审缔〔谛〕，觉社会主义真为改造现世界对症之方，中国也不能外此。社会主义必要之方法：

阶级战争——无产阶级专政。

我认为现世革命唯一制胜的方法。我现认清社会主义为资本主义的反映，其重要使命在打破资本经济制度。其方法在无产阶级专政，以政权来改建社会经济制度。故阶级战争质言之就是政治战争，就是把中产阶级那架机器打破（国会政府），而建设无产阶级那架机器——苏维埃。工厂的苏维埃，地方的苏维埃，邦的以至全国的苏维埃，只有工人能参与，不客〔容〕已下野的阶级参与其中，这就叫做阶级专政。无产阶级革命后不得不专政的理由有二：

无政权不能集产，不能使产业社会有。换言之，即是不能改造经济制度。

无政权不能保护革命，不能防止反革命，打倒的阶级倒而复起，革命将等于零。

因此我以为现世界不能行无政府主义，因为现世界显然有两个对抗的阶级存在，打倒有产阶级的迪克推多，非以无产阶级的迪克推多压不住反动，俄国就是个明证。所以我对于中国将来的改造，以为完全适用社会主义的原理和方法。

我想编的"四种利器"，亦是我这一回要与你具体商量的。我以为先要组织党——共产党。因为他是革命运动的发动者，宣传者，先锋队，作战部，以中国现在的情形看来，须先组织他，然后工团，合作社，才能发生有力的组织。革命运动，劳动运动，才有神经中枢。但是宜急宜缓呢？我以为现在就要准备。现在红军已打倒波兰而压入波斯，这种情形你必熟悉，而中国摇身一变的政客和武人（如陈炯明）正在准备做列宁，我预料三五年中，中国必有一个克伦斯基政府出现。换言之，必定有个俄国的二月革命出现。主持的人必为一千〔干〕摇身一变的旧军阀政阀财阀。而结果产生一个不牛不马的德奥式的革命政治。这样一回事，我预料有少数的青年也会参与其中，但我不愿你加入。我愿你准备做俄国的十月革命。这种预言，我自信有九分对。因此你在国内不可不早有所准备。

然则这种党如何的准备组织呢？照旧组织革命机关，是不中用的。我以为要邀一些同志跑到资本家的工厂里去，跑到全国的职业机关议会机关去。去干甚么？去做工，办事，当代表，做议员。我望你物色如殷柏者百人，分布全国各处，不必他往，亦不必另组机关，即以中产阶级现成的职业机关，议会机关，做革命机关。这种方法，我得之于布尔塞维克。二月革命后，布党遍布全国各机关，列宁亦人〔入〕了克伦斯基政府，所以十月革命一举成功。

我在这面业已酝酿组织，将于此早组一整队赴俄工作（二年内）。将来以俄为大本营，至少引一万青年男女长驻工作。拟于今冬联络新民会友，少年学会友，工学励进会友，以及赴德之王光祈，赴英之某某，开一联合讨论会。我将拟一种明确的提议书，注重"无产阶级专政"与"国际色彩"两点。因我所见高明一点的青年，多带一点中产阶级的眼光和国家的色彩，于此两点，昨〔非〕严正主张不可。此意已与曾慕韩深言之，彼甚为感动，须料不久将与少年学会中人发生影响，将来讨论如得一致，则拟在此方旗鼓鲜明成立一个共产党。

木斯哥万国共产党是去年三月成立的，今年七月十五开第二次大会，到会代表三十多国。中国高丽亦各到代表二人，土耳其印度各有代表五人。据昨日报土耳其共产党业已成立。英国于本月初一亦成立一大共产党。法社会党拟改名共产党。现在第二国际党已解体，脱离出来者都加入新国际党，就是木斯哥万国共产党。我意中国于二年内须成立一主义明确方法的当和俄一致的党，这事关系不小，望你注意。

徐彦之等赴日，不知如何联络，现在中国不明俄国及各国社会情形，所以一切运动都支节无大计。朝鲜，日本，波斯，印度，土耳其，都应有人去，尤以日本为重要。我意日本要去一个极重要的人。与去俄国一样的重要，望你注意！我意中日间要两国无产阶级联络革命才能解决。只要有成熟的联络，谁先谁后不成问题。如果中国革命而日帝国政府未倒时，我们量力之所能采两个方法对他：

（一）我意我们的运动成熟，必与俄国打成一片，一切均借俄助。如日出而干涉，则如俄之对波兰者对之。

（二）万不得已，则以列宁之对德者对之。

以我观察，中国行俄式革命，反动必较俄大。其因有二：

（一）大资本家大地主少，而十万二十万之身家多，故反动数目必多。

（二）中国自来政治影响于个人经济者很少，个人经济极自由，一旦集产，反动必大。

有人以为中国无阶级，我不承认。只因小工小农不识不知，以穷乏惨苦归之命，一旦阶级觉悟发生，其气焰必不减于西欧东欧。

共产党的原理和方略，我须先研究清楚，现已译《议院行动》（系万国共产党之魁作）一篇，及列宁等重要文字数篇，拟续译《俄国共产党大纲》。

俄十月革命共产党仅万人，现尚只六十万人。一九一七年俄工党只百五十万人，现四百万。

现在内地组织此事须秘密。乌合之众不行，离开工业界不行。中产阶级文化运动者不行（除作他变）。

我拟在此组织一整队赴俄做工。法语于俄甚行，勤工可得川资。将来以俄为大本营，纵少要有青年工人万人在俄。国内往俄难，请先鼓人来法。

你前要我做通信，现因有系统一点的编译计划，无暇作此。

改造地图，请买一部寄我。

你如对于上列意见表同情，或即潜在运动，则有两点应注意而不可游移：

无产阶级专政。

万国一致的阶级色彩，不能带爱国的色彩。

叔衡，启民，惇元，殷柏，诸友均此。

彬

一九二〇，八，一三

摘自《新民学会资料》

毛泽东给萧旭东萧〔蔡〕林彬并在法诸会友

（1920年12月1日）

和森兄子升兄并转在法诸会友：

接到二兄各函，欣慰无量！学会有具体的计划，算从蒙达（尔）尼会议及二兄这几封信始。弟于学会前途，抱有极大希望，因之也略有一点计划，久想草具计划书提出于会友之前，以资商榷，今得二兄各信，我的计划书可以不作了。我只希望我们七十几个会友，对于二兄信上的计划，人人下一个详密的考虑，随而下一个深切的批评，以决定或赞成，或反对，或于二兄信上所有计划和意见之外，再有别的计划和意见。我常觉得我们个人的发展或学会的发展，总要有一条明确的路数，没有一条明确的路数，各个人只是盲进，学会也只是盲进，结果糟踏了各人自己之外，又糟踏了这个有希望的学会，岂不可惜？原来我们在没有这个学会之先，也就有一些计划，这个学会之所以成立，就是两年前一些人互相讨论研究的结果。学会建立以后，顿成功了一种共同的意识，于个人思想的改造，生活的向上，狠〔很〕有影响。同时于共同生活，共同进取，也颇有研究。但因为没有提出具体方案；又没有出版物可作公共讨论的机关；并且两年来会友分赴各方；在长沙的会员又因为政治上的障碍不能聚会讨论；所以虽然有些计画和意见，依然只藏之于各人的心里；或几人相会出之于各人的口里；或彼此通函见之于各人的信里；总之只存于一部分的会友间而已。现在诸君既有蒙达（尔）尼的大集会，商决了一个共同的主张；二兄又本乎自己的理想和观察，发表了个人的意见；我们不在法国的会员，对于诸君所提出当然要有一种研究，批评，和决定。除开在长沙方面会员，即将开会为共同的研究，批评，和决定外，先述我个人对于二兄来信的意见如下。

现在分条说来。

（一）学会方针问题。我们学会到底拿一种甚么方针做我们共同的目标呢？子升信里述蒙达（尔）尼会议，对于学会进行之方针，说："大家决定会务进行之方针在改造中国与世界。"以"改造中国与世界"为学会方针，正与我平日的主张相合,并且我料到是与多数会友的主张相合的。以我的接洽和观察,我们多数的会友,都倾向于世界主义,试看多数人鄙弃爱国;多数人鄙弃谋一部分一国家的私利,而忘却人类全体的幸福的事;多数人都觉得自己是人类的一员,而不愿意更繁复的隶属于无意义之某一国家,某一家庭,或某一宗教,而为其奴隶;就可以知道了。这种世界主义,就是四海同胞主义,就是愿意自己好也愿意别人好的主义,也就是所谓社会主义。凡是社会主义,都是国际的,都是不应该带有爱国的色彩的。和森在八月十三日的信里说:"我将拟一种明确的提议书,注重无产阶级专政与国际色彩两点。因我所见高明一点的青年,多带一点中产阶级的眼光和国家的色彩,于此两点,昨〔非〕严正主张不可。"除无产阶级专政一点置于下条讨论外,国际色彩一点,现在确有将他郑重标揭出来的必要。虽然我们生在中国地方的人,为做事便利起见,又因为中国比较世界各地为更幼稚更腐败应先从此着手改造起见,当然应在中国这一块地方做事;但是感情总要是普遍的,不要只爱这一块地方而不爱别的地方。这是一层。做事又并不限定在中国,我以为固应该有人在中国做事,更应该有人在世界做事,如帮助俄国完成他的社会革命;帮助朝鲜独立;帮助南洋独立;帮助蒙古,新疆,西藏,青海自治自决,都是很要紧的。以下说方法问题。

(二)方法问题。目的——改造中国与世界——定好了,接着发生的是方法问题。我们到底用甚么方法去达到"改造中国与世界"的目的呢?和森信里说:"我现认清社会主义为资本主义的反映,其重要使命在打破资本经济制度,其方法在无产阶级专政。"和森又说:"我以为现世界不能行无政府主义,因在现世界显然有两个对抗的阶级存在,打倒有产阶级的迪克推多,非以无产阶级的迪克推多压不住反动,俄国就是个明证,所以我对于中国将来的改造,以为完全适用社会主义的原理与方法……我以为先要组织共产党,因为他是革命运动的发动者,宣传者,先锋队,作战部"。据和森的意见,以为应用俄国式的方法去达到改造中国与世界,是赞成马克斯的方法的。而子升则说:"世界进化是无穷期的,革命也是无穷期的,我们不认可以一部分的牺牲,换多数人的福利。主张温和的革命,以教育为工具的革命,为人民谋全体福利的革命。以工会合〈作〉社为实行改革之方法。颇不认俄式——马克斯式——革命为正当,而倾向于无政府——蒲鲁东式——之新式革命,比较和而缓,虽缓然和"。同时李和笙兄来信,主张与子升相同,李说:"社会改造,我不赞成笼统的改造,用分工协助的方法,从社会内面改造出来,我觉得很好。

一个社会的病，自有他的特别的背景，一剂单方可医天下人的病，我很怀疑。俄国式的革命，我根本上有未敢赞同之处"。我对子升和笙两人的意见（用平和的手段，谋全体的幸福），在真理上是赞成的，但在事实上认为做不到。

罗素在长沙演说，意与子升及和笙同，主张共产主义，但反对劳农专政，谓宜用教育的方法使有产阶级觉悟，可不至要妨碍自由，兴起战争，革命流血。但我于罗素讲演后，曾和荫柏，礼容等有极详之辩论，我对于罗素的主张，有两句评语：就是"理论上说得通，事实上做不到"。罗素和子升和笙主张的要点，是"用教育的方法"，但教育一要有钱，二要有人，三要有机关。现在世界，钱尽在资本家的手；主持教育的人尽是一些资本家，或资本家的奴隶；现在世界的学校及报馆两种最重要的教育机关，又尽在资本家的掌握中。总言之，现在世界的教育，是一种资本主义的教育。以资本主义教儿童，这些儿童大了又转而用资本主义教第二代的儿童。教育所以落在资本家手里，则因为资本家有"议会"以制定保护资本家并防制无产阶级的法律。有"政府"执行这些法律，以积极的实行其所保护与所禁止。有"军队"与"警察"，以消极的保障资本家的安乐与禁止无产者的要求。有"银行"以为其财货流通的府库。有工厂以为其生产品垄断的机关。如此，共产党人非取政权，且不能安息于其宇下，更安能握得其教育权？如此，资本家久握教育权，大鼓吹其资本主义，使共产党人的共产主义宣传，信者日见其微。所以我觉得教育的方法是不行的。我看俄国式的革命，是无可如何的山穷水尽诸路皆走不通了的一个变计。并不是有更好的方法弃而不采，单要采这个恐怖的方法。

以上是第一层理由。第二层，依心理上习惯性的原理，及人类历史上的观察，觉得要资本家信共产主义，是不可能的事。人生有一种习惯性，是心理上的一种力，正与物在斜方必倾向下之为物理上的一种力一样。要物不倾向下，依力学原理，要有与他相等的一力去抵抗他才行。要人心改变，也要有一种与这心力强度相等的力去反抗他才行。用教育之力去改变他，既不能拿到学校与报馆两种教育机关的全部或一大部到手，虽有口舌印刷物或一二学校报馆为宣传之具，正如朱子所谓"教学如扶醉人，扶得东来西又倒"，直不足以动资本主义者心理的毫末，那有回心向善之望？以上从心理上说。再从历史上说，人类生活全是一种现实欲望的扩张。这种现实欲望，只向扩张的方面走，决不向减缩的方面走，小资本家必想做大资本家，大资本家必想做最大的资本家，是一定的心理。历史上凡是专制主义者，或帝国主义者，或军国主义者，非等到人家来推倒，决没有自己肯收场的。有拿破仑第一称帝失败了，又有拿破仑第三称帝。有袁世凯失败了，偏又有段祺瑞。章太炎在长沙演说，劝大家读历史，谓袁段等失败均系不读历史之故。我谓读历史是智慧的事，求遂所欲是冲动的事，智慧指导冲动，只能于相当范围有效力，一出范围，冲动便将智慧压倒，勇猛前进，必要到遇了比冲动前进之力更大的力，然后才可以将他打回。有几句俗话："人不到黄河心不死""这山望见那山高""人心不知足，得陇又望蜀"，均可以证明这个道理。以上从心理上及历史上看，可见资本主义是不能以些小教育之力推翻的，是第二层理由。

再说第三层理由。理想固要紧，现实尤其要紧，用和平方法去达共产目的，要何日才能成功？假如要一百年，这一百年中宛转呻吟的无产阶级，我们对之，如何处置（就是我们）？无产阶级比有产阶级实在要多得若干倍。假定无产者占三分二，则十五万万人类中有十万万无产者（恐怕还不止此数），这一百年中，任其为三分一之资本家鱼肉，其何能忍？且无产者既已觉悟到自己应该有产，而现在受无产的痛苦是不应该；因无产的不安，而发生共产的要求；已经成了一种事实。事实是当前的，是不能消灭的，是知了就要行的。因此我觉得俄国的革命，和各国急进派共产党人数日见其多，组织日见其密，只是自然的结果。

以上是第三层理由。再有一层，是我对于无政府主义的怀疑。我的理由却不仅在无强权无组织的社会状态之不可能，我只忧一到这种社会状态实现了之难以终其局。因为这种社会状态是定要造成人类死率减少而生率加多的，其结局必至于人满为患。如果不能做到（一）不吃饭；（二）不穿衣；（三）不住屋；（四）地球上各处气候寒暖，和土地肥瘠均一；或是（五）更发明无量可以住人的新地，是终于免不掉人满为患一个难关的。

因上各层理由，所以我对于绝对的自由主义，无政府的主义，以及德谟克拉西主义，依我现在的看法，都只认为于理论上说得好听，事实上是做不到的。因此我于子升和笙二兄的主张，不表同意。而于和森的主张，表示深切的赞同。

（三）态度问题。分学会的态度与会友的态度两种：学会的态度，我以为第一是"潜在"，这在上海半淞园曾经讨论过，今又为在法会友所赞成，总要算可以确定了。第二是"不倚赖旧势力"，我们这学会是新的，是创造的，决不宜许旧势力混入，这一点要请大家注意。至于会友相互及会友个人的态度，我以为第一是"互助互勉"（互助如急难上的互助，学问上的互助，事业上的互助。互勉如积极的勉为善，消极的勉去恶）；第二是诚恳（不滑）；第三是光明（人格的光明）；第四是向上（能变化气质有向上心）。第一是"相互间"应该具有的。第二第三第四是"个人"应该具有的。以上学会的态度二项，会友的态度四项，是会及会友精神所寄，非常重要。

（四）求学问题。极端赞成诸君共同研究及分门研究之两法。诸君感于散处不便，谋合居一处，一面作工，一面有集会机缘，时常可以开共同的研究会，极善。长沙方面会友本在一处，诸君办法此间必要仿行。至分门研究之法，以主义为纲，以书报为目，分别阅读，互相交换，办法最好没有。我意凡有会员两人之处，即应照此组织。子升举力学之必要，谓我们常识尚不充足，我们同志中尚无专门研究学术者，中国现在尚无可数的学者，诚哉不错！思想进步是生活及事业进步之基。使思想进步的唯一方法，是研究学术。弟为荒学，甚为不安，以后必要照诸君的办法，发奋求学。

（五）会务进行问题。此节子升及和森意见最多。子升之"学会我见"十八项，弟皆赞成。其中"根本计划"之"确定会务进行方针""准备人才""准备经济"，三条尤有卓见。以在民国二十五年前为纯粹预备时期，我以为尚要延长五年，以至民国三十年为纯粹预备时期。子升所列长沙方面诸条，以"综掣会务大纲，稳立基础""筹办小学""物色基本会员"三项，为最要紧，此外尚应加入"创立有价值之新事业数种"一项。子升所列之海外部，以法国，俄国，南洋三方面为最要。弟意学会的运动，暂时可统括为四：1. 湖南运动；2. 南洋运动；3. 留法运动；4. 留俄运动。暂时不必务广，以发展此四种，而使之确见成效为鹄，较为明切有着，诸君以何如？至和森要我进行之"小学教育""劳动教育""合作运动""小册子""亲属聚居""帮助各团体"诸端，我都愿意进行。惟"贴邮花"一项，我不懂意，请再见示。现在文化书社成立，基础可望稳固，营业亦可望发展。现有每县设一分社的计划，拟两年内办成，果办成，效自不小。

（六）同志联络问题。这项极为紧要，我以为我们七十几个会员，要以至诚恳切的心，分在各方面随时联络各人接近的同志，以携手共上于世界改造的道路。不分男，女，老，少，士，农，工，商，只要他心意诚恳，人格光明，思想向上，能得互助互勉之益，无不可与之联络，结为同心。

此节和森信中详言，子界亦有提及，我觉得创造特别环境，改造中国与世界的大业，断不是少数人可以包办的，希望我们七十几个人，人人注意及此。

我的意见大略说完了。闻子升已回国到北京，不久可以面谈。请在法诸友再将我的意见加以批评，以期求得一个共同的决定。个人幸甚。学会幸甚。

弟泽东

九年十二月一日文化书社夜十二时

摘自《新民学会资料》

谢觉哉日记

(1921 年 1 月至 10 月)

一月一日　阴雨　寒甚，今日始设火

东园、玉衡①、润之介绍我入新民学会。今日开会。以入会手续未完，未往。

一月三日　微晴　雪未融

(前略)连日新民学会开会，关于主义争辩甚厉。余谓宇宙之大无所不容，进化之途，且恒赖矛盾之主义互抗互厉。以狭义言，固此亦一是非，彼亦一是非；以广义言，无所谓是非也。但同一学会，则以奉同一主义为宜。

一月四日　阴

……湖南新文化的花，完全在第一师范。

三月十七日　晴

看游法生蔡林彬信，其议论殊恢奇可畏。

六月八日　阴

子升、润之提议另组一报，继续通俗报的精神，预计须得贰千元基金，每月津贴三百元光景，方可着手，因报小价廉收入无多也。

六月十日　晴

……夜叔衡要出一张专讲灾荒的报到〔道〕会场发卖。

六月二十三日　晴

午后至船山商议办报事，与会者叔衡、子升、润之、瑾玎。

六月二十九日　阴

午后六时叔衡往上海，偕行者润之，赴全国□□□□□之招。②

十月二十二日　阴雨

……代理师范甲组二班的课，授至本周至〔止〕，请润之代理，计代理三周

---

① 东园，为周世钊的别号；玉衡，为何叔衡的字。
② 原文如此，实指出席中国共产党第一次全国代表大会。

（中罢课一周）。

昨晚邓康（仲懈，宜章人，北大文科毕业，自四川讲演归）先生在附小演说，报告四川情状。

今天师范同学会开常年大会，并欢送赴俄的夏曦，我旁听他们的演说略记如下：

仁安①说："我们要为学理的结合，不可为党派的结合，现在各省教育界的甚么系，甚么系，实无意味……"玉衡说："有其才而后能造人才……世风为学风所左右，要改造世风，先要有很完善的学风……读时不觉其不足，用时才觉其无余所谓，'书要用时才觉少'……"润之说："从前学校是没主义的，所标的主义又不正确，结果是盲撞瞎说，闹不出甚么名堂，我们总要为有主义的进行，在法同学组织的工学世界社——革命团体——那办法很好……"章甫说欢迎新同学、欢送赴俄同学，并自己教学的两个主义——卫生，退婚，庄谐并出，满座鞭然。润之是带红色彩的；玉衡还不脱老学究口气，自是四五十岁人的说话；章甫有小说风味；惟懋龄②的话似可以不说。

夜，邓康在师范演讲"无政府主义与共产主义的比较"。

摘自《新民学会资料》

---

① 熊梦飞。
② 李泽寰。

开放海外大学女子请愿团致女界全体书

（1921年7月）

诸姊妹公鉴：

同人等越在海外，日役役于佶屈聱牙之语文，与诸姊妹相见无缘，通讯讨论亦无缘。然彼此之努力奋斗，长驱直进，以向光明之域者，无论识与不识，其私心之默契，实莫可言妙！闻一善而欣然喜，若己之善，思益增之；闻一恶而凄然忧，若己之恶，必务去之。此尤吾同志间光明磊落之胸襟，若合符节者也。然同人以为吾辈相互间之空想的期望，与抽象的关心，必凭托于实际，乃有效力可言。同人等不揣冒昧，将进而与诸姊妹具体商榷一实际问题，此问题为何？即开放海外大学之问题是也。海外大学为西南大学之一部，现在筹画经营，招生开学，不久将脱胎而出矣。近年来吾女子以新思潮之激荡，稍稍觉悟，知彻底之解放，在教育之平等，于是要求大学开女禁之声浪起矣，自小学以至大学，男女共学之声浪亦起矣，且由全国教育联合会议提出议案矣，此缘于少数女子先锋队，勇于作战者半，而缘于邦人君子之提倡扶掖者亦半。现北大南高均收女生，而在孕育中之海外大学亦居然规定十分之一之女生名额，比之从前，诚属盛事！顾开放海外大学之问题胡为乎来哉？此则不得不申言之：自一二高等大学开女禁以来，而大多数女子以实力不足，有瞻望门墙而不得入之慨。闻北大第一次破天荒开女禁之招考，竟无一人有及格程度。投考南高之女生，被录为正班生者，亦仅寥寥数人。女子实力薄弱，程度不足，征之事实而益显著。至此一般舆论，乃谓培养实力为根本要件，要求开禁乃逐末之图，而女子亦以实力不足深自愧怍，向之摇旗呐喊奔走呼号者，今乃韬光养晦，深藏于密，而惟日孜孜于解决实力之一途矣。顾女子实力何以致于不足？实力由何而成者？欲解答前之问题，则不得不先明女子有历史上社会上教育上种种之关系，欲解答后之问题，则当自解答前之问题始。

女子秉历史的贤母良妻之沿革，以社会的贤母良妻之地位，受教育的贤母良妻之熏陶，其周围环境，无一非纳女子于贤母良妻之域者，故贤母良妻实为女子惟一归宿地；是以学校有所谓女子学校，教科书亦有所谓女子教科书，自小学以至高等大学，凡冠以女子二字者，无不含有女子之特质，即无不舍〔含〕有贤母良妻之特质。贤母良妻不必有高深之学识，有高深之学识者，反碍于为贤母良妻；故教科可以苟简，教师可以陋劣，高等大学可以不入，此社会一般人见解也。是故女子今日实力之不足，实社会之制度与教育有以致之，而非女子本身之过也。不然以中学之程度本可考高等大学，而初级师范之程度亦适与中学相当，而何以女子中学女子师范毕业大多数不能考北大南高？高等师范金陵大学协和大学之女生亦何以大多数不能考北大南高。是真社会制度与教育之过，而非女子本身之过也。

是故社会之制度与教育一日不改造，即女子实力无由培养，亦终于咨嗟太息，愧悔怨怼而已矣。故同人以为现在小学中学师范等校肄业之女生为根本解决计，应力辟贤母良妻之谬妄教育，否认苟简的女校教课，女子教科，与女校的陋劣教员。已毕业于中学师范及在中学以上女校肄业者，为失学补救计，宜选择环境，直投国内外著名各高等大学校，至若困心衡虑，欲以个人潜修埋首鏖战图实力之补足者，同人等固深敬佩之，然欲求实力，必事学问，欲事学问，当前即有三个大问题：

第一，供给学问的资料；

第二，指导学问的教师；

第三，兑换学问的金钱。

资料难，教师难，金钱尤难。盖教师愈好，则身价愈高，取法乎上，仅得乎中，欲求加速的进步，实有资于明师，而资料之选择，亦需明师之指导，故第三问题实为一切问题的枢纽。顾吾女子对于第三问题何如者。女子既无财产权，在家庭社会地位均不得与诸男并列，志愿升学高等大学之女子，十有八九为反抗家庭社会奋斗而出者，欲家庭津贴膏伙资，盖夐夐乎难矣！且此等女子，大多数已届成立，婚姻问题，又紧迫而来，求学无所，拂逆相乘，致令弱者软化，强者狼狈。呜呼！以现在社会之制度与教育造成今日无实力之女子！以今日之学制考试金钱又限制无实力女子入高等大学接近神圣之学府以补足实力！而个人转战亦困于四面之高压！呜呼！女子大多数其终于失学穷促闷苦之乡，以病以死以没矣！同人等深悲之愤之，愿随诸姊妹后，为女同胞大多数失学者，谋根本解决之方。

同人以实际观察，对于北大南高式之解放，殊不能无慊然于怀！而孕育于新学潮中之海外大头，方冀其为二十世纪的新大学开一宏规巨模，乃其不满人意处，亦正兴北大南高相颉颃！招收女生名额仅止全额十之一，又以考试制度与每年三百余元的学费，阻拦女生使不得与神圣之学府！此同人等提出开放海外大学问题之所由来也。同人等已实行组织一开放海外大学女子请愿团，要求之条件三：

一，名额平等或不加限制；

二，免除考试，程度不足者设补习班；

三，津贴学费。

其理由请得而言之：夫平等平权，实公理所在，不可磨灭，海外大学定额四百，仅收女生四十，揆诸情理，岂得谓平。或可以为吾国女子教育尚在蒙〔萌〕芽时代，高才而志于上进者，本极少数，设名额增多而投者无人，亦属枉然，其实不然。据民国九年全国统计，女中学生九四八人，其他与中学程度相当者一八二八人，师范生且六六八五人，中学师范合计九四六一人，宁谓此九四六一人中，无两百人入海外大学者乎？且女子升学途径，特别狭隘，女子高等学校仅国立高师一所，余如金陵大学协和大学，均属教会性质，外人所办，而湖南亦有所谓艺芳大学者，姑舍内容而言数目，已寥寥若斯。

而收十生之男校，亦仅北大南高数校，且鉴别极严，能正式肄业其中者，乃最少数。以吾女界年来之觉悟，有志升〈学〉者之众多，而诞膺〔育〕于二十世纪中之新大学，诚宜广立名额，以餍志士之霓望，此要求名额平等或不加限制之理由一也。女子程度不足，实社会制度与教育所致，上文言之详矣。故程度不足，女子自身实不能负责，而负其责者厥惟社会制度与教育，解决之者亦惟社会制度与教育。大学为高等教育机关，名师宿儒，苍萃其中，研究资料，特别丰高，研究工具，特别完备，实为进研高深学问之最好环境。女子之失学而实力不足者，亦惟于此中求补足，乃能免个人潜修之当前三难四面高压，乃能事半功倍，收加速进步之大效。而诞育于二十世纪中之新大学，对于现在社会制度与教育制造〔度〕而成之残缺产物完之全之，宜负特别之责任，而其力亦优为之，此同人等要求免除考试为不及格女生设补习班之理由二也。女子无财产权，在家庭社会两方面，完全处附属地位，虽有高才，志于上达，而困于经济，裹足莫前，此诚一般家庭与社会封锁女子之惟一政策，而大多数女子竟因此深监囚禁，郁愤欲绝而终不得出，是诚伤心惨目之大问题，亦社会极野蛮之现象也。

此社会问题，亦惟提出社会解决之，盖此事惟社会能负责，亦推社会能解决，故同人等对于社会力形成之海外大学，有为女生津贴学费之要求或谓大学向无津贴学费之成例，而女生居然发生例外之要求，岂非以特权专利阶级自居乎，是不然。

女子无财产权与那四围之高压姑置不论，即以常例而说，以国家社会待遇平等而说，女子之要求津贴，实非例外，实非要求特权专利，乃是要求平权均利何以故，以全国男女学校之数目与经费统计之比例言之，全国女子学校数目与经费总额，必不逮男子百分之一，换言之，即国家社会培植女子之教育经费，不逮培植男子者百分之一，是国家社会对于女子之培植，应补足其百分之九十九以上，乃可言平。曾谓此大学津贴之要求，能当百分〈之〉九十九之毫毛乎？按之实际，安有所谓特权专利者，诞育于二十世纪中之新大学，宜扫除一切贵族式男系式的大学之恶习，而特别建设一种平民式两性式的大学之普遍精神，此同人等公然要求为女生津贴学费之理由三也。同人等以为海外大学对于女生必办到以上三条，始为真正解放，始为真正开女禁，始能真正解决大多数苦志笃学之失学问题之一部。

同人等根据以上之三请求，已拟具呈文公函，向南教育部，西南大学董事团，及海外大学筹备诸先生处，直接请愿矣。夫海外大学解放运动，实为女子教育平等运动之发端，亦极重要之社会运动也。不独女子自身应实际从事，凡关心社会问题者亦必赞助而成全之。不过女子为直接阶级，对于切身问题，尤应具有自动自决自助之精神。同人等深望诸姊妹加以讨论，组织团体，共图进行，群策群力，收众志成城之效，岂惟同人之幸，抑亦人类社会福音也！集思广益，愿赐同行，云天三万，不胜翘企！专函奉达。

敬祝

努力！

    开放海外大学女子请愿团
     胡慕昭　向警予　吴孟班　魏　璧
     熊叔彬　李自新　劳启荣　蔡　畅
     萧　珉　林青萍　熊季光　廖世劭　谨启
     一九二一年五月三十日

根据1921年7月20、21、22、23、24、25、26日湖南《大公报》刊印

摘自《新民学会资料》

新民学会紧要启事
（1921年1月2日）

　　本会同人结合，以互助互勉为鹄，自七年夏初成立，至今将及三年，虽形式未周，而精神一贯。惟会友个人对于会之精神，间或未能了解。有牵于他种事势不能分其注意之力于本会者；有在他种团体感情甚洽因而对于本会无感情者；有自身毫无向上之要求者；有缺乏团体生活之兴趣者；有行为不为会友之多数满意者：本会对于有上述情形之人，认为虽曾列名为会友，实无互助互勉之可能。为保持会的精神起见，惟有不再认其为会员。并希望以后介绍新会员入会，务求无上列情形者。本会前途幸甚。

新民学会启

千九百二十一年一月二日

摘自《新民学会资料》

第三编

珍闻辑要

峥嵘岁月

谈新民学会

毛泽东

我感到自己心胸开阔，需要结交几个亲密朋友，于是有一天我就在长沙一家报纸上登了一个广告，邀请有志于爱国工作的青年同我联系。我指明要结交坚强刚毅、随时准备为国捐躯的青年。我从这个广告得到三个半人响应。一个是罗章龙，他后来参加了共产党，但是以后又转向了。另外两个青年后来变成极端反动的分子。那"半"个响应来自一个没有明确表态的青年，名叫李立三。李听了我要说的一切之后，没有提出任何明确建议就走了。我们之间从来没有发展到友谊。

但是，我逐渐地在自己周围团结了一批学生，这批学生形成后来的一个学会的核心，这个学会往后对中国的事情和命运产生了广泛的影响。他们人数不多，但都是思想上很认真的人，不屑于议论琐事。他们所做和所说的每一件事，都有一个目的。

…………

我同住在其他城镇的许多学生和朋友建立了广泛的通信关系。我逐渐认识到有必要建立一个更严密的组织。一九一七年，我和其他几位朋友一道，发起新民学会。学会有七十到八十名会员，其中许多人后来成了中国共产主义和中国革命史上的有名人物。参加过新民学会的较为知名的共产党人有：罗迈（李维汉），现任党中央的组织部部长；夏曦，现在在第二方面军；何叔衡，原中央苏区的工农检察人民委员，后来被蒋介石杀害（一九三五年）；郭亮，有名的工人运动组织者，一九三〇年①被何键杀害；萧子暲（肖三），作家，现在在苏联；蔡和森，共产党中央委员会委员，一九三一年②被蒋介石杀害；易礼容，后来当过中央委员，以后又"转向"国民党，成了一个工会的组织者；萧铮（译音）③，一个著名的党的领导人，是在最初的建党协议上签名的六人之一，不久以前病逝。新民学会的大多数会员，都在一九二七年的反革命白色恐怖中被杀害了。

…………

……当时很多湖南学生打算用"勤工俭学"的办法到法国去留学。法国在世界大战中用这种办法招募中国青年为它工作。这些学生在出国前打算先去北京学法文。我协助组织了这个运动，在一批批出国的人里有许多湖南师范学校的学生，其中大多数后来成为著名的激进分子。……

我陪同一些湖南学生去北京。虽然我协助组织了这个运动，而且新民学会也支持这个运动，但我并不想去欧洲。我觉得我对我自己的国家了解得还不够，把我的时间花在中国会更有益处。那些决定去法国的学生当时跟李石曾（现任中法大学校长）学习法文，我没有这样做了，我另有计划。

…………

我回到长沙以后，就更加直接地投身到政治中去了。五四运动以后，我把自己的大部分时间用在学生的政治活动上。我是湖南学生的报纸《湘江评论》的主编，该报对于华南的学生运动有很大的影响。我在长沙协助创办了文化书社，这是一个研究现代文化和政治趋势的组织。这个书社，特别是新民学会，强烈地反对当时的

---

① 应为一九二八年。
② 原文误为一九二七年。
③ 萧铮究竟是谁，目前学术界还没有一致的定论意见。中共中央党史研究室编著，中共党史出版社、党建读物出版社2016年出版的《中国共产党的九十年》第29—30页，记载的长沙共产党早期组织的6名成员是：毛泽东、何叔衡、彭璜、贺民范、易礼容、陈子博。

湖南督军张敬尧——一个坏蛋。我们领导了一次反对张敬尧的学生总罢课，要求撤换他，并且派代表团到北京和西南进行反张的宣传鼓动——当时孙中山正在西南进行活动。张敬尧以查禁《湘江评论》来报复学生们的反对。

在这以后我又代表新民学会前往北京，并在那里组织反军阀的运动。新民学会把反对张敬尧的斗争扩大成为普遍反对军阀的宣传运动。为了推动这个工作我担任了一个通讯社社长的职务。这个运动在湖南取得了一些成功。张敬尧被谭延闿推翻，在长沙成立了一个新政权。大致就在这个时候，新民学会开始分成两派——右派和左派，左派坚持深刻的社会、经济和政治变革纲领。

一九二〇年①我第二次前往上海。在那里我再次见到了陈独秀。……我在上海，和陈独秀讨论了我们组织"改造湖南联盟"的计划。然后我回到长沙着手组织联盟。我在长沙得到一个教员的职位，同时继续我在新民学会的活动。当时新民学会有一个争取湖南"独立"的纲领，所谓独立，实际上是指自治。……

谭延闿被一个叫做赵恒惕的军阀赶出湖南，赵利用"湖南独立"运动来达到他自己的目的。他假装拥护这个运动，鼓吹中国联省自治。可是他一旦掌权，就立即大力镇压民主运动。我们的团体曾经要求实行男女平等和建立代议制政府，并且一般地赞成一个资产阶级民主的政纲。我们在自己办的报纸《新湖南》上公开鼓吹进行这些改革。我们领导了一次对省议会的冲击，因为大多数议员都是军阀指派的地主豪绅。这次斗争的结果，我们把省议会里张挂的无聊的和吹牛的对联、匾额都扯了下来。

冲击省议会这件事被认为是湖南的一件大事，吓慌了统治者们。但是，赵恒惕篡夺控制权以后，背叛了他支持过的一切主张，特别是他凶暴地压制一切民主要求。因此，我们的学会就把斗争矛头转向他。我还记得一九二〇年的一个插曲，那年新民学会组织了一次示威游行，庆祝俄国十月革命三周年。这次示威游行遭到警察镇压。……在这以后，我越来越相信只有通过群众的行动确立起来的群众政治权力，才能保证有力的改革的实现。

1936年
摘自《新民学会资料》

---

① 原文误为一九一九年。

回忆"二十八画生征友"片段[①]

罗章龙

二十八画生《征友启事》

我一九一二年进长沙第一联合中学,于一九一七年上季毕业。在中学阶段,我认识了毛泽东同志。联中在长沙城里,一师在城南,两校相距四里。一九一五年我在校会客室外,偶然发现二十八画生《征友启事》。启事是用八裁湘纸油印的,有几百字,古典文体,书写用兰亭帖体,很象润之后来写诗词的字体。启事大意是要征求志同道合的朋友,启事原文有句云:"愿嘤鸣以求友,敢步将伯之呼。"从内容看出,启事是经过考虑的,不是随便写的。看了启事,我觉得在当年,这是一种不平凡的举动。

按着启事的内容、地址,我写了一封古典文的信。信的大意是:看见启事后非常感动,希望能见面,约定时间和地点,我们谈谈。信末署名纵宇一郎。

我的信从邮局发出后的三、四天,得到了毛泽东同志的回信。他在信里引用了《庄子》上的两句话:"空谷足音,跫然色喜。"意思是说,发出的启事得到了回音,心里很高兴。信里约好星期日上午到定王台湖南省立图书馆见面,来时手持报纸为记。他对这个图书馆非常熟悉,曾经在这里自学了五六个月。我得到信后,便将这事给同班的一个姓陈的同学讲了。他问我们是否彼此熟悉?我说不认识,他表示愿意陪我一道去。我们见到了毛泽东同志。他站在走廊上,见到我们后,便走到院子门口对我们说:我们到里面谈谈。我们在院子里找了一个僻静的地方,坐在石头上,这时陈同学就到阅览室看书去了。院子里没有别人,我们上午九点开始直到图书馆十二点休息,整整谈了三个多小时。临分手他对我说:我们谈得很好,"愿结管鲍之谊",以后要常见面。他还问我明天下午有课没有?

[①] 题目为编者加,节选自罗章龙《回忆新民学会》。

二人在定王台会见归舍后,各有诗篇互相酬答。纵宇一郎所作诗如次:

白日东城路,

娜嬛丽且清。

风尘交北海,[李邕(北海)]

空谷见庄生。(庄周)

策喜长沙傅,(贾谊)

骚怀楚屈平。(屈原)

风流期共赏,

同证此时情!

第二天他来到联中,并把我的日记拿去阅看。从此要么我到一师,要么他来联中,要么我们约定同到天心阁见面,只要有功夫就彼此来往,有时吃了饭双方散步到天心阁会面。我们不断地进行交谈。有一次我班姓陈的同学的哥哥陈绍休(他是我在浏阳小学的同学,是一师的学生,和润之同班)来我校,我便向他了解润之的学习、为人。陈绍休对我说:他在班上是很突出的一个人,班上同学给取一个外号叫"毛奇",外号的来由是德意志建国时期普鲁士有个很有学问又很会打仗的有名的将军,名叫MOLKT,翻成中文就是毛奇。这个外号语意双关,是推崇润之的志向非凡,与众不同。听了这番解说,我觉得很好。陈还讲了老师同学对他的评价都是很好的,并对我说:你常同他在一起谈谈,可称益友。

通过和毛润之的接触、交谈,我知道他写了很多的笔记,有的是课堂上写的,有的是自学看书写的,有的是他和友人来往的记录,还有的是来信和他作的诗,内容很丰富,有若干本,字写的很挤,改动很多。另外,他看书爱加批注、打记号,每本书看下来他都打记号。由于习惯,有时借别人的书看了也加批注,最后不好意思地向原书的主人道歉。他的目的在于批判地接受,他认为好的,就写上自己的感受,不妥的他就批上自己的看法。我记得他将这些笔记都放在一个大网篮里。我们谈话时也将彼此的笔记诗文交换着看,他看到好的就在他的笔记本上记下来,他看到不以为然的就在下次交谈中提出来讨论。他谈问题从来不是泛泛而论。他对好的朋友从来不隐瞒自己的观点。他看的书中提问很多,将这些问题留下来,和同学进行讨论,征求大家的意见,他做学问很扎实,很认真,现在回想起来也是非常可贵的。

毛泽东同志的《征友启事》还发到女校。女校的校长对此很注意,他平时不让女生与外界有联系。为此，他亲自跑到一师去了解，找到了陈昌，又找了一师的校长，都说润之是个品学兼优的学生，女校校长心才释然。润之说对《征友启事》回信的有三个半人。有一个姓萧的，湖南湘乡人，曾到法国留学，后来不清楚了。另外一个是联中的语文教员黄老师的侄儿，我的同班同学。润之第一次与我谈话时，问到我们学校校风怎样，我据实地告诉了他，他问我熟悉的有那些同学，我说没有很多同学。只有黄老师的侄儿和我比较接近些。他说可以找来谈谈。他们见了一次面，事后润之对我说，黄年龄小，但很有希望，可惜身体不好，你回去要劝他多加注意锻炼身体。否则，学问成功了，身体变弱了。后来黄果然害病早逝了。另外，他说："还有半个是李隆郅"，李是联中的学生，比我低一年级。他没有当面给我讲过半个人是何意思。后来，邹鼎丞到了北京，我问他，半个人何意？邹讲："你不知道？这是有来历的。"他给我讲了一个故事：从前十六国时代，苻坚攻取襄阳，付出代价很高，有人问他这次有何收获？苻坚云：我得到一个半人。足见毛泽东同志博览群书，出语有据。这年暑假，为征友启事他曾写信给黎邵西，讲到《征友启事》的经过，大意表示快慰，不过人数不多。（致黎先生的信可以参证。）

在定王台的谈话

润之和我在定王台交谈的主要内容，大致有下面几个方面。

第一，当时青年头脑中存在的问题。最主要的是治学问题。因为教育制度不好，治学在青年中是个难题。他在给我的信中针对旧教育制度说："希望现在教育界的人死绝。"可见当时的青年对学制非常失望。他本人从小学到湘乡中学、第一中学，均感到不满意，后自动退学，进行自学。直到他考入第一师范才安定下来。从这点反映出当时青年的学习问题是个严重的问题。当时，有些同学就很想出国留学。还有些青年不能就业，很苦闷。对这些广泛的问题，他强调原因是学用不符，读书与社会实践脱节，这就是重大问题。

第二，当时最流行的问题——怎样处世做人，也就是革命人生观的问题，怎样使自己的学习、工作同社会联系起来。不少人醉生梦死，也有些人，愤世嫉俗，消极悲观。

第三，人生的价值。他讲，人们工作要求对人类有一定的贡献，这样就要努力。评价人生就看贡献大小，对人类影响的大小。这是我们经常研究的问题。

第四，宇宙观问题。这是我们所关心的。他认为：唯神论，唯心论是偏见，当前最主要的，是要用科学与实践去代替中国社会的旧思想，要认识物质是宇宙的本体。

第五，社会改造问题。他指出：贫富对立是阶级斗争问题，中国二十四史都不能解决贫富对立问题，今日还是个悬案，没有解决。他把科学与历史综合起来，写了几十万字，对贫富对立有一番研究，从中国最古的井田制、均田制到太平天国的"天朝田亩制"，都有深刻的研究，对每个问题，他都有自己的见解。这与他后来制定中国土地革命的方针是有联系的。

摘自《新民学会资料》

回忆新民学会始末[①]

陈书农

新民学会成立前有个酝酿的过程。二三年前，毛泽东同志还在第一师范读书，为了寻找朋友，发表了一篇"嘤鸣求友"启事，内容记不清了，解放后有一个记载，周世钊可能记得。罗章龙就是见启事而认识毛泽东同志的，李立三也算半个朋友，以前在校内早就有联系往来。

新民学会成立我记得是一九一八年（民国七年）四月七日，星期日，我的一篇日记有过记载，有的人说是七月份，那是完全错误的，我清楚地记得开会时，蔡林彬门口一棵桃树开满了花。开会前是口头通知，分头去的。有十三人参加了会议：毛泽东、蔡和森、萧三、张昆弟、罗学瓒、陈昌、熊光楚、萧子升、罗章龙、邹蕴真、陈书农、何叔衡，还有一个记不起来了。会上通过了章程，章程的宗旨记不清了，大体是探讨学术，商量国家大事、做人的方法等。这些都是有文字记载的，章程不太长，是毛泽东同志起草的，事先和大家商量了的，因此在通过时没有发生争论，只作了一些文字修改，就一致通过了。当时我也是学会干事之一，萧子升是总干事。从此，新民学会正式成立了。

后来发展会员，只要本人申请，彼此同意，由领导机构批准即可入会，发展的速度是较快的。一九一九年十一月十六日周南女校会议，欢迎新会员入会，会员都是学联会中较积极优秀的同学。会后照相留影共四十一人，我认识二十八人：贺延祜、易克穗、李思安、任寿鹏、蒋竹如、周敦祥、李云杭、唐耀章、陶斯咏、毛泽东、陈纯粹、周世钊、魏璧、熊梦飞、钟国陶、陈书农、黄胜白、劳启荣、匡日休、喻恒、彭璜、熊瑾玎、何叔衡、罗宗翰、夏曦、钟秀、张怀、萧青野。

新民学会在五四运动中起作用很大，很多革命活动都是通过学会筹划领导的，开始活动是半公开的，五四时就完全转入地下。《湘江评论》是学联的刊物，但主

[①] 标题为编者加，原标题为《回忆新民学会情况》。

要文章都是毛泽东同志写的，蒋竹如写杂感，我写日本等国的一些新闻，校对等都是由我、蒋、毛三人搞，文章都是送到落星田学联会编出。出版后，毛泽东同志自己拿到街上叫卖。在问题研究会章程上，毛泽东同志提了一百个问题（具体内容记不清）可能发表在《湘江评论》第五期上。毛泽东同志写了一首白话诗，叫《我不要了》，发表在《湘江评论》上。湘雅学校主办的《新湖南》开始是龙毓莹主编的。《湘江评论》被封后，毛泽东同志主编《新湖南》，继承了《湘江评论》的革命精神。

毛泽东同志第一次从北京回长沙后，改造中国与世界的思想已明朗化了，但当时没有作为学会宗旨提出来。

"驱张"是五四运动后学会进行的一项很重要的工作。毛泽东同志由北京到上海后，曾写了一封信回长沙，说他在上海靠洗衣服维持生活，而洗衣服的钱大部分花在车上了。此信可能落在陈夙荒（当时楚怡校长，新化县人，已死）手里。

毛泽东同志的统一战线的策略是非常灵活的，这里有两个例子：徐庆誉是一个基督教徒，我们没有让他参加新民学会。在驱张运动中，毛泽东同志派他去常德向冯玉祥请愿，因为冯玉祥也是一个基督教徒。易礼容是商专毕业的，熟悉经济工作，毛泽东同志就要他担任文化书社的工作。

一九二一年夏季，新民学会自行解散，在解散之先，毛泽东同志与萧子升曾发生过争论。毛泽东对萧子升说："你跟我们走，还是要当一辈子绅士？"毛泽东同志主张解散新民学会，萧子升不同意。

新民学会解散之前，就有了社会主义青年团的组织。

（1966年、1968年长沙市毛主席革命活动纪念地办公室访问记录，李仲凡整理）

摘自《新民学会资料》

忆参与新民学会活动情况[①]

李维汉

一九一一年的辛亥革命，结束了几千年封建帝王的统治，使久受专制奴役的人民在精神上得到一次解放。但是，由于资产阶级的软弱，又没有得到最大的革命民主派——农民的支持，这次革命的首要果实——国家政权落入以袁世凯为首的北洋军阀手中。正如毛泽东同志所说的："辛亥革命只把一个皇帝赶跑，中国仍旧在帝国主义和封建主义的压迫之下。"中国社会的基本矛盾并没有解决。帝国主义及其走狗豪绅买办阶级所豢养和扶植的各派军阀互相争夺，内战不断，陷全国人民于水深火热之中。乡村农民和城市小资产阶级日益走向破产和没落的境地。同城乡小资产阶级有联系的广大爱国知识分子和青年学生，愤于中国社会的黑暗，继续寻找救国救民的出路。新民学会就是在这样的历史背景下诞生的。在五四运动以后，中国共产党成立以前，新民学会在湖南地区的革命运动中起着核心领导作用，为湖南地区的建党建团工作作了思想上和组织上的准备。一部分参加留法勤工俭学的新民学会会员，在留法勤工俭学的革命活动和建党建团的准备工作中，也部分地起着骨干作用。现在，就我的记忆并参考当时的一些文献，将新民学会的情况，作一简要的回忆。事隔六十年，记忆的事情可能有误，尚望了解情况的同志予以补正。

（一）

新民学会从不自我标榜，但由于它的乾乾不息的前进运动，在实际上，成为我国在俄国十月革命以后成立的影响最大的革命社团之一。它的主要发起人是毛泽东和蔡和森。

我于一九一六年春考入湖南省立第一师范学校第二部，一九一七年暑期毕业后，

[①] 标题为编者加，原标题为《回忆新民学会》。

即在附小教书。那时，毛泽东、张昆弟、邹彝鼎等在第一师范第一部读书。蔡和森于一九一三年考入第一师范，在一九一四年至一九一五年与毛主席同学，此时已转至高等师范学习。已毕业的同学何叔衡和萧子升在楚怡小学教书，陈绍休等在一师附小教书。他们常在一起讨论个人和社会如何进步的问题，深感有建立一个组织之必要。经过多次酝酿，大约在一九一七年冬，决定"集合同志，创造新环境，为共同的活动"，乃有组织学会之议，取名"新民学会"。我因邹彝鼎、张昆弟的联系，也参加在内。

一九一八年四月的一个星期天，在长沙岳麓山刘家台子（后叫周家台子）蔡和森家中召开了成立会。参加会的有：毛泽东（润之）、蔡林彬（和森）、萧旭东（子升）、萧植蕃（子暲）、陈绍休（赞周）、罗璈阶（章龙）、邹彝鼎（鼎丞）、张昆弟（芝圃）、邹蕴真（泮芹）、周名弟（晓三）、陈书农（启民）、叶瑞龄（兆桢）、何瞻岵（叔衡）、李维汉（和笙）等十四人。会上讨论通过了会章，选举了干事。会章规定学会的宗旨是"革新学术，砥砺品行，改良人心风俗"。会章还规定会员须遵守如下纪律：一、不虚伪；二、不懒惰；三、不浪费；四、不赌博；五、不狎妓。会议选举萧子升为总干事，毛泽东、陈书农为干事。中午，在蔡和森家吃的午饭，饭后继续讨论了会员向外发展的问题，至下午散会。学会成立后，总部一直设在长沙。由于萧子升不久即去法国，会务由毛泽东主持。至同年八月，罗学瓒（云熙）、周世钊（惇元）、熊楚雄（瑾玎）、熊光楚（焜甫）、陈昌（章甫）、傅昌钰（海涛）、曾以鲁（星煌）、彭道良（则厚）等相继入会。会员增至二十余人。

从新民学会通过的会章，可以看出学会开始只是一个小资产阶级知识分子要求"向上""互助"的团体。会员们绝大多数是青年人，都抱着要革新，求进步的热烈愿望。但是对于怎样革新？如何进步？尚在摸索中，并不明确，学会的宗旨由开始的"革新学术，砥砺品行"，到后来修改为"改造中国与世界"，其间有一个发展过程。"改造中国与世界"的宗旨是毛泽东同志平日所主张，而为一九二〇年七月留法会员在蒙达尼集会和一九二一年一月国内会员在长沙集会所一致通过。这个宗旨的变化是新民学会历史发展的一个转折，是新民学会大多数会员在五四运动以后，接触到马克思主义和劳动运动，因而在思想上发生重大变化的一个标志。

新民学会会员的活动主要分为两支：一支在国内，主要在湖南；一支在国外，主要在法国。积极倡导留法勤工俭学运动是学会成立后在国内首先开展的一项重要活动，是学会讨论会员向外发展的一个主要措施。

留法运动始于一九一二年，由蔡元培、李石曾、吴稚晖、汪精卫、张继等人发起，吴玉章同志也是发起人之一。留法学生包括官费、俭学和勤工俭学三部分人。第一次世界大战前去法的不多。战后，发展甚速。法国巴黎和国内的北京、上海都建立了华法教育会，有的省如四川、广东建立了分会，主持留法勤工俭学事宜。新民学会成立后，会员深感向外寻求新思想新文化的必要。一九一八年六月，在长沙第一师范附小召开的一次会员会上，确定进行留法运动，由萧子升和蔡和森负责进行。在此之前，已有湖南学生罗喜闻等在进行留法的准备，互通一些消息。新民学会的这次会后不久，蔡和森受学会委托赴北京和蔡元培、李石曾联系赴法的准备工作。毛泽东同志在湖南则进行号召和组织工作。在这个过程中湖南也成立了华法教育会分会。是年八月，毛泽东同志同我们准备留法的二十几个人到北京。在北京的会员至此增至十二人，有毛泽东、蔡和森、萧子升、萧子暲、陈绍休、熊光楚、张昆弟、曾以鲁、邹彝鼎、李维汉、罗学瓒、罗章龙。同来北京的青年还有李富春、贺果、任理、侯昌国、唐灵运等。我们二十几个人从汉口乘火车北上，到了河南郾师，因郾师以北铁路被大水冲断，在郾师城郊停留一天一夜，第二天步行到许昌，再搭车到北京。在郾师耽搁的时间里，毛泽东同志和有些同学三三两两的在附近和老乡们交谈，了解风土人情。到北京后，毛泽东同志开始是住在豆腐池九号杨怀中先生家里，后来搬到地安门内三眼井吉安东夹道七号，和蔡和森、罗学瓒等八人住在一起，"隆然高炕，大被同眠"，过着清苦的生活。杨怀中先生来北大教书前是湖南省立第一师范和高等师范的伦理学教员，思想开明、进步，为人刚正、真诚。新民学会的成立以及我们思想的"向上"，都同他对我们的影响有关。对于留法运动，他也十分赞成，亲自出面联系，帮助筹措费用。

　　毛泽东同志当时经杨怀中先生介绍在北大图书馆作助理员工作。其他会员除罗章龙在北大学习外，则分别在北京、保定、蠡县布里村的留法预备班学习。萧子升、萧子暲、陈绍休、熊光楚、邹彝鼎、罗学瓒在北京班；蔡和森在布里村班；张昆弟、李维汉、曾以鲁与李富春、贺果、任理等在保定育德中学留法预备班。在保定的同学一面学习法语，一面学习机械学、机械制图。每人学一种工艺（钳工、木工、铸工等）。机械学和制图课的教员是刘仙洲。我在保定留法预备班只学习半年。一九一九年初，邹彝鼎病重，我和张昆弟护送他回湖南，不久，就病故了。他也是学会发起人之一，曾和毛泽东同志一起起草新民学会章程。他和后来留法，于一九二一年病故的陈绍休都是极好的同学。他们的夭折是一件很不幸的事情。我和张昆弟送邹返湘后未再回保定。我自己是在为筹措赴法费用和安家奔走（我们一九一九年赴法的一批全是自备用费。我主要靠第一师范教员朱炎先生帮助一百元）。这时，北京爆发了五四学生爱国运动。湖南人民，特别是青年学生，情绪异常激昂，纷纷起来响应，声援北京学生斗争。已于四月返湘的毛泽东同志和在长沙的会员积极参加了这场斗争，成为运动的骨干力量。长沙各校学生罢课游行，抵制日货，进行爱国宣传，并在斗争中迅速组织起来，改组旧学生联合会，建立以彭璜（后为学会会员）为会长的新的湖南学生联合会。后来又由学生联合会发起，建立了湖南各界联合会，使学生的爱国运动扩展为包括各阶层的人民爱国运动。这个运动遍及全省。许多学校组织了"救国十人团""讲演团"。男校学生在街头，女校学生进入居民住宅进行宣传。有的学生还组织了贩卖国货团，上街卖国货，凡购买者随赠国货物品单一张，告诉市民哪些是日货哪些是国货。在长沙，有一次学生查获培德厚绸布店私运的二十四日布，非常气愤，便联合各界组织了焚烧日货游行大会，将布匹当众烧毁。

以新民学会会员和非会员积极分子为骨干的湖南学生联合会，在湖南的五四运动中是个最活跃的组织，起着先锋带头作用。毛泽东同志当时主编学生联合会会刊《湘江评论》。这个刊物在湖南以至全国都有很大影响。北京的《每周评论》《晨报》，上海的《时事新报》《湖南》月刊，四川的《星期日》，都曾介绍过它或转载过它的文章。它以不妥协的反帝、反封建的战斗姿态，投入了五四运动，宣传了科学和民主的思想，歌颂了十月社会主义革命，提倡新思想新文化，激发人们起来向旧思想旧势力作斗争。它在政治上对湖南地区的五四运动有很大的指导作用。刊物的许多文章都是毛泽东同志和其他新民学会会员如萧子暲、陈书农、蒋竹如等所写，毛泽东同志写的尤多。毛泽东同志写的《民众的大联合》一文，提出以民众大联合的力量实行社会政治改革，对抗强权者、贵族和资本家的主张，提出由分业"小联合"达到各界"大联合"的步骤和方法，并指出"压迫愈深，反动愈大，蓄之既久，其发必速"的革命与反革命斗争的辩证关系。这是毛泽东同志早期的一篇代表新的革命民主主义思想的重要文章。这个刊物发刊时，我尚在湖南，和张昆弟一道同毛泽东同志见过两次面，了解当时运动的情况，听取他对勤工俭学的意见。我曾按照第一师范第二部毕业同学录上的地址把《湘江评论》分寄给各同学，并介绍一点我所知道的运动的情况，希望他们在当地发动这个运动。

五四运动浪潮中，新民学会在湖南又吸收了一批会员，其中有：罗宗翰（耻迁)、张国基（颐生）、夏曦（蔓伯）、蒋竹如（集虚）、易克穗（阅灰）、向警予（俊贤，女）、陶毅（斯咏，女）、彭璜（殷柏）、李振翩（承德）、张怀（伯龄）、唐耀章（文甫）、沈均（均一）、李思安（钦文，女）、周敦祥（肫如，女）、魏璧（韫厂，女）、劳君展（启荣，女）、谢南岭（维新）、徐瑛（女）、刘修秩（继庄）、钟国陶（楚生）、张超（泉山）、姜慧宇（竹林）、刘明俨（望成）、欧阳泽（玉生，玉山）、杨润余（女）、陈纯粹、萧业同（道五）、李云杭（舜生）、黄胜白、任寿鹏、熊梦飞、匡日休、萧青野、钟秀（雄轩）等。随后，易礼容（润生）、任培道（振予，女）、吴家瑛（德庄，女）、贺延祜（女）、吴毓珍（女）、郭亮（靖笳）、谢觉哉（焕南）、陈子博、蔡畅（咸熙，女）、熊季光（作莹，女）、熊叔彬（作璘，女）、刘清扬（女）、许文煊（女）、周毓明（女）、戴毓本（女）等，大多在国内，个别在法国，多数在学会中期，个别在学会末期，先后入会。在长沙的会员于一九一九年十一月，曾在周南女校开过一次会，对会章略有修改，决议学会设"评议""执行"二部。执行部下设"学校""编辑""女子""留学"等部，并选举何叔衡、李思安为正副委员长，陶毅、周世钊、毛泽东、周敦祥、魏璧、陈书农、唐耀章、蒋竹如等为评议员。此次会后，正值驱张高潮，多数会员即离长沙。

湖南地区的五四爱国运动兴起后，军阀张敬尧始则严密控制，继则实行暴力镇压。一九一九年八九月间，湖南学生联合会领导长沙群众举行焚烧日货大会。张敬尧带着马弁前来镇压，胁迫彭璜停止反日爱国运动。彭璜不畏强暴，严词拒绝。张敬尧竟悍然解散了湖南学生联合会。张敬尧的暴行激起湖南人民极大的愤慨，一个规模甚大的驱张运动随之兴起。张敬尧是安徽人，是北洋军阀皖系段祺瑞的走狗。他于一九一八年二月湘桂联军战败后，与直系军阀吴佩孚及接近直系的冯玉祥一起进驻湖南，被段祺瑞政府任命为湖南督军兼省长。张敬尧在湖南的统治十分暴虐，人民对他早就十分痛恨。他对学生爱国运动的镇压，便成为驱张运动的直接导火线。在驱张运动中，学会开了会，决定联合各界一面进行驱张宣传，一面组织各界的驱张代表团分赴北京、上海、衡阳、常德、郴州、广州等地活动，争取全国的同情。许多会员都参加了代表团。毛泽东同志和会员李思安、张怀、陈绍休、罗宗翰等联合湖南在京各界，组织了旅京湖南各界委员会作驱张机关。参加这个委员会的有湖南绅界、政界、军界、工商界以及湘籍国会议员，联合的人十分广泛。毛泽东同志等在北京办了一个"平民通讯社"，专门报道驱张的活动。彭璜、易礼容、何叔衡、夏曦等从一九一九年下半年起先后分赴上海、武汉、衡阳活动。彭璜等在上海办了

《天问》杂志，驻衡阳学生请愿团办了《湘潮》杂志，宣传驱张。周南女校校长朱剑凡、商专校长汤松、楚怡学校校长陈夙荒、湘雅医学专门学校斋务兼庶务主任赵鸿钧、《民治日报》主编张效敏以及北京国会议员陈嘉言，湖南绅界熊希龄、范源濂等对于驱张都表示某种程度的支持。最后，由于群众斗争的压力和直皖两系军阀之间的矛盾，张敬尧于一九二〇年六月被赶出湖南，湘军谭延闿和赵恒惕控制了湖南。驱张运动的消息传到法国，湘籍勤工俭学学生莫不称赞。及至传来胜利消息，更是雀跃不已。

张敬尧被逐出湖南后，进驻长沙的湖南军阀谭延闿、赵恒惕为了巩固他们的统治，发出一个宣布实行"湖南自治"的通电，虚伪地表示要"施行地方自治""以湘政分之湘省全体人民"。一九二〇年四月，毛泽东同志为驱张事从北京到上海时，就和彭璜等讨论过驱张之后如何在湖南造就一个比较好的政治环境，促进湖南向较好的方向发展，并曾拟过一个《湖南建设问题条件商榷》的文件，提出废除军阀统治，保障人民集会、结社、言论、出版自由等资产阶级民主主义的要求。谭、赵通电的发布，带来一个复杂的局面。谭、赵以驱张实力派的身份顺利地取得了湖南全省的统治地位，好象理所当然地也取得了代表三千万湖南人民的发言权，这是一。一九一三年反袁独立失败以来，湖南人民受尽军阀战争和北洋军阀暴虐统治的痛苦，张敬尧赶走后，惟恐北洋军阀再来，于是，"湘人治湘"的呼声四起。谭、赵举起的"湖南自治"的旗帜，正是利用人民的这种愿望，这是二。谭、赵的"以湘政分之湘省全体人民"的口号，本质是欺骗，但是为了装饰"自治"门面，在民众压力下，也将不得不采取某些极为有限的民主措施，这是三。所有这些都表现出事情的两重性，新的军阀统治形式的矛盾性。面临这种复杂局面，应该采取怎样的态度和方针来对待谭、赵提出的"自治"呢？毛泽东同志不赞成采取笼统的反对态度，也不赞成消极的抵制态度，而主张采取积极态度，参加到"自治"运动中去，利用矛盾，进行斗争，启发民众，揭露统治者，尽可能地争取扩大民主因素。新民学会会员们发起建立一个"湖南改造促成会"，提倡"湖南人民自决"，自下地发动争取真正"民治"的群众运动，同谭延闿、赵恒惕的"官治"相对立。毛泽东同志于一九二〇年九十月间，曾连续在湖南《大公报》上发表文章，评论"湖南自治运动"，说明"自治"必须是人民的"自治"，必须以人民为主体，否则"自治"不过是只具外形，其内容一定是腐败的、虚伪的、空洞的。毛泽东和在湘会员还联合湖南各界人士发表了一个要求召集"人民宪法会议"，直接平等普遍地选举人民代表的建议书。十月，各界代表向政府请愿要求召集"人民宪法会议"，解散旧的省议会，并发生扯下省议会旗子的事件。事后，谭延闿、赵恒惕就暴露了他们假自治的面目，诬蔑请愿代表"轻信游词、盲从暴动"。赵恒惕赶走了谭延闿，独揽湖南政权之后，炮制了一个"省宪法草案"，并于一九二二年一月正式公布施行。赵恒惕统治集团迫于民众自治运动和舆论的压力，不得不把某些资产阶级性的民主自由权利写进省宪里。因此，这部"省宪法"后来被毛泽东同志和湖南党组织利用作为进行合法斗争的武器。

毛泽东同志在进行驱张运动的前后，特别是在北京活动期间，广泛接触了马克思主义的书籍。据他后来和美国记者斯诺谈话说，到一九二〇年夏天，他已成为一个马克思主义者了。当毛泽东于一九二〇年四月到上海时，准备赴法的会员陈绍休、熊光楚、萧子暲、张怀、魏璧、劳君展、周敦祥、刘明俨、欧阳泽等也先后到上海，加上已在上海的彭璜、李思安，共有十二个会员。他们曾在上海的半淞园开过一次会，为赴法同学送别。实际上，这是一次讨论新民学会会务的会议。这次会议决议学会应有潜在切实、不务虚荣、不出风头的作风，并主张会员要多组织学术谈话会，使学会养成好学的风气。吸收会员要谨慎严格，会员要有诚恳互助虚心的态度。

一九二〇年七月，毛泽东同志回到湖南。他和在湘会员在参加和领导湖南地区反帝反封建政治运动的同时，以很大的精力学习和宣传马克思主义，传播新思想新文化。他们团结教育界、新闻界的知名人士组织俄罗斯研究会，发起留俄运动。任弼时、萧劲光就是在这个运动中去苏联学习的。在传播新思想方面，除了上面提到的《湘江评论》《天问》《湘潮》以外，毛泽东同志于一九一九年参加主编过一段时间的《新湖南》周刊，以何叔衡为馆长，谢觉哉、周世钊、邹蕴真为编辑的湖南《通俗报》，龙兼公主编的湖南《大公报》等，都起过不同程度的积极作用。而影响最大，与建团建党工作关系最密切的则莫过于创办"文化书社"这件事。

"文化书社"于一九二〇年九月由毛泽东同志亲手创办，书社的《发起缘起》和《社务报告》都为毛泽东同志亲自撰写。书社经理是易礼容。书社不仅是宣传新思想新文化，宣传马克思主义的一个重要阵地，而且是我们留法会员与国内会员，湖南的具有初步共产主义思想的先进分子与国内其他省区具有初步共产主义思想的先进分子的联络站。它的创办对马克思主义在湖南的传播起了很大作用，在全国也很有影响，参加发起和投资的除新民学会许多会员外，还包括教育等各界许多上层人士。书社销售的书有一百六十余种。营业后的半年中，全国与之发生联系的书报社和文化团体就有六十家，书社除在长沙设总社外，还在平江、浏西、武冈、宝庆、衡阳、宁乡、溆浦等地设分社，在一些学校设贩卖部，负责人大多是新民学会会员以及和新民学会有联系的进步分子。书社一直办到一九二七年马日事变后被许克祥封闭为止。

一九二〇年下半年，毛泽东同志在上述一系列活动中都联系着考虑和酝酿建党建团的问题。随后，在新民学会的会议上和国内外会员的通信中对这个问题展开了讨论。一九二一年，在长沙的会员一连开了三天会，讨论学会的目的、达到目的须采取什么方法以及如何即刻着手进行等问题。毛泽东同志在会上报告了上年五月上海半淞园会议以及七月我们在法会员召开的蒙达尼会议的情况（蒙达尼会议的情况，将在下一部分详细论述）。这次会议在改造中国与世界的道路问题上展开了和我们在法国蒙达尼会议相类似的争论。一部分会员如毛泽东、何叔衡、陈子博、彭璜、陈昌、易礼容等主张用俄国十月革命的方法来改造中国和世界。另一些会员则反对布尔什维主义，主张用温和的教育的方法来实现资产阶级民主革命。也有的会员犹疑动摇于二者之间。这是一种根本性的革命道路问题的争论。由于它在学会生活中还是初次出现，矛盾还未展开，故没有影响学会在组织上的统一。这次会议还决定把"组织社会主义青年团"作为学会的一项活动。这种思想信仰的分化，随着前进的运动而日益加深，最后引导到学会会员在组织上的分化，以至整个学会（包括留法部分）的消亡。事实上以后参加社会主义青年团的，只有一部分会员；而当时由少数会员在实际上形成的共产主义小组，则已成为学会活动的核心。一九二一年七月，毛泽东和何叔衡同志代表它参加了在上海举行的中国共产党第一次全国代表大会，参与了中国共产党的创建。此后，新民学会实际上就停止了活动。

（二）

留法勤工俭学运动是新民学会发展史上的一项重大活动，在中国革命史上也有重要意义。

由于俄国十月革命的影响和五四运动的推动，留法勤工俭学运动于一九一九年和一九二〇年形成一个空前的热潮。这两年中，全国各地赴法勤工俭学的青年达一千六百余人，以湖南、四川、广东三省最多，湖南就去了三百多人。这一方面是由于毛泽东、蔡和森的提倡，以及熊希龄、章士钊、杨怀中等的赞助；另一方面也是军阀张敬尧摧残湖南文化教育事业，逼得学生走投无路的结果。日后大家开玩笑说："这是张督军'恩赐'的机会。"赴法的新民学会会员有十八人，占会员总数三分之一左右。在湖南教育界工作了二十多年，当时已经四十三岁的徐特立，年过半百的蔡和森的母亲葛健豪，还有贵州教育界的黄齐生（王若飞的舅父）都参加了赴法行列。同学们同他们见面时都称呼徐先生、蔡伯母、黄先生。

我和张昆弟等于一九一九年九月到上海，和许多湖南学生一起住在静安寺路民厚里，候船赴法。位于霞飞路的上海华法教育会，人来人往，大都是到这里来办理手续、请购船票、打听消息的准备赴法的学生。报纸的"要闻"栏里刊载许多有关勤工俭学的报道，称赞赴法青年为"探险远征队"。我们于一九一九年十月三十一日乘法国邮船"宝勒加"号自沪起航。同批赴法的有一百六十二人，内有湖南青年四十二人，张昆弟、李富春、李林、贺果、余增生、任理、张增益等在内。我们坐的号称四等舱，实际是底层无等统舱。在海上航行了近四十天，许多人因船身颠簸、震动，头晕呕吐，食量锐减。尤其臭虫多得吓人，扰得我们夜夜不得安宁。一些人只好把袜子套在手上，把裤角扎紧，用毛巾把脸和脖子包住，只露出鼻子和眼睛，以求睡个安稳觉。随我们一起出国的领队人是勤工俭学发起人之一，上海华法教育会会长以后成为国民党右派的张继。他乘的是官舱。十二月七日，我们到达马赛。华法教育会派人接我们到巴黎，把一些准备勤工的学生安置在巴黎西郊哥伦布的华侨协社里住下。华法教育会、留法俭学会、留法勤工俭学会、和平促进会等几个华侨团体都设在里面。我们住的是一座活动的军用帐篷，据说是大战后美国人留下的。长四丈宽丈半的一块地方，住有三四十人，都自愿地结成伙食单位，自己弄饭吃。我和李富春、张昆弟、李林、贺果、任理、张增益等人结成一个单位，凑钱买了一个煤油炉子。吃的主要是空心粉、马铃薯、面包，有时炒点卷心白菜或买点熟的肉食吃。

我们一边候工，一边学法文，看书报。华侨协社有个图书馆，里面有很多用中文翻译过来的无政府主义和空想社会主义的书刊。华法教育会的李石曾、吴稚晖都标榜笃信无政府主义。华法教育会办的《旅欧周刊》以及旅法华工会办的《华工旬刊》也宣传这些思想。这些书刊对我们有很大影响。

我们在一九二〇年二月组织了一个勤工俭学励进会（简称工学励进会）。参加成立会的有李富春、张昆弟、任理、李林、贺果、张增益、李维汉等，当时在蒙达尼的罗学瓒随后也加入了。

我们都是只受过中等教育的青年，有提高科学文化水平的愿望，但因家境贫寒，无力升学，一旦知道可以到法国经过勤工达到升学的目的，便想尽办法奔向这条路上来。我们又是怀有爱国主义思想的比较先进的青年，亲受帝国主义侵略、军阀战争和豪绅买办阶级压迫、剥削之苦，痛恨旧的社会制度。我们又多少参加过五四运动或者受过它的影响，向往科学与民主。但是，由于我们在出国前没有或很少接触到俄国十月革命和马克思主义的书刊，不象北京大学和接近北大的先进青年那样。他们在李大钊同志的影响下，在"五四"前夜就已经开始接触马克思主义。因此，救国之道如何？真理在何处？我们仍在蒙昧之中，头脑里基本上还是一张白纸。我们读了那些无政府主义和空想社会主义的书刊，对于书中描绘的社会主义和共产主义的美妙远景，对于那种没有人剥削人、人压迫人，人人劳动、人人读书、平等自由的境界，觉得非常新鲜、美好，觉得这就应该是我们奋斗的目标。有了这个目标，大家就高兴地以为找到了真理。但是，用什么方法，走什么道路达到这个目标呢？我们没有能进一步探讨，以为走勤工俭学的道路就能达到这个目的。工学励进会就是在这样的思想状况下创立的。成立工学励进会的时候，我们订了几条约章，曾寄回国内在《时事新报》上刊登过。宗旨的大概内容是："在积极方面，想联络一班人共同做事，如储金，定书报，互相勉励，疾病救助，工学交互，及为将来别种建画之预备。在消极方面，可以免除孤独生涯之烦苦，及环境诱惑之堕落，及懒惰之预防等事。"所谓"在积极方面"的几句话，反映了我们当时的小资产阶级工学主义的幻想。可是，我们究竟是有进取精神的青年，在以后生活环境和条件的变化中，没有停止自己的脚步。

一九二〇年初春，华法教育会介绍我们到施乃德钢铁厂作工。这是个大型军火工厂，设有好几个分厂。李富春、贺果、李林和我在法国西北部的勒哈佛尔分厂，张昆弟、任理、欧阳钦、刘明俨在圣伯尼分厂，罗学瓒在法国南部的克勒佐总厂。我在工厂里做铸工（我曾在长沙湘军工厂艺徒学校学过一年半铸工），他们几个当钳工。当时铸工除吊车外都是手工，劳动强度很大。做了不到半年工，我的身体支持不住。大家劝我离厂。我应邀到张昆弟、欧阳钦他们那里，休息了一段时间。

在勒哈佛尔时，我们仍然住在一个军用帐篷中。早晚工余之暇，大家自学法语，有的勉强看点法共《人道报》和共产主义小册子，有时也共同讨论研究勤工俭学的问题。经过短时间的工人生活，我们都感到经过勤工很难达到俭学，对于资本家对工人的剥削和管制方法有了初步认识。五一节，看到武装警察对罢工、示威工人的镇压，感到就是在以民主共和著称的国家，工人也无真正的民主自由。我自己自幼过着贫农家庭的生活，对于无钱无权无势的劳动人民受欺压的痛苦境况，有些感性认识。这时又看到民主共和的资本主义社会也是同样的情形，并亲自尝到这种滋味。我在一篇研究勤工俭学的论文中曾写下这样的认识："现在社会的一切不平等都带着十分或九分的经济压迫的原因"，"布尔塞维克的俄国，凡是封建的遗物，如那些军阀、地主、资本家一概扑灭之，以组织世界经济，这样的改革就是马克思主义学说的实现。"我曾呼吁："中华民族的男女学生打破智识阶级，牺牲着部分时光，做那些农人工人的解放事业。"可以说，我们在此短短的实践和自学中前进了一步。这一步有重要意义，但仍然只是一些感性认识，没有深入和展开，没有上升到理性认识，没有悟出工人农民只有"以其人之道还治其人之身"，即以暴力战胜暴力，才能获得解放的道理，因而还没有跳出"工学主义"的幻想。新民学会会员中，毛泽东、蔡和森接受马克思主义和十月革命道路最早。他们在五四运动前夕，就在李大钊影响下，开始学习和研究十月革命和马克思主义书刊。和森在出国前的一年半时间里，学习了法文，也阅读了一些社会主义著作。一九二〇年二月，和森等到了法国，住在蒙达尼公学。他没有上课，"日惟手字典一册，报纸两页"。以"蛮看"报章杂志为事。在短时间内收集了大量关于马克思主义和各国革命运动的小册子，择其重要急需者"猛看猛译"。当时我和他相隔很远，仅有通信联系。工学励进会的情况就是由我告诉他，他又写信回国告诉毛泽东同志的。和森是学会领导者之一。他到来后，新民学会在法会员的中心很快就移到了蒙达尼。他和在国内的毛泽东同志有密切的通信联系，使国内国外两部分会员联成一个整体。

一九二〇年六月中旬，前后分批抵达法国以及在法入会的新民学会会员已有十六人，有的在克勒佐、勒哈佛尔、圣伯尼等地工厂做工；有的在蒙达尼、枫丹白露等地学校补习法文。刚刚到法国的萧子暲、陈绍休等从国内带来半淞园会议情况的消息。根据半淞园会议关于"巴黎等会员较多之处可组织学术谈话会，定期召集"的意见，我们商定在蒙达尼举行一次聚会。七月五日，会员从各地来到蒙达尼。从六日至十日，在蒙达尼公学的教室开了五天会。与会者有蔡和森、向警予、陈绍休、萧子暲、张昆弟、罗学瓒、蔡畅、李维汉、熊光楚、熊季光、熊叔彬、欧阳泽以及萧子升（当时在华侨协社任职）等十三个会员。一些外省的工学励进会会员也参加了这个会，共二十余人。

这次会议最主要的成绩是确定了新民学会的方针为"改造中国与世界"。但会上对于改造中国与世界的方法的看法出现了分歧。一种意见是蔡和森提出的，主张激烈的革命，组织共产党，实行无产阶级专政，即仿效俄国十月革命的方法；另一种意见是萧子升提出的，主张温和的革命，即无政府主义的蒲鲁东的方法，实质上是资产阶级改良主义。和森提出的主张，对于多数与会者，特别是临开会前才到达蒙达尼的人们来得比较骤然，缺乏充分考虑的时间，因此对于两种相对立的主张，在会上没有能展开讨论。会议乃决定将两种意见写信告诉毛泽东同志，希望听取国内会员的意见。和森在给毛泽东同志的信中，详述了他对马克思主义的认识和组织共产党的主张。他明确地说："社会主义真为改造现世界对症之方，中国也不能外此。"而"社会主义必要之方法"为"阶级战争——无产阶级专政"，"我以为先要组织〔党〕——共产党。因为他是革命运动的发动者，宣传者，先锋队，作战部，以中国现在的情形看来，须先组织他，然后工团，合作社，才能发生有力的组织。革命运动，劳动运动，才有神经中枢。"和森是我们留法会员中的先驱者。如前所述，我当时虽已经初步认识到改造的最终目标是要消灭人剥削人、人压迫人的制度，实现无阶级的共产主义社会。但是，对于改造的道路，还没有跳出小资产阶级工学主义的幻想。集中到一点，就是对于要以革命暴力战胜反革命暴力，以无产阶级专政代替资产阶级专政，还缺乏认识。我在会后写给毛泽东同志的信中说："俄国式的革命，我根本上有未敢赞同之处"。现在回忆起来，就是反映了当时对这一根本点缺乏认识。接着又说："但也不反对人家赞成他，或竟取法它，说来很长，且待研究……要多读书，多考察，多与友人研究后，再说"，表现出思想的可变性。

蒙达尼会议开得很活跃，在辩论了改造中国与世界的目标和道路之后，还谈论了个人感想、会务进行和求学方法。从人生观到宇宙观，从个人理想到人类的未来，差不多都说遍了。最后一天更进行个性的批评与介绍。大家都知无不言，言无不尽，各自并互相谈了个人的优缺点，思想和个性的极强处和极弱处，以互励互勉，取长补短。对于留在国内的会员，也由相知者向新会员作介绍。毛泽东同志对这次会议的召开表示欣赏。他来信说："诸君感于散处不便，谋合居一处，一面作工，一面有集会机缘，时常可以开共同的研究会，极善。"

会后，有些在其它地方勤工或俭学的会员搬到了蒙达尼。在校会员采取共同研究及分门研究两个方法，以主义为纲，以书报为目，分别阅读，互相交换。我和几个迁来的会友在附近一个胶鞋厂做工，在工余学习。约在八月至九月的时间内，我有机会集中阅读了和森以"霸蛮"精神从法文翻译过来的《共产党宣言》《社会主义从空想到科学的发展》《国家与革命》《无产阶级革命与叛徒考茨基》《共产主义运动中的"左派"幼稚病》和若干关于宣传十月革命的小册子。此外，我同和森做了多次长谈，涉及范围很广，包括欧洲革命斗争形势、俄国十月革命经验、布尔什维克与孟什维克的区别、共产国际的性质与任务、第三国际与第二国际的决裂等等内容。通过阅读和谈话，我深知只有走十月革命的道路才能达到"改造中国与世界"的目的。

同年八月，"工学励进会"改名"工学世界社"，社员发展到三十多人。鉴于"工学主义"是工学世界社社员中带普遍性的倾向，我同和森商定召集全体社员到蒙达尼开会，请他出席并参加讨论。约在九十月间，工学世界社开了三天会，住蒙达尼的新民学会会员也大都参加。经过热烈的辩论，大多数社员赞成以信仰马克思主义和实行俄国式的社会革命为工学世界社的宗旨。记得出席会议的社员有：张昆弟、李富春、罗学瓒、李维汉、贺果、李林、颜昌颐、张增益、任理、萧子暲、唐灵运、陈绍常、傅烈、王人达、侯昌国、郭春涛、欧阳钦、刘明俨、汪泽楷、尹宽、萧拔、薛世纶、郑延谷、成湘等三十多人。此外，李慰农、余增生等个别社友因事未能参加，后来对于会议决议也都表示赞成。至此，工学世界社和新民学会的宗旨已趋一致。它和新民学会一道很快成为勤工俭学生的领导力量之一。和森没有参加工学世界社，他对于工学世界社宗旨的改变起着相当作用。

毛泽东同志得知上述蒙达尼会议的争论后，于一九二〇年十二月一日写了数千言的长信给我们，对两种意见作了详尽的分析。他认为无政府主义、德谟克拉西主义在今天行不通；用平和的手段、教育的方法来改造社会也做不到，而对和森的主张"表示深切的赞同"。并在随后给和森的信中明确指出"唯物史观是吾党哲学的根据"，还说："党一层陈仲甫先生（即陈独秀）等已在进行组织。出版物一层上海出的《共产党》，你处谅可得到，颇不愧'旗帜鲜明'四字"。毛泽东同志不仅希望我们留法会员继续做深入的学习和研究，而且在一九二一年新年时，与何叔衡一起召集长沙会员聚会三天，进行了郑重而热烈的讨论。毛泽东同志旗帜鲜明的主张和深入浅出的说理，更加坚定了我们大多数会员对马克思主义的信仰。以参加蒙达尼会议的十三名新民学会会员为例，后来就有八人先后加入中国共产党。萧子升则继续沿着错误的道路滑下去，最后堕落为反动官僚。

蔡和森接读毛泽东同志来信后，曾和我们商谈，打算联络新民学会会员、少年中国学会会友、工学世界社社友等开一讨论会，如在"无产阶级专政"和"国际主义"两点上取得一致,则准备成立一个共产党。后来因为忙于参加和领导求学运动的斗争,未能实现。

毛泽东同志一向主张新民学会的本身不多作事,"但以会友各个向各方面去创造各样的事。"在他得知工学世界社成立的消息后,寄予关怀。他给罗学瓒写信说:"请你将组织,进行,事务等,告我一信。"工学世界社成立后,除了学习马克思主义外,还组织了一个工学世界通信社,由罗学瓒负责,向国内发稿,报道留法勤工俭学和华工运动的情况。蔡和森、李富春、向警予以及其他一些新民学会会员、工学世界社社员都曾经往国内报刊投过稿。大部分稿件都经毛泽东同志转递。毛泽东同志很赞扬工学世界社这种形式的活动。他在一九二一年十月的一次欢送留俄学生的会上说:"我们总要为有主义的进行,在法同学组织的工学世界社——革命团体——那办法很好"。

以蒙达尼为中心的新民学会和工学世界社两团体,在一九二一年曾经参加了勤工俭学生两次大的群众斗争的领导。一次是二月二十八日的"求学运动";一次是九月二十日进占里昂大学的斗争。关于这两次斗争的情况,已有不少同志撰写过文章或回忆录,大体翔实,我不再重复。这里只就我亲身经历的几件事实做些回忆。

二月二十八日的"求学运动",习惯称为"二八运动"。先是,二月初,在巴黎近郊(华法教育会附近地区)有数百勤工俭学生在那里候工不得,靠领每日五法郎的救济金生活。我们和他们中的一些活动分子逐渐发生了联系。他们告诉我们华法教育会发出通告,声明与勤工俭学学生断绝经济关系,诬蔑勤工俭学学生"既无做工之志趣,又无做工之能力",用釜底抽薪的办法,拒绝资助,使同学们沦于做工不得、求学不能的困境,并声称要将学生"遣送回国"。他们希望给以援助。蒙达尼的新民学会会员和工学世界社社员一起集会讨论巴黎近郊同学的要求。我们认定在资本主义制度下谈"勤工",无异为资本家提供廉价劳动力,而要以"勤工"达到"俭学"的目的更为不可能。我们认为应当发起一次求学运动。于是蔡和森、张昆弟、向警予、蔡畅、贺果、李维汉等大部分会员、社员去巴黎参加斗争。我们住在华侨协社不远的一个兼营咖啡馆的旅馆内,连日同近郊四百多同志的代表开会商讨斗争的目的和方法。代表会作出进行求学运动的决定。提出争取"生存权,求学权"的口号,向军阀政府要求生存和求学的权利。斗争的具体目标是要求进入即将开办的里昂大学求学,发给学生每人每月四百法郎的补助,以四年为限。代表会向全体勤工俭学同学发出通告,向公使馆和华法教育会发出请愿书,向旅法上层人物发出请求援助书，向北洋政府和各省政府发出电报。二月二十八日，组织近郊四百多同学向北洋政府驻法公使陈箓请愿，相持大半天，群众被警察驱散，代表十余人被囚禁于警察局两小时左右始释放。"二八运动"没有实现原定目标，但迫使公使馆延长发放三个月每人每日五法郎的救济费，华法教育会答应继续为失工学生找工作。我们的斗争也并未就此停止。一九二一年五月三十日，由向警予、蔡畅、熊季光、熊叔彬、魏璧、劳君展等新民学会女会员联络其他女生组织"开放海外大学女子请愿团"，发出致女界的公开信，要求里昂大学招收女生。同年九月，又发展为进占里昂大学的斗争。

"二八运动"过程中，新民学会和工学世界社对于勤工俭学同学内部的团结工作有缺点。例如以赵世炎、李隆郅（即李立三）为首的"劳动学会"是一个进步团体，但当时仍笃信工学主义，主张坚持勤工俭学到底。王若飞等一部分贵州同学也持相同主张。他们都不赞成请愿，认为请愿是向反动政府乞怜，要求补助是寄生虫。针对求学运动，他们提出"甘做苦工，不希官费"的口号。我们没有采取积极态度去同他们讨论问题，争取共同行动。徐特立、黄齐生两位老教育家也支持他们的主张。蔡和森和我，还有新民学会其他会员，都是徐先生的学生，一向敬爱他，这时也没有去同他讨论商谈。这些都是我们的缺点。

"二八运动"教育了我们，迫切希望勤工俭学生内部加强团结。我们请劳动学会派代表到蒙达尼出席工学世界社的会议，相互加强联系和了解。世炎、立三都到过蒙达尼交换意见不只一次。若飞则来蒙达尼和我们一起在胶鞋厂作工。通过交谈，我们双方的观点和认识迅速取得一致，并且共同行动起来。世炎在加强勤工俭学生不同力量的团结工作中起了很大作用。他以"劳动学会"为核心，组织了"勤工俭学同盟"，又进而联合"勤工俭学互助团""勤工俭学互助组""勤工俭学讨论刊社""劳人会""工学实践团"等勤工俭学生团体，组织了一个"勤工俭学会"，提出"互助""劳动""改造社会"三信条，一边力求自救，一边学习社会主义。他们在克勒佐工厂边劳动边在华工中进行工作，深受欢迎。到九月进占里昂大学的斗争之前，勤工俭学生中不同力量的许多部分逐渐趋于联合，以至能在进占里昂大学的斗争中采取统一行动，共同组织"勤工俭学生代表大会"的最高领导机构。

当时，代表大会决定分别通知各厂各校的勤工俭学生派代表组成一百一十六人的"先发队"，分头赴里昂集合。并决定我和萧子暲、向警予以及巴黎近郊和其它地方的同学代表组成十人代表团留驻巴黎，负责联络和争取声援。"先发队"同学到里昂后，北洋政府驻法公使馆勾结法国政府将他们囚禁在一个兵营里面。十人代表团分途寻求支援，但都没有发生积极效果。我曾去里昂兵营向同学们报告巴黎活动情况，并提出另派代表去巴黎，我留兵营。后来依和森及同学们的意见，仍回巴黎参加十人代表团的活动。不几天，"先发队"中一百零四人在囚禁了二十八天之后，被法国政府武装押送回国。世炎在同学们协助下机智脱险，跑到法国北方靠近比利时的地方去做苦工，打扫战场。这次被押送回国的新民学会会员和工学世界社社员已查明的有蔡和森、张昆弟、罗学瓒、贺果、刘明俨、颜昌颐、唐灵运、肖拔、郭春涛等人。向警予随后也回了国。

这次斗争是从勤工俭学运动内部矛盾发展中爆发出来的。从它的具体目标来说是失败了，但是从它留下的影响和收获的果实来说，则具有重要的历史意义。它使法国资产阶级亲眼看到中国青年从五四运动以来迸发出来的一派不怕军阀统治、不受洋人欺侮、力争掌握自己命运的气势。它结束了似潮流般的勤工俭学运动。一切好心好意提倡这个运动的人，由此知道此路已经不通。至于那些企图借这个运动捞取政治资本的有野心的人，就只好自己去感受幻灭和悲伤了。最重要的是，这一次斗争出现了勤工俭学界在空前规模上的新的联合和新的觉醒。许多人抛弃各种各样不切实际的幻想，接受了马克思主义，走上了十月革命的道路；更多的人后来积极投入了反帝国主义和反军阀的斗争。另外有些人，由于种种原因，没有参加政治活动，在国外学习科学技术，回国后就从事这方面的工作。

这次运动本身是有缺点的，实际上居于领导地位的人冲在第一线的太集中，也不懂利用上层内部的矛盾，对蔡元培、李石曾与陈箓等人没有区别对待，对于敌人的狡猾也认识不清。这次运动使我们深刻地认识到在勤工俭学生中建立一个严格的战斗的共产主义组织的必要性。

周恩来同志于一九二〇年底也到法国勤工俭学。他和勤工俭学生有着广泛的联系。我们当时还不认识他。事后才知道他对这两次斗争甚为关注。他考察了运动的情况，写了很详细的报导寄给天津《益世报》发表。越到后来，报导的倾向性越鲜明，代表了勤工俭学生的呼声。一九一九年五四运动期间，他自日本回国，领导了天津的五四运动。他领导的觉悟社，已与李大钊同志和北大的先进分子有联系。一九二〇年，他在斗争实践中热情学习和研究马克思主义，赴法后，曾到英国伦敦一个短时期。一九二一年他已成为一个马克思主义者。

一九二一年底或一九二二年初，我收到恩来、世炎托人转来的信，约我到巴黎一个旅馆会面，商组旅欧中国少年共产党的事。我们商定分头筹备。在筹备期间，我曾反映尹宽、薛世纶等人的意见，提出工学世界社全体社员参加的建议。另有人建议，有关的进步组织可由代表参加。这两种建议都是幼稚性的表现，既与原则不合，也与实际不符。经过酝酿讨论，双方都放弃了。约在一九二二年六月，我们在巴黎近郊森林里集会，宣告旅欧少年共产党正式成立，世炎任书记，恩来负责宣传，我负责组织。各用一个代号，叫乐生、伍豪、罗迈。党部设在巴黎意大利路哥特伏化街十七号一个旅馆里。经常在那里工作的有赵世炎、李维汉和陈延年，从工厂接受选云母片的工作，维持生活。陈延年和陈乔年兄弟原来信仰无政府主义，延年还负责编辑过《工余》杂志。经世炎等的工作，我记得先是乔年后是延年陆续参加了少年共产党。延年参加了少年共产党的领导核心，编辑机关刊物《少年》。他俩抛弃无政府主义信仰之后，成了很坚定的马克思主义者，后来都反对陈独秀主义，一九二七年上海四一二政变后，先后被国民党反动派杀害。若飞在蒙达尼胶鞋厂工作时，和我多次在运河岸上散步并畅谈。他告诉我，欧战前信仰过俾斯麦主义，欧战后改信威尔逊主义，最后转而信仰马克思主义。他曾积极从事华工运动。在进占里昂大学的斗争中，他是领导者之一。少年共产党成立后，他也是领导核心的成员。

一九二二年下半年，在党中央工作的蔡和森来信，要我回国工作。我受旅欧少年共产党的委托，带信给中央，请求加入中国社会主义青年团。路费是恩来和世炎为我筹集的。我于一九二二年底或一九二三年一月初到了北京，向党中央报到。党中央在一次会议上，批准旅欧少年共产党改名为中国社会主义青年团旅欧支部，由中央另给指示。我则由毛泽东同志和蔡和森介绍转为中国共产党党员，派回湖南工作。回湖南前曾给世炎、恩来去信告知结果，以后就再未同旅法组织发生联系。

当时已回国的新民学会会员和工学世界社社员都已加入了党或团的组织，参加了实际工作。留在法国的会员、社员后来也有不少人加入了党团组织，在旅欧党、团组织领导下从事学习和工作，并大都经过去莫斯科学习，然后回国。新民学会和工学世界社至此最后也结束了它们的活动。

周恩来、赵世炎是中共旅欧组织的创立者。我回国后不久，恩来和世炎等在法国、比利时和德国分别建立了党的支部，后联合成立中国共产党旅欧总支部。恩来在一九二四年回国以前，一直领导旅欧总支部的工作。这期间，党员和团员都有不少发展，许多团员加入了党。我们党的老一辈党员中，已经去世或牺牲的朱德、李富春、王若飞、陈延年、陈乔年、刘伯坚、张伯简、林蔚、郭隆真、佘立亚、熊雄、熊锐、孙炳文、穆青、欧阳钦、李林、李慰农、王人达、任理、萧朴生、袁子贞、马志远、资道焜、陈彭年、李大章、邢西萍、陈微明、谢唯进、何以端、史逸、林修杰、高风、李季达、陈声煜、冉钧、黄士韬、杨志华、帅本立、范一、傅汝霖、戴坤宗、钟汝梅、吴平地、周贡植，以及现在还在工作的邓小平、聂荣臻、蔡畅、傅钟、何长工、李卓然、江泽民、刘鼎同志等，都是在旅欧支部参加党的（这是一个初步查明的很不完全的名单，还可能有错误，待以后查实改正）。

（三）

　　新民学会的成立和活动，处于中国从资产阶级领导的旧民主主义革命向无产阶级领导的新民主主义革命的转变时期，因而在它身上就必然反映出这一时期中国革命的历史特点。

　　第一次世界大战和俄国十月革命之后，就革命阵线来说，在殖民地和半殖民地所发生的反帝反封建的民族民主革命，已成为世界无产阶级社会主义革命的一个组成部分。在中国，旧式的资产阶级民主革命之转变为无产阶级领导的新民主主义革命，则是从五四运动开始的。五四运动兴起于一九一九年，结束于一九二一年中国共产党的诞生。它具有为辛亥革命所不曾有的彻底地不妥协地反帝国主义、反封建主义的姿态。在五四运动中，工人阶级走上了政治舞台，出现了许多宣传十月革命、研究和学习马克思主义理论的组织和个人。由于马克思主义和中国工人运动相结合，导致了中国共产党的建立。这就标志着资产阶级领导的旧民主主义革命转变为无产阶级领导的新民主主义革命。这就是五四运动伟大历史意义之所在。

　　五四运动提倡科学与民主，反对文言文，提倡白话文；反对旧道德，提倡新道德；形成一个生动活泼的新的文化革命运动。它是新的经济力量和新的政治力量在文化上的反映。它在一定条件下为"共产主义的文化思想，即共产主义的宇宙观和社会革命论"的传播开辟了道路。但是，五四运动的阵营是由不同的政治力量组成的，在它的发展过程中必然发生政治战线的分化，也发生思想战线的分化。毛泽东同志指出："五四运动的发展，分成了两个潮流。一部分人继承了五四运动的科学和民主的精神，并在马克思主义的基础上加以改造，这就是共产党人和若干党外马克思主义者所做的工作。另一部分人则走到资产阶级的道路上去，……"毛泽东同志在这里说的"改造"，就是将反帝反封建的文化思想改造成为共产主义的文化思想。毛泽东同志的这段话既是对五四运动历史发展的总结,同时也包括了新民学会历史发展的经验。新民学会建立于五四运动前,活跃在五四运动的反帝反封建的革命风暴中。它的成员们胸怀改造中国与世界的抱负,研究和探索革命的真理,寻找救国救民的道路。其中相当多的一部分人跟随着共产主义文化思想的先锋毛泽东同志不断前进,而成为共产主义的忠贞战士;一些人在这面伟大旗帜的影响下,成为共产主义的同情者;少数人则走向这面旗帜的反面,被革命风暴抛入浪底,成为沉渣。

当时,在我们同辈中有这样一句话:"和森是理论家,润之是实际家。"这种评价,现在看来并不确切,只看到毛泽东同志当时重视革命的实践,没有看到他同时重视革命的理论。现在回忆起来,毛泽东同志从五四运动起,就表现出他是一个注意认识和实践相一致的先进战士。他在五四运动时期的历次斗争中,越来越显示出旗帜鲜明、理直气壮、坚决果敢、势不可当的气概。对于革命理论(当时我们称为"主义")的意义,毛泽东同志是非常重视的。他指出,新民学会"不可徒然做人的聚集,感情的结合,要变为主义的结合才好。主义譬如一面旗子,旗子立起了,大家才有所指望,才知所趋赴"。学会初成立时,我们一班年青人不满现状,要求向上,讲求改造,有爱国思想,但是认识上还很朦胧,很空泛。毛泽东同志引导我们通过共同讨论、共同研究,明确学会的共同目标和达到目标的共同方法。我们留法的会员和在国内主要是在长沙的会员,围绕这个问题进行过多次讨论,把学会的宗旨统一到"改造中国与世界"这个目标之下,并且在讨论达到这一目标的方法时,使许多会员抛弃了原来的空想社会主义、无政府共产主义倾向,抛弃了小资产阶级工读主义幻想,转而信仰马克思主义,认识到只有社会主义,只有走俄国十月革命的道路,才能救中国。我自己在勤工俭学时期,就是从爱国主义经过大约十个月这样的空想和幻想之后,在毛泽东同志和蔡和森的影响下经过学习进到信仰马克思主义的。

毛泽东同志在注重理论研究的同时,很重视对中国实际的调查研究,重视参加当前的实际斗争。在共产党成立以前,他凭借和依靠新民学会这个组织中的积极分子,参加和领导了一系列的社会政治活动,如五四运动、勤工俭学运动、驱张运动以及省自治运动等,都取得一定的成绩。对于留学运动他是赞成的,因为它有助于开阔眼界、解放思想、从外国汲取革命的经验。但他总是把立足点放在中国,重点又首先放在湖南。他重视"留洋"(留法留苏)求真理,但更重视脚踏实地地在中国这个地盘的工作。对待问题，他既是从全局从长远着眼，又是从局部从当前出发。他曾说过："吾人如果要在现今的世界稍为〔微〕尽一点力，当然脱不开'中国'这个地盘。关于这地盘内的情形，似不可不加以实地的调查，及研究。"进行驱张和自治运动时，有的会员对这类运动曾有怀疑，认为我们既相信世界主义和根本改造，就无需顾及这些当前的问题。毛泽东同志不以为然，他一方面说明，类似驱张和自治运动，都不是我们的根本主张，都不是我们的根本目的，它只是我们"应付目前环境的一种权宜之计"，但是它又是我们"达到根本改造的一种手段"。因此，不能迷恋当前的具体斗争而忘掉斗争的终极目标，也不能空有一个斗争的远大理想而不去参加和争取领导那些有利于人民的当前的实际斗争。事实上，驱张运动和自治运动使湖南人民受到了教育。在实际斗争中，毛泽东同志注意抓住时机，发动群众。一九一九年底，长沙发生了一个"新娘"赵五贞因反抗旧式婚姻在花轿里用剃刀自杀的事件。从事件发生的第二天起，毛泽东同志连续写了十多篇评论，发表在湖南《大公报》上，揭露这个事件的社会背景，从而在长沙社会上掀起了一个反封建的宣传和控诉运动。

对于学会会务，毛泽东同志主张采取"潜在的态度"，注重"打基础""不张扬""不标榜"，脚踏实地，埋头苦干，不要"象没有经验的商店，货还没有办好，招牌早已高挂了，广告早已四出了，结果离不开失败"。毛泽东同志的深入社会、深入实际、埋头实干的好作风，对学会很有影响。在会员间形成了"言必及义"，不标榜不浮夸的好风气。毛泽东同志亲自编订的《新民学会会员通信集》和《新民学会会务报告》，对于团结会员、探求真理、活跃会务起了极好的作用。

毛泽东同志非常重视舆论的作用，注意抓舆论工具，湖南学生联合会一成立，毛泽东同志负责主编学联刊物《湘江评论》。《湘江评论》被封后，又主编第七期以后的湘雅医学专门学校的《新湖南》周刊，并通过学会会员在长沙掌握湖南《通俗报》和"通俗讲演所"。驱张运动时，在北京、上海、衡阳办刊物，办通讯社，并且重视利用如湖南《大公报》这样的社会舆论工具。以后又办了文化书社。毛泽东同志通过这些阵地，揭露旧制度，传播新思想，聚集革命力量，打击反动势力，对于湖南地区的革命运动起了很大的作用。

毛泽东同志对于一切事物都主张采取分析态度，深恶那些"拿感情来论事""以部分概全体""以一时概永久""以主观概客观"的"论理的错误"。他在五四时期写的评论文章，都层次鲜明，有说服力。他给我们在法诸会友关于讨论共产主义的信，就是一篇有分析的说理文章，道理说得十分浅明、中肯、透彻。

在斗争中，毛泽东同志很注意团结多数，包括团结社会上层分子，利用各种社会关系，减少斗争的阻力。在驱张运动中，通过学生联合会，团结了反对张敬尧暴虐统治的各界人士，利用了直皖两系军阀之间的矛盾，取得直系军阀吴佩孚和接近直系的冯玉祥的一定程度的支持，把斗争的锋芒主要指向张敬尧。

新民学会成立以后，投入了一个又一个斗争，这些斗争之所以取得不同程度的成绩，固然是多数会员努力工作的结果，而上述毛泽东同志的正确思想的指导和影响，也是一个重要的原因。在经历了半个多世纪艰难曲折的路程以后，来回忆毛泽东同志当年的活动和思想，倍加感到亲切，更加体会到毛泽东同志所一贯倡导的实事求是、理论和实际相统一的原则和作风，源远流长，放之四海而皆准。

新民学会虽然还不是马克思主义的团体，但在它存在的三年中，在中国革命动荡转变的年代里，逐渐由民主主义接近了马克思主义，在思想上和组织上为建立中国共产党作出了它应有的贡献。会员中，以毛泽东同志为代表，许多成为坚定的马克思主义者，成为共产党员，有的成为党的同情者。会员何叔衡、蔡和森、向警予、陈昌、张昆弟、罗学瓒、郭亮、夏曦等，以及相当于新民学会"分支"组织的工学世界社的社员李林、颜昌颐、林蔚、李慰农等在后来的革命中英勇地献出了自己的生命。他们和所有为中国革命牺牲的烈士一起，将永远为中国人民所纪念。

摘自《新民学会资料》

忆新民学会早期活动与《新民学会会员通信集》编汇情况[①]

罗章龙

....

新民学会成立大会

新民学会一九一七年进入具体筹备阶段。最早润之接近的人不很多，有蔡和森、何叔衡、萧子升等。筹备阶段，分头在几个学校中暗中物色会员，即一师、楚怡小学、第一联合中学、修业小学、周南女中。

经过几个月的筹备工作，于一九一八年四月正式成立新民学会。到会的有十四人，组织了一个干事会。萧子升为总干事，毛泽东、陈书农为干事。会议在长沙周家台"沩痴寄庐"的蔡和森家召开的。房东姓周，租有两家人，除蔡和森外，另一家是一个姓周的教员。房东有七个儿女，最小的周七爹，我一九五〇年在湖南大学教书时见过他，还在旧会址照了相，参加者有陈启民和我。

新民学会年龄最大的是何叔衡，比我大七八岁。后来女会员有向警予、陶毅、劳启荣、蔡畅等。之后会员发展到七十多人。

何叔衡是前清的秀才，是长沙方面新民学会润之不在时的负责人。长沙办过教师讲习所，他到这里学习了两年，毕业后到楚怡小学教书，后任《通俗报》馆的主编和"船山学社"的主持人。润之对他的评价是"虽不能谋，而善断"，"何胡子是一条牛，是一堆感情"，对工作很实干。他主张过激主义，深信"一次的扰乱，抵得二十年的教育!"

[①] 题目为编者加，节选自罗章龙《回忆新民学会》。

新民学会早期的活动

一九一五年征友启事后,开始筹组新民学会,按照会章规定进行工作。关于新民学会的活动情况,《新民学会会务报告》作了详细的记载。它是毛泽东同志三年后追记的,是一个非常珍贵的文献。

新民学会的活动,总的说有三项:一、思想革命;二、身心锻炼;三、革命实践。

学会活动前期(一九一七——一九一八年)领导中心在长沙。以毛泽东同志为首,干事会还有萧子升、何叔衡。后期(一九一九——一九二一年)学会分成三处,长沙方面以毛润之为主,还有何叔衡同志。这时干事会改组,增加了一个评议会,萧子升这时已离开长沙。北京方面(一九一八——一九一九年)润之和我两个新民学会会员同在北京大学工作、学习和活动。巴黎方面从一九一八——一九二二年,由萧子升负责,还有蔡和森、李和笙等同志。

一九二一年,党的一大后,新民学会停止活动,不再存在了。一部分同志参加了中国共产党,一部分年轻的会员转到共青团里面工作了。

一、思想革命。思想革命是逐步地、慢慢地发展的,经历了一个较长的时间。最先以毛泽东同志为代表,在中学时代就广泛地阅读了大量的中国古典书籍,可说是博览群书,有些书他还可以背诵。他批判地吸收了中国古代思想,这在以后的毛主席著作中可以反映出来。后来,他读了西方社会科学和自然科学书籍,如达尔文、卢骚、斯宾塞尔、孟德斯鸠诸人著作,又接受了一些西方进步思想。十月革命以后,又阅览了马列著作,接受了无产阶级共产主义思想。所以到中国共产党成立,毛泽东同志已成为一个马列主义者了。

在新民学会阶段,当时围绕着改造中国与世界的问题,探讨、研究了思想方面和实践方面的许多问题,有时为了弄清一个问题,讨论竟达一百五十次之多。

二、身心锻炼。当时有个流行的说法,中国是"东亚病夫"。润之说,我们一定要把"东亚病夫"的称号革掉,从青年开始,注意锻炼身体。他还有一个形象的说法:湖南要做东方的斯巴达和东方的普鲁士。斯巴达是希腊的一个邦,是锻炼身体的模范,普鲁士也是这样,毛奇就是普鲁士的。毛泽东同志以身作则,曾花了一番苦功研究这个问题,写了一篇《体育之研究》的文章,发表在一九一七年四月

《新青年》上。文章中极力主张民族要有尚武的精神，要养成一种扫除文弱书生的新风气。开始还推崇岳飞的"八段锦"，它是岳飞的老师周先生传下来的锻炼身体的方法。后来，他自己又创造了一种全面的操法。他说："拔山盖世之雄，唯勇往而已"，人生就是要勇敢向前。他还提倡游泳，倡议横渡湘江，这在当时是空前的。有这样一个故事，陈绍休两兄弟都会游泳，游泳特别好。润之非常欣赏陈氏兄弟。当时学校怕出事故，不敢提倡游泳。润之说，不能因噎废食。在游泳中，长沙也曾发生过事故。我校有两个学生游泳淹死了，报上大作文章，一些家长也怕学生出事。润之不这样看，说我们要坚持下去。后来他一直坚持到高龄。当时他和陈氏兄弟带领新民学会会员学习游泳。他当时写了一首诗，有这样两句话："自信人生二百年，会当水击三千里。"对游泳评价相当高。"水击"二字，他讲的就是游泳的意思。

三、革命实践。对于旅行游学，他也有一种特别的爱好，读书之外，很少坐着不动，总是到外面走一走。我没有看见他坐过车子，总是步行。他提倡步行，并要求新民学会会员也不要坐人力车。步行很费鞋子，就提倡穿草鞋，草鞋在当时很普遍，一般劳动人民都穿草鞋。

一次，我与润之一起步行去韶山，走到长沙与湘潭之间，离长沙三四十里的地方，很累了，就在路边休息。见一位老农在茅屋边打草鞋，润之就与他谈家常，并当他的助手，帮助他锤草、搓绳、编织，织好后又帮他锤平草鞋。我见润之对打草鞋的工序很熟练，便问："你会打草鞋？"他说："我会，走路很费鞋子，大家都应会打草鞋。"

在长沙，我陪润之到过许多地方。长沙附近有个拖船埠，那里有个禹王碑，传说禹王曾在此拖过船，润之对此很有兴趣。禹王是个劳动人民，润之对他怀有好感。古史说：大禹治水，栉风沐雨，八年于外三过家门而不入。

对于湖南历史上的先进人物的遗迹，我们常去访问。如：楚国屈原的故居（玉笥山），汉朝贾太傅祠，岳麓山上的崇德寺（唐朝诗人杜甫流浪时曾在此寺住过），长沙的飞虎营（南宋文学家、将军辛稼轩在长沙练兵的地方），以及王夫之的家乡等地，我们都同去过。

此外，润之还去参观历史上的战场。长沙郊区有个太平天国萧朝贵率领军队攻打长沙时的妙高峰，是民间相传的重要古迹，他也去看过。

他曾对我说：我们这样走是有意义的，我们要向前代英雄人物学习，使自己的思想丰富、意志坚强起来。我体会到，这不是旧知识分子的游山玩水，而是为了锻炼身体，向古代、前辈的英雄学习，吸取经验教训。

关于游学问题。在游学出发前，润之和大家曾讨论过几次游学的目的，是求书本以外的知识，到社会大学读书。其次是作社会调查，了解农村各种情况。还可以访朋友，发现有志青年。何叔衡也曾讲过一个故事：以前有个学者徐霞客，步行南中国七八个省，走了几年，历尽千辛万苦，走到四川时，他的同伴因病过世，他把同伴的棺柩送回家之后，又继续旅行，后来写了一本《徐霞客游记》的书，这本书是研究中国地理的不朽之作。润之也要我们学习他的毅力。

在游学出发之前，除一般准备外，还带上笔墨纸砚，作些对联屏语。每到一个地方，以学生的身份访问私塾老师、工人、农民、医生等，首先送一副与他职业相称的对联，这也是当时游学的习惯。他们有的招待吃饭，或送点土产、钱、物。关于游学，萧子升曾有详细的记载。

关于办"船山学社"的情况。王船山本名王夫之，学问上是有名人物，明朝崇祯年间的一个进士，在政府礼部当行人之官。他当进士不久，李自成攻下北京，崇祯皇帝自缢以后清朝建立，王带着一种反清的民族主义情绪，回到湖南，不做官，写了大量的书。这些书当时不能出版，又过了多年，曾国藩发现了，印刷出来了。书中充满了反对外族、光复中国的思想，在民间影响很大，在湖南很流行。

新民学会后来把船山学社接收过去，表面上宣传王船山的学说，实际上取其精华，弃其糟粕，宣传爱国主义思想，教育青年。当时大家把这叫做"旧瓶装新酒"，即古为今用的意思。反动派也想争这个学校，双方斗争相当激烈。当时办学经费较困难，打算向社会筹集一些教育基金。方案制定后，向社会各方联系，思想上接近我们的人表示赞成，并捐助款项。另一些人暗中破坏，我们开始时决定对这部分人还是团结他们。一次，打算以宴会的方式，作些动员，解释工作，以消除误会，但他们相约不来，说如果来了不好说话。这时，酒席已安排好了。何叔衡就说："学校的工人、职员也很辛苦，就招待他们共同会餐一次吧！"于是，大家欢聚一堂。从此以后，斗争表面化了。后来我们在原址又办过湘江中学，培养了许多党的干部。

平浪宫聚会

新民学会成立后，讨论最多的一个问题是会员出省出国的问题。当时的情况是：大部分会员先后毕业，现实的问题是升学或就业。新民学会的会员都是有理想有抱负的青年，他们觉得仅仅在长沙学习或工作还不能满足，而湖南在当时较其他省份闭塞，交通又不方便，文化政治处于比较落后状态，因此大多数会员有出省求学的意思。加之当时中国和外国相比，科学也较落后，所以要求出国学习的思想也比较强烈。那时出国留学多在两个方面，一个是去南洋，因为这些国家华侨多，地域广；另外就是到那些资本主义较发达的国家去留学。当时的苏联还没有为广大青年所认识，对苏联没有明确的概念，加上反动派的阻挠，能知道苏联革命真相就不容易了。当时留学最流行的是到日本，因为那时有种看法，认为日本是辛亥革命的策源地，孙中山先生组织兴中会、同盟会和武昌起义都受到日本的影响；其次日本是东方和西方科学文化的桥梁地带，维新早，接受西方的科学技术早。当时在日本留学的有上万人，湖南人就不少，因此新民学会干事会开会决定派人到日本去，并决定傅昌钰、周晓三、罗章龙等三人去日本（傅昌钰是先一年去的）。我是愿意去的，但家庭经济条件困难，而又不好当着大家的面说。会后我同何叔衡和润之谈了。润之说："这不是你个人的事，有困难大家想办法。"何先生说："你有困难是实情，我们几个人一定设法送你去。"其他同志也从道义上、经济上支援我，我自己也筹积了一些钱，会员们帮了一半，就决定动身了。在作准备时，我说我有个老师周頻卿，到过日本。润之说："那我们去见见他吧！"于是我们一块去见周，他是同盟会的第一批会员。他说日本搞革命的人很多，他去那里深受影响，他是反袁的，是湖南派去炸袁世凯的几个人中的一个，只是由于他们投弹技术不熟练没有把袁炸死。润之听了这些很感动。在我临行前他说："相信前面会有困难，但如果有充分的准备就会好些。"为了送我远行，学会在长沙北门外的平浪宫举行聚餐，大家鼓励我，消除顾虑，润之还用"二十八画生"的笔名为我写了一首诗相赠，诗云：

送纵宇一郎东行

云开衡岳积阴止，天马凤凰春树里。
年少峥嵘屈贾才，山川奇气曾钟此。
君行吾为发浩歌，鲲鹏击浪从兹始。
洞庭湘水涨连天，艨艟巨舰直东指。
无端散出一天愁，幸被东风吹万里。
丈夫何事足萦怀，要将宇宙看稊米。

> 沧海横流安足虑，世事纷纭何足理。
> 管却自家身与心，胸中日月常新美。
> 名世于今五百年，诸公碌碌皆余子。
> 平浪宫前友谊多，崇明对马衣带水。
> 东瀛濯剑有书还，我返自崖君去矣。

这首诗是一九一八年春写的。又瞻岵临别赠言，书短句云："若金发砺，若陶在钧，进德修业，光辉日新！"

到了上海，我即预订了一张去日本的船票。忽然发生了一件事，一九一八年五月七日，日本反动政府对于东京的中国留学生进行殴打，采取高压手段，迫使他们回国，留学生予以反抗，发生冲突，还有流血牺牲的。这个消息传到上海，上海各界人士组织了支援日本的中国留学生运动，我也参加了，并接待了一些从日本回来的同学。我见到他们愤愤不平地揭露日本军政当局的暴行，即决定：现在不能到日本去了。在接待的过程中，我认识了一些学生，有几个和我谈的很好，其中有一个叫黄日葵的对我说："莫去日本了，日本不能容纳我们这些人。我们是中国人，可在本国学习，如果要搞革命也可以在中国搞。"他并告诉我，他准备转学到北京大学。黄还告诉我《新青年》的出版中心在上海。我们就找到了上海群益图书公司，这个公司是湖南人开的。他们讲，编辑部已不在上海了，负责人都到北京去了，我们这里是发行机关。他们并送了我们一些《新青年》杂志和书籍，其中有的是廉价的。为了征得学会的同意，我从上海回到湖南，将此情况向毛润之和何叔衡讲了。他们认为，既然日本的情况如此，我们就不必去了，并同意我去北京。从此后，新民学会就决定不再派人到日本，而是到北京去从事开辟工作。

…………

《新民学会会员通信集》

新民学会的会员有五十多人，后来发展到七十多人。会员与干事会通信，这是学会给会员规定的义务，每个会员一年要给干事会写一封信，这样一年至少就有好几十封。干事会以毛润之为主。会员与会员之间的通信数量最多。这些信由润之收集汇集成册，现在看到的有三集，还有个附录，在他给我的信中说要出第四集，出了没有我记不起来了。

收在集子中的信不多，平均每人一封，个别人有几封。这些通信应分前期和后期。前期是学会成立不久的一两年内，主要是讨论学术和意识形态问题，同时也谈了些有关生活方面的问题，如身体锻炼、婚姻问题等，这是初期的情况。后期从一九一九年以后到党成立之前，着重讨论政治问题，这是自然的发展，中心问题是改造中国与世界，再就是中国革命的手段，是采取苏联十月革命的道路，还是采取其他道路。

会员与会员、会员与润之间的通信，现在没有全部找到，会员与会员之间的书信较多，不亚于会员向干事会通信的数量。因为学会不是政治机关，说话比较自由，会员与会员有什么问题就通信讨论，内容也广泛。我到北京后，就因出国与留北京的问题，陈绍休、萧子升等多次写信，要我出国。他们说我一个人留在北京，朋友都走了，很单调，因此主张我出洋留学，专心读书。陈绍休认为我专心做学问，搞个专业合适些，他自己表示要在法国长期蹲下去，将来回国立志著书立说，不做官。但润之不同意，何叔衡也不同意。何叔衡讲话有决断，他说："那些舍近求远的想法不免有离开现实的意思。不论遇到什么困难都应凝神一志以赴之。"这段话对我有很大启发，我认为很对。润之从北京到上海后又给我写信，他怕我动摇，勉励我坚持。我在北京同志敦促下，就长期留在北京工作了。可见，会员之间互相勉励影响大，作用也大。

我和润之来往通信的事，现在有文字记载的前后有几次通信。从一九一五年征友启事开始到一九三〇年前后十五年中，我们断断续续的有通信，《通信集》发表了两封信。一九二〇年七月我写信给他，当时正是北京马克思学说研究会工作开展之时。他接到此信紧接着回了两封信。他第二封信的第一句话就讲："昨信接到，重翻你七月二十五日的信，我昨日竟没有一句答复你信内的话，真对不住，今再奉复大意如下。"可见他对通信解决问题是很注意的。第二封回信是发表了。这就有三封了。据最近北京毛主席著作编辑委员会的同志讲，他们在有关资料目录上发现毛主席一九二〇年六月还给我写了一封信。这样，四封信是有文献可证的，可以确定了。

润之给我写的信都说了些什么？我回忆一下，当然回忆只是就目前记忆所及而言。

一九二〇年六月润之在上海给我写信，大致内容是：报告他出京到上海的见闻；询问他出京后，北京大学内部发生了些什么情况和问题，表示对北大的关心；还提到邵飘萍，这是他所关心的人。另外在信中还鼓励我说："你在北京有困难，朋友们都走了，我们的力量比以前少了些，不要走，要乐观，要坚持下去。"信中热情洋溢，讲了好些感动人的话，又谈了些生活方面的情况等等。我写信希望他不必操心，我已经习惯了。

此外，往上溯到一九一七年，他还有信给我。这封信我当时曾能背出来，因为它是情文并茂的信。一九一七年他游览了南岳，登上了祝融峰。下山归途中，走到衡阳南边的中伙铺，在路边的一个小饭店里给我写的。他用的是湖南草纸，有两三张，信写得很详细，说他看到了南岳，第一句话就是："诚大山也！"意思说果真是座大山，对南岳的风光描绘了一番，文风如同"海赋"，格调相仿。他还谈到了古今名人志士笔下的南岳，特别提到了唐朝的韩愈宿南岳庙的诗，这首诗刻在岳庙的石板上。这些内容谈了一大段。信的最后说："为了给你写这封信，整整花了我大半天的时间，因此今日不能登程了。信中还寄给我一首他游南岳写的诗。可惜这封信散失了，没有保存下来。"

一九二四年我出国工作时，我所担任的中共中央秘书和宣传部部长的那两部分工作，移交给他负责代理，我们互相约定经常通信。他告诉我他在上海的工作情况；我出国每到一地随时告诉他我的工作情况。这些信中公和私的问题都有，谈工作兼谈私人生活问题等。

一九二七年毛泽东同志领导湖南秋收起义。他到了浏阳，给湖南省委写了个报告，派专人送到长沙；同时有信给我，谈到了前方、后方的一些情况，还有些建议。

一九二八年到一九三〇年毛泽东同志到井冈山后，有三次派代表到上海，有滕代远、刘士奇（赣南特委书记）、陈毅。他们带到上海的有公文报告，并有私函、口信。陈毅来上海住了一两个月，我们经常见面，他向我转递了润之的口信。一九三〇年又派代表到上海开"苏代"会，也有他的信。

关于润之一九二〇年七月三十日的信。主要讲他到长沙后的工作，收获很大。他主张把湖南的事情办好，我们简称"湖南建国"问题，对此我们论点有出入。此问题是有来源的。润之以前屡次讲，从中外历史看来，湖南建国是有条件的。他说，以西方国家而论，湖南可以做希腊的斯巴达、德国的普鲁士，把湖南建成先进省。中国历史上有三国、魏晋南北朝、五代十国等好几个世纪的分裂，各省都建有国家。他屡谈湖南建国有条件，坚持这种观点是有道理的。在湖南的会员都赞成他的主张。我起初不理解湖南建国问题，我想，如这样，那我们在北京的岂不可以建北京"城国"吗?("城国"是欧洲中古时代的政治组织,如佛罗伦斯、汉沙)后来润之解释说:"这是个既具体又现实的问题,我们应该着手解决。全国总解决没有条件,只能先从湖南一省开始。"以后我的回信也同意湖南可以这样做,并说此事可以不再争论了。润之来信还问到曦园,曦园属于亢慕义斋的分支,是我们住宿的地方。我在信中告诉他,曦园在一九二〇年七月已解散了,我们都集中到宿舍了。这就证明曦园他不仅到过,而且是熟悉的。他的信是七月二十五日写的,二十六日又有信,但没有发表,信中说:"前信没有谈到湖南问题,再谈谈湖南问题,中国太大,一下解决不行,必先从一个地方入手,全国才好办。"他的这个主张,直到党成立后才放弃。

信中提到"善良的有势力的士气",意思是指北大反对社会主义、反对苏联十月革命的那派人,气焰尚高,必须加强全国团结,扩大革命队伍,运用先进势力压倒他们,才能投大遗艰,驱除阻力。他因此说到要有主义,用主义来压倒他们。主义就是社会主义,压倒非社会主义的派别。他说:"有了主义,大家就可以超出感情的结合,而为主义的结合。主义等于一面旗帜,旗帜树立起来,大家才有指望有所趋赴。"这些话表明毛泽东同志思想的发展,同时又是对学会的指示。光有学会还不够,应建立无产阶级的党,比较起法国萧子升那些议论来,便更显得一针见血了。这对我们将来研究毛泽东同志的思想非常重要。另外还谈到会务报告,通信集准备出第四集。萧子升回到北京对我讲:"我们那边所讨论的,你们这边已经解决了。"当时我们北京 CP 小组已经成立了,工作已做起来了。毛泽东同志的想法已不单是理论,而是一个实践着的问题了。毛泽东在给我的信中还谈到《湘江评论》停刊,考虑再刊,并表示要抓紧学习。原有学习计划没有完全实现,学习进入到马克思主义阶段。对教育界沉痛的谴责,要改革现有教育。润之这封信是谈政治的,这次谈政治问题很扼要,表现他思想上的发展,也表明学会开始过渡到革命的政党。这对当时指导革命有重大意义。

1979 年 5 月
摘自《新民学会资料》

忆毛泽东与《女界钟》的创办[①]

周敦祥

那是六十年前的钟声，是五四运动在湖南省的轰鸣，它的创刊是根据新民学会以"革新学术，砥砺品行，改良人心风俗"为宗旨，由我和劳君展、魏璧三会友办起来的。它作为《湘江评论》的补充，发出了湖南女界自己争平等、求解放的怒吼。

记得一九一九年七月中旬毛泽东同志主编的《湘江评论》出版了。毛泽东同志在《湘江评论》创刊号上这样写道："我道，女子本来是罪人，高髻长裙，是男子加于她们的刑具。还有那脸上的脂粉，就是黥文。手上的饰物，就是桎梏。穿耳包脚为肉刑，学校家庭为牢狱。痛之不敢声。闭之不敢出。……"这是对当时妇女生活的写照，句句都说到我们心上！多少年来，虽然有人议论过女子问题，同情女子的遭遇，但只是叹息几句，埋怨命运而已！毛泽东同志用锋利的笔，只几句话就描绘出女子的痛苦情景，指出革命的道路。《湘江评论》第二、三、四期连续刊登了《民众的大联合》的文章，其中谈到女子的小联合，他十分同情女子的遭遇，鼓吹女子解放，文章说："我们都是人，为什么不许我们参政？我们都是人，为什么不许我们交际？""什么'贞操'，却限于我们女子！'烈女祠'遍天下，'贞童庙'又在那里？"他号召妇女们联合起来革命，摧毁那吃人的旧礼教。它强烈地激动着我们的心弦，说出了我们的心里话。可是只出了四期便被封闭了，大家感到十分痛惜。

一天我们议论着这件事，有人说："《湘江评论》停刊了，我们不能换个名字出版吗？"

"对，我们就出个女子的刊物吧！"

这个意见很快就得到大家的赞同。起个什么刊名呢？我们七嘴八舌地议论开了，

[①] 题目为编者加，原标题为《女界钟》。

一个同志提议，叫《女界钟》吧！钟声是唤起人们的声音，女界钟又是唤醒妇女的声音，这是多么合适的名字啊！事后大家推选我当总编辑，可是我还是个学生啰！学历浅，没有经验，心里总感到害怕，总怕办不好。

有一天我放了学回家，正在为办《女界钟》发愁，不想毛泽东同志听说我办刊物还有些胆怯，特意前来鼓励我。他说："你怕什么，好好搞吧，我们支持你呢！"《女界钟》有了这个有力的支持，我的胆子壮起来了，大约在十月中下旬终于出版了，这是湖南省妇女界的第一声呐喊，它在长沙城里长鸣！

从此《女界钟》就担负起向妇女传播新思想、新文化的任务，唤起更多的妇女冲破"孔孟之道""三纲五常""三从四德"的藩篱，走上为自由解放而斗争的道路，毛泽东同志不仅勉励我树立信心，而且给这个周刊写文章，支持把它办好。记得他给《女界钟》写的第一篇文章的中心思想，是论述妇女要实现经济独立，这篇文章是为赵五贞自杀事件而出特刊写的。

赵五贞是一位年轻姑娘，在五四运动倡导的新思想、新文化的熏陶下，她不满于封建包办婚姻，在被迫出嫁时，坐在花轿里自杀了。当时我们从调查中知道，她在出嫁前曾经对她嫂子说过："女子在家从父，出嫁从夫，夫死从子，做女子真是背时呵！"过门那天，她请求花轿要从住在远一点的南门外的姐姐家门口过。终于，她怀着对婚姻自由的憧憬，在花轿里用剃刀自刎而死。这是对封建包办婚姻的反抗，用鲜血控诉了孔孟之道的罪恶。

这件悲愤的事情发生以后，毛泽东同志建议《女界钟》出一特刊附于《女界钟》第四期，陈启民帮我编辑，陶毅、周世钊等写了文章，主张改革父母包办的封建婚姻制度，代之以婚姻自主、自由恋爱。湖南《大公报》也展开了讨论，在先后发表的二十多篇文章中，有的不仅提出了要改革婚姻制度，而且涉及到改革社会制度这一根本问题。因此在长沙市引起了很大的震动。

《女界钟》在湖南敲响了捣毁"孔家店"，砸碎"三纲五常""三从四德"的枷锁的斗争钟声。它提倡科学和民主，反对男尊女卑，要求男女平权、教育平等、婚姻自主、社交公开，主张妇女经济独立，同时，反对蓄婢缠足，向社会上展开宣传教育。记得我们还对一些财主家的婢女作过宣传，结果有一个婢女逃出了火坑，同她心爱的人结婚去了。

妇女解放斗争的钟声，使敌人胆战心惊，《女界钟》大概出了四至五期，就被军阀下令封闭了。但是斗争的钟声却是他们封锁不住的，妇女们越来越多地走上了求解放的道路，有的女同学因为参加争取妇女解放活动而被学校当局"默退"后毫不畏惧地冲出男女分校的规范，到男校去读书；一些女同学还参加了新民学会……

1979年5月

摘自《新民学会资料》

忆新民学会点滴[①]

劳君展

我是在周南学校时参加新民学会的,是由陶斯咏介绍的,时间大概是一九一九年。新民学会在周南开过一次会议,是在会议室开的,内容是欢迎新会员和女会员入会,毛泽东同志参加了会议,并讲了话,讲话的内容我记不清楚了。开完会还照了相、吃了饭。

我们在周南办了《女界钟》,宣传反帝、反封建、反军阀,宣传妇女解放,反对娶童养媳。陈启民老师是主编,毛泽东同志很支持,他在《女界钟》上写过文章、诗。周敦祥、魏璧都写过文章。赵五贞女士自杀,我们写了很多文章,还出了一个专辑。我们一九一九年离开长沙(在上海待了一年)去法国,就停办了。

我们在周南还办了一个平民学校,学生都是从菜园里(指近郊菜农)招来的,大部分是一些女的。

毛泽东同志领导的驱张运动,开过很多会,先是新民学会会员开小会,然后再开大会,开大会时很多是新民学会会员发言,重大事情毛泽东同志都亲自参加,他总是让大家先发言,最后他作总结发言。

一九一九年我离开长沙去上海,是准备到法国去的,因为没有赶上船,又等了一年(我是同魏璧两人去的),一九二〇年,新民学会在上海半淞园开过两次会。第一次是新民学会会员和少年中国学会会员参加,有一二百人,还坐成圆圈照了相。第二次是十几个新民学会会员,在松坡图书馆开会,是欢送我们去法国,讨论如何改造中国、如何改造世界的问题,具体内容我记不清楚了。吃了中饭还去照相,照相时还下雨,站一横排。这张照片我一直保存着,抗日战争时期被炸,才损坏了。这个时候,魏璧很年轻,也很活跃,我记得在会快结束时她说:"今日不热闹,我打个滚给你们看。"她真的在草坪上打了个滚,大家都笑起来了。

---

① 题目为编者加,原标题为《新民学会的有关情况》。

这两次会，毛泽东同志都参加了，并讲了话，意思是要我们把眼光放远些，不要尽管自己的事情，要关心国家大事。我们新民学会的同志每到一个地方都要发挥作用。这次会开得很活跃。当时毛泽东同志生活艰苦，喜欢穿灰布长衫，比较瘦，但是他吃饭睡觉都是想的如何把中国搞好。

我们赴法上船时，毛泽东同志亲自把同学们送到船上，还到船上看了每个人的房间（床位），当时黄浦江里外国船很多，我们坐邮船，就是货船。男同志坐四等舱，女同志坐三等舱，走四十多天，经香港、新加坡、地中海到马赛。到法国后，男同志进工厂作工，女同志补习法文。郭隆真进了工厂，我们都进学校，因为女的进工厂有失国体。我们共去二十到三十个女的，向警予同志是最积极的。我们这批留法勤工俭学学生搞了一笔补助费，刚刚够生活。

我们在补习法文时，熊季光（作莹）来了，接我们去蒙达（尔）尼开会。我记得会是在树林里开的，是已在蒙达（尔）尼的同志通知的。会的精神是鼓励我们读马列的书。记得我好象在蒙达（尔）尼住了约一个星期，会没有开那么久。蔡伯母、向警予、蔡畅、李维汉（我到巴黎后才认识他）他们都到了会。好象也照了相。

我一九二七年回国，许德珩化装从武汉到上海来接我，我们一同到武汉的。

1968年、1975年长沙市毛主席革命活动纪念地办公室访问记录，李仲凡整理

摘自《新民学会资料》

我加入新民学会的过程和其他情况

沈均一

我于一九一三年进入长沙马王街修业学校小学部读书，后升入中学，一九二〇年夏，在修业学校中学毕业。

一九一九年，北洋军阀政府在巴黎和会丧权辱国，北京学生反对卖国政府，发生了五四运动；不久以后，湖南又发生了"驱张"（敬尧）运动。各校学生都组织了学生会，整个长沙组织了学生联合会，投入了这些运动。修业学校有些班次还出刊了墙报，发表一些反日救国的文章，我也常常写点东西，也有人写文章议论一些文学革命的问题。

五四运动这一年，毛泽东同志来到修业学校小学部教课，他教课不多，大部分时间都用于革命活动。那时毛泽东同志的革命活动，据我所知的，是办《湘江评论》、办新民学会、办文化书社、领导学生运动等等，工作很忙，有时还抽些时间到中学部楼上看各班出的墙报。

有一天，毛泽东同志在课余的时间，到我班自习室，叫我和萧克勤（后改名开勤）参加新民学会，并告诉我们新民学会于某日某时在楚怡小学开会，要我和萧克勤按时到会。那天是星期日，我们到了会，大家坐在一间不很大的教室里。这次我认识了何叔衡同志，他是楚怡小学的主事，他蓄了胡子，大概是会员中年龄最大的一个。开会时，首先毛泽东同志讲了话，似乎提到了留法勤工俭学的问题，其余的话我记不得了。接着，何叔衡发了言，发言的内容我也记不得了。对于这一次会，我就只留下这一点点印象。

修业学校，一进校门就是中学部，小学部在中学部的后面。由小学部到校门口，要经过一个不算很短的走廊。有一次，我看见毛泽东同志在走廊上正向校门口走去，我就跟在他身边，边走边谈，毛泽东同志说："要救中国，必须学俄国。"那时中国报纸上登载的俄国消息，多半是由日本的通讯社报道的，称布尔什维克主义为"过激主义"，认为是洪水猛兽。那时我已经中了这种反动宣传的毒，听毛泽东同志说要学俄国，我很惊讶！反问说："俄国是'过激主义'，我们为什么要学它呢？"毛泽东同志很严肃地说："'过激主义'是一种好主义，不要听帝国主义的宣传。"这时已走到校门口，毛泽东同志出去了，就没有继续谈了。解放以后，我每次读《论人民民主专政》这篇著作时，就自然地回忆到这次在修业学校走廊上的谈话，对我教育是很深刻的。

大概是一九二〇年上半年，毛泽东同志办了一个文化书社，这个书社记不清是不是用新民学会的名义办的，反正书社和学会关系很密切是可以肯定的。易礼容同志任经理。有一次，听说文化书社到了很多新书，我想去看看书，并且想买一部李季译的《社会主义史》（原著人忘记了）。在一个星期日，我到书社去了，易礼容同志正在忙于清理书籍，有些一捆一捆的新书还没有解捆，我帮着解了几捆。这时，毛泽东同志来了，先同易礼容同志谈了一些大概是有关文化书社的问题，随即坐下对我说："近来工作比较忙，连读书看报的时间都挤掉了，以后要坚持每天读两小时的书，读一小时的报。"这几句话，给我的印象很深。

记不清是一九一九年还是一九二〇年，新民学会又在周南女校开过一次会，这次会的内容好象是欢迎一些新会员，其中有几位女会员；又仿佛大家举了一次手，好象是表决了什么问题似的。会后全体会员还照了相，对于这一次会，可能有点记载。

1968年长沙市毛主席革命活动纪念地办公室访问记录，李仲凡整理
摘自《新民学会资料》

忆赴法前后情况[①]

罗章龙

....

赴法勤工俭学运动

一九一八年八月十九日，由湖南到北京的新民学会会员，有和森、子升、子暲、赞周、焜甫、芝圃、星煌、鼎丞、和笙、云熙、润之和我十二个人。除润之在北大图书馆，我在北大文科学习外，其余都到留法预备班。

赴法勤工俭学是新民学会会员北上的一个重要任务。为什么会有勤工俭学运动呢？到北京后，经过多方了解，我们逐渐知道了事情的内幕。我们见到了李石曾，前后谈过很多次话。李的祖父是前清的宰相，叫李高阳，他父亲也是相当于省级的大官。李石曾的祖传遗产很多，是个官僚地主，同时是资本家。在欧洲大战前期和中期（一九一四年左右），他到过法国，对法国的社会、官僚很熟悉，在法国的外交界有地位，对中国的官场也很熟悉，法文讲得很好。他在法国经营了一些工厂、企业，较大的是巴黎豆腐公司。他找了些会做豆腐的人，在巴黎出售几十种豆制品。当时，在巴黎的报纸上，有些人写文章提倡素食主义，果然很赚钱。他从中国引了许多同乡到法国做工（前后有成百人），其中河北蠡县的人最多，现在还有北方侨乡之称。欧洲大战发生后，法国男子从军，工厂、农村缺乏劳动力，法国政府同中国政府订了个合同，要中国政府招募华工三十万到法国做工。当时北京政府组织了一个惠民公司，借此机会在中国招募工人，办理上船，运到法国，安排在法做工等事宜，从中谋利。据说当时去法的华工超过了预定数字，来来去去共几十万人。到一九一八年第一次世界大战结束后，对这些华工，法国认为需要的就留下，不需要

[①] 题目为编者加，节选自罗章龙《回忆新民学会》。

的就送回国。招募与遣送华工回国，中国官厅都有利可图。这件事发生在勤工俭学之前。李石曾参加了招募华工这项活动，从中得到了好处。他是个很有心计的人，看到华工不能继续去法，这件事已无前途，他就很想在政治上活动。他家资很富，但没有青年拥护他，他想借个名义插手到教育界中去，以取得政治地位。为了达到这个目的，李石曾伙同吴稚晖等人在巴黎办了个《旅欧杂志》，宣传无政府主义，表示个人清高，想做个名流，借以在教育界抬高他的地位。这时发生了另一件事，欧战结束，中国国际地位提高（因中国是参战国，参加了协约国一方，打败了同盟国）。各国为了交好中国，退还一部分庚子赔款，李想活动一笔法国的庚子赔款由他来支配，以便私图。他是华侨，不是中国的正式官员，活动此事比较有利。他通过法国一位退职总理的赞助，得到法国政府同意，退还一笔款给中国。李即对中国政府说："这笔钱是我们想法搞来的，要组织个委员会管理，作为中华教育基金。这笔钱数目不小，计划在法国办一个大学。"法国是陆续退还的，李还办了一个银行，把钱存在该银行。李为了争取群众的拥护和支持，即宣传勤工俭学。李的这个方案我们是事后才知道的。我们当时认为不管他的动机如何，但同意中国青年去法勤工俭学肯定是对的，就帮助他开展工作。李很重视湖南青年。一次，李在北京香山别墅，招待我们谈话、吃饭，有子升、和森、润之和我四个人。他显出道貌岸然的样子，自称不做官，吃素不吃荤，穿着也很朴素。他的别墅是富丽堂皇的，招待筵席丰盛，但他不吃荤菜，坐在一旁殷勤陪客。我们从香山回来后，认为这事很需要，就公推润之执笔，写了个勤工俭学的具体实施方案。子升修改文字后，送到李石曾手里，李很同意按此计划动员湖南和全国的青年参加勤工俭学运动。于是湖南、四川掀起了一个高潮，我们觉得李石曾这个人不可靠，后来他果然在里昂大学把留法同学撇开了。萧子升后来当了赴法勤工俭学组织的秘书，李很器重他，认为他能干，萧最后与我们分开了。

新民学会会员有几个在法国去世了，其中有陈绍休和杨怀中先生的一个侄儿杨楚。

法国的庚子赔款，在这个运动中慢慢地退还了。李石曾是法国大学毕业的，学生物专业，他当时以教授学者的身份活动。"四一二"以后掌握了北方政权，做了蒋介石底下的大官，提拔萧子升做了农政部次长。

新民学会会员许多人家里很穷，家境都不宽裕，要留法一个人得几百元旅费，先后几批来京的会员，只有二十五人取得了一笔路费，这是我们通过留京湘绅和华法教育会活动的结果。一九二〇年在上海半淞园集会后赴法的一批新民学会会员全都是公费。在公费名单中，有润之和我的名字，但我们俩没去，把公费让给别的会员了。还有的人是自己想办法筹借旅费或采取互相帮助的方法解决的。

后来新民学会会员大部分都走了，只有润之和我两人留在北京，为什么呢？开始准备都去，后来详细商量，润之主张不要都去，北京比长沙好，我们留下来是需要的，如果北京没有一两个人，新民学会在北京就是个空白。当年杨怀中先生在学界很有誉望，在湖南教育界、政界都有威信。杨是中国第一批去英国的留学生，他在北大任教授，也希望我们留在身旁，我考入北大后，润之也通过杨先生的关系，进了北大图书馆工作。

在第一批会友放洋后，船到马赛时，云熙、玉生、绍休等联名来信，敦促我出国，我当时向润之说："大家都去了，他们也希望我动身，你留下吧，我去欧洲。"他说："不然，我们留下来是有理由的，我进北大是职员，活动范围受限制，你是学生身份，最好活动，范围更广泛些。工作方面是需要你的。"于是我就决定留在北大不走了。我在学生中积极活动，他在教职员中作联系工作。这个做法后来都实现了。第二年春天，润之决定回湖南去，临行时向我说："我们的工作今后一定会发展下去，望努力前进，多多通讯，注意身体。"不久何叔衡从长沙来信，也说到北方地区重要，一举一动影响全国，千万不要离开，好自为之！北方的革命工作也逐步持续开展起来了。

....

摘自《新民学会资料》

毛泽东创办长沙文化书社

易礼容

毛泽东同志联络各方于一九二〇年六月把张敬尧驱逐出湖南后，七月回湘，继续从事革命活动。创办长沙文化书社，就是他在最短的时间里办成的一件事。

八月一日，毛泽东同志召集发起人在长沙楚怡小学何叔衡同志处开会，八月二十日租定长沙潮宗街五十六号湖南湘雅医学校三间房屋作社址，九月九日正式开始营业，使初步收集到的中、外（译文）新文化书刊同湖南群众见面。整个书社从筹备到开业只用了两个月的时间，可谓赶忙了。

毛泽东同志很早就提出要创办文化书社，用新思想、新文化来启发、提高群众的觉悟。他曾在《新民学会会务报告》中反复强调：要努力"创办文化书社"，"文化书社经济有效"，"拟注力于文化书社之充实与推广"……半个世纪后重理旧籍，令人深切怀念，他那种高度重视文化书社这一事业的革命精神，犹如同当年在他领导下进行工作一样，感到十分亲切。

应该说，文化书社是一九一八年四月毛泽东同志和蔡和森等组织新民学会的革命精神的继续。新民学会会员中的中坚分子，立志"改造中国与世界"，他们中的不少人是文化书社的发起者和支持者。当时参加发起的学会会员，除毛泽东同志外，还有何叔衡、彭璜、熊瑾玎、陈章甫、陶毅、方维夏、罗宗翰等不少人。在文化书社成立以前赴法勤工俭学的会员，如蔡和森、罗学瓒、蔡畅、李维汉、向警予、熊季光等，也赞成文化书社的宗旨。可以说，新民学会的得力人物，就是文化书社的得力人物。难道不能说文化书社是完完全全地继承了新民学会精神的一桩事业吗？同时，文化书社亦是毛泽东同志主编的《湘江评论》的革命精神的继续，只要我们重新学习《湘江评论》的重要文章，这道理就容易明白。

文化书社的任务和作用有以下几方面：

第一，尽最大的可能迅速地、全面地搜集国内外新文化书籍、杂志和报纸，并把它送到湖南一部分群众，尤其是学生、工人的手里，使他们逐渐明了中国和世界的革命形势。

当时湖南的社会政治状况，可以用一句话来概括："糟透了"！日本帝国主义侵略中国，成了湖南军阀政府的太上皇，日货充斥市场，人民痛苦不堪。自一九一二年至一九二〇年六月，八年间湖南一直为南北军阀的混战场所，尤以北洋军阀祸剧烈！张敬尧自一九一八年二月占据长沙附近各县至一九二〇年六月退出湖南，他所干的"好事"，是大肆抢劫财物，"扶乩""卜卦""算命"，修建庙宇，亲赴城隍庙拈香、供祭孔圣等等。而湘潭劣绅叶德辉却竭力颂扬他，起草通电，宣称："张督仁政迈乎唐汉，武功过于汤武，学生过激，等于吠尨"……诸如此类与张、叶合流的其他人物的恶言恶行，就无须一一例举了。试想一下，当年的湖南是一个怎样的世界！

在这样的形势下，文化书社适时地起着传播新思想，帮助群众前进的作用。当时，往往一种新书、一种杂志、一份报纸可以影响和启发若干人。记得文化书社曾发卖过一种三个铜板一份的新刊物，许多学生、工人，常准确按出版日期，一星期、一个月、一年至几年，一次、十次、百次至几百次，持续不断地来书社购买这刊物，他们对精神食粮的需求是多么如饥似渴呵！我还记得起当年不少先进人物来社买此类刊物时的音容笑貌，真是至可尊敬的形象！因而可以说文化书社在群众中的作用是十分可观的。

第二，文化书社对于团结社会各界，争取他们对革命事业的同情和支持，起了重要作用。

在毛泽东同志的影响下，湖南一部分文教界和社会人士，如姜济寰（长沙县长，北伐战争时任江西省建设厅长）、左益斋（长沙商会会长，一直连任到全国解放后）、朱剑凡（周南女学校长，后来他的女儿成了党的干部）、赵运文（湘雅医学校秘书，后来不少好医生都毕业于此校）、易培基（第一师范学校校长，颇负盛誉），还有其他一些人，都成了文化书社的社员、投资人，他们称赞毛泽东同志，说文化书社的好话，扩大了它在社会上的影响。社会各界的同情、支持，使毛泽东同志领导的早期革命事业在湖南有了"人缘"，为冲破长期统治人民的封建堡垒，发展湖南革命运动，奠定了基础。

第三，建党初期，文化书社是党在国内外的秘密联络机关。

在军阀横行、反动势力猖獗的年代里，党的交通工作只能在秘密的情况下进行，文化书社在当时就起了这样的作用。我记得有一次张太雷和第三国际某负责人来省视察工作，就是由书社引见毛泽东同志的。平时，党团机关有事联系，或同志们来信来访，也都是经过文化书社的。直到党在全国建立了交通系统以后，书社才减轻了联络和传达的责任。

　　毛泽东同志十分重视文化书社的工作，文化书社的缘起、组织大纲和社务报告等文件，都是职员们提供一些材料，由他亲自起草制定的。他事无巨细，以身作则，积极主动带领大家埋头苦干。记得有一次我向他说及社内账目有些不清楚，他听了后，立即让我们把社里的四张桌子拼在一起，一丝不苟地同几个人一道用了几天时间算了一次总账，最后把账目弄得一清二楚。一九二四年冬，他由上海中央机关请假回湘养病，曾特地与省委书记李维汉同志商量，拨款八百元为书社清理债务。一九二六年初，毛泽东同志、夏曦和我三人代表国共合作的国民党湖南省党部出席在广州召开的国民党第二次全国代表大会时，毛泽东同志还同我商量，由我出面写信给国民革命军第二军军长谭延闿，请求拨款维持文化书社业务。后来谭拨了四百元毫洋给书社作为活动经费。

　　书社创办初期是十分困难的。当时由我经手向赵运文借款二十元作日常开支。由于无钱买铁炉子，我和陈子博用黄泥小火炉，架着瓦钵做饭，这样撑持了一两个月。书社有几个职员，毛泽东同志自任"特别交涉员"，其他人如李痒（商业专门学校毕业）、许文亮（后来留苏学习）、冯福生（贫农出身）、刘大身（商专）等都是好党员。李、许两人以后受尽敌人的严刑逼供，临危不惧，是可歌可泣的烈士！冯被捕入狱后受刑反抗，后来同难友趁军阀混战打出牢狱，继续为党工作。刘在游击战争中为党牺牲。书社的成绩，就是由这些品德高尚的坚强战士作出的。

　　李锐同志在《毛泽东同志的初期革命活动》一书中，对毛主席创办文化书社作了高度评价，他说："一九二〇年七月，毛泽东同志回到湖南展开广泛的革命活动时，在传播马克思主义和新文化运动方面，做了许多工作，其中影响最大并与建党有密切关系的事，是创办了文化书社。"这个评价是符合实际的。

　　文化书社经营到一九二七年马日事变时被许克祥封闭了！但是，蒋介石集团反动向前进一步，离它的灭亡也就近了一步。毛泽东同志在《湘江评论》"创刊宣言"中指出，民众联合的力量，是世界上最强大的力量，"顺他的生，逆他的亡"。历史已经证明，我国人民在党和毛泽东同志的领导下，终于埋葬了蒋家王朝，取得了民主革命的伟大胜利。

1979 年 5 月
摘自《新民学会资料》

关于文化书社组织活动情况的介绍①

易礼容

长沙文化书社，有一份由毛泽东同志主稿的《社务报告》的文件，存在中国革命博物馆，有些重要情况那上头都写了。

文化书社是在一九二〇年八月由毛泽东同志号召新民学会一些会员和长沙社会文教界若干人开办的。最初只有陈子博和我两个人工作，开办的经费只有二十块钱，是由赵运文经手借来的。有人说开办时才四百多元钱，其实当时四百多元银洋是一笔大的钱。

陈子博不久做别的事去了，离开了文化书社。书社业务"全盛"时期一共有六个人工作。毛泽东同志任特别交涉员，可说是办"外交"的，我在他领导下任经理。有位李庠任营业员，和我是商业专门学校的同班同学，他是很可尊敬的一位同志！马日事变后在敌人的监狱里，表现十分坚强：敌人用烧红的烙铁烙他，要他供出当时临时省委负责同志的地址，他宁死不屈，一句也不招供。真是可歌可泣！李为人慷慨，知道一同学家境困难，从家里拿来两份学费（每一学期一百二十元小洋），交那人保管使用。经过几年别人都不知道。以致到毕业时，有人问受他的恩惠的那一同学："李庠的学费是不是你供给的？"实际事实正好相反。还有位营业员叫唐自刚，此人后来离开了组织。解放后，陶峙岳在新疆办军垦农场，把他招去办小学。还有一位王新梅，是毛泽民同志的内侄。黄得志老人是做饭的。这算是"全盛"时期的工作人员。

后来人事有些变动，任营业员的有萧光球，他是王季范老人的内弟，解放后曾在湖南商业厅工作。还有许文亮，后来去苏联留学，回国后在苏区壮烈牺牲了。李庠、许文亮都是为党的事业英勇牺牲的烈士！许文煊后期任文化书社会计。一九四六年在延安，说过一句"江青是挖人墙脚的人"，就这样，一直受到江青的迫害。

---

① 题目为编者加，原标题为《关于文化书社的一次谈话》。

解放后，她看病，几乎到处遭到歧视，差一点被江青整死。

长沙文化书社没有直接从事过工人运动。书社的主要任务有四项：一、做新文化传播工作。只要不是宣统皇帝、袁世凯的东西，不问社会主义或无政府主义，几乎都算是"新"的，后来渐渐能加以辨别。然而，胡适的文章，邵力子办的《觉悟》，经过许多时候还算是好的。二、为了打进社会，打开政治局面，毛泽东同志为书社邀集了四五十个文教界的人做社员，如长沙商会会长左益斋（他交股金二百元），还有长沙县长姜济寰都是社员，还有校长、教员一大堆。文化书社的人可以跟省里的有名人物平起平坐。毛泽东同志领导的革命事业与长沙社会多少有联系了。三、作为党的秘密联络机关。记得张太雷和第三国际的代表来湖南见毛泽东同志是通过文化书社；周佛海代表中央来湖南也是通过文化书社的，如此等等。中央给湘区党每月六十元活动费，是经过日本邮局寄文化书社的。四、书社可安置几个人，维持生活。但当时，我们除吃饭外没有工资。后来，办了湖南自修大学，有人兼职，才算有了工资收入。

关于新民学会，前不久李维汉同志发表了一篇文章，多方面都讲到了。新民学会是于一九一八年四月，由毛泽东同志、蔡和森同志发起成立的。它是受了俄国十月革命的影响。新民学会有两条宗旨，一条要做到不吸烟、不喝酒、不嫖、不赌、不说假话，更要相亲相爱，再一条是"改造中国与世界"。这在当时是进步的主张。

有人以为长沙文化书社是直接受五四运动的影响，我认为不是这样。从时间上看，文化书社是创办在"五四"之后。事实上"五四"影响没有这么快，它是新民学会精神的产物。文化书社的主要社员，都是新民学会的会员。十月革命一声炮响，使毛、蔡积聚了新民学会这个力量，"五四"只是加强了这个力量。文化书社的创立不要忘记了新民学会的特殊作用。

一九一九年七月十四日创刊的《湘江评论》是湖南学生联合会的会刊，它不是独立门面的刊物。湖南学生运动于一九一五年"二十一条"国难时期就搞起来了。到商专学生彭璜任湖南学生联合会会长，由他出面商请毛泽东同志主编《湘江评论》。他就住在商专教员宿舍里作编辑工作。后来也有人认为，是《湘江评论》推动湖南学生联合会组织成立，这不符合事实。

在文化书社之前，恽代英同志在湖北曾经创办"利群书社"，对新文化运动有影响。

在湖南驱张（敬尧）运动成功后，毛泽东同志由北京，经上海回湘。关于上海的半淞园会议，我看过中国革命博物馆保存的一张照片上面记载了时间和"辅社"同人等字样。"辅社"似不是毛泽东同志组织的，会议似不是他领导召开的，他是被邀参加的一人。那年七月，毛泽东同志由上海经武汉邀我一同回湖南，一路上他似没有提到这个会议。

　　成立了新民学会，又创办了文化书社，并搞了一系列新生事物后，毛泽东同志在湖南的声名大得很了！那时，有许多人敬佩他，也有人害怕他，说他是"怪物"。

　　当年搞成的留法勤工俭学运动，使许多人到国外去了。这个运动为国家为党造就了很多人才。毛泽东同志本人虽然没有出国，但对此运动作出了重大贡献。

　　…………

1979 年 5 月 17 日

摘自《新民学会资料》

对"驱张"等活动的回忆[①]

易礼容

一九一九年二月（别有文件说是四月）毛泽东从北京回到长沙，当时商业专门学校学生彭璜任湖南学生联合会会长，由他出面商请毛泽东主编湖南学生联合会会刊，定名《湘江评论》。学联会设在长沙落星田商专校内，学校头门墙壁上高高挂起木刻湖南学生联合会会牌。毛泽东住宿在商专教员宿舍内。记得一天早上我去他的住室看望他，朝阳正照在他的夏布蚊帐上，他还未睡醒（当然是夜间工作误了睡眠），我揭开他的帐子看，不料惊动了几十只臭虫，它们在他用作枕头的暗黄色线装书上乱窜，每一只都显得肚皮饱满。想来，不止一夜、十夜臭虫饱尝了主编《湘江评论》的人的血！《湘江评论》只出版了五期就被张敬尧勒令印刷厂停止印刷因而停刊了，它就陪伴着会牌被打碎的湖南学生联合会，不能公开活动了！

张敬尧于一九一八年二月入侵湖南，占据长沙附近若干县（当时湖南分七十五县，张占据的不及半数），号称湖南督军兼省长。兄弟四人排名尧、舜、禹、汤，湖南人叫他们为虎、豹、豺、狼。张部的土匪兵进出湖南农村时，竟有人解开下衣，追逐女性（我曾目见），不知人间有羞耻事！张对湖南学生抵制日货种种爱国运动，滥施打击。一九一九年六七月一次竟至亲率军警宪兵荷枪实弹哄至省教育会，用两兵挟持彭璜会长跪倒在地，势欲加以凶杀！并且除了打击学生运动外，还宣布封闭一批学校（当然同时亦为没教育经费），迫使学生分散回家，不顾教职工失业。爱国同罪，谁复能忍！于是教育界代表人物，如汤松（商专校长）、朱剑凡（周南校长）、陈润霖（楚怡校长）等人齐声怒斥，和学生一道起来行动了。写到此地总的交代一句，新民学会成员和接近新民学会的一些人的驱张爱国运动到此时在社会激起浪花了！其他各界人士的活动且不去细说。新民学会有代表性的分子：彭璜奔赴上海，易礼容到了武汉，毛泽东为了安排省内工作，也为了宣传，从第七期起接手

[①] 题目为编者加，原标题为《有关新民学会的史料数则》。

编辑湘雅学生会会刊《新湖南》（湘雅学生会是比较进步的。本届学联彭璜担任会长之前，学联曾以湘雅张维、商专易礼容分任执行部评议部部长从事学生运动。张维与毛泽东早有友谊，全国解放后仍有联系，多人知之），延了一些时间才去北京。彭璜到上海创办《天问》，从事驱张等各种工作，易礼容和游泳等在武昌揭发张宗昌偷运鸦片烟种子，并从事各种工作，毛泽东和罗宗翰等在北京办平民通讯社，并从事各种工作。事到今天凡是人多知情的史实不赘述了。只指出，新民学会一部分有力成员曾参加了挑起驱张和促进改造湖南的担子，不达目的不休！到了十二月初，张四帅敬汤（一只狼）又用枪杆子在省教育会坪打杀学生群众，省内各界再一次沸腾起来了，分批奔赴省内外增加驱张运动的力量，卒把虎豹豺狼这一群野兽于一九一九年六月十一日赶出了湖南。

我参加新民学会较迟，但到《湘江评论》出版时，我也算是自己人了。一九二〇年六月三十日我在武昌写了一封信给毛泽东、殷柏（彭璜）强调新民学会要做"充分预备"的工作（说的颇平庸）。毛泽东在收信后写了八百多字的说明，刊在新民学会通信集上，可说对我的意见给予重视。七月初毛泽东同志由上海经汉口邀我一道返湘（在汉口过江去武昌，为了反抗"江湖好汉"的欺侮，他在江边沙滩上和划夫打了一次大架），八月一日在长沙他就邀请何叔老诸位筹办长沙文化书社，任我为经理。李维汉同志在《回忆新民学会》一文中写道："而影响最大，与建团建党工作关系最密切则莫过于创办文化书社这件事。"

创立新民学会的讨论，可说始于一九一五年"二十一条"困难时期，到"十月革命一声炮响，给我们送来了马克思列宁主义"，新民学会乃于一九一八年四月十七日在岳麓山蔡和森家开成立会。李维汉在《回忆新民学会》文中写道："由于它的乾乾不息的前进运动，在实际上，成为我国在俄国十月革命以后成立的影响最大的革命社团之一。它的主要发起人是毛泽东和蔡和森。"应该人人都承认这一说明是正确的。

1979 年 7 月 7 日

摘自《新民学会资料》

加入新民学会及参与相关活动的点滴回忆[①]

张 怀

一九一九年前,我在楚怡学校担任初小二年级主任,我的教室和住房适当要道,凡到楚怡来走访的人,大多要由我这里经过。那时常见毛泽东同志来校找何叔衡、熊瑾玎同志作长时间的谈话。五四运动之后,楚怡学校的思想比较活跃,陈夙荒等发起组织的湖南"健学会"经常在这里组织讲演会。朱剑凡、田汉等同志都来校讲演过多次;楚怡教员黄胜白(新民学会会员)主办的进步刊物《体育周报》销路颇广;熊梦飞、匡日休(北京高师毕业)等组织编写新的中小学教课书;熊瑾玎、何叔衡、黄胜白、谭协吾和我等均在毛泽东同志鼓动下参加推销宣传新思想的报刊的活动。我记得有这样一件事:一次,周南女校召开春季运动会。会毕,张敬尧的教育厅厅长易克臬派一个视学员讲话,夸奖周南女校办得好,运动会整齐活泼。最后说,现在的女学校要注重道德和科学教育,"道德不嫌其旧,科学不厌其新"。当时就有人加以批评。旧道德是什么内容?不久就有赵五贞受当时旧道德摧残的事发生,赵五贞因婚姻不自由,受父亲的压制,在花轿中用剃刀自刎。消息一时传遍全城,各校新民学会会员十余人在《女界钟》上发表评论文章痛斥封建婚姻对青年的残害。当时的长沙楚怡学校、周南女校、修业学校等,可以说是提倡新思潮、组织革命进步活动的大本营。

我在毛泽东同志的影响下,于一九一九年八月由熊瑾玎同志介绍加入新民学会。我记得还照了像,有魏璧、劳启荣等几位女同学参加。当时熊瑾玎同志讲:"要照好些,这张像片要寄到外国去的。"以后在楚怡学校曾见过这张照片,确实照的不错。

一九一九年十一月新民学会在周南女校有过一次集会,到会人很多,记得有熊瑾玎、何叔衡、黄胜白、熊梦飞(仁安)、匡日休(务逊)、周世钊以及几位女同

[①] 题目为编者加,原标题为《新民学会二三事》。

志，会议的内容因年久记不起来了。这次会后不久，就在楚怡工业专科学校举行了驱张运动的准备会议，熊梦飞、匡日休等在会上介绍了北京五四运动中火烧赵家楼斗争的情况和经验。会上发言十分热烈。

从湖南到北京的驱张请愿团，共三四十人，分学生代表、教职员代表和各界代表，设总务、文书、交际、新闻、会计、庶务等六部，除积极准备请愿事项外，为造声势还组织了一个通讯社，成员有毛泽东、彭泽湘、罗宗翰、张怀等。在讨论命名时，有人提出："我们是新民学会会员，就叫'新民通讯社'。"毛泽东同志则提出"新民"不广泛，建议叫"平民通讯社"。通讯社设在北长街六号。毛泽东同志任总编辑，发出的文稿由他过目，有些文件由他自己撰写，如各界向政府的请愿书等。彭泽湘任缮写，罗宗翰负责印刷。我任新闻采访，向在北京的湖南同乡人士、教职员及学生采访关于驱张运动的消息。稿件印好后，大家一起包好付邮，寄给京津沪各地重要报刊及长沙、衡阳、郴州、常德等驱张办事处。有些消息，用明矾水或浆糊水写在报纸夹缝内，接到后经火一烤或用水一洗即可显出字迹。

我们社中的工作，每天有工作日记，由彭泽湘记，毛泽东同志每晚都要看。

一九二〇年春，我赴上海准备出洋勤工俭学。在上海候船期间，先期到上海的同学，有的在恒丰纱厂做工实习，有的在沪西瞿公庙法文补习班补习法文。在上海期间，毛泽东同志曾在半淞园召开会议，记得有欢迎刘清扬之意。那次有游园、划船活动，并照了像。第二批湘籍留法勤工俭学学生有六十余人，原定五月四日启碇，后因故延期至五月九日，乘阿多斯第二（Atos II）起程。全船赴法的学生共有三百多人。新民学会会员有萧子暲、陈绍休、陈绍常、张怀等。从此我们又走上了另一条征途。

1979 年 7 月 17 日
摘自《新民学会资料》

新民学会成立会和一九二一年新年会议概况

邹蕴真

一

我们在湖南第一师范读书的那几年，正是辛亥革命由胜利走向失败、袁氏称帝、军阀割据、全国极端混乱的时期。人民生活日益艰苦，外强侵略日益猖獗。这种岌岌可危的国势，使我们深刻认识到，只有把全国有志、有为、有远见、不屈不挠、不自私的爱国人士组织团结起来，群策群力，共同奋斗，实行彻底的革命，才是救民建国的正确途径和有效方法。于是，便产生了组织新民学会的动机。我们一些要求进步的青年，在课余饭后、假日星期，偶有空闲，即共同研讨有关学会各方面的种种问题：如学会的根本目的、实现目的的有效方法、我国的实际情形、人民的迫切要求、世界的民主运动和革命思潮等等。这样深入研究，反复酝酿了一段时间，最后在十月革命胜利的鼓舞下，乃正式组成新民学会，并假同学蔡和森住宅，举行成立大会，公开表示我们为中华民族生存发展而奋斗终身的决心！

蔡和森家住长沙市对河岳麓山东北山脚下一个不大不高的黄土丘陵半腰中，当地人叫做周家台子，又叫二里牌或二里半，与一师隔河相望。正屋向南，紧接着正屋阶级和正门出路两旁，各围着一个竹篱小菜圃，因房屋有些破旧，四周树木，不多不高，有时阳光可从壁缝瓦隙中射进来，映成斑点。前后左右并无邻居，房屋环境显得僻静。

记得开成立会的日期，是一九一八年四月的一个星期日。那天风和日暖，我起床很早，和毛泽东同志在学校吃过早饭后，从离校门口不远的朱张渡（也叫灵官渡）过河，到位于湘江中流的水陆洲东侧。洲的西侧还有一道河，因未发水，灰白细沙的河床高出水面，没有渡船，我们只好徒步走过去。由于河沙又细又松，走起来很费力费时，到和森家已是九点过了，但来开会的人还到得不多。我们向蔡伯母请了安，但未见蔡伯父。等到十点左右，大家便围坐在两张旧方桌连接成的长方会议桌周围，开始进行会议。当时是否推选主席和推选何人为主席，现都忘了。仅记得学会的宗旨是："联络感情""砥砺品节""研究学术""改良社会"四项。入会资格很简单，只是"纯洁""向上"两条四字。会员守则大致是："不虚伪""不懒惰""不浪费""不赌博""不狎妓"等带有消极限制性的五条。至于那天到会的人数和姓名，因当时未写笔记，平素又不会社交，故都记得不大清楚了。大概有毛泽东、蔡和森、何叔衡、陈章甫、萧子升、李维汉、萧子暲、罗章龙、邹鼎丞、罗学瓒、熊光楚、张昆弟、陈书农、邹蕴真等十多人。此外，曾参加筹备会多次，而因其他缘故没参加成立会的人，还有好几个，如周名第等（已留学日本）。在会议过程中，大家的态度都比较严肃认真，不苟同别人，也不固执己见，实事求是，以理服人，从未发生激烈的争吵。自始至终，大家兴趣很浓，一个接着一个发言，没有间断，中间也没有休息。

兴趣缩短了时间，大家谈着谈着，不觉已到中午。蔡伯母出于一片母爱，煮了一锅饭，做了几样菜，教我们垫垫饥，再把会开好开完。我们也就毫不客气地领意了。事后，我曾向毛泽东、何叔衡说："和森家境并不宽裕，一家生活全靠他妈一人菲薄的小学教薪维持，我们吃的饭菜，理应如数付钱才是。"他们却同声回答说："这有什么关系，小气人呀！"

饭后可能还要继续开会，推选以后主持会务的负责人。我因有事，便请假循原路先回学校，重经水陆洲，目睹洋房金璧插云烟，茅棚秽漏似猪圈，不禁感从中来，一路上信口念成了两首五律打油诗：

（一）

华屋人如玉，茅棚鬼肖人。
富贫偶对比，等级愈分明。
各有图存欲，谁无奋斗心。
不平如不改，何以弭刀兵。

（二）

形寓环垣内，心驰遍九垠。
天人穷至理，温饱活疲民。
纵未行其志，犹胜安不仁。
忧心常耿耿，岂独为吾身。

二

　　新民学会会员大都是对社会现实不满、有志改造社会的进步青年，不过在改造的方法上有些不同。大致可分两派，一派认为社会不平的来源，既根深蒂固，又错综复杂，非进行彻底的革命不可；另一派则把社会不平现象看得不那样严重，觉得只要教育普及、政制公平，再有许多品学兼优的人士以理服人的说教、以身作则的表率，就可逐步把人民的品质提高、社会的风纪改好。毛泽东、蔡和森、何叔衡、陈章甫等会员属于前者，可称革命派。其他少数思想空泛、志行薄弱的会员，属于后者，近似改良派。历史证明，凡是具有"将就""妥协"等改良倾向较重的人，很容易由于认识不深刻、方法不正确、志行不坚定，经不起困难的打击、财色的诱惑，日益蜕变而不自觉，结果不独自己没能改良社会，反被社会"改良"了自己，甚至还要更严重地堕落成为反面人物。学会中这样的例子不是全没有，只是极少数。

　　毛泽东同志自幼即有抑强扶弱的正义感、移风易俗的革命气魄，再通过以后一师学习、新民学会的活动、勤工俭学（曾作大量宣传组织工作，但未去法国）、图书工作（曾在北京图书馆革命先烈李大钊领导下工作过）、五四运动、办《湘江评论》、办文化书社、驱张请愿、办自修大学、参加联省自治运动、筹建社会主义青年团和马克思主义研究会等一系列的学习和革命活动，逐步把自己锻炼成为一个马克思主义的信徒和实践者，而深刻认识到马克思主义是挽救中国的唯一方法。这种科学的远见，到一九五〇年五月第一次在中南海书房召见我时，还坚定地说："当年我们想把中国搞好，苦于没有办法，东找西找，最后才找到马克思主义"。

　　一九二〇年冬，毛泽东同志知道中国共产党快要成立，便发出通知约集长沙市所有新民学会会员，于一九二一年元月一、二、三号在本市潮宗街文化书社开扩大会议，商讨学会今后工作的方法和方向。其实毛泽东同志召开这次扩大会的本意，是要把学会会员还未定型的思想提高到马克思主义革命路线上来，成为行将成立的中国共产党的后备力量，从而加速世界革命的进程。

　　我从一师毕业后，一直在长沙市教书。一九二一年我在长沙市马王街修业小学教语文。当时的学校、机关，每逢新年照例放假三天。我接通知后，便于元旦那天早饭后，一人徒步来到潮宗街文化书社。书社是租佃旧公馆的一部分，坐北朝南，前面一道高墙，中间开个黑漆大门，进门是个方砖铺成的空坪，空坪北面有一长排房屋，靠东的两间木房，就是书社作为营业处承租的铺面。空坪东边靠近营业处前面，有个长方形厅堂，里面放着一张长方桌和一些小方凳，就是我们开会的会场。开会期间，天气阴沉寒冷，时飞小雪，但到会的仍踊跃，无中间缺席者。当时有些会员由于工作学习关系，有的在北京，有的在上海，有的在法国或其它地方，留在长沙市的并不多，大约不到四十人，但都参加了这次会议。外地的会员，没发通知，也没来开会。

会议开始时，约九点多钟了，首先由毛泽东同志报告两年多来的会务后，大家便推定记录人，进行讨论。有少数会员讲了话，接着毛泽东同志便作长篇演说，从国际局势、国内情形和十月革命，讲到革命的必要、人民的力量和人类的未来等等。他又说："我们为了民族生存，为了适应甚至领导世界又快又大的变化进步，学会以前的宗旨，已觉陈腐，应改作彻底改造世界……"大家听了，未免有些突然，会场顿时活跃起来。有赞成的，也有反对的，有理解的，也有怀疑的。有的说这个目的太大了，我们不知从何处做起。有的说自己的国家，还没搞好，又何能搞好世界？还有人从旁解释说中国是世界的一部分，搞好世界，也就包括搞好中国，主张根据毛泽东的意见和提法，不妨再加上中国两个字，成为"彻底的改造中国和世界"。毛泽东为了详细说明个人的科学远见和加速完成中国的彻底解放，苦口婆心、深入浅出地从哲学、科学、历史和现实等各方面，摆事实，讲道理，说服大家扩大眼界、解放思想、提高觉悟，达到明辨是非。这样反复深入的辩论了三天，最后进行举手表决。结果毛泽东的建议获得了到会会员的多数赞同。散会时，天色已晚，光度不宜拍照，乃约定明日午前齐集学会合影留念。待至翌日重来时，天色仍阴黯如前，大家主张到湘江沙滩空旷处去拍摄。既至，风雪更大，照出的相片模糊不明，不能留作纪念。

这次会后，外地会员多数不同意修改学会宗旨，意见纷歧，会务瘫痪。毛泽东则从此倾其全力来扩大提高新成立的中国共产党。

这次会议的记录，曾经毛泽东整理编印成册，分发全体会员。发给我的那本是三十二开的蓝色书面，其中关于到会人数、姓名和各人发言大意记载颇详。珍重保存至长沙马日政变搜杀时，被迫和其他有关信件、相片等，一并烧毁了。

以上所述事实，因年老日久，记忆难免差误，希各界人士随时指出，当即查实改正。

1979年8月

摘自《新民学会资料》

新民学会及在南洋的活动情况

张国基

…………

（二）鼓励会员向外发展

前面我已讲过新民学会在国内的主要活动，是领导湖南的五四运动和驱张运动，并取得伟大的胜利。现在我要再谈谈新民学会向国外发展和活动的情形。

湖南位处我国内陆的中部，人民习于安土重迁，很少飘洋过海到国外去的。因当时一些土豪劣绅勾结万恶军阀张敬尧、张敬汤兄弟，摧残教育、压制青年，逼得我们走投无路，才向外跑的。毛泽东同志、蔡和森同志等乘此大力鼓励和协助会员和会外的湖南青年，奋勇地向外发展，重点是去法国搞勤工俭学。这一运动是中国历史上的重要关键，其意义是极其深远和重大的。

新民学会的向外发展是由于受十月革命的影响和五四运动的推动。在一九一九年和一九二〇年两年当中，湖南革命青年向外发展的呼声高入云霄，为了适应时代的需要和受经济条件的限制，新民学会会员和湖南青年向国外活动的道路又分为两路进军。一路去法国勤工俭学，一路去南洋群岛从事华侨教育工作。这时湖南青年去法国的有三百余人，去南洋的也有二百多人。我们新民学会全体会员六七十人之中去法国的有蔡和森、萧子升、张昆弟、李维汉、萧子暲、魏璧、欧阳泽、向警予、蔡畅等二十多人，占全体会员三分之一；而去南洋群岛只有我和李思安、周敦祥、萧道五、任培道等七八人，比重是较小的。

关于赴法勤工俭学学生在法国活动的情况，我想留法同志已有详细的记载，我就略而不谈。现在只谈谈我们在东南亚各地从事华侨教育的情形。当五四运动取得胜利、赴法勤工俭学运动在轰轰烈烈进行的时候，正巧又有南洋群岛华侨学校派遣专人回到国内聘请中小学教师，这样我们又多了一条向外活动的道路。事情的经过是这样的：一九一九年十二月底，新加坡华侨中学校校长涂开舆先生回到上海，为新加坡华侨中学聘请一批教员，并代新加坡道南学校、吉隆坡尊孔学校和坤成女学聘请一些教员。我们一师前校长孔昭绶先生和学监王季范先生就把我和姜心培同学介绍给涂，我们应聘以后，就在一九二〇年二月离长沙去上海会见涂校长，后就去领取护照和办理出国手续。涂也忙着购买图书仪器及等候其他教师，因此我们在沪待了近两个月。记得是四月初的一天，毛泽东同志和李思安同志等他们完成了在北京的请愿和驱张的宣传工作后来到上海，这是毛泽东同志第二次来到上海。他住在法租界的毕勒路，我们住在公共租界的棋盘街，相隔很近。我们常集在一起商讨驱逐"张毒"以后湖南的建设问题和新民学会发展的问题等等。毛泽东同志这次来上海，第一是为了联络在沪湘籍工商人士扩大驱张声势，其次是欢送留法勤工俭学生和去南洋的一些教员，因为这些人中不少是新民学会会员。

就在我们快要启程出国的前夕，毛泽东同志为了欢送留法勤工俭学的同志和去南洋群岛的一批教员，并藉以联络新民学会和少年中国学会的感情，沟通两会会员的革命意志，毛泽东同志特举办联欢会。当时去法国留学和去南洋教书的都有两会的会员多人。记得联欢会是在农历三月初三（旧俗称"踏青节"日，阳历是四月二十一日）举行的。假法租界霞飞路松社，松社是纪念蔡锷的，因蔡锷别号松坡，故名松社。到会的约七八十人。新民学会到的有毛泽东、彭璜、李思安、张国基、陈纯粹、欧阳泽等；少年中国学会到会的我认识的有康伯情、王光祈、魏嗣銮、涂开舆、左舜生等；其他还有去南洋的教员姜心培、郭鹿岑、王人统等。毛泽东和康伯情各代表自己的学会讲了话，会场是设在嫩绿如茵的青草坪上，围坐成一个圆圈，还照了一张十二英寸的大照片作纪念。这张照片，我保存到一九二八年，因不便携带，寄存在上海邓脱路的一位孤老太太的家，因世变沧桑，老人久已不在人间，这张珍贵的纪念照已不知其下落，真是很可惜的。在开会的那天，还有一个给我印象最深的插曲，就是中午散会后，我们乘电车回来时，参加联欢会最年轻的张文亮，当电车行驰到毕勒路站，电车尚未停稳，他就急于下车，致跌倒昏迷。我们把他救护到他的住所，这一跌使他受了脑振荡，对文亮脑部一直都有影响。

松社联欢会不几天，当我们去南洋和留法同志们同乘法国邮船 panl leat 号离上海的时候，毛泽东同志亲自送我们到船上。他到每一个人的房间握手作别。临别时他还亲切地握着我的手，谆谆教导说："你要牢牢记住'改造中国与世界'。我们学会的宗旨，去切实执行。你们除教好自己同胞的子女和当地原居民亲善合作以外，还要多多地协助他们建国……"待到邮轮汽笛长鸣，快要起锚时，他才依依不舍地下了轮船，和我们挥手作别。

关于海外华侨和华侨教育的情况。我国有句流行最广的俗话说："秀才不出门，能知天下事。"这是唯心主义的说法。我看我们若不出门，什么事情也不知道，遇事只能无知瞎说。譬如：有人认为华侨都是资产阶级，其实完全不是这么回事。所谓华侨资本家不过百分之一二，其它百分之九十以上都是劳动人民。当我第一次来到新加坡的时候，看到这里的华侨绝大多数是来自广东和福建两省南部农村的劳动人民，他们在农村没有受过高深的教育，是在旧社会受尽贪官污吏、买办豪绅的压迫和剥削，为生活所迫，万不得已才离乡背井，经受千辛万苦来到海外的，有的甚至是被骗"卖猪仔"来到海外的。他们既不会说英语，也不会说普通国语，只会说家乡的方言，更不具有特殊的技术能力。因此他们来到外国，都是一天到晚，一年到头，全靠辛勤劳动，朴素省俭地过活，把用血汗换来的工资，点点滴滴，积储起来，然后经营小商小贩，刻苦积累，有些进为中等商行，运气好的，进而成为富商，但这是很少的。

华侨的一个特点是富于爱乡爱国、团结互助的精神。因省县语言隔阂，没有统一组织，但都按各自的省、县、乡籍建立会馆或同乡会等团体，如福建会馆、广肇会馆、三江会馆等等，作为他们最高的统一领导组织。

进入二十世纪后，世界各国文化、科学进步神速，各种类型的学校如雨后春笋般地蓬勃发展。东南亚地区的殖民主义者，也都顺应潮流，开设一些英文学校教育土著儿童，但对华侨儿童拒不收纳，纵有少数华侨资产阶级的子女能够进去，但收费高昂，也不是一般人所能担负得起的。于是一些思想进步热爱祖国的华侨领袖，主张由各会馆筹募教育基金自办学校。许多老一代的侨胞也感于自己过去没有受过好的教育，现在自己办了学校才能使后一代受到较好的教育，增进爱国爱乡思想，所以极力赞成。就在一九一三至一九一八数年之间，新加坡的福建会馆兴办了道南学校、爱同学校和崇福女学，广肇会馆兴办了养正学校，嘉应会馆办了启发学校，潮州会馆办了端蒙学校，接着马六甲、槟榔、吉隆坡、怡保、柔佛等地的华侨都纷纷起来创办学校。开始的几年，因不易聘到教员，有些学校还是用方言教学。最奇怪的是：过去不收华侨学生的英文学校，这时看见华侨自己办学，又敞开大门广收华侨子弟了。

一九一九年以前，所有新加坡、马来亚华侨学校都只有七年制的小学（初小四年，高小三年），还没有中学。热心教育的陈嘉庚先生因此在一九一九年春邀集当地华侨中的热心人士，倡办规模宏大的新加坡华侨中学校。一时来上学的有新加坡、马来亚远至印尼各地的华侨学生，没有地域的限制。我是道南学校的专任教员，还在华侨中学和南洋女中两校各兼课四小时。这时华侨中学的总理（董事长）是陈嘉庚先生，校长是涂开舆先生，湖南人。南洋女中的总理是庄希泉先生，校长是余佩皋女士，江苏人。道南学校总理是陈敬贤先生（嘉庚先生的胞弟），校长是张接武先生，河北人。这三间学校的教职员工，多是外江人（华侨多是广东、福建两省人，其它中国各省的人都被称为外江人），用普通国语教学。教育学制和教课课本都是与国内学校相同的，若不出校，简直不知道是在国外。我把这些情况汇报给毛泽东同志以后，他就来信对我说："华侨教育应注重世界主义。"

我是教语文、史地的，读了毛泽东同志的来信后，我就按照他的意见，把世界主义精神，从语文、历史教学中点点滴滴地去贯彻，学生都喜欢听，显见有良好的效果。

自从所有各地华侨学校废去方言采用普通国语教学后，就需要征聘大量能说普通话的教师。有的写信到祖国去聘请，有的在当地报纸上登广告征聘。这样，国内青年闻风自备旅费来到南洋的不少。我们湖南去的就有新民学会会员李思安、周敦祥、萧道五等七八人，一师同学姜心培、杨潜德、谭超一、潘俊五、周维新、张祖砚、胡世忠、匡光照、谭云山、肖新田等十多人。其他还有文道衡、陈友古、刘子卓、周芫君、狄昂人、谭振权、周君南、胥书昶、郭鹿岑、王人统、宾士谋、黄孟蘅、刘韵仙、成鸣皋、姚廉、李辉球、魏运华、张之干、张纯芳、高希尧、郭宝环、姚德恩、姚含章、谢继绵、邱润民、郑超一、姚复生、彭培根、彭仲良、张贤范、罗叔章、张淑钧、孙达兰、任序、任培道、纪淑贞、张良权、张国卿、文星宇、李涤非、朱仲硕、周素昂、易丐一、曾白冰、柏汉襄、曾希贤、曾省吾、曾汝霖、廖一之、左景英、曾劲刚等百余人。来的人数一多，分布的地方就很广。这些人无论是做校长或教员，都能认真办事、专心教学，孜孜不倦地宣传祖国的进步文化，在南洋华侨教育界留有深刻的印象。湘人在海外取得这样的成绩，是与毛泽东同志的指教分不开的。

寄人篱下的生活总是不能自由如意的，就在一九二一年，新、马英殖民主义者看见华侨教育蓬勃发展，它就制定一项华侨学校注册条例，予以打击和限制。许多人为了反对注册而进行了坚决的斗争。我也因反对注册而于一九二二年离开新加坡转到印度尼西亚去了。

讲到印度尼西亚的华侨教育，比新、马更早，也更普遍。如雅加达市的中华会馆学校（简称八华），开办于一九〇一年，仅后于我国最早开办的北京大学三年。一八九八年我国戊戌变法失败之后，康有为、梁启超逃亡海外，康有为于一九〇〇年旅游到印尼爪哇岛巴达维亚（即现在印尼首都雅加达），看到华侨子女都失学，原因是荷兰帝国主义者办的荷兰学校也和新、马英殖民主义者的英文学校一样，不收华侨学生，康就鼓励华侨自办学校。就在这时，巴达维亚华侨中的上层人士集议捐资，先成立巴达维亚中华会馆，翌年便在会馆内开设中华会馆学校，这是印尼华侨（最早的）第一所学校。接着所有全印尼府县以上城镇的华侨先后成立中华会馆和中华学校，名称一律叫做中华，只在校名之上冠以所在地的地名以示区别。如万隆的叫万隆中华会馆、万隆中华学校，泗水的叫泗水中华会馆、泗水中华学校等等。前响后应，三数年间，整个印尼有一百余所中华学校。又建立一个统筹全局的华侨学务总会，统一管理。聘用专职视学员，巡回视察各校教学情况，并同祖国教育部联系。各校学制和教课用书一律与祖国相同。

一九二二年，我到印尼爪哇北加浪岸就任北加浪岸中华学校校长，请来李思安、周敦祥、张祖砚等教师。我们就遵照毛泽东同志来信的意见，进行我们的工作。我们日夜辛勤、专心致志地干了三几年，取得华侨社会和学生的信任，并获得了很大的信誉和成绩。一九二五年六月，我送一批印尼华侨学生张国坚（原名张然和）、陈祁祁、李益立、黄怀信、薛俊炎、李禄寿等回国到湖南省立第一师范（我的母校）和第一中学学习，他们学到了一些东西，其中最突出的是张国坚同志，他跟着毛泽东同志参加了二万五千里长征。全国解放以后，他进入北京，任国家经委副主任，同薄一波同志一起工作，不幸于一九六二年因辛劳过度，患脑溢血逝世，终年仅五十岁。一九二五年送学生回国时，印尼华侨学务总会委派我和张庭英代表该会出席于是年十月在湖南长沙举行的第十一届全国教育会联合会会议，并考察祖国中小学教学和设备状况。

回到印尼以后，华侨学务总会召开全印尼华侨学校代表会议，把全国教育会议和参观所得情况作了详细传达。翌年十二月，我看到革命的北伐军取得胜利，我就辞去北加浪岸中华学校校长职务，赶回祖国来参加大革命。一九二七年一月，我回到长沙见了毛泽东同志。二月他电召我去武汉中央农民运动讲习所办理教务。七月宁汉合流，农所停办，我又去江西南昌参加八一建军运动。

大革命失败以后，我又回到南洋重理旧业，在古老的八华学校任教学职务十几年。这所学校的特点是资格最老，而且是董事会执掌大权，注重英文，不能德智体全面发展，学校师生的主张很难得到董事会的赞助和支持。因此我和几位同事于一九三九年六月辞去这个学校的职务，去倡办一所规模宏大的、新型的雅加达中华中学。这个学校很快得到华侨各界的支持和学生家长的信赖。来校求学的学生常达三四千人。祖国解放后，这所学校回到祖国来升学和参加社会主义建设的有近四千人之多。我在这个学校工作了二十年，一直受毛泽东同志来信中"改造中国与世界"的精神鼓舞，培养和教育华侨学生热爱祖国，加深和当地人民的友谊和感情。直到一九五八年十月我才因年高回到祖国，一九五九年担任北京归国华侨中等补习学校校长至今。

　　由于我年高而又事隔太久，文中可能有些不妥之处，希望熟悉这方面情况的同志们予以指正。

1979 年 8 月 20 日

摘自《新民学会资料》

忆新民学会的分裂[①]

萧子升

…………

一九二〇年中国共产党成立时[②],新民学会会员有一百多人。一九一九年到一九二〇年间,蔡和森和我在法国吸收了三十名左右新会员,但毛泽东在长沙发展了一百多名新会员。他的主要兴趣在于创建坚强的组织,忽视了道德品质和崇高理想,这是在运动初期我所坚持的会员条件。他积极从事公开活动,凡是和他意见相同的人,他都接纳,他没有将理论付诸行动的耐性,但却着手以报纸形式出版新民学会通讯,我的许多信件被选载,其中包括我不反对俄罗斯共产主义作为改造中国的手段的那一封在内。直到那时,新民学会是一个统一的团体,全体成员有充分自由表达自己的见解。

一九二〇年,学会出现了分裂,在毛泽东领导下那些热中〔衷〕共产主义的人,形成了一个单独的秘密组织,所有的非共产党的会员,除我之外,都不知道暗中进行的事情。因为毛泽东把他有关新组织的一切都告诉了我,希望我也能参加。同时蛮有信心,他认为我绝不会出卖他们,虽然我对他们并不表赞成。

新组织却把我当作老大哥。我说的话他们十分严肃地听取,毛深怕我劝说他们,动摇他们对共产主义的信念。但他不敢公开地规劝我,耽〔担〕心失去会员们的信任。当我不在场的时候,他告诉他们,虽然我是一个应该受到尊敬的人,是他的好朋友,但我有布尔普亚思想,我不是普罗阶级分子,因此我不愿接受共产主义云云。

有一天,一件相当有趣的意外事件发生了,这件事说明了我们之间的分歧。何叔衡长着一脸浓密的胡髭,比我和毛泽东约莫大十岁,我们叫他"何胡子"。他是我们俩〔两〕个人的朋友,但他和我在楚怡学院〔校〕共事两年,因此他和我更亲密。那一天他告诉我:"润芝在会员中间悄悄批评你,说你是资产阶级分子,不赞

[①] 题目为编者加,节选自萧子升《毛泽东的青年时代》。
[②] 应为共产党早期组织成立时。

成共产主义。他真正的意图是不让他们信任你，只让他们跟着他个人走。"

后来我（爸）把"胡子"的话告诉毛，毛毫不犹豫地承认了。我问他："你为什么说我是资产阶级分子？如果说我说过不赞成共产主义，那你知道我反对的是俄罗斯共产主义而已，你也知道我很赞成共产主义原则，我相信社会主义亦应渐渐转变为共产主义。"

毛泽东一句话也不说，何胡子却高声大笑："萧胡髭（这里的胡髭是一个尊敬而亲密的称呼）"，他叫道："你不在的时候，润芝要我走一条路，润芝不在，你又劝我走另一条路；你们俩〔两〕人都不在时，我不知道走哪条路好！现在你们俩〔两〕人都在一起，我仍然不知道走哪条路好！"何胡子的话引起了一阵大笑，但这他说的亦是事实。

何胡子说的虽是笑话，而且只代表他自己，但实际上却不知不觉地做了新民学会全体会员的代言人，因为当时确实有一种值得注意的、犹豫不定的因素，不过，何是唯一的坦率诚恳地说出真话，唤醒大家注意两位领导人之间的分歧，这种分歧终于造成以后的分裂。

…………

因此新民学会在长沙有两个基层组织：大众教育日报①和第一师范初级部。我领导在法国的第三个基层组织，由蔡和森、熊光楚、向警予、李维汉、陈效许（译音）以及其他几个新会员协助（我）工作。毛回到湖南，正是易培基和谭延闿管理湖南省，他的行动较前自由，他的政治雄心更加迫切、更加明确。

这时候没有中共组织，我们的一切活动集中体现在新民学会，虽然许多会员盲目地信仰俄国共产主义，把它奉为能够立即改造中国的魔棍。

两年以后，即一九二一年，新民学会分裂成两个独立的小组。其中较大的组百分之百的成员是共产党员，在毛泽东的领导下，成为中共湖南支部。

…………

一九二〇年春天，蔡和森到达法国，一有机会，他就向同胞们讲共产主义有多么好。这里〔时〕他们没有组织可以参加，和森也没有学习马克思主义和其他革命理论。许久以前，和森出于自己的首创精神，采用了"打倒资本主义"的口号！他告诉我："我写了一封长信给润芝（毛），说俄国人一定秘密地派人去中国组织一个

---

① 应为湖南《通俗报》。

共产党。我认为我们应该效法俄国的榜样,我们不应该延误。没有必要首先作详细研究。"

后面的讨论我记得很清楚,当我坚持说:"在我们作出决定之前,必须慎重地研究这一问题!原则上我同意资本主义应该推翻,但我不准备盲目地追随俄国的共产主义原则!"

"采取什么形式的共产主义有什么关系?"蔡说:"我们越研究,延误作出决定的时间就越长。俄国方案为我们制订了一切都是现成的,告诉我为什么我们还要到处找寻其他类型的共产主义?他们的全部计划已准备就绪,已写在报纸上让我们读,他们自己已付诸实践。为什么我们还要浪费时间,作进一步的实验?"

"可是,"我问,"为什么中国要作俄国的儿子?"

他很象花岗岩一样顽固,狂热激烈,他需要行动,"因为俄国是共产主义之父,我们必须以俄为师。首先,因为它比其他方式容易,其次,当中国革命来临时,可以依靠俄国秘密的和公开的援助,提供基金和武器。从地理上讲,俄国和中国注定要成为联盟,两国之间的交通方便。总之,如果中国共产主义革命要获得成功,我们无条件地追随俄国。我告诉你的是真理,这正是我所感到的!"

"我确实理解你所感到的,"我继续说,"可是我的朋友,我们必须首先考虑到国家和同胞的幸福。问题不象你所想象的那样简单,这不是我们个人的事情!我们怎么能让中国成为奴隶国?作为近东的国民,怎能成立这种有计划的政党?"

蔡坚持说:"我们必须选择最有利的方向完成革命。我已把我的主张写信告诉润芝,我相信他会赞成我的意见。你太理想主义,太感情用事,太从理论出发,空想散漫了!"

"即使润芝完全同意你的看法,我不同意!"我说,"我不能不诚实,我不能违背我的良心,我要求我的良心清白,我就是不能参与使中国成为俄国附庸的计划,恕我爱莫能助。"

"我明白,"蔡心平气和地回答说,"我们都了解你的人格,都很尊重你,所以我要慎重地和你研究这一问题。"

"可是,"我指出,"你并没有研究!你已经决定一项行动路线,现在你想让我转变,同意你的主张,你要我无条件地接受你的各项原则。你恰象一位牧师,企图说服一位老朋友相信他的宗教。"

"噢,不,我不敢那样做!"蔡声明:"我很尊重你。除了我们个人之间的友谊以外，我尊重你的品格和意见。我们是在作友好的讨论。"

这次谈话是在蔡和森抵达法国两天后进行的。五六十个同学和他同乘一艘船来到法国，华法教育协会决定把他们送到蒙达尼中学，让他们利用等待工作的时间学习法语。从巴黎乘火车到蒙达尼，只有四个小时旅程。蔡走后，我们经常通信。有时候，他一天写两封信给我，但我们各自的意见并未改变。

蔡和森向居住在蒙达尼的伙伴宣传共产主义，同时也说服居住在法国其他地区的学生。他口才不好，但文字表达能力很强，甚至超过毛泽东。他母亲当时已五十上下，他妹妹蔡畅都很尊重他的意见。不过，他头一次改变别人的思想还是他的爱人向警予。她也是新民学会最优秀的会员之一。向小姐不仅善于写文章，而且是个很好的演说家。她性格真诚，外表温柔文雅，富有吸引力。她成为中国第一个女共产党员，又是蔡和森宣传的助手。她影响了男女青年，使许多人接受她的思想，妇女尤其听从她，被她那恳切的诚意所感动。她写了很多信给我，讨论我们之间持续不变的问题。

当时抵法后另一个老友是李维汉，他亦名"和笙"……因为他不能讲法文，所以在蒙达尼终日跟蔡和森谈话……李维汉、蔡和森、向警予是致力宣传共产主义的三名传述者。

…………

节录自萧子升《毛泽东青年时代》英文版，存湖南第一师范学院

二

史海钩沉

毛泽东同志在五四时期（节选）
萧 三

成立新民学会——湖南革命运动的核心组织

第一次帝国主义世界大战的时候，中国也被迫"参战"，结果，什么也没有得到，只是把德国帝国主义侵占的山东半岛转交给日本帝国主义去掠夺罢了。中国仍然处在半殖民地的地位。大战前各帝国主义国家强迫中国订立的许多不平等条约和他们在中国划分的"势力范围"，还是继续有效。

国内军阀间的混战仍然不停。各派军阀都勾结一两个帝国主义国家作为自己的后台老板，各帝国主义者也利用这些封建军阀势力来加紧剥削中国人民。

那时候湖南仍然是南北各派军阀长期拉锯的战场。兵灾、匪祸（全省各县都发生土匪，湘西、湘南更多），再加上水灾（一九一五年全省三十四县受灾，一九一六、一九一七、一九一八年洞庭湖边各县和长沙等地大小水灾不断），使得人民活不下去。

青年时代的毛泽东同志亲眼看到国家民族这种危急的状况和人民的痛苦情形，从早年的"天下兴亡，匹夫有责"和"以天下为己任"的感觉，进到了要用革命的手段来改造国家社会的观念。

"既要革命就要有一个革命的组织。"

在湖南省立第一师范学习的几年之内，毛泽东同志结交了一批志同道合的朋友，其中有蔡和森、何叔衡、陈昌、张昆弟等，他们懂得人民的痛苦，都抱着远大的志向。毛泽东同志的言论、行事，给他的这些朋友们很大的影响，自然成了他们的表率。他们经常研究求学为人的道理，讨论个人与社会国家的前途等等问题。

在这时期，全国人民的觉悟渐渐提高了。对推动和促进全国青年群众和一般知识分子的觉悟起过很大启蒙作用的《新青年》杂志，是在一九一五年开始发行的。这是一个文化的和政治的刊物。它反对封建的文化，宣传科学的文化改革，主张"文学革命"，反对旧礼教，反对古文，提倡白话，鼓吹科学和民主。这刊物到了湖南，由于我们尊敬的教员杨怀中先生的提示，对新鲜事物极为敏感和不断追求真理的毛泽东同志，首先注意这个刊物，并且热烈地和同学们谈论刊物上所提出的许多问题。

在这种形势和影响之下，毛泽东同志渐渐想到，要求得更多的有益的学问和作一番救国救民的事业，就要有充分的准备，就一定要联合更多的同志，并且结成一个团体，才有力量。

一九一七年的秋天，在长沙城的各个学校里发现一张不大的油印的启事，这是一篇精练优雅的文章，记得只有七八百字，大意是征求上进、有志于天下国家大事者为同道……末二句为："学嘤鸣之求，效将伯之呼。"……末尾签署的不是姓，也不是名，而是"二十八画生启事"（"毛泽东"三个繁体字共有二十八笔画）。

这个启事在长沙的几个城门口和城内照壁上也张贴了，在报纸上也登了出来。起初只有几个人，到后来就有了几十个热情的青年响应了这个号召。经过一番酝酿，结果组织成立了一个新民学会。

一九一八年四月十四日，星期天，我记得，那是一个春光明媚、百花盛开的日子。在湘江的对岸，岳麓山下面，蔡和森同志的寓所里（他全家在溁湾寺租住的"沩痴寄庐"），集合了十三个人（有些人未能到会）。在吃午饭的前后，人们在屋子里，在河滩上，讨论学会的宗旨、名称、章程……会章是毛泽东同志起草的，讨论时他向大家说明、解释，征求大家的意见。和平常一样，他的话语浅显、扼要、深刻，意思新颖、明朗。就在这一天，新民学会成立了——取"大学之道在新民……日日新，又日新"的字样，有一种反对旧制度、主张革新、为人民的意思。大家推毛泽东同志为总干事。他本是学会的发起人、组织者，但他谦虚地只同意作副总干事。

学会的简章规定"以砥砺品行、研究学术为宗旨"。会规有"不虚伪，不懒惰，不赌博，不狎妓……"等条文，含着一种实事求是、尚朴素、主诚实、禁浮华、戒骄躁的精神。这里重要的是，长沙城里先进和进步的青年们第一次在一个团体里组织起来了。

学会的会员，最初绝大部分都是第一师范的同学，也有少数其它学校的。渐渐不仅其它学校的有志青年，并有个别进步的中小学教员加入了新民学会，入会的标准是：心意诚恳，人格光明，思想向上（即思想进步的意思，但那时候还不流行这样说）。

学会经常开会，讨论学术或时事问题。会员们都精神奋发，努力上进。

新民学会对后来湖南以及整个中国的命运，有很大的影响。学会会员发展到七八十人，内中许多人后来都成了中国共产主义运动中著名的活动家，他们在中国革命史上写下了不少光辉的篇章。特别是第一次国内革命战争失败之后及第二次国内革命战争期间被反革命杀害的、牺牲的郭亮、向警予、陈昌、罗学瓒、蔡和森、张昆弟、何叔衡、夏曦（以牺牲的先后为序）等同志，以及还有许多为人民解放事业而牺牲了的会员，他们的崇高的气节、凛然的正气、光荣伟大的革命事迹，永垂不朽！

假如说，第一师范学校的学生在五四时代，在第一次国内革命战争时期，在学生运动、青年运动中起过很大的作用，那么新民学会就是一个核心的组织。它的会员在新文化运动和知识界运动中都是有力的支柱。而毛泽东同志自然成了他们的领导者。到后来，一部分最先进的会员又切实地作工人运动与农民运动，学会就成为社会政治运动的组织者和中坚力量了。

…………

接触马克思主义

一九一八年九月间，毛泽东同志到了北京，过着穷苦的公寓生活。杨昌济先生那时在北京大学作教授，毛泽东同志和第一师范的几个旧同学，仍经常去请教。杨先生介绍毛泽东同志去北京大学图书馆作一个小职员，登记来馆看书报者的姓名，也是他的职务，每月薪金八元。他不计较地位与金钱，能够糊口就得了。在图书馆里能得到自己读书的机会，他很高兴。

北大图书馆的馆长是李大钊同志。他是北大的教授，优秀的进步的学者，俄国十月革命、马克思列宁主义思想到中国来的最早的介绍者和中国共产党创始人之一，党在北方的领导者。他在担任图书馆馆长的时候，搜集了许多马克思主义学说的书籍，他自己除讲学外，就住在图书馆里努力研究马克思主义的学说。同学们常到图书馆来向他请教，他总是热心指导，介绍马克思主义学说的书籍给学生看，并且告诉他们阅读的方法。由于同在图书馆工作的关系，毛泽东同志更是便于经常请教。他的抱负、理想和才干，得到李大钊同志的尊重，认为他是湖南学生青年的杰出的领袖。这年十一月《新青年》发表了李大钊同志写的《庶民的胜利》《布尔什维主义的胜利》等文章，赞扬俄国伟大十月社会主义革命，对社会上学术界有很大的影响。

毛泽东同志在北京一面在图书馆工作，一面继续自修。他还是又学又问，除读书外，常去拜访当时的一些名流学者。北京大学那时在新文化运动中起过领导的作用，大学里进步的学术团体也多。毛泽东同志在工作余暇时常到北大去旁听，并且加入北大的哲学会和新闻学研究会。

在北京，毛泽东同志吸收了许多新的知识，扩大了自己的见闻。

那时是五四运动的前夜。十月革命的影响、马克思列宁主义开始传到了中国。但是，那时无政府主义、空想的社会主义、工团主义等等在中国也颇为盛行，毛泽东同志在李大钊同志的指导和帮助下，加之他自己的苦心探索、努力学习，得以很快地、坚定地接受了马克思列宁主义。

…………

摘自《新民学会资料》

第一次会见毛泽东同志及相关情况的回忆[①]

谢觉哉

一九二〇年八月,一个炎热的日子,我在湖南省城通俗教育馆的报纸编辑会议上初次看到毛泽东同志。当时湖南刚赶走张敬尧,何叔衡同志任通俗教育馆馆长,约我去编《通俗报》。我历任农村小学教员,见闻不广,没有编过报。毛泽东同志的发言,我还不能全部领会。会后,毛泽东同志到我房里坐了一会。才会面,谈话不多,但他那谦虚与诚恳的态度、简要的语言,给我印象很深。通俗教育馆的房子,已记不清楚了,但毛泽东同志当时坐的地方和姿势,我脑子里记忆犹新,假如我能画的话,可以无遗憾地画出来。

一面之后,不见毛泽东同志再来报馆,却接到他自滨洞庭湖各县寄来的通信。好优美的文章!为我从来所未见过的。我总是把它刊在报上的显著地位。原来毛泽东同志要亲自考察社会情况,没有路费,于是作"游学客"——穷读书人向私塾或读书人家求"帮赠"的办法——实际是做社会调查。

原载《新观察》1952 年第 11 期

[①] 标题为编者加,节选自谢觉哉《第一次会见毛泽东同志》。

回忆翻译德文版《共产党宣言》①

罗章龙

……

北京大学马克思学说研究会发起于一九二〇年三月。

……

马克思学说研究会的活动主要有三个方面：一、是组织学员学习马克思主义。二、是组织会员翻译马克思主义著作。三、是组织讲演活动。

……

在翻译马克思主义著作方面：研究会成立了一个翻译室，下设英文、德文与法文三个翻译组。英文组的成员有：高尚德、范鸿劼、李骏、刘伯清。德文组的成员有：李梅羹、王有德、商章孙、宋天放和我。法文组的成员有：王复生、王茂廷。我们德文组曾译过《共产党宣言》，是德文本翻译的，有油印本。我想一九二〇年毛主席到北京时，大概已有一个《共产党宣言》的油印本子，② 也可能不是全译本。我还记得，《共产党宣言》很难翻译，译出的文字不易传神，所以当时翻译的进度很慢。

---

① 题目是编者加的，摘自《回忆北京大学马克思学说研究会》。
② 黎锦熙在《在峥嵘岁月中的伟大实践——回忆建党前夕毛主席在北京的部分革命活动》中说："1920年1月4日下午，我到平民通讯社拜晤毛泽东时，在桌上发现一本他所研读过的《共产党宣言》。"

毛泽东青年时代的挚友陈昌[①]

钱家楣

············

四

一九二〇年七月,湖南人民"驱张"胜利之后,毛泽东由上海返回长沙,随即开始了以建党为中心的活动。他一方面在新民学会会员中反复进行建党问题的讨论,一方面着手进行各方面的建党准备。这时,毛泽东在一师附小担任主事,陈昌也从北京学完国语注音回来,在一师附小教书兼一师国语注音教员。他们同住在天鹅塘青山祠一所房屋内,还有两位教员也住在那里。毛泽东建议成立革命大家庭,由陈昌爱人毛秉琴管理大家生活并做饭,大家同在一处吃。毛泽东喊毛秉琴为大姐,陈昌女儿一直喊毛泽东为舅舅,相处如同家人。

为开展新文化运动、广泛传播马克思主义,为建党做好思想准备,毛泽东和何叔衡、易礼容、彭璜等新民学会会员,创办了文化书社,大力经销全国各地出版的进步书刊。陈昌也是文化书社发起人之一。为使新文化和马克思主义迅速普及到全省,毛泽东等还计划在各县建立分社。陈昌和宋先觉一道,在浏阳西乡建立了浏西文化分社,不仅推销总社发行的各种进步书刊,还自己刻印进步书刊上的好文章,广为印发,对新文化和马克思主义在浏阳的传播,起了推动的作用。毛泽东知道以后,特地送给他们一副梨木刻版。

一九二一年春,根据毛泽东建议,陈昌偕陈作为等回到浏阳,以金江高小为据点,继续传播新文化、新思想,进行教育改革。当地习俗,每年旧历正月初十,由学正主持召开一次大会,乡里头面人物都要参加。先祭孔、吃酒席,然后研究浏西

[①] 题目为编者加,节选自人物传记《陈昌》。

三镇教育问题。这年大会，祭孔、吃酒毕，首由黄甫生报告一年来教学工作，次由陈昌演讲，历数旧教育积弊，倡导教育改革，获得进步知识界的拥护，公举陈昌为校长。陈昌为更好地团结知识界，仍推黄甫生为校长，自任训育主任，一起进行教育改革。

陈昌等进校后不久，学校面貌为之一新，如学生不再着长袍马褂，改为短衫。学校的土地，辟作了农场，学生不再是四体不勤、五谷不分，而是读书之外，还要从事劳动生产。为破除"万般皆下品，唯有读书高"的陈腐观念，树立"劳工神圣"思想，在学生们上课必经的地方（老师吃饭的房间前），竖立了一块上书"劳工神圣"的木牌。陈昌还亲率学生参加劳动。学校周围原是一片荒地，乱石堆积，杂草丛生，遇有雨雪，泥泞难行。陈昌率领学生修筑了一条环校马路，还自编了一支修路歌，教同学们边劳动边唱。原在金江高小读书现仍健在的一些老人，至今还记得这首歌词：

　　修我们的马路，贯彻我们的精神，
　　怕什么寒和暑，雨和风，
　　拿起我们的锄头、铲子，快来做工。
　　怕什么高和低，土和石，
　　凡阻碍我们的，就要把它铲平！
　　大家起来，大家起来！
　　做一个真正的劳工！

为增加学校进步力量，并使新文化运动深入其他各乡，陈昌又向毛泽东请求从自修大学派一些人来充任教师。随之，夏明翰、傅昌钰、潘介棠、陈飘飘等，先后来校执教。不久，又分别赴洞溪、蕉溪、枫林、上东等乡，担任各该乡高小教师，成为当地新文化运动的组织者和领导者。

由于浏西文化分社就设在金江高小校内，同学们可以自由阅读些进步书刊，加之，陈昌、夏明翰、陈作为等革命教师的循循诱导，对一些同学要求反帝反封建的革命觉悟有一定的影响。他们积极参加当时的革命活动，如一九二三年，为抗议日本帝国主义拒不归还旅大、反对"二十一条"不平等条约，金江高小同学们曾组织起来到西乡普迹镇上街游行，并且积极参加了对日经济绝交运动，有的同学还在作文课上撰写反对反动军阀赵恒惕的文章。

当时浏阳各校都不招女生，更没有女学。妇女受着封建宗法的压迫，被剥夺了读书和参加社会活动的权利。陈昌不顾社会的非难，排除封建势力的种种阻挠，卖掉学校农场几百担积谷，筹措了一笔经费，创办了浏阳第一座女学——金江高等职业女子学校，校长便是夏明翰的姐姐。次年，为使更多妇女就学起见，金江高等职业女子学校改为三座女校，分设在普安、崇义、枨中三镇。当西乡女学蓬勃兴起时，东乡的永和、上东，南乡的明章，北乡的乾乾等高等女子职业学校，也都雨后春笋般地陆续开办起来了。

陈昌等还创办了金江农民夜校，向农民传授文化知识，宣传革命道理，启发农民觉悟。

为了团结进步力量，扩大新思想、新文化的传播，陈昌还组织了浏西文化促进会，自任会长，引导知识分子对新文化和马克思主义的研究。

陈昌等还把浏阳在省城读书的学生约数百名组织起来，成立浏阳驻省同学会，并创办了《浏阳旬刊》，由陈昌、陈清河、陈飘飘、陈作为担任首届主编。旬刊以传播马克思主义，宣传新文化、新思想为宗旨，以驻省学友和小学教师为对象，内容包括国内外新闻、马列主义介绍、学术讨论及文艺小品等，曾经转载过毛泽东早期著作《民众的大联合》及李维汉纪念俄国十月革命的演讲辞等。由于刊物能反映时代精神，满足青年对新文化、新思想的要求，不仅为浏阳驻省同学和小学教师所欢迎，且销行到醴陵、平江等县，在知识界中起了一定的积极影响。

陈昌等的革命活动，引起了浏阳反动当局的不安，他们另委思想反动的邱培钧去金江高小当校长，黄甫生被迫辞职。随之，陈昌、夏明翰、陈作为等也相继离校。同学们曾为此事进行过一次罢课斗争，以示对反动当局和邱培钧的不满和反抗。

············

摘自《湖南党史人物传记资料选编》第一辑

新民学会会员简介

(按参加学会先后次序)

  毛泽东（1893—1976），字润之，笔名子任。湖南湘潭人；1910年秋，考入湖南湘乡县立东山高等小学堂；1911年春，考入湘乡驻省中学；10月，响应辛亥革命，投笔从戎，在湖南新军当列兵，半年后退出；1913年春，入湖南省立第四师范学校预科读书；次年秋，编入湖南省立第一师范本科第八班；1918年，与萧子升、何叔衡、蔡和森等发起成立新民学会，是新民学会章程起草者；1919年五四运动爆发，在湖南领导反帝反封建的爱国学生运动，在长沙创办《湘江评论》；1920年发起组织文化书社和俄罗斯研究会，宣传马克思主义。他是长沙的共产党早期组织的创建者、中国共产党"一大"代表、中国共产党创始人之一，也是伟大的马克思主义者，伟大的无产阶级革命家、战略家、理论家，是马克思主义中国化的伟大开拓者，是近代以来中国伟大的爱国者和民族英雄，是党的第一代中央领导集体的核心，是领导中国人民彻底改变自己命运和国家面貌的一代伟人。

  蔡和森（1895—1931），又名蔡林彬，湖南湘乡人。1911年秋，入永丰国民小学读书。1912年，考入县立双峰高级小学。1913年，考入湖南铁路专门学校，同年秋，考入湖南省立第一师范，被编入第六班。1914年省立四师并入一师后，与毛泽东成为志同道合的好友。1915年秋，考入湖南高等师范专修科文学部，1917年毕业。他是新民学会发起者之一。1918年，受毛泽东委托，赴京筹办留法勤工俭学事宜，同年入蠡县布里村留法工业学校，在教授国文的同时学习法文，是湖南留法勤工俭学的主要倡导者。1919年12月25日启程赴法。1921年底回国，在上海加入中国共产党。1922年起，任党中央机关报《向导》周报主编，后又任中共中央政治局常委。他是第一个完整提出"中国共产党"名称和系统提出创党理论的理论家，是党的创始人之一，是中国共产党早期的重要领导人，是杰出的共产主义战士和无产阶级革命家、理论家和宣传家。1931年因叛徒出卖不幸被捕，牺牲在广州军政监狱，终年36岁。

萧子升（1894—1976），字旭东，湖南湘乡人。1910年，在湘乡县立东山高等小学堂读书。1911年考入湖南省立第一师范，与毛泽东、蔡和森同为杨昌济的三位得意弟子，人称"湘江三友"。1915年从湖南省立第一师范第三班毕业后，在长沙楚怡学校任教。他是新民学会发起人之一。1919年赴法勤工俭学，曾担任华法教育会秘书。少年时期与毛泽东曾为挚友，但后来因为信仰"温和方法的共产主义"，即蒲鲁东的社会主义，走上了无政府主义道路，与毛泽东等人分道扬镳。1924年回国后，参加中国国民党。晚年侨居乌拉圭，著有《我和毛泽东的一段曲折经历》。

萧三（1896—1983），字子暲，又名植蕃，湖南湘乡人。萧子升之弟。湖南省立第一师范第三班毕业。1918年任湖南省立第一师范附小教员。1920年，赴法勤工俭学。1922年在法国加入中国共产党。大革命失败后赴苏联，在莫斯科东方学院任教，并从事文学活动。1930年春中国左翼作家联盟成立后，担任左联常驻苏联代表，主编中文版《国际文学》。1939年回延安。著有《毛泽东的青少年时代》《毛泽东同志的青少年时代和初期革命活动》。是著名的无产阶级文化战士、文学翻译家和诗人。

陈绍休（1892—1921），即陈赞周，湖南浏阳人。1915年在湖南省立第一师范毕业，先后在湘潭黄氏族校、湖南省立第一师范附小任教。1920年赴法勤工俭学，在法国工厂做散工。1921年因劳动过度，又因生活艰难，重病无钱医治，毛泽东获悉，发动新民学会会员捐款救援。援金还未到达法国，他已逝世。

罗章龙（1896—1995），字璈阶，又名纵宇一郎，湖南浏阳人。长沙第一联合中学学生。毛泽东《征友启事》的积极响应者。1918年秋进入北京大学哲学系德语预科学习。1919年在五四运动中火烧赵家楼事件中表现突出。1920年初参与发起组织北京大学马克思学说研究会。之后，又参加创建了北京共产党早期组织，是中共最早的党员之一。曾先后参加中国共产党第三至六次全国代表大会，并当选为中央委员或候补中央委员。曾任中共北方区委委员、中共中央工委书记、中华全国总工会党团书记等职。早年，在组织发动中国北方工人运动中做了大量工作。中共六届四中全会后，受到开除党籍处分。1934年起，退出政治舞台，转入高等学校任教。1979年后，调中国革命博物馆任顾问，是第五至八届全国政协委员。

邹彝鼎（1894—1919），字鼎丞，湖南湘阴人。湖南省立第一师范第六班学生。新民学会章程起草者之一。1919年春在北京留法勤工俭学预备班学习期间重病，由李维汉、张昆弟护送回湘，病逝家中。

张昆弟（1894—1932），字芝圃，湖南益阳人。1913年考入长沙省立第一师范，与毛泽东等志同道合，结为挚友。1919年冬赴法勤工俭学，1920年2月，与李维汉、罗学瓒发起成立工学励进会（后改为工学世界社）。1921年冬回国，1922年加入中国共产党，从事工人运动和地下工作。1923年3月，任中共北京地委工农部部长。1928年6月，在莫斯科召开的中共六大上当选为中央审查委员会候补委员，列席参加了共产国际六大。回国后，同刘少奇、陈潭秋等领导顺直省委工作，同时任中华全国铁路总工会党团书记。1931年5月，以党的特派员身份到湘鄂西苏区开展工人运动，主持召开了湘鄂西省工代会，成立了湘鄂西省总工会，任党团书记。次年在洪湖根据地牺牲。

周名弟（1895—?），又名明缔、晓三、筱颜，湖南湘潭人。湖南省立第一师范第十一班学生，曾任湖南省立第一师范湘潭学友会总干事。1918年赴日本，次年进入日本东京高等师范学习。后赴东南亚。

陈书农（1898—1970），字启民，湖南长沙人。湖南省立第一师范第十一班学生，曾任新民学会干事。曾在周南女校任教。1921年春，与毛泽东在洞庭湖滨各县做过农村调查。先后在广东大学、法国巴黎大学毕业。归国后，曾任南县县长、湖南大学教授等职。新中国成立后任湖南文史馆馆员。

叶兆桢（1893—1918），又名瑞庭、瑞龄，湖南益阳人。湖南省立第一师范第六班学生。1918年6月毕业归家途中遇热，7月不幸病逝。毛泽东评说他："为人和平中正，有志向学。"

何叔衡（1876—1935），又名瞻岵，别号老五，湖南宁乡人。从湖南省立第一师范毕业后，任楚怡学校主任教员。是长沙共产党早期组织成员。中国共产党一大代表，中国共产党的创始人之一。1931年11月，奉命进入中央革命根据地，参加中央工农民主政府的领导工作。历任中华苏维埃共和国中央执行委员会委员、工农检察人民委员、内务人民委员部代部长、临时最高法庭主席等职。毛泽东高度评价他的革命精神和工作能力，说"叔翁办事，可当大局"。红军长征后，留在江西根据地坚持斗争，1935年2月在福建省长汀县境突围战斗中牺牲。

邹蕴真（1893—1985），又名泮芹、泮耕、泮清，湖南汉寿人。湖南省立第一师范第八班学生，毕业后在修业学校任教，曾任湖南通俗教育馆编辑。马日事变后，回到汉寿任小学教员。1922年入南京国立东南大学学习教育学，1924年毕业后，先后任教于长沙楚怡中学、省立第一女子师范学校、省立长沙高级中学。新中国成立后，在中央文史馆从事文史研究。

罗学瓒（1894—1930），号荣熙，湖南湘潭人。湖南省立第一师范第八班学生。1919年赴法勤工俭学，在此期间参加组织工学励进会。1921年，参加进驻里昂大学的斗争失败，同蔡和森、李立三等一百多人被遣送回国。同年11月，在上海加入中国共产党。1922年秋，回长沙，先后在人力车夫工会、湖南省工团联合会从事工人运动。同时，在毛泽东创办的自修大学附设的补习学校以及湘江中学任教。中共湘区委员会改为湖南区委后任区委宣传部部长，1925年，任中共湖南省醴陵县县委书记。1927年春，陪同毛泽东考察醴陵农民运动。大革命失败后，与夏明翰共同负责湖南省委组织部的工作。1929年被派往杭州，参加中共浙江省委的领导工作，先后任省委宣传部部长、省委书记。是中国共产党早期农民运动领导人之一。1930年4月因叛徒告密被捕，不久在杭州被敌人残忍杀害。

李维汉（1896—1984），字和笙，湖南长沙人。自湖南省立第一师范第一班毕业后，任湖南省立第一师范附小教员。1918年8月底进入保定高等工艺留法预备班学习，1919年10月赴法勤工俭学。在留法勤工俭学期间，发起组织工学励进会。1922年又与赵世炎、周恩来、李立三等发起旅欧中国少年共产党，1922年底归国。1923年4月接任中共湘区委员会书记。曾任中共中央政治局常委，与瞿秋白一同主持八七会议。新中国成立后，任中共中央统战部部长、国务院秘书长、全国政协秘书长、中共中央顾问委员会副主任。是中国共产党的优秀党员，久经考验的共产主义忠诚战士，杰出的无产阶级革命家，党和国家在统一战线和民族工作方面的著名理论家和卓越领导人。

周世钊（1897—1976），又名敦元、东园，湖南宁乡人。湖南省立第一师范第八班学生，在全校同学"人物互选"中得票仅次于毛泽东的优秀学生。1919年在长沙修业学校任教，协助毛泽东办《湘江评论》。1920年秋协助何叔衡主编湖南《通俗报》。新民学会自然消亡之后，赴南京考入国立东南大学教育学院，1922年转入该校文学院研究中国文学。1927年毕业后，居长沙，从事教育事业。先后执教长沙市明德中学、稻田中学、长郡中学、周南女中、第一师范、妙高峰中学。新中国成立后，任湖南第一师范校长、湖南省教育厅副厅长、湖南省副省长、湖南省民盟主任委员和第二、三届全国人大代表及第四届全国人大常委会常委。著有《毛泽东青年时期的故事》《毛主席青少年时期锻炼身体的故事》《少年毛泽东的故事》《湘江的怒吼》等书。

熊楚雄（1886—1973），即熊瑾玎，又名庆庭，湖南长沙人。曾任湖南省立第一师范秘书，积极为《湘江评论》撰稿。1920年，参与长沙的共产党早期组织控制的湖南《通俗报》的工作，任经理。1922年在毛泽东创办的湖南自修大学附设补习学校任教务主任和湘江学校董事长。大革命失败后加入中国共产党，长期从事地下党的工作，管理党中央的财务，有"红色管家"之称。抗日战争时期任《新华日报》总经理、《晋绥日报》副经理、解放区救济总会副秘书长。新中国成立后任中国红十字会副会长，全国政协委员。周恩来曾评价他"出生入死，贡献甚大，最可信赖"。

　　熊光楚（1889—1939），即熊焜甫，湖南湘乡人。1913年12月在湖南省立第一师范第一班毕业，留校任图书馆管理员。1915年秋进入湖南高等师范文史专修科，1917年毕业，在长沙任教。赴法勤工俭学时，在法国西北部圣梅桑学校学习法语。在留学期间，加入共产党，后赴莫斯科，在共产国际工作。1936年回国。在抗日战争中因工作劳累过度，病逝。

　　陈昌（1894—1930），字章甫，湖南浏阳人。新民学会的发起人之一。1915年从湖南省立第一师范第二班毕业，曾在长沙五美高小、湖南一师附小、浏阳县立高小、周南女校等校担任教师，是浏阳文化书社创始人之一。1921年冬，加入中国共产党。入党后在金江高小积极培养发展青年团员，创办女子职业中学和农民夜校，创办《浏阳旬刊》，传播马克思主义。浏西特别支部成立后，任书记。1923年冬，受命来长沙参加筹办湘江中学，不久又被派到醴陵、宁乡等地以教书为职业，暗中开展党的工作。1927年参加南昌起义。1928年前往迁至上海的湖南省委机关工作。1930年1月，以中央特派员身份赴湘鄂西根据地开展工作，途中，在澧县不幸被捕。次月在长沙就义。

　　傅昌钰（1896—?），字海涛，湖南浏阳人。湖南省立第一师范学生，曾留学日本东京高等工业学校。1921年2月加入中国社会主义青年团，随后参加中国共产党，曾任湖南自修大学附设补习学校教员、湘江学校董事。1928年任中共上海沪南区委书记，在《布尔什维克》第1卷第27期（1928年8月30日出版）发表《上海法界及沪南区的群众斗争》。后在地下工作时牺牲。

　　曾以鲁（1896—1989），即曾星煌，又名一橹，湖南武冈人。1912年考入湖南省立第一师范，后编入第十班。1919年赴法勤工俭学，在法国西南部一工厂做工，后考入巴黎美术专科学校。1928年回国后一直从事美术教育工作，先后任教于武昌艺专、北平艺专、北京师范大学、华东大学、山东大学、华东艺专、南京艺术学院等学校。新中国成立后，任南京艺术学院教授。

（以上21人是第一批会员）

彭璜（1896—1921），又名殷柏、荫柏，湖南湘乡人。湖南商业专科学校学生。1919年6月任湖南学生联合会第二届会长，约在这时加入新民学会。9月，他受新民学会派遣，潜往上海，联络"驱张"力量，准备"驱张"。12月组织湖南旅沪各界联合会，并任全国各界联合会干事。1920年主编《天问》周刊，提出"民众自决"口号。在上海与毛泽东、李思安拜访维经斯基，与陈独秀讨论"改造湖南联盟"。"驱张"胜利后回长沙，同毛泽东一道，发起成立长沙文化书社、俄罗斯研究会，创立长沙的共产党早期组织。1921年夏因精神失常失踪。新中国成立后，被追认为革命烈士。

易礼容（1898—1997），字润生，号韵珊，湖南湘乡人。湖南商业专科学校学生。五四运动时，任湖南学生联合会第一届委员会评议部部长，参与领导湖南声援"五四"的运动和驱逐军阀张敬尧的运动，参与创办长沙文化书社，任经理。1920年10月加入中国社会主义青年团。次年春，参加共产党长沙早期组织。10月中共湖南省支部成立，任支部委员，后任中共湘区委委员、湖南区委委员、湖南临时省委书记、第五届中共中央委员会委员等职，1928年3月脱党。抗日战争后期，任中国劳动协会秘书长，从事民主运动。1949年出席全国政协第一届全体会议。新中国成立后，任全国政协第一、二、三、四届委员会委员，第五、六、七届常务委员。

彭光球（1900—1962），即彭湖，湖南浏阳人。1916年考入长沙第一联合中学。1919年湖南学生联合会成立，任评议部长、发动部长，后继任第二届评议部部长。驱张运动中，任驻衡"驱张"请愿团第二任总干事。1921年考入上海商科大学。北伐期间，随唐生智入武汉，1927年到南京，任中央党部宣传部训练科科长。后由中央党部选派赴美留学。1931年回国任南京中央陆军军官学校经济学教员，后复赴美继续深造。1937年回国任上海航政局局长，后在上海中国银行总行稽查处任稽核。抗战胜利后，任国民政府行政院青岛办事处主任，不久调任南京中国银行经理。1949年拒绝去港台，将中国银行完整移交给人民政府。新中国成立后，任上海柴油机公司董事长、民革上海市委候补委员。

萧青野（1903—1963），即萧光球，湖南湘乡人。1921年初参加社会主义青年团，在长沙文化书社工作。在湖南工人运动中加入中国共产党。大革命失败后参加秋收起义、井冈山斗争，曾任井冈山红军医院院长。井冈山根据地失守后，他失掉了党组织关系。新中国成立后在湖南省供销社工作。

陈子博（1892—1924），湖南湘乡人。1917年在湘乡驻省中学学习。五四运动中，参加湖南学联工作和发行《湘江评论》的工作，与毛泽东成了莫逆之交。作为长沙共产党早期组织成员，曾领导长沙纺织、缝纫等工人大罢工。1923年因用土炸弹阻击湖南省省长、军阀赵恒惕，不幸中毒，于1924年1月23日病逝。文化书社为他举行了三天追悼会，毛泽东亲临致哀，亲笔写了"出师未捷身先死，长使英雄泪满襟"的挽联。

彭平之（1900—?），字寿宗，湖南湘乡人。1917年在湘乡驻省中学学习。五四运动时，任湖南学联会计，经彭璜、陈子博介绍加入新民学会，参加了驱张运动、湖南自治运动和发起文化书社、俄罗斯研究会、长沙的共产党早期组织等活动。1926年12月，当选为湖南省农民协会执行委员。不久，任衡阳农民运动讲习所教务长兼教员。1927年春，任中共新化锡矿山特区区委书记。马日事变后，遭反动派悬赏缉拿，后潜入武汉，找到党组织，参加湘赣边界秋收起义。后在中央苏区牺牲。

李思安（1892—1959），字钦文，女，湖南长沙人。先后在湖南女子蚕业讲习班、周南女校学习。1919年，新民学会周南女校会议上当选为学会副执行委员长。1920年，主持新民学会上海半淞园会议。8月，赴新加坡坤成女校任教。1924年6月回国，由向警予介绍加入中国共产党，从事妇女运动，大革命时期任湖南省总工会妇女部长。大革命失败后再赴新加坡，长期从事华侨教育工作。1950年回国，1952年2月，任湖南文史馆馆员。

罗宗翰（1896—1926），即罗耻迁，湖南涟源人。湖南省立第一师范第十二班学生，曾参加毛泽东主办的湖南省立第一师范附小工人夜学的教学工作。在驱逐张敬尧的斗争中，曾协助毛泽东在北京创办平民通讯社，编辑《平民通讯》。中共湘区委开办湘江学校时，担任第一任校长。其间加入中国共产党。在大革命时期，任国共合作的国民党湖南省党部执行委员、省建设厅秘书。因积劳成疾，于1926年10月8日去世。省会各界人士在湖南省立第一师范为之举行了隆重的追悼会。毛泽东闻此噩耗，亲自写下挽联："羡哲嗣政教长才竟成千古，叹吾党革命先锋又弱一个。"

张国基（1894—1992），即张颐生，湖南益阳人。湖南省立第一师范第十三班学生。1920年，赴新加坡从事华侨教育事业。1927年回国，在武昌中央农民运动讲习所讲课，在此加入中国共产党。大革命失败后，参加南昌起义。1929年去印度尼西亚，先后创办雅加达广仁中学、雅加达华侨中学。1958年回国，仍致力于华侨教育事业。1959年至1974年任北京华侨补习学校校长，1985年任北京华侨大学董事长，历任第七届北京市侨联副主席，第八、九届北京市侨联名誉主席，第三届全国侨联主席、第四届全国侨联名誉主席等职。

夏曦（1901—1936），字蔓伯，湖南益阳人。湖南省立第一师范第十六班学生，驱张运动中的骨干。1920年冬加入社会主义青年团，次年参加中国共产党，是湖南省立第一师范第一任党支部书记。曾任中共湘区委委员、湖南区委委员、湖南省委书记、第五届中共中央委员、第六届候补中央委员。参加过南昌起义，后去苏联莫斯科东方劳动者共产主义大学学习。归国后，派往洪湖革命根据地，任中共湘鄂西中央分局书记。1936年2月红军长征中在贵州省毕节县境不幸溺水牺牲。

蒋竹如（1898—1967），又名集虚、继琬、庆蒲，湖南湘潭人。湖南省立第一师范第十三班学生。1919年任湖南学生联合会第二届执行部部长，同年11月任新民学会评议部评议员。1922年曾参加共产党，在东南大学学习时脱党。后长期从事教育工作。1961年被聘为湖南文史馆馆员。

李中（1897—1951），原名李声㦧，字印霞，湖南湘乡人。湖南省立第一师范第七班学生。毕业后，去上海江南造船厂当铸工。1920年6月，与罗亦农等人发起沪滨工读互助团。8月，加入中国社会主义青年团。1921年春，加入上海共产党的早期组织。在陈独秀指导下，建立上海机器工会，任筹委会主席，起草《上海机器工会章程》，在《劳动界》发表《一个工人的宣言》。一大召开后，转为中共党员，是中国共产党第一个产业工人出身的早期党员。1927年四一二政变后被捕，不久获释。出狱后，回湖南从事教育工作。1951年毛泽东邀他赴京。7月，他在赴京途中病故。

李森（1898—1927），即李启汉，湖南江华人。先后在湖南第三师范、长沙岳云中学学习，与毛泽东同赴北京开展"驱张"斗争。1920年春转赴上海与毛泽东、彭璜等组织工读互助团。9月，进入上海外国语补习学校学习，加入社会主义青年团。同年秋由陈独秀派遣，在上海小沙渡创办工人半日学校，组织沪西纺织工会。1921年5月加入共产党在上海的早期组织。7月，领导上海英美烟厂工人罢工，胜利后成立上海烟草工会。8月，任中国劳动组合书记部干事，负责编辑《劳动周刊》，是五卅运动和省港罢工斗争中的重要领导成员。1927年在四一五政变中牺牲。

彭道良（1893—1934），即彭则厚，湖南省立浏阳人。湖南省立第一师范第六班学生，是该校著名的田径运动员，曾以湖南首席代表，率领贺果、陈绍休、刘培基等出席在上海召开的远东运动会。毕业后，回乡任教，大力开展教育改革。1926年农民运动兴起后，任区农协委员长。1927年马日事变后，加入中国共产党。曾在湘赣、湘鄂赣根据地的苏维埃政府工作。1933年10月，在第五次反"围剿"中，被国民党飞机炸伤腰部，在江西万载红四军医院牺牲。

向警予（1895—1928），原名俊贤，笔名振宇，湖南省溆浦人。1912年，以优异成绩考入湖南省第一女子师范，两年后，转入周南女校。1916年毕业，回到溆浦创办溆浦县立女子学堂，任校长。五四运动时，率领学生游行示威，支持北京学生。1919年，加入新民学会，并与蔡畅等发起湖南女子留法勤工俭学会。同年12月，赴法勤工俭学。1920年7月在旅法新民学会会员蒙达尼会议上主张组织共产党。1921年回国，1922年参加中国共产党。曾任中共中央候补执行委员、妇女部部长、妇女运动委员会书记。大革命失败后，任中共武汉市委负责人、湖北省委宣传部部长兼《大江报》主笔。是中国共产党早期重要领导人之一，杰出的共产主义战士，忠诚的无产阶级革命家，中国妇女运动的先驱。因叛徒告密，于1928年3月，在武汉法租界被捕，5月1日牺牲。毛泽东高度评价向警予："要学习大革命时代牺牲了的模范妇女领袖、女共产党员向警予，她为妇女解放、为劳动大众解放、为共产主义事业奋斗了一生。"

陶毅（1896—1931），字斯咏，女，湖南湘潭人。从周南女校毕业后留校任教。五四运动时，她反对封建礼教，提倡妇女解放，写了不少文章，向警予赞扬她是"改造社会的健将"。在新民学会长沙会友新年会议上，她主张"宜与兵士接近，宣传我们的主义，使之自起变化，实行急进改革"。1921年去南京，进入东南大学学习，毕业后与人共同创办立达学园。1931年病逝。

周敦祥（1898—1980），即周肫如，女，湖南长沙人。周南女校学生。她与魏璧、劳君展创办《女界钟》，任主编，宣传妇女解放，富有成果，三人被誉为"周南三杰"。在南京东南大学毕业后，前往东南亚长期从事华侨教育工作。1953年回国定居，任湖南文史馆馆员。

魏璧（1897—1969），又名韫厂、韫庵，女，湖南长沙人。周南女校学生，参与创办《女界钟》，任编辑。1920年赴法勤工俭学，在法国南部一女子学校学习法文，后入里昂大学。1927年学成归国，在武汉大学、中山大学等校从事教育工作，是资深教授。

劳君展（1900—1976），又名启荣、冀儒，女，湖南长沙人。在周南女校学习时，参加《女界钟》的创办、编辑工作。1920年赴法勤工俭学，1924年获得里昂大学硕士学位，进入巴黎大学，跟从居里夫人学习镭学。1927年学成归国，长期从事高等教育工作。曾任教于武汉大学、中山大学、上海暨南大学、北京大学、北平女子文理学院等校。翻译出版《积分学纲要》，与严济慈合译《法国高等数学大纲》等著作。与丈夫许德珩同为九三学社创始人。1947年，因参加"反内战、反饥饿、反迫害"的学生运动，被学校解聘。新中国成立后，任中国人民大学教授、教育部参事及九三学社第二届中央理事、第三至五届中央常委、北京市分社副主任委员和第二至四届全国政协委员。著有《微积分教程》。

李振翩（1898—1984），即李承德，湖南湘乡乐善人。湘雅医学专门学校学生，曾参加《新湖南》的编辑工作，参加驱逐军阀张敬尧的斗争。提倡科学救国，1921年在湖南医药学院毕业，1925年于湘雅医学院获博士学位。后任北京协和医学院细菌学初级研究员。1929年赴美深造。1931年抗日战争爆发后，毅然回国，先后在北京协和医学院、上海医学院、南京中央大学医学院从事细菌学研究。全面抗战爆发后，随医学院南迁，辗转于广东、广西、贵州等地救死扶伤。抗战胜利后，任南京陆军医学院血清研究所所长，1949年再度赴美。是著名的美籍华人、医学科学家。新中国成立后曾多次回国，受到毛泽东的接见。

唐耀章（1900—1973），即唐文甫，湖南长沙人。明德中学第十三班学生。曾任明德中学学生会主席，省学联执委，《明德旬刊》主编。是湖南声援五四运动、驱张运动等活动中的骨干。1920年9月，曾在长沙《民治日报》发表《湖南学生从五四运动到驱张运动纪实》。后由易礼容介绍加入中国共产党，大革命失败后脱党。以后长期在新闻界、教育界任职。

贺果（1896—1990），字佩钦，号培真，湖南宝庆人，湖南省立第一师范第八班学生。音乐家贺绿汀的胞兄。1918年入河北保定育德中学留法高等工艺预备班学习。1919年底赴法勤工俭学，先后在商巴尼、哈佛尔等工厂做工。1920年，与李维汉等组织工学励进会。后因参加留法勤工俭学学生进驻里昂大学的斗争，被法国当局遣送出境。回国后，从事教育工作。1924年加入中国共产党，从事农民运动。1930年因不执行李立三路线被开除党籍。1953年恢复党籍。新中国成立后，任贵阳市教育局局长、副市长、市政协副主席，省政协副秘书长，省政协一届委员会委员，省政协二、三届常委,省政协四、五届委员会副主席,全国政协四、五届委员会委员,省二、三届人大代表等职。存有《留法勤工俭学日记》。

刘明俨（1899—1977），即刘望成，后更名刘若云，湖南安化蓝田人。湖南省立第一师范第十三班学生。1920年留法勤工俭学，在枫丹白露学校学法文。因参加"二二八"运动和占领里昂大学的斗争，被法国政府驱逐回国。1922年，参加中国共产党，从事地下工作，曾任中共满洲省委秘书长，中共中央宣传部秘书长、全国互济总会主任兼党团书记。新中国成立后曾任湖南文史馆副馆长、湖南省志办公室主任、湖南省政协常委等职。

欧阳泽（1897—1926），又名玉生、玉山，湖南益阳人。湖南省立第一师范第十三班学生。赴法勤工俭学期间，参加蒙达尼会议，赞成蔡和森关于无产阶级专政的观点，在法国积极参与建党活动。后因病归国。1924年加入中国共产党，从事农民运动。1926年在家乡病故。

匡互生（1891—1933），即匡务逊，字日休，湖南宝庆人。1915年入北京高等师范学校。1919年2月，成立同言社。5月，同言社改名工学会，出版《工学》杂志。五四运动中，第一个爬进赵家楼曹汝霖住宅，率群众抓住章宗祥痛打一顿，放火烧了曹宅。同年夏回长沙在楚怡学校任教，积极参加驱张运动。1920年，任湖南省立第一师范教务主任，实行教学改革。他在宝庆创办了长沙文化书社宝庆分社，传播新思想。后在上海创办立达学园，献身教育事业，是知名的教育家。淞沪战争中，立达学园江湾、南翔两地校舍先后毁于战火。匡互生不顾身患肠癌，忙于复校，未及时医治。1933年4月22日在上海病逝。

刘清扬（1894—1977），女，回族，河北天津人。早年就读直隶女子师范学校，参与组织觉悟社。在五四运动中，发起天津女界爱国同志会，任会长，后被选为天津各界联合会常务理事。同年冬，在上海全国各界联合会工作时由蔡和森、毛泽东、彭璜介绍加入新民学会。1920年底赴法国。1921年初加入中国共产党，并与周恩来等组建中共旅德共产党早期组织。1923年冬回国后，与邓颖超创办《妇女日报》，任总经理。大革命失败后，中断了与党的联系，但仍为妇女运动不懈奔波。1944年，刘清扬在重庆加入中国民主同盟，并当选为民盟中央执行委员和妇女委员会主任。新中国成立后，历任政务院文化教育委员会委员、全国政协常委、河北省政协副主席、全国妇联副主席、中国红十字会副会长等职。并于1961年重新加入中国共产党。

黄醒（1898—?），即黄胜白，湖南长沙人，知名的新闻记者，曾创办《体育周刊》（健康书社），推销新书报，宣传自由主义、无政府主义等新思潮。后去美国。

钟国陶（1889—1961），即钟楚生，湖南浏阳人。湖南省立第一师范第一班学生，1913年毕业。1918年在一师附小任高小部主任，参加新民学会、健学会。1920年任周南女校附小主事，参与发起长沙文化书社。新中国成立后任湖南省参事室参事。

张怀（1896—1987），即张百龄，湖南长沙人。湖南省立第一师范学生，毕业后，在长沙楚怡学校任教。1920年赴法勤工俭学，在法国独尔学校学习法文。1922年毕业于巴黎大学医学预科，1923年入比利时马林哲学院学习，1927年入鲁文大学教育学院学习。1928年以后，先后到英、法、意、德、比、荷、瑞士等国考察教育。1929年回国，曾任南京中央大学教授、北京辅仁大学教授、教育学院院长。1947年任国民政府立法委员。1948年赴美考察教育。新中国成立后回到祖国，先后任辅仁大学、北京师范大学、内蒙古师范学院教授。1980年被聘为北京市文史研究馆馆员。1982年转任北京市人民政府参事。

刘修秩（1895—?），即刘继庄，湖南湘潭人。湖南省立第一师范第六班学生，曾任湖南省立第一师范附小教员，是湘潭教育促进会发起人之一。

（以上是在五四运动中参加新民学会的成员）

蔡畅（1900—1990），即蔡咸熙，女，湖南湘乡永丰镇人。1915年考入长沙周南女校，毕业后，留校任体育教员。1919年与向警予等人发起组织湖南女子留法勤工俭学会。同年赴法勤工俭学，最初在蒙达尼女校学习法文。1922年加入中国社会主义青年团旅欧支部，第二年转入共产党。1924年年底转赴莫斯科东方大学学习，1925年回国。曾参加中国共产党六大、七大及长征。是中国妇女运动的先驱和卓越领导者、国际进步妇女运动的著名活动家。历任中央革命根据地妇女部部长、陕甘宁边区政府妇女部部长、中共中央妇委书记、国际民主妇联副主席，全国妇联第一至三届主席及第四届名誉主席，第四、五届全国人大常委会副委员长等职。

熊季光（1901—1973），即熊作莹，女，湖南浏阳人。周南女校毕业。1919年赴法勤工俭学，与向警予、蔡畅、熊叔彬同在法国蒙达尼女校学习法文。1920年参加蒙达尼会议。1921年5月30日与向警予等人发表《开放海外大学女子请愿团致女界全体书》。归国后，加入中国共产党，曾任中共湖南区委妇女委员会书记。是中共五大代表。大革命失败后，在上海做地下工作，管理中共中央机关文件。党组织破坏后，失去联系。往后，长期从事教育工作。

萧业同（1892—?），即萧道五，湖南湘潭人。湖南省立第一师范第六班学生，与张昆弟、彭道良、邹彝鼎、刘修秩、叶瑞龄同班。1920年继张国基之后，与李思安等去南洋从事华侨教育工作。

谢觉哉（1884—1971），字焕南，别号觉斋，湖南宁乡人。清末秀才。1921年元旦由毛泽东、何叔衡、周世钊介绍，加入新民学会。曾主编湖南《通俗报》《湖南民报》。1925年加入中国共产党。1931年秋到湘鄂西革命根据地，先后任中共湘鄂省委政治秘书长、《工农日报》主编、省委党校教务长。1933年，任中央苏区任内务部长期间，主持和参加起草了中国红色革命政权最早的《劳动法》《土地法》等法令和条例。1934年参加长征。七七事变后，任八路军驻兰州办事处代表。1939年后，历任中共中央党校副校长、西北局副书记、陕甘宁边区政府秘书长、边区参议会副议长等职。解放战争时期，任法律研究委员会主任委员、华北人民政府司法部长。新中国成立后，任内务部部长、最高人民法院院长、中国政法大学校长等职。

朱剑凡（1883—1932），原名周家纯，湖南宁乡人。早年留学日本。辛亥革命后将周氏家塾改革为周南女子师范学校，任校长。五四运动中与陈润霖等组织健学会，输入新思潮，传播新文化。是"驱张"代表团湖南教职员代表。1920年选为省议员，参加中国国民党一大，历任民政府长沙市党部党委、湖南省政府委员、长沙市政筹备处主任等职。马日事变后被国民政府抄家和通缉。1930年随宋庆龄、鲁迅等发起组织自由运动大同盟。1932年病逝。

方维夏（1880—1936），字绪光，号竹雅，湖南平江人。1911—1918年在湖南省立第一师范任教，担任学监、学友会总务，与毛泽东关系密切。1918年秋去日本留学，1920年回国，积极投入"驱张"斗争。同年8月任湖南省省长公署教育科长、湖南省教育会会长，与毛泽东等发起俄罗斯研究会、长沙文化书社，并筹办文化书社平江分社。1924年加入中国共产党。1926年国共合作中任北伐军第五师党代表。1927年参加南昌起义、广州起义。1928年参加中共六大。会议结束后，他随即进入莫斯科中山大学学习。1931年春，回到上海，被党中央派往苏区工作，担任闽西红军学校政治部主任，11月调往瑞金任中央政府总务厅厅长。1933年任湘赣省苏维埃政府教育部长。1934年，中央红军主力长征后，在湘粤赣三省边界地区坚持游击战争。1936年4月，在湘赣游击战争中被叛徒出卖而牺牲。

熊叔彬，字作璘，女，湖南浏阳人。曾参加留法勤工俭学、新民学会蒙达尼会议。

吴家瑛（1899—?），即吴德庄，女，湖南溆浦人。1916年周南女校第二班毕业。曾任溆浦女校教员、校长，是长沙文化书社溆浦分社创办人之一。

任培道（1895—1988），即任振予，女，湖南汨罗人。周南女校毕业，在溆浦女校任教，也在长沙文化书社工作过。后入北平师范大学学习。1929年留学美国。历任周南女校、南开女校、国立女子师范学院教授。1946年去台湾，创办台北女师，任校长。后为国民党政府立法委员。

郭亮（1901—1928），即郭靖笏，湖南长沙人。1920年秋进入湖南省立第一师范第三班学习，1921年加入中国社会主义青年团。同年冬由毛泽东介绍加入中国共产党。1922年，任中共湘区执行委员会委员，分管工人运动。11月，任粤汉铁路总工会秘书。同时，湖南省工团联合会成立。毛泽东和他分别当选为总干事和副总干事。后在湖南第一次工人代表大会上当选为全省总工会主席。1927年5月，代理中共湖南省委书记。马日事变后，辗转到武汉，出席第四次全国劳动大会，当选为全国总工会执行委员。参加了南昌起义。先后被任命为中共湖北省委书记、湘鄂赣特委书记。1928年3月，因叛徒出卖，被捕牺牲。

周毓明（1903—1950），女，湖南长沙人。1920年参加中国社会主义青年团。1921年秋打破男女界限，与杨开慧、许文煊进入男校岳云中学学习。1922年加入中国共产党，从事妇女运动。1934年在上海做地下工作时被捕，1937年出狱，与党组织失去联系。

戴毓本（1900—1974），女，湖南衡山人。湖南第三女子师范学生，后进入湖南自修大学补习学校学习。加入社会主义青年团后，即派回衡山任团支部书记。大革命时期参加中国共产党。在地下工作时因组织破坏失掉关系。新中国成立后在长沙从事医务工作。

许文煊（1903—1979），女，湖南衡山人。湖南省立第一师范学生。曾参加长沙文化书社，任会计。1920年年底参加社会主义青年团，1922年加入中国共产党，土地革命时期失去党的联系。1946年去延安。新中国成立后在国务院参事室工作。

谢南岭（1898—1929），即谢维新，湖南宁乡人。湖南省立第一师范第十七班学生。在湖南农民运动中参加中国共产党。大革命失败后率领宁乡农民自卫军转战宁乡沩山、安化、新化、溆浦等地。1929年打入敌军，因被人出卖，惨遭杀害。

张超（1892—?），即张泉山，湖南湘乡人。湖南省立第一师范第五班学生。

1915年毕业，任一师附小主任教员。

沈均，字均一，湖南长沙人。1920年在长沙修业学校中学部毕业，后入武汉明德大学学习。新中国成立后在长沙教书。

徐瑛，女，湖南宁乡人。湖南女子蚕业讲习所学生，由李思安介绍加入新民学会。

姜慧宇（1899—1925），即姜竹林、姜瑞瑜，湖南宁乡人。湖南省立第一师范第十四班学生。

杨润余（1899—?），女。早年入湖南稻田女子师范学校学习。毕业后留母校任教。新中国成立后在广州中山大学任教授。

贺延祜（1900—1979），女，湖南长沙人。早年入周南女校学习，毕业留校任教。曾参加驱张运动。大革命期间曾赴广州。1928年赴南洋群岛任教。1932年回国。1938年以后，至石门九澧中学任教。新中国成立后，在石门县城关一完小任教。1957年当选石门县人民委员会委员。

吴毓珍（1899—?），女，湖南湘潭人。曾和毛泽东一起发起湘潭教育促进会，并任理事兼秘书，主编《湘潭教育促进会会刊》。

钟秀（1897—?），即钟雄轩。湖南省立第一师范第十四班学生，与姜瑞瑜、易克熹同班。参加驱张运动，是驻广州"驱张"请愿团学生代表。

喻恒（1898—?），即喻邵勤，湖南平江人。湖南省立第一师范第十一班学生。曾任湖南一师学友会庶务，毛泽东移交学友会工作时，将所有文书档案、印章交由他暂时保存。

李云杭（1894—1969），即李舜生，湖南湘阴人。1913年在湖南省立第一师范第一班毕业。1918年在一师附小任教，信仰无政府主义。是"驱张"请愿团教师代表，1950年至1959年任湖南省参事室参事。

陈纯粹（1896—1951），即陈天民、守真，江西萍乡人。积极参加驱张运动，曾去北京、衡阳等地进行"驱张"宣传。

熊梦非（1895—1962），即熊梦飞、熊仁安，湖南宁乡人。在北京参加五四运动，毕业后，在湖南省立第一师范任教。曾信仰无政府主义。1949年湖南和平解放时参与起义。

易克穟（1899—1950），即易阅灰、易粤徽，湖南长沙人。湖南省立第一师范第十四班学生。新中国成立后，划为恶霸地主，被镇压。

（以上是驱张运动、湖南自治运动和留法勤工俭学活动中吸收的会员）

摘自《风华正茂的岁月——新民学会纪实》，有删节

主要参考书目

《新民学会资料》，人民出版社，1980年版；

《毛泽东早期文稿（一九一二年六月——一九二〇年十一月）》，湖南人民出版社，2008年版；

《风华正茂的岁月——新民学会纪实》，湖南人民出版社，2008年版。

后记

今年，恰逢新民学会成立100周年。100年前的湘江之滨，新民学会作为近代湖南涌现的人才群体，迎着新文化运动的浪潮而生。从1915年毛泽东效"嘤鸣"求友，到1921年学会完成他的历史使命自然消亡，这个高尚、纯洁、勇猛、精进的同志团体，用其孜孜不倦、努力向上的激情，谱写了一段有关初心和使命、信念和梦想的青春之歌，在湖南近代革命史上留下了浓墨重彩的一笔。

为了深入贯彻落实党的十九大精神，教育引导广大党员干部"不忘初心、牢记使命"，传承红色基因，坚定"四个自信"，同时，弘扬党的优良传统和政治优势，发挥党史以史铸魂、资政育人的作用，中共湖南省委党史研究院决定组织编写《新民学会》一书，并将之列为《湖南红色基因文库》书目之一，以期为建设富饶美丽幸福新湖南提供精神动力和历史支撑。本书由省委党史研究院第二研究部具体组织编写，2017年下半年正式启动编纂工作。在唐振南和文库办负责人彭岗的指导下，2018年3月高青草拟了编写方案；经院第二研究部主任朱柏林和本书主编刘建平修改后，报省委党史研究院副院长王文珍审定，彭岗修改编写提纲。本书4月正式开始编写；6月底完成初稿，后由刘建平、唐振南、朱柏林分别进行统稿；9月中下旬，王文珍对全书进行了统校和审读，作者根据审读意见，再次作了修改；原省委党史研究室副主任刘建平、湘潭大学教授刘建平以及彭岗对本书进行了再次审读。

  本书力图精确记录新民学会的成立发展史，同时集中展现学会会员们在逆境中找寻真理，最终走上各自成才之路的艰辛历程，力求融资料性、史实性、可读性于一体，努力做到观点正确、语言生动、雅俗共赏。

  本书主编庄超、王文珍、刘建平，执行主编唐振南、朱柏林。写作分工是："历史足迹"由唐振南、高青执笔；"重要史料"由编辑部负责收集整理，第一部分执笔邹瑾，第二部分执笔朱柏林，第三部分执笔肖湘娜，第四部分与"珍闻辑要"由高青负责。

  由于编著者水平有限，书中不足之处难免，欢迎读者批评指正。

本书编纂组

2018 年 12 月